윤리 준법 경영의 성공 전략

컴플라이언스

윤리 준법 경영의
성공 전략

컴플라이언스

마틴 비겔만 지음 │ 노동래 옮김

연암사

일러두기_

외국 서적을 번역할 때 원서의 의미를 그대로 살릴 수 있는 적절한 우리말이나 단어를 찾지 못해 애를 먹는 경우가 종종 있습니다. 이 책을 번역할 때도 많은 고민을 했지만 특히 아래의 단어들에 대해서는 만족할 만한 단어를 찾지 못해 일러두기를 활용합니다. 이 책에서 사용한 용어와 원서 상의 용어, 그리고 그 용어들에 대한 간략한 설명을 곁들입니다.

- **컴플라이언스(Compliance)** 기본적으로는 법규 준수를 의미하지만, 단순히 법규에서 정하는 최소 요건을 충족하는 데 그치지 않고 적극적으로 윤리적으로 행동하며 옳은 행동을 하는 요소까지를 포함합니다. 국내에서 일반적으로 사용하는 준법 감시라는 단어가 이를 제대로 전달하지 못하기에 컴플라이언스라는 용어를 그대로 사용하였습니다.
- **최고 컴플라이언스 책임자(chief compliance officer; CCO)** 금융기관에서는 준법감시인이라 부르고 있으며, 개정 상법에서는 준법지원인이라 하나 위와 같은 이유로 최고 컴플라이언스 책임자로 번역하였습니다. 우리나라 은행권에서는 심사 담당 임원을 CCO(chief credit officer)라 부르기도 하나 이 번역서에서의 CCO는 일관되게 최고 컴플라이언스 책임자를 의미합니다.
- **고결성(Integrity)** 영한사전 상으로는 '고결, 성실, 정직, 청렴, 완전, 흠 없음' 등으로 설명되고 있고, IT 분야에서는 'data integrity'를 '데이터 무결성'으로 부르고 있으나 단순한 '정직'은 '속과 겉이 같다, 상황에 따라 말을 바꾸지 않는다, 언행에 흠이 없다' 등을 내포하고 있는 이 단어의 의미를 제대로 전달하지 못하고 있으며, '무결성'은 사람이나 조직의 인격적, 윤리적 요소를 표현하지 못하기에 '고결성'으로 표현했습니다.
- **상부에서의 기조(Tone at the top)** 최고 경영진이 컴플라이언스에 대해 어떠한 생각을 가지고 있는지, 컴플라이언스 의지가 어떠한지를 나타내는 용어로 대개 '상부에서의 기조'라 번역했으나, 문맥에 따라 '경영진의 의지' 또는 '상부의 분위기' 등으로 표현한 곳이 일부 있습니다.
- **거버넌스(Governance)** 기업의 소유 관계, 최고 의사 결정 기구, 경영진 감시 장치 등을 의미하는 말로 우리나라에서는 일반적으로 '(기업) 지배구조'라 불리고 있으나 '지배구조'라는 말이 그 뜻을 충실히 전달하지 못하기에 '거버넌스'로 표기했습니다.
- **윤리강령(Code of conduct)** 역자에 따라 '행동 규범' 또는 '행동 강령' 등으로도 번역하고 있으나 본 역서에서는 윤리 경영의 중요성을 강조하기 위해 '윤리강령'으로 표현했습니다.
- **진력(Commitment)** 사전에서는 약속, 헌신, 전념, 위탁 등으로 해석하고 있으나 '진력'이 문맥상 가장 어울린다 생각하여 '진력 또는 '전심전력'으로 번역했습니다. 다만 문맥상 '서약'이나 '의지'가 더 어울린다고 생각되는 곳에서는 그렇게 표현했습니다.
- **부정 행위(Freud)** 일반적으로 부패와 같이 언급될 때에는 특히 '부정 (행위)'로 번역했으나 문맥상 '사기'가 더 어울릴 경우에는 '사기'로 표현한 곳도 더러 있습니다.
- **모범 관행(Best practice)** 국내에서는 일반적으로 모범 규준으로 부르고 있지만 강제성이 없으나 채택이 권장된다는 점을 나타내기 위해 '모범 관행'으로 표시했습니다.

Compliance Program

추천사

　윤리 경영과 컴플라이언스의 중요성은 선진국뿐만 아니라 대부분의 국가에서 이미 널리 인식되고 있으며 이는 존경받는 몇몇 글로벌 기업만의 선택사항이 아니라 대다수 기업의 필수 요건이 되었다. 우리기업도 리베이트나 검은돈으로 얼룩진 잘못된 관행에서 탈피하여 지속 가능한 일류 기업으로 거듭나려면 컴플라이언스 프로그램 구축이 무엇보다 시급하다.

　이 책의 가장 큰 특징은 내용이 매우 실무적이어서 바로 적용할 수 있다는 점이다. 저자들도 컴플라이언스와 윤리 경영에 대해 풍부한 경험이 있는 실무 전문가들이며 책에서 소개하고 있는 사례들도 Best practice와 같은 성공사례제11장과 제12장에서 집중적으로 다룸뿐 아니라 실패사례각 장마다 관련주제에 맞추어 다루고 있음까지 제시함으로써 컴플라이언스의 다양한 측면을 배울 수 있게 하였다. 또 부록으로 표본 컴플라이언스 헌장 및 컴플라이언스 실무 담당자들을 위한 관계기관과 자료의 원천도 안내하고 있다.

컴플라이언스는 외부에서 부과된 법규뿐 아니라 내부적으로 확립된 내규와 가이드라인에 부합하는 상태, 즉 조직 내외의 모든 법규를 조직과 조직원이 준수하고 있는 상태를 의미한다. 그러나 이 책은 컴플라이언스가 '법규를 알고 준수하는 것은 컴플라이언스의 일부분에 불과' 하며 '진정한 컴플라이언스란 물의를 일으키지 않으려고 단순히 법률을 지키기만 하는 수준보다 더 깊이 들어가는 것' 으로서 법규 준수와 함께 '항상 옳은 일을 하는 것에 기반을 둔 윤리적인 기업문화를 개발하고 이를 지속시키는' 노력과 결합하는 것임을 강조하고 있다제8장 컴플라이언스의 사상적 지도자라 불리는 코플란드 박사와의 인터뷰에 잘 정리됨.

따라서 윤리 경영과 마찬가지로 컴플라이언스에서 중요한 성공요소는 조직 내 윤리적 행위나 법규준수에 대한 최고 경영자의 지속적이고 절대적인 의지라고 할 수 있다제2장에서 상세히 설명함. 이는 조직 최상부의 솔선수범 및 윤리적 기조의 설정이 컴플라이언스의 다른 모든 요소를 위한 토대가 되기 때문이다. 즉, 경영진이 컴플라이언스의 가치를 신봉하고 자신의 자발적 행동으로 이를 강화시켜 나간다면 부하 직원들도 이를 따르게 되고 컴플라이언스와 윤리는 자연스럽게 내면화되어 기업문화로 정착하게 될 것이다. 이런 점에서 이 책에서 인용하고 있는 뉴욕 타임즈 토마스 프리드만의 칼럼 내용은 시사하는 바가 많다.

이 책의 또 하나의 특징은 컴플라이언스와 윤리 경영이 기업의 이윤 추구와 상반될 수 있다는 일부의 우려를 불식시키는 설득력 있는 증거를 제시한다는 점이다. 윤리적 행동에 대한 명성은 경쟁사와의 차별화를 가능하게 하므로 치열한 글로벌 경제체제에서 오히려 유리한 입지를 제공해 줄 수 있다. 비즈니스 리더들은 윤리적 기업문화가 주주가치와 기업이익을 증진시키는 강력한 수단임을 알고 있으며, 경영학계의 실증연구는 "윤리가 이윤을 증가시킨다"는 구체적인 증거를 제시한다_{제1장에서 상세히 설명함}.

한 가지 흥미로운 점은 이 책이 컴플라이언스와 미국 기업들의 스캔들을 연결시켜 역사적으로 고찰함으로써 윤리와 컴플라이언스에 대한 역사적 통찰력_{perspective}을 제공해 준다는 점이다_{제3장에서 설명함}. 저자는 "여러 면에서 미국의 비즈니스 역사는 스캔들의 역사와 그 궤를 같이 한다. 이는 회사가 도를 넘어서는 것에 고삐를 채우려는 규제 당국과 더 큰 유연성과 혁신을 성취하기 위해 규제에 저항하는 기업들 간의 세력다툼으로 묘사할 수 있다"는 역사적 관행이 미국 기업들의 거버넌스의 근간을 이루고 있다고 말한다. 독자들은 이러한 이야기를 재미있게 읽으면서 기업윤리와 컴플라이언스에 대한 통찰력을 얻을 수 있을 것이다.

또한 이 책은 기업의 세계화에 따라 컴플라이언스가 국경을 넘어서고 있으며, 이에 따라 국제적 컴플라이언스가 필수 요건이 되었다고 말한다. 다국적기업이 전 세계의 자회사, 관계회사 및 공급업자들과 거래하는 것은 새로운 비즈니스 기회임은 분명하지만 그것은 동시에 커다란 비즈니스위험도 안겨 준다. 이와 관련하여 미국의 다국적기업은 해외부패방지법이나 애국법에 저촉을 받게 되며 특히 해외부패방지법의 뇌물공여 금지규정을 위반한 자에게는 엄격한 벌칙이 부과된다. 뿐만 아니라 해외스캔들은 기업 명성에 큰 해를 입히기 때문에 전사적인 컴플라이언스의 중요성도 매우 높다.

저자들은 이 책을 마무리하면서 '실내의 스컹크'라는 주제를 다루고 있다. 스컹크는 놀라거나 공격을 받으면 고약한 냄새를 내뿜기 때문에 일반적으로 불쾌하고 꺼려지는 동물이다. 이 책은 성공적인 컴플라이언스에 스컹크 역할을 담당하는 사람, 즉 악역 담당자가 필요하다고 말한다. 악역 담당자는 "모두 '그렇다'라고 하는데 '아니다'라고 말하는 사람, 특히 곤란한 질문을 던지는 것을 두려워하지 않는 사람"이다.

이 책은 기본적으로 미국 기업들의 컴플라이언스 문제를 다루고 있지만 우리기업에게도 매우 유익한 시사점을 제공하며 실질적인 도움을 줄 수 있을 것으로 생각한다. 이 책을 번역하여 우리나라 컴플라이언스의 발전에 기여하기로 결심한 역자의 사명감과 비전에 감사와 박수를 보낸다.

2012년 1월
정운오 교수
서울대학교 경영대학

머리말

성장 중에 있는 기능

기업의 컴플라이언스 및 윤리 부서는 지난 몇 년 동안 급속히 성장했다. 기업은 컴플라이언스 조직을 신설하고 리스크 관리 시스템을 갖추며 보다 포괄적인 필수 연수를 시행하는 등 컴플라이언스 및 윤리에 전례 없는 투자를 했다. 이같은 현상은 규제 당국의 주의를 덜 받았던 산업도 비껴가지 못할 정도로 다양한 기업을 휩쓸었다.

이제 대부분의 기업은 기본적인 컴플라이언스 및 윤리 하부 구조를 가지고 있는데 그 중 많은 기업이 하부 구조가 충분한지 여부에 대해서도 평가하기 시작했다. 나아가 감독 및 모니터링 하부 구조를 견고히 하고 영구적인 구조를 세우며 컴플라이언스 및 윤리적 의무에 대한 지속적인 인식을 확보하는 등의 컴플라이언스 유지 체제로 전환하는 기업들도 생겨났다.

그릇된 안도감

이러한 열성적인 노력에도 불구하고 많은 조직이 그릇된 안도감에 빠져들 수 있다. 최근의 분석을 보면 현행 통제 및 교육 활동이 다음과 같이 중요한 사안의 결과에 거의 영향을 미치지 못하는 것 같다. (1) 기업 비리 발생 가능성을 감소시킴 (2) 문제 제기에 대한 보복의 두려움과 문제 제기를 불편해 하는 것을 감소시킴.

실제로 직원들은 자신의 기업 문화와 동료에 대해 회의적이다. 2001년에 세계적인 기업 스캔들의 물결이 엔론으로부터 시작되었을 때와 비교해 볼 때 불법 행위가 여전히 광범위하게 퍼져 있지만 사람들은 불법 행위의 보고나 논의는 그때보다 덜 하려고 한다. 불법 행위는 회사의 모든 계층과 전 세계에서 일어나고 있으며, 모든 종류의 조직에서 나타나고 있다. 우리는 대부분의 사람들이 자사의 컴플라이언스 및 윤리가 '평균보다 낫다'고 믿는 '워비곤 호수Lake Wobegon'라는 상상의 마을과 다르지 않은 사회에서 살고 있다. 하지만 그것은 사실이 아니다. 그 결과 규제 당국과 이사회가 바라는 고결성integrity의 문화는 대부분의 회사의 경우 찾아보기 어렵거나, 다소 양호한 곳에서 조차도 일관성이 없는 실정이다.

큰 이해 관계

고결성의 문화 확립에 있어서의 일관성의 결여는 문제가 있으며 컴플라이언스 및 윤리 실패로 인한 중대한 잠재적 비용을 안고 있다. 컴플라이언스 및 윤리적 구멍에 함축된 비용은 직접 비용과 간접 비용면에서 확실히 놀랄 만하다. 고위층이 불법 행위에 관여할 경우 직원의 연대감과 사기가 저하되며 법적 및 평판 상의 책임이 증가한다. 또한 기업은 그 어느 때보다 취약하며 이해관계도 커졌다. 이것은 벌금 납부 문제가 아니라 중대한 피해로부터 회사와 임원, 그리고 직원들을 보호하는 문제다.

노력에 대한 지원

대부분의 기업에 존재하는 도전 과제는 그 범위가 위압적이기는 하지만 극복할 수 있다. 많은 기업들이 컴플라이언스 및 윤리를 한 단계 끌어올리고 이에 접근하는 다양한 방법이 있음을 보여 주는 데 상당한 진전을 이루었다. 기업들은 완전히 무에서 시작하거나 천편일률적인 방법에 맞출 필요가 없다.

이 책은 풍부한 모범 관행 사례, 표본 프로그램과 이 분야 최전방의 보고서를 예로 들면서 이에 대한 해결책을 제시한다. 쉽게 사용할 수 있는 이 아이디어나 도구는 무엇이 자신에게 적합한지를 결정하고 윤리적인 문화를 추구하려는 자신만의 길을 닦을 때 큰 도움이 될 것이다.

카렌 고돈Caren Gordon*
로니 칸Ronnie Kann*

---

* Caren Gordon은 기업 임원 위원회의 법률 및 거버넌스 관행 담당 상무다.
* Ronnie Kann은 기업 임원 위원회의 컴플라이언스 및 윤리 리더십 위원회의 시니어 이사다.

11

서문

　내가 조엘 바토우와 함께 쓴 첫 번째 책 『부정 예방 및 내부 통제에 이르는 경영진의 로드맵; 컴플라이언스 문화 조성하기』의 일관된 공통 주제는 부정, 직권남용, 정책 및 법규 미준수가 대기업이나 중소기업, 상장회사나 비상장 회사, 국내 회사나 외국 회사를 막론하고 모든 조직에 우려 사항이 될 거라는 점이었다. 그러나 컴플라이언스 실패를 획기적으로 줄이기 위해 컴플라이언스 프로그램 개발, 견고한 부정 예방, 감독 및 임원의 리더십이라는 측면에서 할 수 있는 일이 많다. 이 책은 내 첫 번째 책의 여러 주제를 계속 다루면서 이를 확장하고 있다.

　엔론Enron, 월드콤Worldcom, 타이코Tyco, 아델피아Adelphia 등의 사례는 과거사가 되었지만 우리는 앞의 책에서 추악한 부정 및 컴플라이언스 이슈들이 계속 출현할 거라고 예언했다. 우리의 예언이 실현되는 데는 오랜 시간이 걸리지 않았다. 지난 수년 동안 스톡 옵션 일자 소급, 뇌물과 부정, 내부자 거래, 산업 스파이 및 가장假裝에 의한 개인 정보 수집 스캔들이 전 세계의 이슈가 되었다. 이 책을 쓰고 있는 현재, 140개가 넘는 회사들이 스톡 옵션 일자 소급으로 내부 조사를 받고 있을 뿐만 아니라 미국 유가증권 거래 위원회SEC와 법무부 조사를 받고 있다. 임원들이 해임되고 몇 명은 유죄 판결을 받았다. 뉴욕 양키스 팀의 요기 베라Yogi Berra가 "기시감既視感이 있다"고 말한 것처럼 말이다.

나는 사회생활 초기에 컴플라이언스 실패를 줄이는 예방 기법 및 전략의 중요성을 깨달았다. 미국 연방 우편 조사 서비스의 관리 자격으로 수백 명의 사기꾼을 체포했다. 그러나 아무리 많은 사람을 감옥에 보내도 곧바로 다른 사람들이 그 자리를 메꾸었다. 기소가 기업과 고객에게 재정적인 손실을 회복시켜 주지는 못했고 피해자들이 완전한 보상을 받은 경우도 없었다. 부정 혐의로 조직의 평판이 망가지면 이를 회복하기 어렵다. 따라서 나는 단지 컴플라이언스 실패가 발견되었을 때 이에 대응하는 것 이상의 조치를 취할 필요가 있음을 깨달았다. 이보다 더 중요한 것은 애초에 이러한 일들이 일어나지 않도록 예방하는 것이다.

나는 연방 법률 집행 업무에서 물러난 후, 어느 전문 서비스 회사의 부정 조사 및 소송 서비스 업무 부서에 조사 컨설턴트로 합류하였는데 국내외의 상장 및 비상장 회사가 내 고객 명단에 포함되어 있었다. 그곳에서 컴플라이언스가 어떻게 작동하는지, 때로는 왜 작동하지 않는지를 직접 경험했으며 업종이나 규모를 막론하고 대부분의 기업에 컴플라이언스 프로그램이 없거나 있어도 내용이 형편없다는 것에 충격을 받았다. 내 고객들은 자신이 부정의 희생양이 되거나 부정에 관여하게 될 거

13

라고 생각하지 않았다. 그들이 직면했던 컴플라이언스 실패는 미몽에서 깨어나라는 신호였다. 회자되는 벤 프랭클린Ben Franklin의 다음과 같은 명언을 새기는 기업은 거의 없었다. "1온스의 예방은 1파운드의 치료 가치가 있다."

컨설팅 업계를 떠난 뒤에 나는 마이크로소프트 사에 합류하여 내부 감사에 기반을 둔 전사적 부정 탐지, 조사, 예방 및 회복 프로그램인 재무 고결성 부서Financial Integrity Unit를 창설하여 이끌었다. 우리는 부정 예방 및 컴플라이언스 프로그램을 기초부터 쌓았으며, 이 분야의 전문가를 배치했다. 나는 내가 맡은 팀과 다른 부서의 직원들, 그리고 전 세계의 거래사와 접촉하면서 컴플라이언스 모범 관행과 성공 전략에 대한 커다란 통찰력을 얻게 되었다. 그리고 이 분야의 관계자뿐만 아니라 다른 사람에게도 컴플라이언스의 모범 관행과 성공 사례, 전문가의 경험을 알릴 필요가 있다는 확신이 생겼다. 나는 이에 대해서 뿐만 아니라 일부 회사를 낭패에 빠뜨린 관행에 대해서도 말할 것이다.

위대한 기업들은 지난 수년 동안 직원과 주주, 회사의 평판을 보호한 탁월한 프로그램을 개발해 왔다. 어떤 기업은 회계 스캔들을 겪고서 기소나 굴욕, 평판 상실이라는 폐허에서 일어나 훨씬 더 강한 조직이 되었다.

이 책은 미국 법무부 양형 위원회의 기업 양형 가이드라인에 나오는 효과적인 컴플라이언스의 정의 및 그와 관련된 요소들을 채용한다. 따라서 최고위급 임원, 관리자, 이사회 위원, 직원, 학생 등에게 견고한 컴플라이언스 프로그램 창설과 유지에 관한 핵심적인 내용들을 제공해 줄 것이다. 컴플라이언스의 개념뿐만 아니라 회사와 다른 기관에 대한 다양한 컴플라이언스 요건들을 논의하고 독자들에게 통찰력과 지식을 제공해 주는 윤리 및 컴플라이언스 책임자의 인터뷰도 다룰 것이다. 또한 이 책에는 '최고의' 회사와 컴플라이언스 실패에서 재기한 기업의 사례 연구와 모범 관행도 포함되어 있다. 과거에는 부정적인 이슈로 매스컴을 도배한 기업이 강력한 컴플라이언스 프로그램을 구축하여 거듭난 모습에서 배울 점이 많을 것이다.

기업의 임원과 사상적 리더의 통찰력과 전략도 이 책에 수록되어 있다. 미국에 기반을 둔 조직뿐 아니라 다른 나라 기관의 사례도 있다. 컴플라이언스 인사이트Compliance Insight에서는 사례 연구, 모범 관행, 표본 프로그램, 조사 연구 결과 및 특정 주제 또는 이 분야의 전문가들의 논평을 자세히 설명한다. 나는 이 책을 컴플라이언스에 대한 종합적인 개론서로 만들고 싶었지만 넓고 복잡한 모든 측면을 다루기가 쉽지 않았다. 하지만 효과적인 컴플라이언스의 기본 원리들은 모두 다루려고 노력했다.

최근의 주요 컴플라이언스 실패들은 기업 문화에 중대한 변화를 초래했다. 갑자기 고결성integrity, 책임성accountability이 조직의 핵심 요소가 되었다. 이러한 요소들이 언제나 존재해 오기는 했지만 이제는 전면에 부상하고 있다. 도처에서 고결성의 중요성에 대해 말하고 있다. 고결성은 2005년에 메리암-웹스터 온라인 사전의 올해의 단어로 선정되어서 고결성 및 윤리에 대한 초점을 강화시켜 주었다.

그러나 2006년에 메리암-웹스터는 'truthiness'를 올해의 단어로 선정했다. 만일 이 단어에 대해 들어 본 적이 없다면 그 사람은 센트럴 케이블 방송의 모의 뉴스 프로인 콜버트 리포트를 보지 않는 사람일 것이다. 이 프로의 진행자인 스테판 콜버트는 2005년 10월에 청중들에게 이 말을 소개했다. 이 말은 '진실이라고 알려진 개념이나 사실보다는 자기가 진실이었으면 좋겠다고 바라는 개념이나 사실을 선호하는 성질'이라고 정의된다.[1] Truthiness는 사적인 동기에서 진실을 쥐락펴락하는 것일 수 있지만 컴플라이언스에는 이 단어가 설 자리가 없다. 이는 엄해 보이는 배심원들이 압도적으로 유죄를 입증하는 증거들을 심사숙고한 뒤에 평결에 관한 합의를 이루고 법정에 돌아오는데, 피고인 CEO는 자신의 무죄를 확신하고서 만면에 웃음을 띠고 있는 격이다. 나는 올해의 단어가 고결성integrity에서 truthiness로 옮겨간 것이 우리가 과거를 잊었다는 표시는 아니라고 믿는다.

독자들이 이 책을 읽고 난 후 세계적인 수준의 컴플라이언스 프로그램을 구축하는 방법과 이를 지속적으로 유지하도록 이끄는 특별한 컴플라이언스 문화를 만드는 일의 중요성을 깨닫기 바란다.

마틴 비겔만

---

1) American Dialect Society, http://www.americandialect.org/index.php/amerdial/thruthiness_voted_2005_word_of_the_year/

Compliance
Program

감사의 글

글을 쓰는 작업에 깊이 관여할수록 다른 사람의 도움과 현명한 조언에 의존한다는 것을 깨닫게 됩니다. 책을 쓰는 일은 힘겨운 과정이기 때문에 감사를 전하고 싶은 분들의 도움이 없었다면 저는 이 일을 마무리하지 못했을 겁니다.

먼저 이 책의 기여자로 헌신한 제 아들인 다니엘 비겔만에게 감사드립니다. 다니엘은 최초의 브레인스토밍에서부터 리서치, 집필, 편집 및 교정에 이르기까지 모든 부분에 관여했습니다. 그는 최근에 법학전문대학원을 졸업하고 법률 관련 업무를 시작해 매우 바쁜데도 시간을 내주었습니다. 그의 지치지 않는 열정에 힘입어 이 책을 발간할 수 있었습니다.

기업 컴플라이언스에 관한 책을 쓰자는 아이디어를 제안하고 집필과 출판 과정을 지도해 준 편집자 티모시 버가드에게 특별히 감사드립니다.

그는 제 저술 활동을 지원할 뿐만 아니라 생각과 경험을 글로 표현할 수 있도록 이끌었습니다.

페드로 파비아노, 토마스 피니, 스코트 모리츠, 조지 스탬불리디스, 조셉 머피, 씨티 톰린, 딕 카로자, 존 길, 월트 파블로, 잔 새나한, 데이비드 카퍼티, 할룩 거셀 박사, 크레이그 그리네와 데이비드 매카시 등 아이디어, 내용, 인터뷰에 도움을 준 모든 분들에게 진심 어린 감사를 드립니다.

다음 분들에게 특별히 감사드립니다. CA, Inc.의 팻 나조, 존 맥더모트와 제니퍼 할라한, 소더퀴스트 센터의 존 코프랜드와 홀리 바이아스, Airservices Australia의 시몬 자리페와 마이클 호워드, Premier Inc.의 메간 배리와 스테파니 젠킨스는 자사의 세계적인 수준의 컴플라이언스 프로그램을 이 책에 소개할 수 있도록 허락해 주었습니다. 글로벌 컴플라이언스 사내 변호사인 스티븐 로우어는 Premier Inc.의 프로그램을 소개해 주고 해당 부분의 리서치, 내용 및 집필의 많은 부분을 제공해 주었습니다.

휴론 컨설팅 그룹의 마크 셔만, 로라 코노와 데이비드 메일스트럽은 이 책의 자금세탁 방지 컴플라이언스 부문을 썼습니다. 그들은 바쁜 업무 중에 짬을 내서 지식과 경험을 기부했습니다. 이에 대해 깊이 감사드립니다.

모범 관행 및 다른 내용을 제공해 준 릭 크루즈, 카렌 고돈, 로니 칸과 기업 임원 위원회에 감사드립니다. 이 책의 머리말을 써 준 카렌과 로니에게 거듭 감사드립니다.

특별히 감사드리고 싶지만 이름을 밝힐 수 없는 두 분이 있습니다. 그들은 자사의 컴플라이언스 실패에 관해 깊은 통찰력을 제공해 주었습니다. 전직 연방 관리였던 드와인은 사려 깊은 논평을 해 주었습니다. 고결성과 책임성을 솔선수범하며 컴플라이언스 문화를 강력하게 지원하는 알라인 페라카에게 감사드립니다.

마지막으로 제 아내 린에게 감사드립니다. 린은 원고 검토와 통찰력이 있는 피드백을 제공해 주었을 뿐만 아니라 제가 이 책을 쓰는 데 몰두할 수 있도록 배려해 주었습니다.

마틴 비겔만

19

**Compliance
Program**

차례

Chapter 4 케어마크 사례와 사베인−옥슬리법;
컴플라이언스 강화하기

Chapter 5 CA 컴플라이언스의 재탄생;
거짓말하지 마라, 속이지 마라, 훔치지 마라

Chapter 6 컴플라이언스의 국제적 지형

Chapter 7 컴플라이언스 프로그램과 자금세탁 방지 노력

Chapter 8 윤리 및 컴플라이언스 사상적 지도자 대담

Chapter 9 세계적인 수준의 컴플라이언스 프로그램 구축하기;
7가지 실행 요소(1부)

Chapter 1

윤리와 컴플라이언스는
왜 필요한가?

Compliance
Program

"비즈니스 윤리 같은 것은 없다. 최고의 기준을 고수해야 한다는 오직 한 종류의 윤리만 있을 뿐이다."
— 마빈 바우어(Marvin Bower), 매킨지 사의 전직 매니징 파트너

  아래의 사례처럼 악몽 같은 시나리오를 상상해 보라. 어느 상장회사에서 위압적인 리더가 공포로 회사를 통치한다. 누군가가 반대 의견을 제시하면 즉시 해고된다. 성문화된 규정이나 절차가 없고 내부 통제를 회피하는 문화가 팽배하다. 연수는 불규칙적으로 실시되며 절대적으로 부족한 실정이다. 결국 이 회사의 최고 임원들은 월가의 기대를 충족시키거나 이를 상회하기 위해 불법을 공모한다. 그들은 해마다 이러한 대규모 사기 행각을 벌이는데 이사회는 전혀 낌새를 채지 못하고 있으며 독립적인 확인 절차를 거치지도 않은 채 재무제표가 진실하다는 경영진의 설명과 진술을 그대로 받아들인다.

  정부가 개입하여 이 회사의 회계 관행에 대해 정밀 조사가 실시되자 경영진은 직원들에게 정부나 외부 변호인에게 거짓말을 하도록 지시하

고 배심원을 매수하는 등 조사를 방해함으로써 진실을 은폐하려 한다. 결국 CEO, CFO 및 법률 고문을 비롯한 8명의 임원이 유가증권 사기 및 사법 방해죄에 대해 유죄를 인정한다.

대규모 회계 부정으로 주주들은 100억 달러가 넘는 손해를 본다. 직원들은 리더가 거짓말을 하고 회사를 속였다는 사실에 충격을 받고 회사를 떠난다. 투자자들 역시 자신의 투자 가치가 감소되고 있는데도 회사 내부에서는 아무도 이를 중단시키려는 행동을 취하지 않았음을 알고서 경악한다. 설상가상으로 이 회사에는 아무런 컴플라이언스 프로그램도 없다. 이러한 일이 일어날 수 없을 것 같은가? 하지만 실제로 이러한 일이 벌어졌으니 다시 한번 생각해 보라.

이 모든 일은 CA, Inc.로 불리는 컴퓨터 어소시에이츠 사에서 일어났다. 효과적인 윤리 및 컴플라이언스 프로그램의 부재로 이러한 노골적인 위반 행위가 자행되었다. 컴플라이언스는 다양한 요소와 관련이 있다. 모든 관련 법규들을 알고 이를 준수하는 것은 다양한 요소의 일부일 뿐이다. 효과적인 컴플라이언스 프로그램이 있었더라면 CA 사의 상황은 달라졌을 것이다. 한 조직을 대내외적으로 보호하기 위해서는 강력한 컴플라이언스 프로그램이 절대적으로 필요하다.

컴플라이언스는 법률 준수 이상을 의미한다. 그것은 조직과 관련된 모든 법률적 의무를 준수하게 하는 상세하고 복잡한 과정이다. 사람들은 어떤 상황에서도 조직 내부 규정뿐 아니라 해당 조직에 적용되는 연방 정부와 주州 정부의 모든 법률과 규정을 알고 있어야 한다. 회사 역시 마찬가지다. 경험이 풍부한 전문 법률가도 때로는 법률 용어를 해독하는 데 어려움을 겪는 것처럼 이것 자체가 성가신 과정일 수 있다.

컴플라이언스 의무는 매우 중요하기 때문에 권한을 행사하는 사람은 법규를 알고 있어야 한다. 법규를 몰랐다는 것은 변명이 될 수 없다. 자신이 법규를 위반한 것을 몰랐다고 주장한다 해도 민·형사상 책임에서 벗어날 수 없다. 사람들이 사전에 규정을 알게 하고 그 규정을 지속적으로 따르게 하는 것이 바로 컴플라이언스의 역할이다. 법규에 대한 지식과 이해가 첫 번째 단계다. 기업은 또한 무엇을 어디에 적용해야 하는지도 알아야 한다. 나아가 일단 이런 정보를 갖고 있다면, 효과적인 컴플라이언스 프로그램 안에서 이를 실행해야 한다. 그런데 효과적이라는 것은 어떤 의미일까? 회사는 신중하게 프로그램을 고안하고 숙련된 컴플라이언스 전문가를 고용하며, 상세한 규정 및 지침을 제정해 연수를 실시하고 컴플라이언스 프로그램의 모든 측면을 증진해서 필요로 하는 모든 사람에게 지식이 전파되게 해야 한다. 또한 이러한 과정은 지속적이어야 한다. 컴플라이언스 프로그램은 이 모든 것이 효과를 발휘하도록 하는 동력이다.

법규를 알고 이를 준수하는 것은 컴플라이언스의 한 부분에 불과하다. 진정한 컴플라이언스는 그보다 훨씬 더 깊이 들어간다. 문제를 겪지 않으려고 법규를 준수하는 수준에만 머무르는 것은 완전한 컴플라이언스가 아니다. 일류의 컴플라이언스는 법규 준수규정과 법률을 지키는 것와 윤리가치, 무결성integrity, 책임성, 항상 옳은 일을 하는 것에 기반한 문화를 개발하고 이를 지속시키는 것를 성공적으로 혼합하는 것이다.

진정한 컴플라이언스는 범죄행위나 기타 컴플라이언스 실패에서 발생하는 손해 가능성을 제거하거나, 최소한 이를 줄이려는 행동의 일관성을 확보해 준다. 그것은 최소 요건 충족 이상을 의미한다. 진정한 컴플라이언스는 조직 내에서의 윤리적 행위나 법규 준수 장려에 대한 고위 지도자의 지속적인 노력과 관련이 있는데, 이것이 더 중요한 요소다. 솔선수범과 상부에서의 기조tone at the top 설정은 컴플라이언스의 모든 요소를 포괄하는 기초가 된다.

컴플라이언스를 변명의 도구로 사용할 때, 즉 컴플라이언스 프로그램이 중요하다고 말하면서도 이를 자신의 직무 유기, 심지어 사기 행위를 가리는데 사용할 때 문제가 발생한다. 이는 컴플라이언스 프로그램이 없는 경우보다 더 위험하다. 왜냐하면 그 회사는 주주·직원·거래처 및 일반 대중들에게 자신들이 법을 지킨다는 그릇된 믿음을 주기 때문이다. 엔론Enron은 65쪽 분량의 윤리강령을 보유하고 있었으나 결국 그 강령은 공허한 말에 지나지 않았다는 사실을 잊지 말자.

컴플라이언스 프로그램을 제정하고 연수 프로그램을 도입하기는 하지만 자금 부족이나 유능한 인재 부족 또는 경영진이 다양한 방식으로 효력을 약화시키는 것 역시 위험하며 비생산적이다. 진정한 컴플라이언스는 자신이 일상적으로 행하는 바를 신봉하는 것이다. 이는 단순히 입에 발린 말이 아니다. 그것은 자신이 말하는 곳에 돈을 쓰는 것이다. 이는 컴플라이언스에 대해 사람들의 행동과 의식구조라는 두 측면에서 접근하는 것이다. 어느 조직이든 이 두 가지를 지니지 못하면 효과적인 컴플라이언스 시스템을 보유할 수 없다. 어느 한 가지만으로는 효과를 발휘할 수 없기 때문이다. 이 점에서 최고위층에서 긍정적인 기조를 세워야 한다는 개념과 연결된다. 경영진이 컴플라이언스의 가치를 신봉하고 자신의 행동으로 이를 지속적으로 강화시킨다면 직원들도 그들의 인도를 따르게 될 것이다.

윤리는 첫 번째 임무다

임원들은 끊임없이 비즈니스 컴플라이언스라는 현실에 직면한다. 그들은 자사의 규정과 절차들이 지켜지게 해야 한다. 상장 기업의 임원들은 사베인-옥슬리법Sarbanes-Oxley Act과 기타 강화된 보고 기준의 요건을 따라야 한다. 모든 조직은 연방 정부, 주 정부 및 기타 자치단체의 법률을 준수해야 하며 컴플라이언스 프로그램 수립을 의무화하고 있는 미국의 연방 양형 가이드라인Federal Sentencing Guideline을 준수해야 한다. 또한 뇌물 금지 규정 및 자유무역 규정 등 많은 법률들도 준수해야 한다. 그러나 이들 요건 중 무엇보다 중요한 것은 윤리 개념이며 이는 모든 기업 거버넌스 요건의 중심이 되는 개념이다.

윤리는 고결성integrity과 적절한 비즈니스 수칙을 포함한다. 그것은 개인이나 조직이 행동하거나 다른 이들과 상호 작용할 때 기준으로 삼는 표준이나 가치를 가리킨다.[1] 그리스 철학자 아리스토텔레스는 그의 저서 『니코마코스 윤리학』Nicomachean Ethics에서 "도덕적 행위는 습관화에 의해 만들어지며 도덕적 행위가 좋다는 것은 의심할 여지가 없다"고 주장했다.[2] 오늘날에도 다르지 않다. 임원뿐 아니라 투자자, 대중, 정부도 윤리와 컴플라이언스를 염두에 두고 있다.

지난 수년 간 많은 기업부정 스캔들로 인해 '윤리'라는 단어는 뜨거운 쟁점 주제가 되었다. 이것은 이제 뉴스거리도 아니다. 윤리와 컴플라이언스 프로그램에 대한 인식이 높아졌지만 아직 문제가 해결된 것은 아니다. 가령 휴렛 패커드HP 사의 핵심 임원이 연루된 스파이 및 개인정보 사취 스캔들은 성공적인 컴플라이언스에는 단순한 윤리강령 이상의 것이 필요하다는 것을 보여 준다. HP는 포괄적인현재 시점에서 보면 다소 아이러니하지만 수 페이지에 달하는 민감한 정보 취급 방법을 포함하는 윤리강령을 갖추고 있었지만 이 책을 집필하고 있는 현재까지도 신문 1면에 부정적인 머리기사가 실리고 있고 최고 경영진이 교체되는 홍역을 치르고 있다. HP와 같은 위대한 기업도 때로는 컴플라이언스 실패에 직면할 수 있다. 단순히 컴플라이언스 프로그램을 갖추는 것만으로는 기업을 보호하고 주주와 정부의 호감을 유지해 주는 해결책이 되지 못한다. 성공적인 컴플라이언스 프로그램은 이보다 훨씬 더 깊이 들어간다.

컴플라이언스에 대한 압력은, 특히 사베인－옥슬리법 제정 및 엔론 시대의 스캔들 문화에 대한 대응 이후에는 거의 '윤리 열풍'이라고까지 묘사될 수 있다. 사베인－옥슬리법은 이해 상충, 재무 공시, 이사회의 감독, 재무제표에 대한 인증 문제 등을 다루는 규칙을 통해 상장 회사들의 기업 책임과 거버넌스를 강화시켰다.[3] 이 법이 통과된 이후 기업들은 서둘러 이 법을 준수해야 했고 갑자기 모든 기업들이 윤리강령을 갖추어야 했다. 윤리강령이 없는 기업은 신속하게 이를 제정해야 했다.

이러한 열풍은 윤리 위반에 따른 벌금 부과에 대한 기업의 높은 우려와 결합되었다. 정부의 공식 조사를 받고 벌금을 부과당한 기업들에 비해 과거의 분식을 씻어 내고 수익을 '수정한' 기업에게 비교적 가벼운 벌금이 부과되자 기업은 정부에 협력하는 것이 자신에게 이익이 되며 컴플라이언스 프로그램을 도입하면 향후 기업 비리가 발생하더라도 벌금이 줄어들 수 있을 거라는 메시지를 전달받게 되었다.

현행범으로 발각되면 관련 임직원이 기소되어 수감되는 것은 말할 것도 없고 기업 자체도 혹독한 재무 및 평판 상의 대가를 치러야 했다. 이로 인해 기업은 재앙을 피하는 방법을 강구하게 되었고 윤리는 재계에서 새로운 조명을 받게 되었다. 기업은 사베인–옥슬리법 통과로 자신에게 부과된 새로운 의무를 이해하려고 애쓰면서 최고 경영진 등에 대한 윤리적 행동을 서둘러 받아들이게 되었다. 윤리 열풍이 모든 업계를 휩쓰는 것은 좋은 일이었다. 이러한 현상이 컴플라이언스에 도움이 되기는 하지만 컴플라이언스 실패와 범죄 행위가 지속되는 점을 볼 때 아직도 할 일이 많이 남아 있다. 미국 증권거래위원회는 지난 수년 간 강력한 단속 프로그램을 계속 시행해 왔다. 아래의 '컴플라이언스 인사이트 1.1의 2005-2006 회계연도 SEC 단속 활동 결과'는 완벽한 컴플라이언스를 위해서는 아직 가야 할 길이 멀다는 것을 보여 준다.

Compliance
Insight 1.1

SEC 2005-2006 회계연도 단속 활동 요약

컴플라이언스 및 윤리 리더십 위원회 리서치, 2007

2006년 단속 활동 574건 중

· 2006년 유가증권법 위반자들에 대해 부과된 몰수금 및 벌금 총액 33억 달러

· 2005년 해결 금액 평균 2,850만 달러로 2004년의 2,650만 달러에서 증가

· 2005년 해결 금액 중앙값 750만 달러로 2004년의 630만 달러에서 19% 증가

· 2005년 회계상 오류로 인한 상장 기업들의 재무제표 수정 신고 657 건으로 2004년 대비 58% 증가

· 과거 3년 동안 개인적 불법 행위 혐의로 인해 면직된 집행 간부 및 이사 300명

· 2005년 미국의 기업을 떠난 CEO 1,228명으로 2004년 대비 102% 증가

· 2005년 「포춘Fortune」 지紙 선정 1000대 기업에 속하는 기업에서 교체된 CEO 129명으로 2004년 대비 32% 증가

워싱턴 DC Corporate Executive Board © 2007의 허가를 받아 인용함. 이 내용은 미국 SEC; Cornerstone Research; Challenger, Gray & Christmas; Burson-Marsteller 및 미국 회계 감사원(General Accounting Office)의 정보에 기초를 두고 있음.

윤리와 윤리적 행위는 기업의 비용 지출만으로 창조하거나 성취할 수 있는 것이 아니다. 그것은 보다 깊은 열정을 필요로 하며 시간, 노력, 그리고 비용을 통해서만 달성될 수 있다. 상투적인 말이기는 하지만 여기서는 질이 양보다 훨씬 더 중요하다. 약간의 진전을 이루는 데에도 여러 면에서 할 일이 많다. 일류의 컴플라이언스 프로그램 구축은 이의 구축 및 유지 보수, 지속 측면에서 현명한 결정을 필요로 한다. 그렇게 함으로써 기업은 장기적으로 효과적인 컴플라이언스를 달성할 수 있을 것이다.

뉴욕경찰청과 윤리적 문화

윤리적 행동에 대한 서약은 단순히 어떤 프로그램을 시작하고 그 절차가 완료되었다는 체크 박스에 표시하는 것으로 달성될 수 없다. 윤리 및 법규 준수 문화를 구축하는 데는 시간이 필요하다. 고결성integrity과 성

31

품은 윤리 및 컴플라이언스의 핵심 요소다. 사람은 완벽한 존재가 아니며 때로는 흔들리기도 한다. 사람이 정도를 벗어나지 않도록 윤리적 행동의 중요성을 계속해서 배양하고 강화하며 반복할 필요가 있다.

과거 100년 이상 뉴욕경찰청에 영향을 준 다양한 경찰 부패 스캔들은 윤리적 행동에 지속적인 주의를 기울일 필요가 있다는 사실을 가장 잘 보여 주는 사례다. 법률을 집행하는 공무원들이 취임 서약을 잊어버리고 범죄나 부패를 저지르게 되면 전설적인 기관에도 부패가 들불처럼 번질 수 있다. 컴플라이언스 인사이트 1.2는 뉴욕경찰청이 과거 수년 동안 직면했던 주요 부패 스캔들을 자세히 보여 준다.

뉴욕경찰청이 직면했던 문제에 대해 낯설지 않다고 느껴지는 것은 과거로부터 교훈을 얻지 못했기 때문이다. 21세기의 뉴욕경찰청은 윤리 기강 해이로 오랜 기간 쌓아온 명성에 심각한 손상을 입을 수 있다는 사실을 뼈저리게 깨닫게 되었다. 뉴욕경찰청이 구축한 컴플라이언스 프로그램은 경찰대학 입학생에 대한 안내에서부터 출발했다. 아래의 '경찰대학생에 대한 안내문'에 어떤 내용이 실려 있는지 살펴보라.

우리는 우리의 역사에 커다란 자부심을 느끼며 우리 청의 경찰관들이 어렵게 얻은 명성을 존중하지 않는 사람들을 용납하지 않습니다.…우리 청에서 일이 잘 풀릴 때, 즉 우리가 범죄를 줄이는 데 성공하거나, 거물을 체포하거나 극적인 구조를 하면 우리의 행동이 온 나라와 전 세계에 보도되고 경찰관들이 영웅 대접을 받습니다. 그러나 일이 잘못될 경우, 즉 경찰관들이 스캔들에 빠지거나 치명적인 실수를 하게 되면 열성적으로 우리를 칭찬했던 바로 그 기자와 지도자들이 곧바로 우리를 비난합니다. 이런 일이 발생하면 일반 대중은 그런 문제가 어느 한 경찰관 또는 단지 소수의 경찰관에게만 한정될 수도 있다는 사실을 인식하지 못합니다. 오히려 대중의 눈에는 우리 모두가 용의자가 되고 작은 실수나 죄가 일반화됩니다. 이렇게 되면 대중들에게 불신이 야기되고, 우리가 마땅히 수행해야 하는 일들이 더 어려워집니다. … 오직 여러분 자신과 우리 청 소속 형제 자매들에게 존경을 가져다주는 방식으로만 처신하십시오.[4]

세계적인 투자자이며 버크셔 해서웨이Berkshire Hathaway, inc.의 최고 경영자인 워렌 버핏은 다음과 같이 말했다. "명성을 쌓는 데는 20년이 걸리지만 명성을 망치는 데는 5분밖에 걸리지 않는다. 그것을 생각한다면 당신은 다르게 처신할 것이다." 뉴욕경찰청이 이를 인식하고 있는 것과 같이 모든 조직들도 그래야 한다. 하지만 우리가 과거를 거울삼지 않는 일은 흔하다.

2006년에 미국에서 수많은 대기업과 중소기업의 스톡 옵션 소급 스캔들이 알려지자 불과 수년 전에 있었던 회계 스캔들에 대한 기억이 되살아났다. 똑똑한 사람들이 어떻게 엔론, 월드컴, 아델피아 등의 교훈을 잊어버릴 수 있단 말인가? 이에 연루된 회사들의 숫자는 경악할 만하다. 이러한 사기 행위의 대부분은 여러 해 전에 발생했는데 최근에야 공개되었다. 그런데 이러한 행위의 관련자들은 고위 직원들이었다. 보다 중요한 것은 그들의 컴플라이언스 프로그램이 작동하지 않았다는 사실이다. 스톡 옵션 소급에 대한 좀 더 자세한 내용은 2장에서 설명한다.

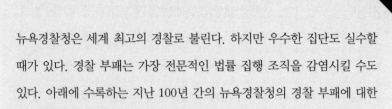

뉴욕경찰청의 부패 역사 개요

뉴욕경찰청은 세계 최고의 경찰로 불린다. 하지만 우수한 집단도 실수할 때가 있다. 경찰 부패는 가장 전문적인 법률 집행 조직을 감염시킬 수도 있다. 아래에 수록하는 지난 100년 간의 뉴욕경찰청의 경찰 부패에 대한 조사를 숙고해 보라.

- 렉소우 위원회Lexow Committee 1894 : 도박업자로부터 조직적인 상납 및 금품 수수.
- 쿠란 위원회Curran Committee 1913 : 도박자 및 매춘 업자로부터의 조직적인 월례 상납.
- 시버리 위원회Seaburry Commission 1932 : 밀주자, 주류 밀매업자 및 도박자로부터의 상납에 경찰청이 관여함.
- 헬판드Helfand 조사1955 : 도박 신디케이트에 대한 경찰의 대규모 비호.
- 냅 위원회Knapp Commission 1972 : 부패 경찰은 '초식자'이거나 '육식자'였음. a)
- 몰렌 위원회mollen Commission 1994 : 부패 경찰의 코카인 및 기타 마약 관련 갈취 · 보호 및 불법 매매에 직접 참여.

컴플라이언스에 관한 책에 왜 경찰의 부정 부패와 관련한 역사 개요를 포함시켰겠는가? 부패, 범죄 관여 및 법규 위반은 언제나 존재한다는 점을 상기시키기 위함이다. 우리는 중대하고 잘 알려진 사건이 발생한 뒤에야 주의를 기울이고 뭔가를 하는 경향이 있다. 지난 세기 동안 대략 20년마다 부패 경찰의 활동이 정점에 달하여 어떤 부패 행위가 발생했는지를 공개적으로 조사하고 해당 스캔들에 대한 해결책을 권고하기 위한 조사 기구가 구성되었다. 여기서 우리가 배워야 할 중요한 교훈은 스캔들이 우리의 명성을 해칠 정도로 확대되어 어떤 조치를 취할 수밖에 없게 되기 전에 지속적으로 최고 수준의 컴플라이언스 기준을 적용해야 한다는 점이다.

---

a) 뉴욕경찰청의 경찰 부패에 대한 냅 위원회의 조사 결과, 부패 경관에는 두 종류가 있음이 밝혀졌다. 그들은 '초식자'이거나 '육식자'였다. 초식자들이 압도적으로 많았는데, 그들은 일반적으로 위반 행위를 눈감아 주는 대가로 기업체 소유자, 도박자 등으로부터 소액의 금품을 받았다. 초식자들은 금품을 요구하지는 않았지만 주는 것을 거절하지도 않았다. 육식자들은 부패 경찰의 일부에 지나지 않았지만, 마약, 도박 영업 및 기타 심각한 위반 행위와 관련된 대규모의 이권 기회를 찾아다녔다. 좀 더 자세한 내용은 경찰 부패에 관한 냅 위원회 보고서(뉴욕: George Braziller 출판사, 1973) 65쪽에 나오는 해당 위원회의 경찰 부패 및 시(市) 반 부패 절차 조사 내용을 참조하라.

컴플라이언스란 무엇인가?

컴플라이언스는 확립된 가이드라인, 세부 규정 및 법률에 부합하는 상태를 의미한다.[5] 컴플라이언스 및 윤리 리더십 위원회는 컴플라이언스를 다음과 같이 정의한다. "기업이나 개인의 관련 법규 및 회사 내규 준수… 특정 법규 또는 내규를 '준수'하는 것으로 정의되기 위해서는 다양한 프로그램, 정책 및 통제 장치를 갖추어야 한다."[6] 효과적인 컴플라이언스 프로그램의 중요성을 강조해 온 미국 법무부는 컴플라이언스를 다음과 같이 정의한다.

컴플라이언스 프로그램은 부정 행위를 예방 및 탐지하고 기업 활동이 모든 관련 형사법 및 민사법, 규정, 규칙에 부합하도록 만전을 기하기 위해 기업의 경영진이 수립한다. 미국 법무부는 기업의 자율 규율을 권장하는 데 여기에는 기업이 자체적으로 문제를 발견할 경우 이를 정부에 자진신고하는 것 등이 포함된다. 그러나 컴플라이언스 프로그램의 존재 자체만으로는 기업의 임직원이나 대리인이 저지른 범죄에 대해 기업을 기소하지 않는 것을 정당화하기에는 충분하지 않다. 사실 컴플라이언스 프로그램이 있음에도 그런 범죄를 저질렀다는 것은 경영진이 컴플라이언스 프로그램을 적정하게 집행하지 않고 있음을 암시할 수도 있다. 게다가 반독점 위반 등과 같은 범죄의 경우에는 국가의 법률 집행 정책으로 컴플라이언스 프로그램을 갖춘 기업에 대해서도 기소를 의무화하고 있다.[7]

효과성의 관건은 해당 프로그램이 컴플라이언스를 확보할 수 있도록 적정하게 고안되었느냐에 있다. 미국 연방 조직 양형 가이드라인Federal Sentencing Guidelines for Organizations; FSGO은 다음과 같이 명시한다. "효과적인 컴플라이언스 및 윤리 프로그램을 갖추려면 기업은 범죄 행위의 예방 및 탐지를 위해 적절한 주의 의무를 기울여야 한다. 또한 다른 방법으로 윤리적 행동 및 법규 준수 노력을 권장하는 기업 문화를 증진해야 한다."[8] 끊임없이 변하는 컴플라이언스 환경은 경영진들에게 조직을 온전히 보호하기 위해 자신들의 프로그램이 '최고 수준'이 되도록 끊임없이 노력할 것을 요구한다.

법률을 위반하고 사기 등의 범죄를 저지르는 조직은 법원의 혹독한 처벌에 직면한다. FSGO 하에서는 유죄판결을 받은 조직은 '귀책 점수culpability score'로 산정되는 특정 가중 요인에 따라 추가적인 처벌을 받을 수도 있다. FSGO에 기술되어 있는 바와 같이 가중 처벌 및 벌금을 받게 되는 요소들은 다음과 같다.

· 당해 조직 내의 경영진들이 "위반 행위에 참여했거나, 용인했거나 고의적으로 무시했는가?"

· "상당한 권한을 지닌 사람의 당해 위반 행위 용인이 조직 전반에 만연되어 있는가?"

· 당해 기업이 과거에 유사한 위반 행위를 한 전력이 있는가?

· 당해 조직이 조사 또는 기소를 방해함으로써 법 집행을 방해했는가?[9]

FSGO는 형사법 위반에 대한 처벌을 줄일 수 있는 경감 요인들이 있을 경우에는 상당한 '당근' 또는 '혜택'을 제공한다. 이러한 요인들이 고려될 지를 결정하는 요인에는 아래와 같은 사항들이 포함된다.

· 해당 '기관이 위반 행위 당시에 효과적인 컴플라이언스 및 윤리 프로그램을 지니고 있는' 경우.

· 해당 기관이 위반 행위를 알게 된 경우 신속하게 '이를 적절한 정부 당국에 보고한' 경우.

· 해당 기관이 '조사에 완전하게 협조한' 경우.

· 해당 기관이 '자신의 범죄 행위에 대한 책임을 인식하고 이를 받아들인다는 점을 분명하게 보여 준' 경우.[10]

질이 양보다 중요하지만 견고한 컴플라이언스 프로그램은 양자 사이의 적절한 균형을 필요로 한다. 자원과 지원이 부족한 컴플라이언스 프로그램은 실패하게 되어 있다. 회사나 경영진의 충분한 지원이 없으면 어느 프로그램도 직원의 행동을 변화시키고 영향을 준다는 목표를 달성할 수 없다. 컴플라이언스는 경영자가 직접 관여하고 자격을 갖춘 전문 임원이 믿을 만한 컴플라이언스 부서를 이끌면서 일반 직원들이 쉽게 이 부서에 접근하게 하고 질문에 답하며 적절히 지도하는 것이 필요하다. 그러나 어떻게 지출하고 어디에 지출해야 할지에 대한 적절한 기준이 없이 너무 많은 돈을 쓸 경우 놀랄만큼 비효율적으로 되거나 돈을 쓰지 않는 경우 만큼이나 효과적 이지 않을 수 있다.

이카루스 효과

펜실베이니아 법학대학의 데이비드 A. 스킬David A. Skeel 교수는 기업 스캔들을 평가하는 데 흥미로운 이론을 제안했다. 그는 서로 결합하여 미국의 대형 기업 스캔들 발생에 영향을 준 세 가지 요인을 '이카루스 효과Icarus Effect' 라고 설명한다. 그리스 신화에 등장하는 이카루스는 아버지 대달루스로부터 밀랍과 깃털로 만들어진 날개를 받는다. 대달루스는 아들에게 날개가 녹아서 땅에 떨어져 죽을 수도 있으니 태양 가까이 가지 말라고 경고했다.[11] 하지만 이카루스는 새로 얻은 힘에 도취되어 아버지의 경고를 무시하고 파국을 맞게 된다.

스킬 교수는 위험 감수, 경쟁 및 기업 형태 조종이라는 3가지의 '이카루스' 요인을 찾아냈다. 위험 감수는 아마도 기업 구조 안에 내재되어 있을 것이다. 시장은 신상품 및 기술을 발전시키는 위험을 성공적으로 감수한 기업들에게 보상해 준다. 위험 감수가 혁신으로 이끄는 경우도 있다. 더욱이 미국 기업의 최상위 계층에 도달한 사람들은 대담하고 자신감이 있으며 위험을 감수할 용의가 뛰어난 경향이 있다. 결국 이러한 요소들은 사람들이 기업에서 상위 서열로 올라갈 수 있게 해주는 특질들이다. 임원 후보가 어느 정도의 위험을 감수하지 않은 채 고위 직급에 도달할 가능성은 희박하다. 위험 감수는 나쁜 것이 아니다. 기업 거버넌스에 관한 규칙들은 어느 정도의 위험 감수를 명시적으로 허용한다. 예를 들어 비즈니스상의 판단 규칙은 판사나 배심원이라면 너무 위험하다고 생각하거나 다른 행동을 선택했을 법한 경우에도 합리적인 비즈니스 결정을 보호한다.

경영진에 대한 보상 역시 위험 감수를 조장한다. 경영진에 대한 보상의 대부분은 스톡 옵션 형태를 띠고 있다. 옵션에는 "좋은 면만 있고 나쁜 면은 없다. 즉, 회사의 주가가 오르면 큰 보상을 약속 받지만 CEO가 회사 경영에 도박을 걸어 주가가 곤두박질쳐도 자신은 비용을 부담하지 않는다."[12] 그래서 옵션은 위험에 대해 보상해 준다. 또한 위험 감수에 어느 정도 분명하면서도 중요한 혜택이 있지만 일단 통제권 밖으로 벗어나면 회사를 파산시킬 수도 있다. 모든 위험 감수 행위는 조리 있고 합리적인 사고에 의해 완화되어야 한다.

경쟁은 경영진이 위험을 감수할 수 있도록 동기부여를 강화시킬 수 있다. 시장은 많은 조직들이 동일한 돈을 놓고 경쟁하는 거친 환경이다. 일정 수준의 재무적 성공에 대한 압력 혹은 보다 보편적으로는, 성공했던 과거로 복귀하라는 시장의 압력이 증가하게 되면 경영진은 투자가와 월가를 달래기를 바라며 위험한 결정으로 내몰리게 되는 경우가 흔하다. 이러한 경쟁 논리에 따른 위험 감수 행위는 근시안적이고 경솔했던 것으로 드러나는 경우가 많다.

마지막 요인은 기업 형태 조종이다. "주식회사 형태를 띠는 기업은 거액을 조달할 수 있으며, 많은 사람들이 여러 모양으로 회사에 생계를 의

존하고 있기 때문에 이카루스 성향의 경영진이 과도하거나 사기적인 위험을 감수하면 수천명의 직원, 투자자 및 공급 업체들의 재정 상태가 위험에 빠질 수 있다."[13] 개별적으로 보면 이러한 요인들은 전형적인 시장의 요소로서 긍정적으로 사용될 수 있다. 위험 감수와 경쟁은 보다 나은 제품을 창조할 수 있게 하며 주식회사라는 기업 형태는 유한 책임으로 거액의 자본을 조달할 수 있게 함으로써 위험을 감수하고 성공적인 제품 및 서비스를 창조해 낼 인센티브를 제공하는 등의 뚜렷한 이익을 안겨 준다. 그러나 이러한 요인들이 제약 받지 않고 결합되면 재앙적 수준의 스캔들을 초래할 수 있다. 기업 부정 스캔들에 대한 간략한 연혁과 그 책임자를 설명하는 3장에서 이러한 이카루스 요인들이 좀 더 자세히 다뤄진다.

컴플라이언스 프로그램의 개별성

이상적으로는 컴플라이언스 프로그램은 산업마다 달라야 한다. 그것은 개별 기업의 요건, 필요 및 그 기업이 속한 산업의 전반적인 컴플라이언스 요건에 들어 맞도록 만들어져야 하지만 이와 동시에 모든 기업에 부여된 컴플라이언스 요건 및 모든 기업이 지켜야 하는 법률도 반영해야 한다. 모든 조직은 컴플라이언스 프로그램들마다 각자 필요로 하는 부분에 대해 주의를 기울이도록 해야 한다. 윤리강령이 판에 박은 지침서에 불과하다면 회사의 컴플라이언스 문화에 진정으로 오랫동안 유지되는 변화를 가져오기는 어려울 것이다. 회사가 윤리강령의 내용보다는 외양에 훨씬 더 많은 시간을 보낼 수도 있다.

기업의 윤리강령이 멋진 그래픽, 사진 그리고 영감을 주는 인용구로 장식되어 있다면 이는 잠재 고객에게 배포한 광고 자료와 차별이 없을 수도 있다. 사실 우리가 여러 기업의 매뉴얼을 자세히 보면 서로 비슷하다는 점을 발견하게 된다. 많은 윤리강령들이 유사한 내용으로 되어 있어서 동일한 견본에서 나온 것처럼 보인다. 이것들은 본질적으로 윤리강령 표준 문안에 지나지 않는다. 심지어 동일한 인용구가 여러 기업의 윤리강령에 계속 등장하기도 한다. 이것은 윤리강령을 공표하는 기업들이 우선 순위를 잘못 정했다는 것을 보여 준다.

첫째, 위에서 언급한 바와 같이 실질보다 스타일을, 그리고 내용보다 외양을 선호함을 보여 주고 있다. 둘째, 이는 컴플라이언스 프로그램의 중요성에 대해 충분히 주의를 기울이지 않고 있음을 보여 준다. 판에 박은 프로그램 도입은 회사가 가능한 한 빨리 무엇인가를 마련하기 위해 서둘렀으며 그 결과 컴플라이언스 프로그램이 제대로 구축되었더라면 달성할 수 있었을 수준이나 회사가 바라는 만큼의 효과를 내지 않고 있거나 또는 회사가 진정으로 효과적인 컴플라이언스 프로그램을 갖추는 데 우선 순위를 두지 않았다는 것을 의미한다. 이런 회사에게는 실제로 컴플라이언스 문화를 조성하는 것보다 좋은 프로그램을 갖추었다는 외양이 중요하다. 이것은 컴플라이언스 프로그램을 회사 자체의 필요와 고유한 문화에 맞게 재단하는 데 필요한 노력을 기울이지 않았음을 보여 준다.

무엇보다 중요한 것은 컴플라이언스 프로그램의 이미지에 대해서만 강조하고 자기 회사에 적합한 개별성이 부족하면 훌륭한 컴플라이언스 프로그램을 갖춤으로써 얻을 수 있는 혜택을 얻지 못다는 점이다. 그런 혜택 중 몇 가지를 들자면 강력한 컴플라이언스 프로그램을 통해 직원들의 생산성과 사기가 높아지고 이익이 증가하며 투자가 및 소비자들 사이의 평판이 높아질 수 있다. 훌륭한 컴플라이언스 프로그램은 어떤 문제가 발생하여 회사와 주가에 타격을 주고 직원들이 회사에 이익이 되는 일을 하는 것이 아니라 내부 문제 해결에 귀중한 시간을 빼앗기는 수준에 도달하기 전에 이를 포착해 낼 수 있다. 또한 FSGO 하에서는 강력한 프로그램이 있을 경우 문제가 발생하더라도 처벌 감면 혜택을 받을 수 있으며 기소자 대응에도 유리한 위치를 점할 수 있다. 또한 법규 위반자가 발생한다 해도 이를 회사 전반에 문제가 만연한 것으로 보이는 것이 아니라 해당 위반자가 파렴치한이라고 주장할 수 있는 여지가 넓어진다.

다시 멋지게 작성된 윤리강령 문제로 돌아오면 직원의 관심을 끌기 위한 여지를 둘 필요가 있다는 점을 인식해야만 한다. 얼마나 많은 직원들이 시간을 내어 주어진 매뉴얼을 읽어볼 지도 의문이지만 그 내용을 내면화하고 완전히 이해하는 사람은 더 적다. 이 문제는 견실한 교육 프로그램을 구축하여 반드시 알아야 할 내용을 숙지시킴으로써 해결될 수 있다. 이때 자신의 수준을 넘어서며 상사들만이 처리할 수 있는 정보에 압도되지 않도록 주의해야 한다.

더불어 경영진이 감독 업무를 잘 수행하면 직원들에게 좋은 본이 되며 그들이 적절하게 행동할 수 있게 한다. 매뉴얼을 배포할 경우에도 매뉴얼에 모든 우발 상황에 관한 대처방안이 담겨 있지는 않기 때문에 경험이 풍부한 컴플라이언스 담당 책임자를 두어 특수한 질문에 답변할 수 있게 하면 도움이 된다.

윤리가 비즈니스에 도움이 되는가

컴플라이언스에 높은 가치를 두는 윤리적 기업을 운영하는 것은 단순히 좋은 생각에 그치는 것만이 아니라 비즈니스 측면에서도 타당성이 있다. 우리는 연방 양형 가이드라인 등에서 기업 윤리의 중요성, 스캔들로 야기된 피해, 법적 혜택 및 요건 등에 대해 많이 듣고 있다. 그러나 강한 기업 거버넌스를 지닌 윤리적 기업이 어떤 방식으로 윤리를 강조하지 않는 기업보다 좋은 실적을 거두게 되는지에 대해서는 알려진 바가 별로 없다.

더구나 경영진이 윤리를 가치 없는 것으로 여길 경우 회사의 장래를 해칠 수도 있다. "다수의 경영진이 윤리 프로그램을 회사 이익에 아무 기여도 하지 않는 비용으로 간주한다. 더욱 황당한 것은 일부 경영진은 기업 윤리에 대해 강조하면 자기 회사가 경쟁상 불리한 입장에 놓이게 되지나 않을까 두려워한다. 그들은 윤리와 이익이 조화될 수 있다는 것을 납득하지 못한다."[14] 물론 이는 사실이 아니며 윤리적 행동에 대한 명성이 경쟁사와 차별화해 줄 수 있기 때문에 윤리는 경쟁이 치열한 글로벌 경제 체제에서 회사에 유리한 입지를 제공해 줄 수 있다. "그러나 지각 있는 업계 리더들은 윤리적 기업 문화 구축이 주주 가치를 극대화하고 기업 이익을 증가시키는 강력한 수단임을 알고 있다."[15] 결론적으로 말하면 윤리는 이익을 증가시킨다. 윤리에 대한 기업 경영진의 공개적 서약과 회사의 재무 실적 간에 강한 상관 관계가 있다는 연구 결과가 많이 있다.[16]

드폴 대학의 커티스 버슈어Curtis C. Verschoor 교수에 따르면, "S&P 500 지수에 편입된 기업 중 윤리적 · 사회적 · 환경적 책임을 진지하게 고려하는 기업은 지수 내 다른 기업들보다 양호한 장기 재무 성과를 나타냈다."[17] 버슈어 교수의 기존 조사에 이어 수행된 2004년 조사는 우수한 거버넌스 특성과 연관된 이점을 보여 준다. 이 연구는 기업 가치 중 투자자들의 기여액 공제분, 즉 기업의 재무적 성장을 나타내는 시장부가가치 market value added: MVA를 측정함으로써 S&P 500 지수 편입 기업들을 분석했다. 거버넌스가 우수한 것으로 분류된 기업들은 윤리를 덜 강조하는 경쟁기업들보다 상당히 좋은 실적을 나타냈는데 이 차이는 2004년에 평균 94억 달러에 달했다.[18] 이 조사는 강력한 거버넌스 특성을 갖춘 기업이 실제로 주주들에게 우수한 재무적 보상을 가져다준다는 투자자들의 믿음에 대한 확고한 증거를 보여 준다. 회사의 경영진과 이사회 역시 시장이 우수한 기업 거버넌스, 특히 훌륭한 윤리 및 컴플라이언스 프로그램의 속성에 부여하는 가치를 인식해야 한다.[19] 컴플라이언스 인사이트 1.3은 기업에서의 적절한 컴플라이언스 및 윤리 프로그램 구축의 중요성을 재확인해 준다.

아스펜 연구소와 경영 컨설팅 회사인 부즈 알렌 해밀턴이 공동으로 수행한 조사에서도 강한 기업 가치 체계에 재무적 이점이 있음이 발견되었다. "우수한 재무 실적을 보이는 상장 기업은 가치 체계를 주도권과 혁신 등 성장을 강화시키는 분야의 운영에 더 성공적으로 접목시킨다."[20] 이 조사에서도 양호한 재무적 성과와 윤리 및 핵심 가치 강조 사이의 높은 상관관계가 발견되었다. "재무적 선두 기업, 즉 업계 평균을 상회하는 상장 기업들 중 98%는 가치 선언문에 윤리적 행위/고결성integrity이라는 단어를 포함시키고 있는 반면 다른 상장 기업들의 가치 선언문에는 88%만 이 단어를 포함하고 있다. 이러한 선두 기업들이 직원 존중, 정직/개방성, 성공 의지 등의 문구를 넣은 비율은 더 높다."[21] 이들 기업은 자신들의 관행이 주도권, 적응성, 혁신, 기업가 정신을 증진하는 데 매우 효과적이라고 응답했는데 이는 다른 상장 기업에 비해 2배 높은 비

기업에서 컴플라이언스 및 윤리 프로그램 구축하기 | 컴플라이언스 및 윤리 리더십 위원회, 2005

컴플라이언스 실패의 주 이유들	컴플라이언스 미이행 대가	컴플라이언스 및 윤리 프로그램의 이점	컴플라이언스 및 윤리 프로그램의 법적 고려 사항	컴플라이언스 및 윤리 프로그램 일반 경향
· 전반적인 엄격과 두려움의 문화 · 컴플라이언스 및 회계 상 통제의 부적정성 · M&A 프로세스 시 due diligence 결여 · 거래처 및 대리인에 대한 감독 불철저	· 법적 해결 비용 · 회사 주가에 대한 충격 · 부정적인 언론 보도 및 평판 손상	· 사기 행위 발생 시 '통과적인' 컴플라이언스 및 윤리 프로그램이 있으면 연방 감경 요인이 될 수 있음 · 회사 평판 지킴이 · 비윤리적 행위가 회사에 미치는 영향 최소화 · 주주들의 신뢰 및 충성심 배양 · 인재 유치 및 유지 촉진	· 거래소 · 법무부 · 연방 양형 가이드라인 · Caremark 판례 · 맥널티(The Mcnulty) 메모 · 민·형사상 책임	· 컴플라이언스 예산 증가 · 조사 대상 중 75% 이상의 기업에 2명 이상의 전담 컴플라이언스 직원이 있었음 · 컴플라이언스 및 윤리 프로그램에 대한 벤치마킹

Corporate Executive Board, 워싱턴 DC © 2005의 허가를 받아 인용함.

율이다.[22]

윤리는 또한 경영의 다른 분야인 최고 수준의 직원 채용과 유지 면에서도 유리하다. 비윤리적인 행위는 기업의 이익뿐만 아니라 인력에도 영향을 준다. 윤리는 기존 직원에게뿐만 아니라 회사가 유능한 직원을 새로 채용할 수 있는 능력에도 영향을 준다. LRN이라는 컨설팅회사의 연구는 "미국에서 기업의 윤리적 기업 문화 조성 능력과 직원 영입 및 유지와 생산성 증대 능력 향상이 연결된다는 새로운 증거를 제공한다."[23] 이 연구 결과 아래와 같은 사항이 파악되었다.

- 직원 중 94%는 윤리적 기업에서 근무하는 것이 중요하다고 응답함.
- 응답자 중 1/3 이상이 윤리적 이유로 퇴사했다고 응답함.
- 56%는 고용주들이 회사의 모든 업무에서 윤리와 기업 가치를 적용한다고 응답함.
- 30%는 자신의 회사가 법률과 회사 규정 준수에 그친다고 응답함.
- 9%는 상사에게 지시 받은 대로 업무를 수행하거나, 무엇이 옳은지 그른지에 대한 질문이 장려되지 못하거나, 경영진과 동료들이 문제의 여지가 있는 방식으로 행동하는 것을 자주 목격하는 회사에서 근무한다고 응답함.[24]

대부분의 조직은 윤리가 가치 있다고 여기지만 최근 수년 간 우리가 목격한 많은 기업 부정사건에서 드러난 바와 같이 일부 기업은 그렇지 않다. 직원들은 이 부분에 대해 매우 민감하다. 그들은 자신의 조직 문화를 정확히 알고 있으며 최고 경영진과 자기 주변에서 돌아가는 분위기에 주의를 기울인다. 비윤리적인 행위는 직원의 사기에 악영향을 주며 직원들로 하여금 회사 업무가 아닌 곳에 한눈 팔게 한다. 4명의 직원 중 한 명은 자신이 일하는 회사에서 비윤리적이거나 불법적인 행동을 목격했다고 응답했는데 비윤리적인 행동을 목격한 사람 중 89%는 그것이 자신에게 영향을 미쳤다고 응답했다.[25]

윤리적이라는 평판은 채용에도 도움이 된다. 조사 대상인 800명의 MBA 졸업생 중 97%는 기업의 사회적 책임과 윤리에 대한 평판이 더 나은 기업에서 일할 수 있다면 보수를 덜 받을 용의가 있다고 밝혔다. 이 조사는 훌륭한 기업 시민이 되면 우수한 역량을 지닌 직원을 영입하는 데 도움이 된다는 점을 보여 준다.[26]

컴플라이언스의 장애물

나는 저명한 IT 회사에서 근무하는 어떤 여성을 만나 컴플라이언스에 대해 토론한 적이 있다. 그녀는 엄청나게 발전하는 기술을 보면서 컴플라이언스를 자동화하는 소프트웨어를 개발할 수 있으면 좋겠다고 언급했다. 그녀는 기술이야말로 컴플라이언스 문제를 해결할 수 있는 열쇠라고 말했다. 나는 그것이 이상적인 목표이며 기술과 소프트웨어의 힘이 거대하기는 하지만 궁극적으로 기술이나 도구는 인간적 요소의 대체물이 아니라고 답변했다.

컴플라이언스는 결국 사람의 문제다. 고결성integrity과 정직을 자동화할 수는 없다. 사람은 이를 지니거나 그렇지 않거나 둘 중 하나다. 컴플라이언스 인사이트 1.4는 한 회사가 컴플라이언스 프로그램을 수립하고 유지하는 데 힘을 기울이지 않을 경우 어떤 일이 발생하는지를 보여 주는 슬픈 사례다.

컴플라이언스 프로그램 실행 시 만나는 장애물

효과적인 컴플라이언스 프로그램 구축은 모든 조직에게 중요한 일이라고 말해도 무방하다. 이를 성공적으로 실행하려면 지속적이고 정직한 노력뿐 아니라 최고위층으로부터의 지원이 있어야 한다. 실제로는 컴플라이언스 요건을 따를 의도가 전혀 없으면서 단지 '겉치레' 용으로 컴플라이언스 프로그램을 갖는 것은 최악의 접근 방법이다. 아래 사례는 바로 그런 식으로 컴플라이언스 프로그램을 운영했던 실례다. 이 회사와 정보의 원천을 숨기기 위해 상세한 내용 중 일부는 변경했다.

2005년에 이 회사는 5만 명이 넘는 직원, 3십억 달러의 연간 매출액 및 수억 달러의 부채를 지닌 서비스 업종의 미공개 회사였다. 이 회사는 상장을 통해 기업이 공개되면 사베인-옥슬리법의 보고 의무가 발생할 것을 알고서 법률 고문 휘하에 컴플라이언스 부서를 창설하기로 결정했다. 그리고 최고 컴플라이언스 책임자chief compliance officer; CCO, 계약 컴플라이언스 담당자, 인가 관리자, 감독 관련 업무 전문가, 품질 관리 전문가를 채용했다. 컴플라이언스 부서는 창설 당시 이 회사의 인가 및 감독 관련 업무 검토 및 감독, 계약 컴플라이언스, 내부 고발자 핫라인 모니터링 및 감독, 회사 규정 관리, 기업 내 자체 조사, 품질 관리 검토 및 현장 컴플라이언스 검토 책임을 부여받았다. 하지만 시작 단계부터 컴플라이언스 부서가 '겉치레'에 지나지 않다는 사실이 명백해졌다. 컴플라이언스 부서에 대한 지원은 거의 없었다. 많은 경쟁사를 공격적으로 인수하는 것이 이 회사의 전략 중 하나였다. 이는 지속적인 자체 정밀 실사 절차, 회사 구조조정 활동 및 새로운 기업체에 대한 재인가와 브랜드 재구축을 필요로 하였는데 이 모든 일이 컴플라이언스 부서에 맡겨졌다. 이 부서가 창설되고 얼마 후에 뚜렷한 이유없이 법률 고문이 해직되었으며 이 중요한 자리는 7개월 넘게 공석으로 있었다. 이로써 컴플라이언스 부서는 최고 경영진의 필수적인 지원을 받지 못하게 되었다.

설상가상으로 CEO는 회사의 일상적인 운영에 대해 관여하지 않았으며 주로 신규 인수에 집중했다. 최고 재무 책임자CFO는 당초에 컴플라이언스 부서에 감사 기능을 부여하는 안을 지지하지 않았다는 사실이 알려졌다. 그 결과 CFO는 새로운 부서의 성공에 필수적인 재정적 지원이나 기타 지원을 제공하지 않았다. CFO는 컴플라이언스 부서에 무관심했고 자신이 직접 관할하는 부서 이외에는 의사 소통 통로를 열어 둘 필요도 느끼지 않았다.

2006년 초에 이 회사는 상당한 규모의 손실을 발표했다. 새로운 법률 고문을 영입한 직후에 계약 컴플라이언스 담당 자리가 없어졌으며 이 일에 대한 책임은 감독 관련 업무 전문가에게 맡겨졌다. 이로 인해 거의 4,300 건에 이르는 고객과의 계약을 모니터하고 감사하겠다던 원래 계획에 심각한 구멍이 뚫렸다. 이 계획은 원래의 컴플라이언스 프로그램에 있어서 중요한 구성 요소 중 하나였다. 이렇게 절약된 돈으로 CFO는 많은 재무 담당자들의 자리를 재분류하고 몇 개의 새로운 자리를 만든 다음 이를 자기 밑으로 옮겼다. CFO가 새로 만든 자리에는 최고 감사 책임자가 있었는데 이는 법률 고문이나 컴플라이언스 부서 직원이 모르는 가운데 이루어졌다.

이 회사의 이익이 신통치 않아서 감사/조사 담당 자리는 채워지지 않았으며 CCO는 자신의 다른 직무를 담당하는 것 외에도 회사의 유일한 조사 및 내부 감사 역할도 했다. CCO는 내부 고발자 핫라인을 통해 접수한 혐의에 근거하여 조사 활동에 대한 모니터, 감사, 조사 착수 및 실행 업무를 수행했다. 일반적으로 핫라인 이슈에 대한 접수와 조사 후에는 보고서를 작성하여 경영진에게 제출했다.

많은 조사 활동들이 회사 내의 '유령' 직원들의 혐의에 중점을 두었다. '유령' 조사를 포함하여, 조사 시 내부 통제에 대해 결함이 발견되면 자세한 현황 및 시정 조치를 위한 권고 사항을 포함한 별도 보고서가 작성되어 CFO에게 제출되었다. CFO는 일반적으로 이들 권고 사항을 무시했으며 사소한 것으로 간주하고 회사 차원에서 문제가 있다는 징후로 여기지 않았다. 경험이 많지 않은 회계 책임자도 자신의 업무에 사기 행위 위험은 거의 없다고 생각했다.

컴플라이언스나 사기 행위에 관련된 문제에 대해 외부 감사인과의 교류는 전혀 없었다. CFO가 감사인과 컴플라이언스 부서 직원 사이의 모든 접촉을 차단했다. 마찬가지로 회사의 감사위원회와 상호작용도 거의 없었다. 감사위원회는 일반적으로 CEO, CFO 및 회사의 법률 고문들만 만났다. 컴플라이언스 관점에서의 감사위원회의 주된 관심사는 직원 관련 문제에 대한 주례 보고에 이례적인 관심을 보인데 반해 회사 내부의 사기행위에 대한 탐지 및 예방에 대해서는 거의 관심을 보이지 않았다. 왜 외부 감사인이 더 많은 역할을 하거나 전문가로서의 의심을 보이지 않았는지는 알려지지 않았다.

CCO는 경영진의 지원이 없다는 점을 분명히 느꼈다. 좌절한 CCO는 다른 회사로 옮겼다. 그가 떠난 후 회사의 최고 경영진들은 새로운 CCO를 영입하는 데 관심을 보이지 않았다. 상부의 기조는 견고한 컴플라이언스 프로그램의 지원에 대해 관심을 보이지 않았다. 최고 경영진, 이사회 및 감사위원회의 무관심이 결합되어 컴플라이언스 프로그램의 실패가 예견되어 있었다.

이 회사의 컴플라이언스에 대한 의지 결여는 심각한 피해를 가져 왔다. 이 회사는 부적절한 회계로 인해 수년 동안의 손익계산서를 재작성해야 했다. 이는 충분한 지도력과 회사 내부의 지원 결여로 컴플라이언스 기능이 약화되었기 때문에 발생한 것이다. 여태까지 어떤 경영진도 해고되거나 징계를 받지 않았으며 컴플라이언스 부서는 해체된 것이나 다름없다는 사실은 윤리에 대한 의지가 없다는 명백한 증거다. 이는 확실히 재앙으로 인도하는 지름길이다.

상장 기업이나 미공개 기업, 대기업이나 중소기업, 외국 기업이나 국내 기업 등 모든 기업은 효과적인 컴플라이언스 프로그램을 갖추도록 요구된다. 모든 직원에게 윤리강령 교육을 받게 할 수는 있지만 그것이 윤리강령을 준수하도록 보장해 주지는 않는다. 회사에 핫라인을 설치해 둘 수는 있지만 부정을 발견하고 이를 보고하는 데 반드시 핫라인이 사용되는 것은 아니다. 컴플라이언스는 누가 CEO가 되든 지속될 수 있도록 조직에 내면화되어야 한다. 뉴욕 타임즈의 토머스 프리드만Thomas Friedman이 그의 칼럼에 다음과 같이 게재한 것처럼 말이다. "인간 행동에 대한 가장 강력한 제어 장치는 경찰관이나 울타리가 아니다. 그것은 바로 공동체와 문화다."[27]

윤리적 행동에 대한 켄 레이Ken Lay의 사례

1999년 4월 6일 텍사스 주 휴스턴 소재 성토마스 대학교의 기업 윤리 센터는 '기업 거버넌스: 전반적인 윤리'라는 제목의 컨퍼런스를 후원했다. 당시 이 모임의 광고 소책자에는 이 컨퍼런스가 "기업 거버넌스의 변화되고 있는 특성 및 중요성 증대에 대해 탐구할 예정"이라고 적혀 있었다.[28] 당시에 엔론의 이사회 의장이자 CEO였던 고故 켄 레이가 연사로 참여했다. 그의 발표 주제는 희한하게도 "CEO가 이사회로부터 무엇을 기대하는가?"였다. 레이는 이론상 윤리적인 CEO가 이사회로부터 무엇을 기대해야 하는지와 윤리적인 이사회는 무엇을 해야 하는지에 대해 자세히 설명했다. 그는 다음과 같이 말했다.

성공한 회사처럼 우리도 무엇이 옳은 지로부터 시작하고, 숨겨진 의도가 없으며, 무엇이 자기 자신이나 다른 이사회 구성원에게 최선인가가 아니라 무엇이 회사에 최선인가에 관한 판단을 내리기 위해 애쓰는 이사들이 있어야 합니다. …우리 이사회의 책임, 곧 제가 그들이 수행할 거라고 기대하는 책임은 회사나 회사의 모든 조직 구성원들이 윤리적 행위를 하도록 하는 것입니다. …CEO가 이사회에 진정으로 기대하는 것은 훌륭한 조언과 상담인데 이러한 조언과 상담은 회사를 성공으로 이끌며, 이해 관계자들의 이익에 부합하는 투자 및 의사 결정은 지원하고 그 결정이 회사와 이해 관계자들에게 이익이 되지 않을 경우에는 경고를 보낼 것입니다. 이 모든 일을 올바로 수행하는 것은 쉬운 일이 아니라는 것을 인정함으로써 강연을 마무리하고자 합니다.[29]

그가 이 말을 할 당시 진정이었는지 아니면 단지 공허한 수사에 지나지 않았는지 우리는 알 수 없다. 우리가 알 수 있는 것은 엔론이 망가짐으로써 막대한 재정과 감정적 피해를 입은 투자자와 직원들에게는 그가 1999년에 말한 것이 전혀 도움이 되지 않았다는 것이다. 컴플라이언스 인사이트 1.5는 한 조직에서 컴플라이언스 프로그램을 도입할 때 직면하게 되는 몇 가지 장애물을 자세히 설명한다.

컴플라이언스 실패에 대한 경고 징후

마리엔 제닝스Marranne Jennings는 아리조나 주립 대학교 W.P. 카레이 경영대학원의 교수이자 기업 윤리 전문가다. 그녀는 이 주제에 대한 강사로 잘 알려져 있고 이에 대해 많은 글을 썼다. 『윤리 붕괴에 대한 일곱 가지 징후』라는 최근 저서에서 그녀는 윤리 붕괴에 대한 일곱 가지 지표를 밝혔다. 이러한 징후들이 있다 해서 반드시 윤리가 붕괴하는 것은 아니지만 이 징후들은 윤리적 문제 발생에 대한 잠재적 조짐들로 사용될수 있다. 일곱 가지 징후들은 다음과 같다. (1) 비즈니스 실적 유지에 대한 압력 (2) 공포와 침묵의 문화 (3) 경외감에 빠져 '제왕적' CEO 및 상사의 뜻을 거스리지 않으려는 직속 부하들 (4) 허약한 이사회 (5) 이해상충 관행 (6) 조직이 법 위에 있다는 믿음 (7) 회사의 기부 등 '어느 분야에서의 선'이 '다른 분야에서의 악을 용서해 준다'는 믿음.[30] 컴플라이언스 프로그램의 잠재적 위험을 분석할 때 항상 이와 같은 적신호들을 고려하는 것이 훌륭한 모범 관행 중 하나다.

기업에서의 컴플라이언스 내면화에 대한 주요 장애물

컴플라이언스 및 윤리 위원회 리서치, 2005

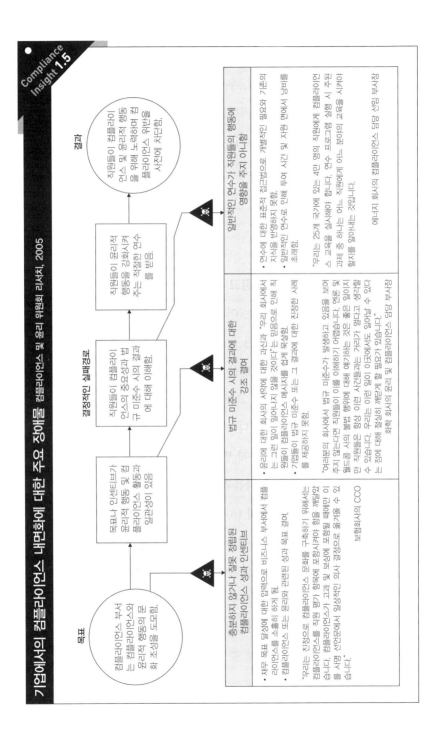

목표

컴플라이언스 부서는 컴플라이언스와 윤리적 행동의 문화 조성을 도모함.

결정적인 실패경로

- 목표나 인센티브가 윤리적 행동 및 컴플라이언스 활동과 일반성이 있음
- 직원들이 컴플라이언스와 중요성과 법규 미준수 사이의 결과에 대해 이해함.
- 직원들이 윤리적 행동을 강화시켜 주는 적정한 연수를 받음.

결과

직원들이 컴플라이언스 및 윤리적 행동을 위해 노력하며 컴플라이언스 위반을 사전에 차단함.

충분하지 않거나 잘못 정립된 컴플라이언스 성과 인센티브

- 재무 목표 달성에 대한 인력으로 비즈니스 부서에서 컴플라이언스를 소홀히 하게 됨
- 컴플라이언스 또는 윤리와 관련된 성과 목표 결여.

"우리는 진정으로 컴플라이언스 문화를 구축하기 위해서는 컴플라이언스를 직원 평가 항목에 포함해야 한다는 점을 깨달았습니다. 컴플라이언스가 꼬리 및 보상에 포함될 때에만 이를 사명 선언문에서 일상적인 의사 결정으로 옮겨갈 수 있습니다."

보험회사의 CCO

법규 미준수 사이의 결과에 대한 강조 결여

- 윤리에 대한 회사의 사이에 대한 과신과 "우리 회사에서는 그런 일이 일어나지 않을 것이다"는 믿음으로 인해 직원들이 컴플라이언스 메시지를 쉽게 무시함.
- 기업들이 법규 미준수 또는 그 결과에 대한 진정한 사례를 제공하지 못함.

"여러분이 회사에서 남부 미준수가 발생하고 있음을 보여 주지 않는다면 직원들이 이를 이해하기 어렵습니다. 엔론 및 월드컴 사이의 불법 행위에 대해 얘기하는 것은 좋은 일이지만 직원들은 항상 이런 사건들과는 거리가 멀다고 생각할 수 있습니다. 우리는 이런 일이 이곳에서도 일어날 수 있다는 점에 대해 절심히 깨닫게 할 필요가 있습니다."

하위 회사의 윤리 및 컴플라이언스 담당 부사장

일반적인 연수가 직원들의 행동에 영향을 주지 아니함

- 연수에 대한 표준적 접근법으로 개별적인 필요와 기준의 차이를 반영하지 못함.
- 일반적인 연수로 인해 투여 시간 및 자원 면에서 낭비를 초래함.

"우리는 25개 국가에 있는 4만 명의 직원에게 컴플라이언스 교육을 실시해야 합니다. 연수 프로그램 실행 시 주된 과제 중 하나는 어느 직원에게 어느 분야의 교육을 시켜야 할지를 알아내는 것입니다."

에너지 회사의 컴플라이언스 담당 선임 부사장

NOTES

1) "Preempting Compliance Failures: Identifying Leading Indicators of Misconduct," Compliance and Ethics Leadership Council, 2007년 4월 26일자.

2) Aristotle, Nicomochean Ethics, Martin Ostwald 번역, (Englewood Cliffs, NJ: Prentice Hall, 1962), xix.

3) Martin T. Biegleman and Joel T. Barrow, Executive Roadmap to Fraud Prevention and Internal Control: Creating a Culture of Compliance, (Hoboken, NJ: John Wiley & Sons, 2006), 64쪽.

4) 뉴욕시 경찰국, Police Student's Guide: Introduction to the NYPD, 2005년 7월호, 4-5쪽. home2.nyc.gov/html/nypd/html/dc_training/pdf/2005%20Police%20Students%20Guide/1st%20Trimester/01-Intro%20to%20the%20NYPD.pdf.

5) PEMCO Corporation Corporate Services 라이브러리 사이트 www.pemcocorp.com/library/glossary.hml에 나와 있는 정의.

6) "Preempting Compliance Failures."

7) Paul J.Macnulty, "Principles of Federal Prosecution of Business Organizations," 법무부, 2006년 12월호, www.usdoj.gov/dag/speech/2006/mcnulty_memo.pdf.

8) Federal Sentencing Guidelines, 8장, Part B, Effective Compliance and Ethics Programs, www.ussc.gov/2005guid/8b2_1.htm.

9) Federal Sentencing Guidelines, 8장, Part C, Effective Compliance and Ethics Programs, www.ussc.gov/2005guid/8c2_5.htm.

10) 위의 문서.

11) 잘 기억되지는 않지만, 이 이야기의 일부 다른 버전에서는 대달루스가 바다의 강력한 파도를 피하기 위해 너무 낮게 날지 말라고도 경고했다. 스킬(Skeel)이 다음과 같이 말한 바처럼 말이다. "경영진의 리스크 수용과 마찬가지로 이 이야기는 두 방향(너무 많은 리스크를 떠안거나 완전히 회피하는 것) 모두에 위험이 있음을 시사한다." David A. Skeel, "Icarus and American Corporate Regulation," The Business Lawyer, 2005년 11월호, 157쪽. 주 10.

12) 위의 책 157쪽.

13) 위의 책.

14) Dr. John D. Copeland, "Business Ethics: Three Critical Truths," 6, www.soderquist.org/resources/pdf/Copeland_ThreeTruths-publication.pdf.

15) 위의 글.

16) 위의 글, 9쪽.

17) Curtis C. Verschoor, "Does Superior Governance Still Lead to Better Financial Performance?," Strategic Finance, 2004년 10월 1일, 13쪽.

18) 위의 책. 약 150-160개의 S&P 지수 편입 기업이 2000-2004년 중에 '우수한 거버넌스'를 지닌 것으로 간주되었다. 94억 달러라는 숫자는 2004년에 우수한 거버넌스를 지닌 기업의 MVA가 그렇지 못한 기업보다 94억 달러 높았음을 의미한다. 주식 시장에 거품이 끼어 있던 2000년도의 추가적인 MVA는 286억 달러였으며, 2003년의 침체기에는 그 금액이 58억 달러였다. 이 숫자들은 주식시장의 상태 여하를 불문하고, 양호한 거버넌스는 언제나 가치 있는 것으로 여겨지며, 2004년도와 같은 상승장에서는 더 가치있게 여겨진다는 점을 보여준다. 심지어 중간 규모의 기업들도 주주에게 상당히 많은 가치를 돌려주었다는 점에서 이러한 숫자들이 대기업에 국한되는 것이 아님을 보여 주는 다른 리서치들도 있다.

19) 위의 책.

20) "New Study Finds Link Between Financial Success and Focus on Corporate Values," Booz Allen Hamilton, 2005년 2월 3일, www.boozallen.com/publications/article/659548.

21) 위의 글.

22) 위의 글.

23) "New Research Indicates Ethical Corporate Cultures Impact the Ability to Attract, Retain, and Ensure Productivity Among U.S. Workers," LRN, 2006년 8월 3일, www.lrn.com/about_lrn/media_room/press_release/263. LRN은 법률, 컴플라이언스, 윤리 및 거버넌스 솔루션 전문 업체다.

24) 위의 글.

25) 위의 글.

26) Verschoor, "Superior Governance," 13쪽.

27) Thomas Friedman, "Calling All Democrats," New York Times, 2005년 2월 10일자.

28) 텍사스 주 휴스턴 소재 세인트 토마스 대학교의 비즈니스 윤리 센터의 컨퍼런스 개요 사이트, www.stthom.edu/academics/centers/cbes/CorporateGovernanceEthicsAcrosstheBoard.html.

29) Kenneth L. Lay, "What a CEO Expects from the Board," 텍사스 주 휴스톤에서 1999년 4월 6일에 개최된 Corporate Governance: Ethics Across the Board 컨퍼런스에서의 발표, www.stthom.edu/academics/centers/cebs/kenneth_lay.html.

30) Marianne M.Jennings, The Seven Signs of Ethical Collapse: How to Spot Moral Meltdowns in Companies…Before It's Too Late, (New York, NY: St.Martin's Press, 2006).

Chapter 2

상부 및
조직 전반의 기조

"상부의 윤리가 형편 없다면, 그런 태도가 조직 전체에 모방된다."

— 로버트 노이스(Robert Noyce) : 실리콘 칩 발명자

　컴플라이언스에 이르는 길은 상부에서부터 시작된다. 한 조직의 전반적인 문화는 대체로 고위 경영진에 의해 인도된다. 지도자들이 조직의 다른 구성원들을 위한 기조를 정하며 조직의 문화는 긍정적이건 부정적이건 지도자들의 행동을 반영한다. 이것이 바로 자주 언급되는 '상부에서의 기조tone at the top'다. 직원들은 의식적으로든 무의식적으로든 상사와 그들의 행동에 세심한 주의를 기울인다. 직원들은 CEO가 그 기업의 사명을 진정으로 지지하는지 혹은 CEO의 발언이 공허한 수사에 지나지 않는지 알아차린다. 직원들은 CEO가 하는 말을 들으며 무엇보다 그의 행동을 본다. 문화가 쉽게 말로 표현할 수 없는 것이기는 하지만 직원들은 자신의 주변을 바라보고 기업의 문화를 이해한다. 직원들은 재무적 목표만 달성된다면 사소한 위반은 묵인되는지 또는 경영진이 윤리 면에

58

서 약한지 여부도 알게 된다. 윤리에 관한 느슨한 태도는 조직의 컴플라이언스 문화 성취를 방해하게 될 것이다.

강한 윤리에 도움이 되지 않는 환경에서는 컴플라이언스 프로그램이 충분히 효율적이고 효과적으로 작동될 수 없다. 기업의 부정적인 윤리 문화는 컴플라이언스와 상극이다. 물론 컴플라이언스 요건을 완전히 충족하는 윤리적 기업을 운영하려는 목표와 성공적이고 이익을 내는 기업을 운영한다는 목표가 서로 상충되는 것이 아니라는 점을 인식해야 한다. 사실 앞 장에서 설명되었듯이 이 두 목표는 공존할 수 있다. 예를 들어 CEO가 직원들에게 메시지를 전할 때마다 고결성integrity, 윤리 및 컴플라이언스를 언급한다면 얼마나 유익할지 생각해 보라. CEO의 거듭되는 강조야말로 조직의 모든 구성원들에게 정직과 책임성accountability의 중요성을 일깨울 수 있다.

상부에서의 기조는 고위 경영진, 특히 CEO 및 해당 조직의 최고위층이 회사의 다른 사람들에게 말이나 행동으로 보여 주는 본보기로 정의될 수 있다. 행동은 말보다 더 크게 울려 퍼진다. 적절한 기조 형성에 경영진의 언행 불일치보다 더 해로운 것은 없다. 이러한 적절한 기조는 조직의 말단 직원들에게까지 스며들어야 한다. 직원들은 회사의 고위 경영진뿐 아니라 직속 상사가 윤리적으로 처신하며 올바른 일을 하고 있음을 확인할 필요가 있다.

조직의 상부로부터 나오는 기조도 중요하지만 중간 관리자 층에서의 기조도 중요하다. 관리자와 책임자들은 직원들의 일상 업무에 관여한다. 직속 부하나 다른 직원들과 중간 관리자들의 상호작용은 회사의 정책 및 윤리강령을 강화한다. 중간 관리자들은 역할모델로서 직원들에게 본을 보인다. 직원들이 컴플라이언스와 관련된 우려를 제기하거나 질문을 원할 때 먼저 자신의 상사와 상의하는 경우가 흔하다. 중간 관리층의 기조가 상부에서의 기조를 더 발전시키고 강화시켜 준다고 말할 수 있다. 또한 이러한 중간 관리자들이 조직의 상부로 승진할 수 있는데 그들이 승진 시 훌륭한 가치체계를 가지고 갈 수도 있다.

상부의 고결성integrity

지도력의 많은 부분이 고결성에서 나오며 다른 모든 특성들도 고결성 위에 세워진다. 사람에게 고결성은 있든 없든 둘 중 하나다. 고결성은 하룻밤 사이에 배울 수 없으며 수업을 통해서 얻을 수도 없다. 고결성은 컴플라이언스의 핵심 위치를 차지한다. 얼마 전에 나는 고결성의 중요성을 요약하는 감동적인 문구를 읽었다. 그 글은 CEO나 컴플라이언스 전문가가 쓴 것이 아니라 영혼과 인내, 그리고 고결성을 지닌 사람이 쓴 글이었다. 밥 크로프트Bob Croft는 공공 부문과 민간 부문에서 잘 알려진 부정행위 조사관이었다. 밥은 온종일 일하면서 뉴욕 소재 유티카 대학에서 경제 범죄 관리 석사 과정을 밟고 있었다. 석사 과정을 시작한 직후에 그는 근위축성 경화증Amyotrophic Lateral Sclerosis, ALS이라는 진단을 받았다. 하지만 병도 밥을 멈추지는 못했다. 그는 2001년 5월에 졸업했지만 2003년에 생을 마감했다. '국제적 환경하에서의 관리자'라는 제목의 석사 학위 논문에서 밥은 이렇게 말했다.

현재 내 앞에 많은 문제들이 놓여 있지만 내 인생에서 중심이 되었던 핵심 원리들은 어린 시절부터 마음에 간직해 왔던 다음과 같은 것들이다. 하나님을 신뢰하라, 바르게 처신하라, 너 자신을 믿어라, 남에게 대접받고 싶은 대로 남을 대접하라, 그리고 네 고결성을 소중히 여기라. 이 중에서도 모든 일이 끝나고 인생의 끝을 바라볼 때… 죽을 때 가져갈 수 있도록 남아 있는 유일한 것은 바로 자신의 고결성이다. 그 이상은 없다.

봅 크로프트는 고결성의 가치와 인생의 모든 측면에서 그것이 얼마나 중요한지를 이해했다.

컴플라이언스는 고결성과 마찬가지로 쉽게 달성될 수 있는 것이 아니다. 그것은 노력과 전심전력을 요구한다. 윤리가 영업에 방해가 되는 것으로 여기는 등의 부정적인 윤리 문화는 경영진이 열의를 보이지 않고 있음을 시사한다. 이러한 기업 문화에서는 컴플라이언스 프로그램이 겉치레에 지나지 않는다. 즉 최소 법률 요건만을 충족시키고 실제로는 그렇지 않으면서도 투자가나 정부 등 외부에 해당 기업이 컴플라이언스를 달성하기 위해 노력하고 있는 것처럼 보이기 위해 컴플라이언스 프로그램을 시행한다.

어느 상장회사의 컴플라이언스 담당 책임자가 내게 정신이 번쩍 들게 하는 얘기를 들려 주었다. 그는 그 회사의 심각한 윤리 기강 해이 문제로 컴플라이언스 프로그램을 재구축하기 위해 특별히 CCO로 고용되었다. 이 회사는 경험이 있는 컴플라이언스 전문가를 영입했다고 발표했다. 그들은 과거에 발생했던 규정 위반이 다시는 발생하지 않도록 가능한 모든 일을 하겠다고 서약했다. 하지만 이 공언은 허울에 지나지 않았다. CCO

는 고위 임원직에 속해 본 적이 없었고 집행 임원에 의해 정보가 차단되었으며, 컴플라이언스 프로그램에 실질적인 변화를 가져올 수 있는 어떤 권한도 갖지 못했다. 결국 그 회사는 효과적인 컴플라이언스 프로그램을 만들 수 없었다. 게다가 회사가 매각될 예정이었는데 매각을 위해서 컴플라이언스 프로그램이 있는 듯한 외양이 필요했다는 사실을 알게 된 컴플라이언스 전문가는 결국 회사를 떠났다.

상부에서의 기조는 쉽게 측정되지 않는다. 이를 '보면 알게 되는' 것으로 여기는 사람이 많다. 그러나 조직에 적절한 기조가 존재하게 만드는 방법들이 있다. 잘 고안되고 쉽게 이해될 수 있는 윤리강령을 제정하는 것이 좋은 출발점일 것이다. 전 직원에게 윤리강령을 알려 주고 고위 경영진과 이사회가 이를 구현하는 것은 그 다음 단계다. "윤리강령을 실행 가능하도록 하는 가장 우선적이고 중요한 단계는 고위 경영진과 이사회가 윤리강령에 담긴 가치를 보여 줌으로써 상부에서의 기조를 효과적으로 확립하는 것이다. 경영진과 이사회가 고결성, 높은 윤리 기준 및 컴플라이언스를 지지하는 조직은 강력하고 긍정적인 상부에서의 기조를 지닌, 잘 관리되는 조직을 만드는 데 도움이 된다."[1] 컴플라이언스 인사이트 2.1은 상부에서의 기조 및 그것이 좋은 기업 시민이 되는 것을 어떻게 촉진시키는지에 대한 이야기다.

그러나 결국 기조는 언제나 경영진에게 귀착된다. 경영진의 영향력이 기조를 설정하고 문화를 이끌어간다. 경영진이 규칙을 정하는 바 기업 문화는 무엇이 허용되고 무엇이 허용되지 않는지에 근거해서 이 규칙을 중심으로 발전한다. 컴플라이언스가 번성하려면 유의미한 책임성 accountability이 확립되어야 한다. 유의미한 책임성이 확립되려면 사람들이 자신의 행동에 대해 책임을 져야 하고 그들의 행동에 보응이 있어야 한다. 법률이나 회사 내규를 위반한 사람을 적발하는 것으로는 충분하지 않다. 그들은 행동에 합당한 처벌로써 적절하게 징계 받아야 한다. 경영진 또한 단순히 다른 사람들에게 손가락질하기 보다 자신의 행동에 책임을 져야 한다. "유감스럽다.…하지만 내가 유감스럽게 생각하는 오직 한 가지는 내가 적발되었다는 사실이다."라는 식의 공허한 수사여서는 안 된다.

Compliance
Insight 2.1

레드플렉스 트레픽 시스템스와 옳은 일하기

컴플라이언스는 단순히 법률, 규정 및 회사 내규를 지키는 것 이상이다. 컴플라이언스는 어려운 도전에 직면했을 때 올바른 일을 선택하는 것을 의미할 때가 있다. 아리조나 주 스코츠데일 소재 레드플렉스 트래픽 시스템스 Redflex Traffic Systems: Redflex의 경우가 이를 잘 보여 준다. Redflex는 신호 및 속도 위반자를 색출하는 단속 카메라 제조업체다.

이 회사의 웹사이트에는 이렇게 소개되어 있다. "우리 회사는 미국 및 해외의 지방 정부들에게 혁신적인 안전 솔루션을 제공합니다. Redflex는 법규 위반 단속, 운송 및 교통 사고와 이로 인한 인명 피해 및 재산 손실을 없애기 위한 엔지니어링 분야 안전 담당 공무원들의 파트너입니다." Redflex는 미국에서 가장 큰 단속 카메라 시스템 공급자이자 운영자다. 카메라 시장은 전 세계의 도시에서 성장하고 있고 Redflex는 호주 주식 시장에 상장된 레드 플렉스 지주회사의 일원이다.

2006년 초 Redflex의 영업 직원이 미주리 주의 세인트 피터스시에 디지털 신호 및 속도 위반 단속 시스템 설치 계약을 확보하기 위해 담당자를 만났다. 그 결과 2006년 5월 '시청이 Redflex와 교통단속 시스템을 도입하기 위해 협상할 권한을 부여하는 법안이 발의되었다.'[a] 이 법안은 2006년 6월 8일 세인트 피터스시의 알더멘 위원회를 통과하였다.

그 직후 세인트 피터스 시장 숀 브라운Shawn Brown이 Redflex 직원에게 접촉하여 "뇌물을 제공하지 않으면 법안을 거부하겠다고 협박했다."[b] 상식보다는 자만심의 예를 보이면서 브라운은 자신을 수취인으로 한 수표를 집으로 보내라고 요구했다. 하찮은 액수의 뇌물도 있다는 것을 보여 주기라도 하듯 브라운은 2,750달러를 요구했다.

Redflex는 직권 남용 시도를 통보받은 즉시 사법 당국과 접촉하여 이 사건을 보고했다. 미주리 주의 세인트 루이스 연방 수사국은 재빨리 조사에 착수했으며 Redflex는 정부에 전적으로 협조했다. FBI는 브라운 시장을 현행범으로 검거하기 위해 Redflex에게 뇌물을 지불하라고 했다. 수표가 브라운에게 배달되었고 시장은 이 수표를 세인트 피터스시의 한 지방은행에서 현금으로 교환했다. 이 모든 과정을 FBI가 은밀히 지켜 보고 있었다.[c] 2006년 8월 17일 브라운은 뇌물죄로 기소되었다. 특히, 브라운은 "판매사가 자신에게 뇌물을 지불하지 않는 한 세인트 피터스시에 디지털 신호 및 과속 단속 시스템 구매를 승인하는 법령을 거부하겠다고 위협한" 혐의를 받았다.[d] 세인트 루이스의 FBI 특별 검사는 Redflex가 정보를 제공해줘서 "이 사건의 수사를 개시하고 궁극적으로 기소를 이끌어낼 수 있었다."고 말했다.[e] 또한 FBI는 Redflex에게 좋은 기업 시민이 되어 준 데 대해 감사하다는 내용의 편지를 보내며 이렇게 말했다. "Redflex와 같이 정직하고 용기 있는 회사가 없다면, 법률 집행은 어려울 것입니다".[f] 2006

년 8월 21일 Redflex는 자사 웹사이트에 이 사건의 경위와 FBI에 대한 자사의 협력에 관한 상세한 보도 자료를 게시했다.

명백한 증거로 인해 브라운은 2006년 10월 26일에 뇌물혐의에 내해 유죄를 인정했다. 2007년 1월 29일 브라운은 18개월의 징역 및 출소 후 2년의 보호 관찰supervised release을 선고 받았다.[g]

Redflex는 단순히 브라운 시장의 뇌물 요구를 거절하기만 하고 이 사건을 보고하지 않을 수도 있었다. Redflex 사가 계약을 잃을 수도 있었겠지만 브라운 시장이 그저 엄포를 놓기만 했을 뿐 실제로는 위협대로 실행하지 않을 수도 있었다. 그러나 Redflex는 그렇게 하지 않고 그들의 컴플라이언스 문화를 보여 주었고, 옳은 일을 하였으며, 그 결과 부패한 공무원에 대한 기소, 유죄 평결 및 공직으로부터의 추방을 이끌어냈다.

a) 미국 법무부 미주리 동구Eastern-District에서 피고 숀 브라운에 대한 구형을 발표하며 보도한 자료, 2007년 1월 29일, www.usdoj.gov/usao/moe/press%20releases/archived%20press%20 releases/2007_press_releases/jannuary/brown_shawn.html.
b) 위의 글.
c) Michael Ferraresi, "Red-light Firm Aids FBI Bust," Arizona Republic, 2006년 8월 19일, A1.
d) 미국 법무부 미주리 동구에서 피고 숀 브라운에 대한 구형을 발표하며 보도한 자료, 2007년 1월 29일, www.usdoj.gov/usao/moe/press%20releases/archived%20press%20 releases/2007_press_releases/jannuary/brown_shawn.html.
e) Michael Ferraresi, "Red-light Firm Aids FBI Bust," Arizona Republic, 2006년 8월 19일, A1.
f) 위의 글.
g) 미국 법무부 미주리 동구에서 피고 숀 브라운에 대한 구형을 발표하며 보도한 자료, 2007년 1월 29일, www.usdoj.gov/usao/moe/press%20releases/archived%20press%20 releases/2007_press_releases/jannuary/brown_shawn.html.

전임 연방 이사회 의장 앨런 그린스펀은 이렇게 말했다. "CEO가 원한다면 모범과 감독을 통해 회사의 동료들과 외부 감사인들이 윤리적으로 행동하도록 할 수 있다.…행동을 규율하는 규칙들이 있지만 규칙이 성품을 대체할 수는 없다. 앞으로는 고결성, 판단력 및 기타 다른 성품의 특성에 대한 평판이 개인의 삶이나 사업에서 성공을 결정짓는 요인이 될 것이다.”[2] 작고한 경영의 거장 피터 드러커는 다음과 같이 말하면서 고결성과 리더십이라는 중요한 개념을 강조했다. “성품의 고결성에 대한 확고한 강조는 경영진이 진실하고 진지하다는 증거다.”[3] 컴플라이언스 인사이트 2.2는 컴플라이언스가 경쟁보다 중요하게 다루어졌던 상부에서의 기조에 대한 또 하나의 사례를 보여 준다.

Compliance
Insight 2.2

기업 비밀을 보호하기 위한 콜라 전쟁 휴전

코카콜라와 펩시의 백년 동안의 경쟁은 아주 유명하다. 두 회사의 청량 음료는 1800년대에 개발되었으며 오늘날까지도 세계에서 가장 인기가 높다. 이들 제품의 독특한 맛과 사람과 문화에 대한 영향이 회사의 성공 열쇠다. 이 두 회사의 청량 음료 제조 기법보다 더 잘 보호되는 기업 비밀은 없다. 끊임없이 이익을 개선하라는 요구가 있고 산업 스파이와 지적 재산권 절도가 판치는 요즘 시대에는 경쟁 기업에 대해 우위를 차지하기 위해 사용할 수 모든 수단을 동원하라는 유혹을 끊임없이 받게 된다. 그러나 고결성, 기업 문화 및 컴플라이언스에 대한 서약은 고결성에 대한 도전에 직면할 때에도 옳은 일을 하려는 강력한 동기가 된다. 펩시에서는 바로 이와 같이 컴플라이언스가 경쟁보다 더 중요하게 다루어졌다.

2006년 5월 19일 펩시는 조지아 주 아틀란타시 소재한 코카콜라에 연락하여 뉴욕 주 소재 자사의 구매 본부에서 받은 편지를 전달했다. 이 편지는 코카콜라의 고위 임원으로서 코카콜라 신상품에 대한 "아주 상세한 비밀 정보"를 가지고 있다고 주장하는 사람에게서 온 것이었다. 펩시는 올바른 일을 하기로 결정했다.[a] 펩시는 즉각적으로 기업 비밀 절도에 대해 코카콜라에 통보했다. 코카콜라는 재빨리 아틀란타시 FBI와 접촉해 조사에 착수했다. FBI 비밀 요원이 범인과 접촉하기 시작했는데 그는 코카콜라의 신제품과 이에 관한 고급 비밀 서류들을 넘겨 주는 대가로 150만 달러 이상을 요구했다.

FBI는 다양한 조사 기법을 통해서 펩시에 보낸 편지에 상술한 기업 비밀에 접근할 수 있었던 코카콜라의 임원 보좌관의 중개인이 펩시와 접촉했다는 것을 알아냈다. FBI는 코카콜라의 기업 보안부서와 협력하여 직원이 펩시에 표본을 제공했던 신상품에 관한 기밀 서류를 사무실에서 빼돌리는 장면이 녹화된 감시카메라 자료를 입수할 수 있었다. 또한 FBI는 코카콜라의 직원이 아닌 제3의 공범도 찾아냈다. FBI 비밀 요원과 만난 자리에서 훔친 자료들이 현금과 교환되었다. 2006년 7월 5일 3명의 용의자들이 기업 비밀 절도 공모 혐의로 체포되었다.

코카콜라의 이사회 의장이자 CEO였던 네빌 이스델Neville Isdell은 2006년 7월 5일 모든 임직원들에게 보낸 서한과 자사의 웹사이트에 올린 글에서 기업 비밀 누설과 코카콜라 직원을 포함한 3명의 피고 체포에 관해 자세히 설명했다. 이스델은 이렇게 말했다.

오늘 체포된 사람 중에는 우리 회사 직원도 포함되어 있습니다. 이러한 신뢰 위반이 발생했다는 데 대해 수긍하기 어렵겠지만, 이는 우리 모두가 우리의 기업 비밀을 보호하는 데 주의를 기울일 책임이 있다는 사실을 강조하는 사건입니다. 정보는 회사의 생명입니다. 우리 기업의 체질이 계속 강건해지고 우리의 혁신에 대한 파이프 라인의 범위가 계속 확대됨에 따라 우리의 지도자와 경쟁력 있는 데이터에 대한 외부의 관심이 커지고 있습니다. 따라서 저는 우리의 지적 자본을 계속해서 엄격하게 지켜 내기 위해 회사의 정보 보호 규정 및 절차, 관행들을 철저하게 점검하라고 지시했습니다.[b]

이스텔은 계속해서 이렇게 말했다. "저는 펩시에서 이러한 공격에 대해 우리에게 알려 준 데 대해 진심 어린 감사를 표하고 싶습니다."[c] 펩시의 한 홍보 담당 직원은 이렇게 말했다. "우리는 책임감 있는 회사라면 응당 했어야 할 일을 한 것 뿐입니다. 치열하게 경쟁할 수는 있지만, 공정하고 합법적인 경쟁이어야 합니다."[d] 펩시의 글로벌 윤리강령에는 이렇게 규정되어 있다. "공급자, 고객 및 경쟁사들을 대하는 모든 업무 처리에 있어서 펩시 사는 다음 사항을 준수한다: 치열하게 그리고 고결하게 경쟁한다.…불공정하거나 속이는 행동을 하지 않는다.…그리고 우리의 모든 행동에 있어서 정직하고 공정하며 고결하게 행동하기 위해 노력한다."[e]

전직 코카콜라 직원은 기소되어 심리를 받았다. 두 공범은 유죄를 인정하고 직원에게 불리하게 증언했다. 증거는 압도적이었고 직원은 코카콜라의 기업 비밀 절도를 모의한 혐의로 2007년 2월 2일 배심원의 심리를 거쳐 유죄로 결정되었다. 피고는 2007년 5월 23일 8년 징역 형을 선고 받았다. 연방 판사는 심리 기간 동안 피고의 거짓 진술 및 사법 방해 이유로 양형 가이드라인보다 장기의 징역을 선고했다.

펩시와 코카콜라 모두 올바른 일을 했고 기업의 컴플라이언스를 준수했다. 펩시는 그들의 윤리강령을 따라 기업 비밀 제공 제의를 재빨리 코카콜라에 알려 줬다. 코카콜라는 사법 당국과 접촉하고 이후의 조사 및 기소에 협조하는 것으로 반응했다. 범인 체포 뒤에 코카콜라는 이 조사 및 지시 직원 한 명이 연루된 사실에 대하여 모든 직원들에게 공지했다. 코카콜라는 나아가 자사의 지적 자본을 더욱 안전하게 보호하기 위한 방안을 검토 중이라고 알려줬다. 컴플라이언스가 실제로 작동한 것이다.

a) "코카콜라 상표 비밀 사건에서 두 명의 피고 유죄 인정," 법무부 보도 자료, 미국 법무부 조지아 북구, 2006년 10월 23일, www.usdoj.gov/usao/gan/press/2006/10-23-06.pdf.
b) 코카콜라의 이사회 의장이자 최고 경영자 네빌 이스델(Neville Isdell)이 2006년 7월 5일에 전 세계의 모든 직원들에게 송부하고 코카콜라의 웹사이트 www.thecocacolacompany.com/presscenter/viewpoints_trade_secrets_investigation.html에 게재한 메모에서 발췌함.
c) 위의 글.
d) Betsy Mckay, "코카콜라 직원 영업비밀 매도 혐의로 기소," 월 스트리트 저널, 2006년 7월 6일, B6.
e) 펩시사의 글로벌 윤리강령, www.pepsico.com/PEP_investors/CorporateGovernance/CodeofConduct/english/pg1.shtml.

경영 능력보다 운이 낫다

때로는 경영을 잘하는 것보다 운이 좋은 게 더 나을 때가 있는데 스톡옵션을 부여받은 CEO라면 더욱 그렇다. 사실 이 말은 하버드 대학교와 코넬 대학교 그리고 프랑스의 경영대학원 인시드의 교수들이 수행한 학술 연구 결과 새로운 의미를 지니게 되었다. 이 연구는 많은 기업들이 휘말린 스톡 옵션 소급 스캔들이 한창인 와중에 발표되었다. 수십 개의 기업들이 스톡 옵션 수령자들에게 가능한 한 가장 낮은 가격으로 주식을 구매하도록 허용함으로써 최대의 이익을 주기 위해 스톡 옵션 행사 일을 위조한 스캔들에 연루되었다. 이는 절도나 다름 없다. 한 연구에 의하면

이 사기 행위로 인해 투자자들은 1천억 달러가 넘는 피해를 입었다.[4] 경영진들은 스톡 옵션 행사일이 공교롭게도 주가가 가장 높았던 날과 겹친 것은 '행운'에 불과하다고 주장할지 몰라도 이 연구는 그렇지 않음을 보여 준다.

'운 좋은 CEO'에 관한 연구에서 이 연구자들은 미국에서 9년이 넘는 기간 동안 부여된 스톡 옵션에 대해 그들이 '기회주의적 옵션 부여 조작'이라고 묘사한 옵션 부여와 기업 거버넌스의 관계를 연구했다.[5] 그들은 경영진에 대한 '행운의 옵션 부여'라고 명명한 것들의 발생 정도는 실제로 운이 좋아서라기보다는 조작에 기인했을 가능성이 더 크다는 사실을 발견했다. 이 연구자들은 행운의 옵션 부여를 '월중 주가가 가장 낮은 날에 부여된 옵션 부여'라고 정의했다. 이러한 행운의 부여는 이사회에 독립적인 이사들이 과반수에 미달하거나 CEO가 해당 회사에서 오랫동안 재임했을 때 발생하는 경우가 더 많았다. 1996년에서 2005년까지의 연구 대상 기간 동안 1,150건의 행운의 부여가 조작의 결과였으며 연구 대상 기관의 12%가 임원에게 1회 이상 행운의 옵션을 부여한 것으로 추정되었다.[6] 이 연구에서는 회사나 임원의 이름은 밝히지 않았다.

이 연구에서는 다음과 같은 몇 가지 흥미로운 다른 사실도 밝혀냈다.

· 잠재적인 보상액이 클수록 옵션 부여는 더 '운이 좋았다.'

· 행운은 지속적이었다. 이전의 부여가 운이 좋은 것이었을 경우 CEO가 행운의 부여를 받을 확률이 높아졌다.

· 옵션 부여 조작은 모든 업종에 걸쳐 자행되었으며 신설기업에만 국한된 것이 아니었다.

· 조작된 옵션 부여에 기인한 이익이 달리 지급되었어야 할 보수의 대

체물이라는 증거가 없었다. 그것은 단지 CEO의 보수 총액을 늘리는 데에만 기여했다.

· 월중 옵션 가격이 가장 낮은 날로 소급한 옵션 부여루 인해 CEO들이 얻게 된 이익은 평균적으로 계상된 옵션 부여 가치의 20%를 상회했다. 이로 인해 당해 연도에 계상된 CEO의 총 보수액이 10% 이상 증가했다.

· 운 좋은 옵션 부여 중 약 1,000건43%은 해당 월 중 뿐 아니라 해당 분기 중 가격이 가장 낮았던 날에 부여된 '아주 운이 좋은' 옵션 부여였는데 그 중 약 62%가 조작되었을 것으로 추정된다.

· 특정 종류의 옵션 부여 풀pool은 조작 가능성이 특히 높았다. 600건으로 구성된 특정 풀에서는 88%가 조작된 것으로 추정된다.[7]

그들은 1996년부터 2005년 사이에 6,577개의 상장 기업에서 사외 이사에게 부여된 29,000건의 스톡 옵션에 대해서 "운 좋은 이사들"이라는 제목으로 연구했는데 운 좋은 옵션 부여에서 사외 이사의 운과 집행 임원의 운 사이에 상관 관계가 있음이 발견되었다. "이사들에 대한 옵션 부여 중 9%는 주가가 월 중 최저인 날에 부여된 운 좋은 것이었다.…약 800건의 운 좋은 옵션 부여는 그들이 자신에게 유리한 옵션 부여 시기를 조정할 수 있는 지위에 있다는 사실에 기인했으며 약 460개 기업에서 1,400명의 사외 이사들이 그러한 옵션 부여 시기 조정에 관련되었다."[8] 그래서 회사의 집행 임원들이 해당 월에 옵션 가격이 가장 낮은 날에 스톡 옵션을 부여 받으면 사외 이사들도 그 날짜로 스톡 옵션을 부여받았다. 이 연구는 또한 이사들에 대한 이러한 운 좋은 스톡 옵션 부여는 회사가 '내부자들을 해임으로부터 보호하는 규정이 더 많은 경우와 이사회에 독립적인 이사들이 과반수에 미달할 때' 발생할 가능성이 더 크다는 사실도 발견하였다.[9]

상부에서의 기조 부재

운 좋은 CEO와 이사들의 경우 상부에서의 기조가 결여되었다는 사실이 명백하다. 이사들은 문지기다. '운 좋은 이사들'이라는 연구는 "이사회가 경영진과 편안한 관계를 즐기지 못하도록 지켜주는 특별한 역할을 수행하여야 할 사외 이사, 즉 독립적인 이사들이 스톡 옵션 부여 소급에 연루되었을 수도 있음을 암시한다."[10] 내가 2006년에 발간한 책『사기 방지 및 내부 통제에 이르는 경영진의 로드 맵 : 컴플라이언스 문화 조성하기』에서는 문지기의 중요한 역할에 대해 한 섹션이 할애되었다. 문지기들은 금융시장의 고결성을 보호하는 데 있어서 다른 사람들을 모니터링하고 감독할 책임이 있는 감사인, 변호사, 애널리스트 및 이사들이다. "그들은 일반 투자자나 정부 등이 재무 보고에서 진실과 정직성을 갖출 것으로 기대하는 중요한 위치에 있는 사람들이다. 그들은 책잡힐 일이 없어야 하며 자신의 행동에 대해 책임을 져야 한다."[11]

좋은 소식도 있다. 스톡 옵션 부여일 소급 및 조작에 대해 수행된 수많은 정부 및 내부 조사에 관해 널리 알려진 것 외에도 이 두 건의 연구로 일반 대중이 지식을 쌓게 되었다. 너무도 많은 기업이 연루되고 너무도 많은 임원과 이사들이 해임된 이상, 이러한 비리 행위가 다시는 이런 정도로까지 발생하지는 않을 것이라는 희망이 있다. 기업 거버넌스 분야의 업무를 수행하는 한 변호사는 운 좋은 이사들의 이러한 행위를 "충격적이다"라고 하면서 다음과 같이 덧붙였다. "이사들은 모든 주주에 대한 수임인fiduciary으로서 자신의 이익에 따라 행동하는 것은 충실 의무 위반입니다. 그것은 기본적인 죄악입니다."[12] 특히 투자자와 직원들의 이익을 지킴에 있어서 회사의 임원과 이사들의 행동보다 상부에서의 기조를 더 잘 알려 주는 것은 없다. 컴플라이언스 인사이트 2.3은 스톡 옵션 소급 부여로 조사를 받은 많은 회사들 중 일부에 대한 목록이다.

조직의 핵심 가치 소통하기

이런 일화 외에도 상부에서의 기조의 중요성을 보여 주는 조사 결과도 있다. 직원들은 실제로 상부의 인도를 따르는데 이는 조직 전체에 퍼져 나간다. 또한 내부 구성원들의 행동을 인도하는데 있어서 조직 문화가 큰 역할을 한다. 최고의 기업들은 핵심 가치가 몸에 깊이 배도록 하며 이러한 지도 원리들은 "…재무적 이익이나 단기적인 편의를 위해 타협되지 않는다."[13] 이러한 "핵심 가치는 합리화나 외부적 정당성 부여를 필요로 하지 않는다."[14] 핵심 가치는 회사의 기반이다. 훌륭한 가치를 지닌 회사가 큰 성공을 거둔다.

물론 회사는 자신의 가치를 비즈니스 전략에 연결시켜서 경영진들이 회사의 가치를 지원하고 더 발전시키는 적절한 결정을 내릴 수 있게 만드는 과제에 직면해 있다. 회사가 CEO의 행동을 통해서 이렇게 하는 것이 가장 중요한 방법이다. 최근에 수행된 한 조사에서 고위 경영진의 85%가 "회사의 가치 강화를 CEO의 명시적인 지원에 의지하고 있다"고 응답했으며 77%는 "그렇게 하는 것이 회사가 자신의 가치에 따라 행동

스톡 옵션 소급 부여 조사에 거명된 기업의 예

· 어필리에이티드 컴퓨터 서비시스
  Affiliated Computer Services

· 아메리칸 타워American Tower

· 아폴로 그룹Apollo Group

· 반즈 앤 노블Barnes & Noble

· 보스톤 커뮤니케이션스 그룹
  Boston Communications Group

· 브로드콤Broadcom

· 브로케이드 커뮤니케이션스 시스템
  Brocade Communications System

· 브룩스 오토메이션Brooks Automation

· 케이블비젼Cablevision

· 씨러스 로직Cirrus Logic

· 씨넷 네트웍스CNET Networks

· 콤버스 테크놀로지
  Comverse Technology

· 싸이버로닉스Cyberonics

· 파운드리 네트웍스Foundry Networks

· F5 네트웍스F5 Networks

· HCC 보험 지주회사
  HCC Insurance Holdings

· 홈 디포우Home Depot

· 자빌 써킷Jabil Circuit

· 주니퍼 네트웍스Juniper Networks

· KB 홈KB Home

· KLA-텐코르KLA-Tencor

· 애플Apple, Inc.

· 어플라이드 마이크로 서킷츠
  Applied Micro Circuits

· 아트멜Atmel

· 리니어 테크놀로지Linear Technology

· 마벨 테크놀로지Marvell Technology

· 맥피McAfee, Inc.

· 메다렉스Medarex

· 머큐리 인터렉티브Mercury Interactive

· 몬스터 월드와이드Monster Worldwide

· 오픈웨이브 시스템스Openwave Systems

· 파워 인테그레이션스Power Intergrations

· 람부스Rambus

· 쎄이프넷SafeNet

· 싼미나-SCI Sanmina-SCI

· 씨카모어 네트웍스Sycamore Networks

· 테이크-투 인터렉티브 소프트웨어
  Take-Two Interactive Software

· 트라이덴트 마이크로시스템스
  Trident Microsystems

· 유나이티드 헬스UnitedHealth

· 베리싸인Verisign

· 비테쎄 반도체Vitesse Semiconductor

· 조란Zoran

하는 능력을 강화하는 데 있어서 '가장 효과적인' 방법 중 하나"라고 말했다.[15] 이에 반해서 "단지 34%만이 연수를 '가장 효과적인' 방법이라고 응답했고, 32%는 내부 의사 소통을, 그리고 30%는 성과 보상을 가장 효과적인 방법으로 지목했다."[16] 이에 비추어 볼 때 CEO는 한 조직의 가치를 경영진이나 다른 직원들에게 전달하는 최고의 소통자다. 그렇다고 해서 연수, 내부 의사 소통 및 성과 보상 등 위에 언급된 다른 관행들이 버려져야 한다는 것은 아니다. 사실은 그 반대다. 이러한 방법들은 상부에서의 적절한 기조를 전달하는 데 있어서 CEO만큼 효과적이지는 않지만 확립된 가치들을 강화하는 데 기여한다. 컴플라이언스 인사이트 2.4는 상부에서의 기조 및 기타 컴플라이언스 이슈들에 대한 어느 컴플라이언스 컨설턴트의 견해를 보여 준다.

어느 컴플라이언스 컨설턴트의 견해

스코트 모리츠Scott Moritz는 전 세계의 금융기관, 「포춘」 500대 기업, 법무 법인 및 정부 기관에게 규제 및 조사 관련 문제에 대해 조언을 제공하는 글로벌 감독 규정 컴플라이언스 및 조사 컨설팅 업체인 데이라이트 포렌식 자문사Daylight Forensic & Advisory의 집행 임원이다. 그는 조사, 재판 관련 회계, 컴플라이언스, 법원이 지정한 모니터링 및 법 진행 등 다양한 분야에서 20년이 넘는 경험을 쌓았다. 그는 데이라이트에 합류하기 전 4대 회계 법인 중 한 곳에서 이사로 재직시 기업 정보 부서 이사 겸 데이터 관리 및 재판 수행 시 프라이버시 보호 팀의 리더였다. 모리츠는 10년 가까이

FBI 특수 요원으로 일했는데 그때 자금세탁 및 자산 몰수 조사 분야의 전문가로 전국적인 명성을 얻었다. 다음은 모리츠가 들려주는 컴플라이언스 컨설턴트의 견해다.

컴플라이언스라는 난문제

해외부패방지법, 해외자산 통제국, 미국 애국법, 그리고 사베인-옥슬리법 등의 규정 시행은 미국 기업이나 외국인 소유 기업할 것 없이 누구에게나 매우 어려운 도전 과제라는 것이 입증되었다. 이들 법 자체가 법을 준수해야 하는 기관들만큼이나 아주 복잡하다. 이들 회사에 대한 최대의 도전 과제는 이 법률들이 컴플라이언스 요건들을 효과적으로 이행하기 위한 전사적 접근을 요구한다는 점이다.

대다수의 복잡한 조직들은 전문성, 지리적 영역 또는 양자에 의해 조직되어 있다. 오늘날 회사들이 대부분 채택하고 있다고 주장하는 이러한 조직구조 유형으로 인해 흔히 격납고로 격리된 것처럼 따로 노는 현상이 초래되는 경우가 많은데, 이로 인해 기능 부문 간 및 지역 간 조정이나 의사 소통을 필요로 하는 컴플라이언스 프로토콜을 전사적으로 시행하기가 어려워진다. 더욱이 대부분의 조직은 내부 의사 소통에 약하다. 나아가 조직문화가 컴플라이언스 상 재앙을 초래할 방안에 기름을 붓기도 한다. 모든 기업은 어느 정도 컴플라이언스 부서와 오퍼레이션 및 판매 부서 사이에 존재하는 근본적인 문화적 차이로 애를 먹는다.

기업은 수익 창출을 위해 설립되기 때문에 오퍼레이션과 영업 직원들이 이러한 목표에 중점을 두는 것도 이해할 만하다. 많은 사람들, 특히 오퍼레이션, 판매 부서 그리고 집행 임원들은 컴플라이언스상 요구 사항들이 '필요악'이며, 자신들의 판매 목표 및 분기 이익 추정치 달성에 방해물이라고 여긴다. 이러한 문화적 차이가 줄어들지 않을 경우에는 재앙 수준의 제재 조치를 당하는 지경에 이르게 될 가능성이 크다.

'상부에서의 기조'는 상투어이기는 하지만 여전히 조직 문화에 절대적으로 중요한 요소다. 고위 경영진들이 말과 행동이나 예산 할당으로써 컴플라이언스 주요 추진 사항에 대해 의미 있는 지원을 제공하지 않을 경우 해당 조직의 컴플라이언스 노력은 실패할 운명에 처하게 될 가능성이 높다. 그 결과 막대한 벌금, 대중의 신뢰 상실, 주가 하락 및 법적 책임이 초래될 수도 있다.

그러나 상부에서의 기조만으로는 의미 있는 컴플라이언스 프로그램을 실행하기에 충분하지 않고 때로는 외부의 견해를 필요로 한다. 이는 몇 가지 방법으로 달성될 수 있다. 회사 내부의 다른 부서 직원에게 컴플라이언스 추진 사항에 관련된 프로젝트를 관리하도록 지정하거나, 외부 컴플라이언스 전문가를 고용할 수 있다. 현실적으로는 대부분의 기업들이 내부적으로 인적 자원을 재배치할 경우 회사의 한 부분을 교정하려다 다른 부분에 피해를 입힐 수도 있다는 우려로 인해 외부 전문가를 이용하는 경향이 있다. 컴플라이언스 프로젝트를 누가 인도하건 간에 성공적인 프로젝트에 필요한 핵심 요소들은 객관성, 관련 사안에 대한 전문성 및 힘 실어 주기다.

객관성 및 부문 간 의사 소통의 중요성

"원래 그런 방식으로 해 왔다"라는 말을 우리는 너무도 자주 듣고 있다. "그건 우리 부서의 책임이 아니다"라는 말도 그렇다. 나는 컨설턴트로서 이러한 말을 여러 번 들었는데 때로는 여러 분야에서의 컴플라이언스 책임이 있는 고위 경영진의 일원들로부터 이런 말을 들은 적도 있다. 그들은 자신의 컴플라이언스 책임이 무엇인지 알지 못했고, 컴플라이언스를 대수롭지 않게 여겼으며, 그들의 컴플라이언스 직무가 조직의 다른 부문에 영향을 준다는 것도 몰랐다. 컴플라이언스 컨설팅 프로젝트가 효과적이려면, 외부 컨설턴트들이 해당 조직의 정책 및 절차에 관한 방대한 정보를 수집하여 이러한 정책 및 절차가 적절한지와 실제로 준수되고 있는지에 대해 평가해야 한다.

또한 컨설턴트들은 조직 전체에 걸쳐 상당한 부문의 사람들을 면담해야 한다. 이러한 면담은 컨설턴트들에게 직원의 직무 관련 자질, 직무와 관련된 회사의 컴플라이언스 의무 사항들에 대한 이해, 컴플라이언스 미준수시의 조치, 그리고 비즈니스 부서들이 오퍼레이션 및 컴플라이언스 관점에서 다른 부서들과 어떻게 상호 작용하는지에 대해 가늠할 수 있게 해 준다. 이러한 면담은 컨설턴트들이 고객사의 컴플라이언스 프로그램이 얼마나 "효과적인지"에 대해 객관적인 견해를 표명할 수 있게 해 주기 때문에 어떤 컴플라이언스 컨설팅 프로젝트에서나 중심적인 위치를 차지하고 있다.

외부 컨설턴트나 이러한 역할을 수행하는 내부 직원들은 검토 대상 비즈니스 수행에 관여하지 않기 때문에 해당 회사가 잘하는 영역이 어느 부분인지, 어느 부분에 개선의 여지가 있는지에 관해 의견을 제시해 줄 수 있고, 가장 중요한 점으로는 어느 곳에 컴플라이언스 지뢰가 묻혀 있는지 알 수 있게 되는 독특한 위치에 있다. 물론, 이러한 지뢰를 찾아내는 것은 즉시 시정 조치를 제안하는 것만큼이나 중요하다. 이 점도 그에 못지않게 중요한데, 외부 컨설턴트는 조직 전체의 의사 소통을 촉진하고 중요한 컴플라이언스 이슈들에 대한 내부의 인식을 제고한다. 흔히 성과가 양호한 컴플라이언스 조직과 성과가 신통하지 않은 컴플라이언스 조직의 차이는 부문간 조정 및 의사 소통에 좌우된다.

관련 사안에 대한 전문성

컴플라이언스 교정 프로젝트가 감독 당국 또는 검사들에게 신뢰를 얻으려면 한 명 이상의 전문가에 의해 주도되어야 한다. 실상 금융 감독 당국은 피감독 대상 은행에게 감독 규정에 나와 있는 요구 조건의 전부 또는 일부를 실행하기 위해 업체를 선정하기 전에 감독 당국의 승인을 받도록 요구하기도 한다. 모든 컴플라이언스 교정 프로젝트들이 이러한 수준의 감독 당국의 승인을 받지는 않는다 할지라도 필요한 경험과 관련 사안에 대한 전문성을 지닌 외부 업체나 내부 인력을 선발하는 것이 권장되는 관행이다.

힘 실어 주기

나는 자금세탁 방지 컴플라이언스에 관해 주요 금융 기관에서 많은 강의를 해 왔다. 강의 때마다 우리는 고객사의 고위 경영진 중 한 사람이 서두에 이 연수의 중요성과 전반적인 컴플라이언스의 향상을 위한 해당 회사의 서약을 강조하도록 요청했다. 해당 비즈니스 부문의 최고 책임자가 연수의 서두에 사실상 "이것이 우리에게 실제로 적용되지는 않지만 우리 모두 연수를 마쳤다고 말할 수 있도록 강의가 끝날 때까지 자리를 지킬 의무가 있다"는 취지로 해석될 수 있는 말로 시작한 경우도 여러 번 있었다. 나를 이런 식으로 소개함으로써 그 임원들은 해당 연수 프로그램을 손상시켰으며 낭패를 자초했다. 또한 내가 전 직원 앞에서 그들을 논박할 수밖에 없게 했다. 말할 필요도 없이 그들의 '마음으로부터의 수용buy-in' 결여는 기업 거버넌스에서의 모범 관행으로 여겨지는 것과는 현저한 대조를 이룬다.

다른 고객의 연수 때에는 수강생들에게 전혀 다른 기조가 조성되었다. 이 연수의 서두에 고위 임원이 수강생들에게 컴플라이언스의 중요성을 언급했다. 그는 이렇게 말했다. "우리는 해마다 감독상의 책임에 대비해 일정 금액을 유보해 둬야 합니다. 이 돈은 보너스 지급 등 회사의 다른 필요에 사용할 수 없습니다. 우리가 일을 올바르게 한다면컴플라이언스를 의미함, 이 용도에 더 적은 금액을 유보해 둘 수 있게 되어 연말 보너스 지급에 사용할 수 있는 돈을 더 많이 남기게 될 것입니다." 위에 언급한 두 개의 연수 중 당신은 어느 회사의 수강생들이 더 주의를 기울였을 것으로 생각하는가? 이것은 연수에 관한 것이지만 실상은 힘 실어 주기에 대한 이야기다. 한 임원은 연수 개시에 앞서 나를 깎아 내림으로써 자신은 이 연수에 관심이 없음을 명백히 드러냈으며, 부하들에게도 동일한 메시지를 전달했다. 다른 임원은 적절한 "상부에서의 기조"를 보여 주었으며 수강생/직원들에게 해당 주제를 배워야 할 중요한 동기부여를 제공했다. 여기서의 핵심 메시지는 고위 경영진의 언행과 지원정도가 컴플라이언스 교정 프로젝트의 성패에 직접적으로 관련이 있다는 점이다.

실행 및 후속 조치

컴플라이언스 프로그램이 개발되거나 개선된 후에는 이를 실행하는 것이 다음으로 해야 할 중요한 과제다. 컴플라이언스 프로그램을 개선시키려는 변화를 실행하지 않으면 조직에 막대한 피해를 입힐 수 있으며, 검사와 감독 당국에게 해당 기관이 어느 부분에서 실질적으로 법규를 준수하고 있지 않은지를 찾아볼 수 있는 안내서를 제공할 수도 있다. 컴플라이언스 프로그램을 충실히 이행하려는 실천 의지와 그렇게 하지 않을 경우 얼마나 큰 피해를 가져올 수 있는지에 대한 이해가 필요하다.

해당 기관이 컴플라이언스 프로그램을 고수하는지를 정규적으로 모니터하는 조직을 설립할 필요성 또한 실행 의지만큼이나 중요하다. 이러한 모니터링은 당해 회사의 내부 감사 조직이나 외부 컴플라이언스 컨설턴트에 의해 수행될 수 있다. 모니터링은 최소 연 1회는 수행되어야 하며 컴플라이언스 프로그램의 전 영역에 대해 점검해야 한다. 컴플라이언스 감사 결과는 CEO에게 보고되어야 한다. 지적 사항이 있을 경우 적시에 처리되어야 하며 다음 번 컴플라이언스 감사 시에 다시 점검해야 한다.

요컨대, 효과적인 컴플라이언스 프로그램은 해당 조직에 적용되는 모든 법률 조항 및 감독 규정의 의무들을 고려해야 하며, 조직 전체에 대해 다양한 방법으로 일관성 있게 소통되어야 하고, CEO의 지원을 받아야 하며, 이를 실행해야 하는 모든 임직원들이 마음으로부터 이를 수용해야 한다. 그리고 감독상 또는 법률적 책임을 초래할지도 모르는 불이행이 없도록 만전을 기하기 위해 이에 대해 정규적으로 모니터해야 한다. 정규적으로 모든 사람의 컴플라이언스 의무를 알려 주고 이를 그들의 특수한 역할과 연결시켜 준다면 영업 부문과 컴플라이언스 부문 사이의 문화적 차이를 극복하고, 회사를 법규를 보다 잘 준수하는 조직으로 변화시키며, 회사 및 임원들을 법적 책임과 평판상의 피해로부터 보호하는 막중한 과제를 감당해 낼 수 있게 될 것이다.

최고 경영자가 어떻게 차이를 만들어 낼 수 있는가

조셉 E. 머피Joseph E. Murphy는 기업 컴플라이언스 분야에서 인정받는 전문가다. 그는 윤리강령 및 규정 문서 기안, 프로그램 평가, 컴플라이언스 감사 수행, 비리 혐의 조사 및 연수 등 컴플라이언스 이슈들의 전 영역에서 30년 이상의 경험이 있으며 이러한 주제에 대해 활발하게 강연 및 저술 활동을 하고 있다. 그리고 현재 컴플라이언스 시스템스 리걸 그룹의 변호사, 인테그리티 인터랙티브 코퍼레이션의 공동 설립자 겸 선임 고문이자 기업 컴플라이언스 및 윤리에 관한 격월간 간행물 「Ethikos」의 공동 편집인이다.

상부에서의 기조의 중요성을 이해하고 이러한 주제들을 특정 조직에서 실천에 옮길 방법을 끊임없이 생각하는 머피는 모든 곳의 회사 임원 및 지도자들이 상부에서의 기조를 보여줄 때 심사숙고할 아이디어 목록을 제시한다. 그는 이 목록은 모든 것을 담은 목록이 아니라 살아있는 문서임을 분명하게 밝힌다. 그것은 진정한 지도자가 '말한 바를 실천'할 수 있도록 만전을 기하기 위해 끊임없이 사용되고 새로운 아이디어나 관행이 있으면 추가되어야 할 도구다. 사람들은 자신의 지도자를 모방하기 때문에 솔선수범만큼 컴플라이언스를 강화하는 것은 없다. 마하트마 간디가 "당신이 이 세상에서 변화를 보기 원한다면 당신이 바로 그 변화가 되어야 한다."고 말한 것처럼 말이다. 조셉 머피의 목록은 다음과 같다.

① 오래 사용해서 종이가 너덜해진 회사 윤리강령을 당신의 책상 위에 두고, 이를 읽는 모습을 사람들이 보게 하라.

② 컴플라이언스 및 윤리 담당 임원이 이사회의 감사위원회에 직접 보고하는 등 많은 영향력을 갖도록 하고, 전문성을 갖추며, 엄격한 전문가 윤리 기준을 준수하게 하라.

③ 고위 임원 회의에서 각각의 임원들에게 자신이 담당하고 있는 부문의

컴플라이언스/윤리를 증진하기 위해 특별히 무엇을 했는지 보고하게 하라. 컴플라이언스 및 윤리 담당 임원이 이 회의에 참석하여 논의되는 내용에서 알곡과 쭉정이를 구분하게 하라. CEO에게도 해당되는 말이지만, 그저 옳은 말을 늘어 놓기만 하는 것은 아무런 가치가 없다.

④ 컴플라이언스 및 윤리를 전 임직원의 고과 평가 및 성과 상여금에 의미있게 연계하라.

⑤ 비즈니스 의사 결정에서 모델이 되라. 거래처의 여행 제의를 거절하라. 당신이 받은 선물을 회사에 제출하라. 윤리적 위험이 너무 크다고 생각되면 비즈니스 거래를 거절하라.

⑥ 컴플라이언스 프로그램에서 모델이 되라. 연수를 가장 먼저 받으라. 안전에 대해 철저히 점검하라. 의문이 있으면 회사의 헬프라인에 전화하라. 현장의 책임자에게 전화해서 윤리강령 실천 및 연수에 대해 질문하라. 준법 윤리 협의회 프로그램에 참여하라.

⑦ 뛰어난 컴플라이언스 및 윤리 사례에 대해 개인적으로 인정해 주라. 고위층의 일원이 규칙을 어기거나 내부 고발 등에 대해 보복하겠다고 위협할 경우, 개인적으로 가장 엄한 징계를 고수하라.

⑧ 이사회의 감사위원회에 다른 회사 출신 컴플라이언스 및 윤리 담당 임원을 영입하라.

⑨ 컴플라이언스 및 윤리 프로그램에 대해 진정으로 독립적인 외부 감사를 받고, 그 결과를 감사위원회에 직접 보고하라.

⑩ 납품업자들에게 컴플라이언스 및 윤리에 대한 당신의 결연한 의지를 수용하게 하고, 그들이 이를 준수할 수 있도록 도움을 제공하라.

⑪ 컴플라이언스 및 윤리를 증진할 수 있는 방안에 대해 다른 회사들과

네트워크를 구축하라.[17)

리더들이 일관되게 윤리적 행위 및 정직을 보여 줄 때 조직 내에서 이러한 것들이 강화될 수 있음을 보여 주는 연구들이 많다. 등기 이사와 집행 임원들이 조직 전체가 윤리적으로 행동하도록 하는 '상부에서의 기조'를 보여 준다는 점은 의문의 여지가 없다. 마찬가지로 긍정적인 행동을 강화하고 직원들의 훌륭한 역할모델이 되는 데에는 조직의 전 계층의 책임자들도 임원 못지않게 중요하다. 긍정적인 면에서의 솔선수범은 언제나 상부에서의 기조가 컴플라이언스 문화로 전환되게 만드는 효과적인 방법 중 하나다.

NOTES

1) Julie Walsh, "Setting the Tone at the Top," Law Now, 2005년 2월 1일자.

2) 2005년 5월 15일, 펜실베이니아 주 필라델피아 소재 펜실베이니아 대학교 와튼 스쿨 졸업식에서 전 연방 준비위원회 의장 앨런 그린스펀이 행한 연설에서 발췌함. www.federalreserve.gov/boarddocs/speeches/2005/20050515/.

3) Peter F. Drucker, "Peter Drucker's Essential Tips for Managers in 2005," 월 스트리트 저널 임원 경력 사이트, www.careerjournal.com/myc/management/20050106-drucker.html.

4) "Study: Backdating Has Cost $100 Billion," Associated Press, 2006년 12월 20일자, www.msnbc.msn.com/id/16302216.

5) Lucian Arye Bebchuk, Yaniv Grinstein and Urs C. Peyer, "Lucky CEOs," Harvard Law and Economics Discussion paper No. 566, 2006년 11월호, http://ssrn.com/abstract=945392 및 www.issproxy.com/pdf/LuckyCEOs_Bebchuk-Grinstein-Peyer.pdf.

6) 위의 글.

7) 위의 글.

8) Lucian Arye Bebuck, Yaniv Grinstein 및 Urs C. Peyer, "Lucky Directors," Harvard Law and Economics Discussion Paper No. 573, 2006년 12월호, http://ssrn.com/abstract=952239.

9) 위의 글.

10) Steve Stecklow, "Study Sites Role Outside Directors Had With Options," 월 스트리트 저널, 2006년 12월 18일자, A10면.

11) Martin T. Biegleman and Joel T. Bartow, Executive Roadmap to Fraud Prevention and Internal Control: Creating a Culture of Compliance, (Hoboken, NJ: John Wiley & Sons, Inc, 2006), 97쪽.

12) Kathy Kristof, "Doubt cast on stock options of directors," 로스앤젤레스 타임즈 온라인, 2006년 12월 18일자, www.latimes.com/business/lafi-options18dec18,1,1938511.story?coll=la-headlines-business&ctrack=1&cset=true.

13) Dr. John D. Copeland, "Business Ethics: Three Critical Truths," 8쪽, www.soderquist.org/resources/pdf/Copeland_ThreeTruths-publication.pdf에서 James C. Collins and Jerry I. Porras, Built to Last: Sucessful Habits of Visionary Companies, (New York: HarperCollins, 1994), 73쪽을 인용한 글.

14) Dr. John D. Copeland, "Business Ethics: Three Critical Truths," 8쪽, www.soderquist.org/resources/pdf/Copeland_ThreeTruths-publication.pdf에서 James C. Collins and Jerry I. Porras, Built to Last: Sucessful Habits of Visionary Companies, (New York: HarperCollins, 1994), 75쪽을 인용한 글.

15) "New Study Finds Link Between Financial Success and Focus on Corporate Values," Booz Allan Hamilton, 2005년 2월 3일, www.boozeallan.com/publications/article/659548.

16) 위의 글.

17) Joseph E. Murphy, "Compliance and Ethics: How Can the CEO Make the Difference," Society of Corporate Compliance and Ethics, www.corporatecompliance.org/resources/documents/ HowCanCEO_MakeDifference.pdf.

Chapter 3

컴플라이언스의
성장과 발전

"과거를 기억하지 못하는 사람은 과거의 실수를 되풀이하게 되어 있다."

— 조지 산타야나(George Santayana)

현재 우리가 알고 있는 기업의 컴플라이언스 개념은 여러 해에 걸친 진화와 발전의 결과다. 비즈니스 관련 법률을 다루는 방식이 보다 공식화되고 복잡해진 것처럼 비즈니스를 규율하는 법률 자체도 규모와 범위 면에서 성장해 왔다. 규제는 19세기에 서서히 시작되어서 그 이후 가속화되었다. 이러한 규제는 개별 스캔들에 대한 대응으로 시작되었으며, 각 스캔들의 근원을 다루고자 했다. 1960년대에 이르러서는 비즈니스와 규제 영역의 양면에서 복잡성이 증가하면서 현대적 컴플라이언스의 기초가 출현하기 시작했다. 이러한 추세는 1970년대와 1980년대에도 계속되었으며, 1991년에 조직 양형 가이드라인sentencing Guidelines for Organizations 의 공표로 전환점에 도달하였다. 조직 양형 가이드라인이 개정되기 전에도 컴플라이언스 프로그램이 존재했었지만, 이 가이드라인의 개정은 컴플라이언스 프로그램을 비즈니스의 본류 안으로 집어 넣는 주요한 압박 요인이 되었다. 전체적인 컴플라이언스 틀framework은 21세기에 사베인-옥슬리법이 통과되고 컴플라이언스 담당 임원의 중요성 및 역할이 증대되고 난 후에야 발전되었다.

컴플라이언스 역사 개요

여러 면에서 미국의 비즈니스 역사는 스캔들의 역사와 궤를 같이 한다. 이 역사는 바로 회사가 도를 넘어서는 것에 고삐를 죄려는 규제 당국과 보다 큰 유연성과 혁신을 성취하기 위해 규제에 저항하는 회사 사이의 세력 다툼이라고 묘사할 수 있다.[1] 특히 기업의 스캔들이 대량으로 발생하기 시작할 때 규제 당국이 개입한다. 이러한 스캔들이 막대한 피해를 가져 왔지만 "이에는 긍정적 측면도 있었다. 각 스캔들마다 대중의 분노로 인해 입법 당국이 개입하게 되는 계기가 되었다. 이러한 행태는 미국의 기업 거버넌스의 근간을 이루고 있다. 지난 세기 동안 미국의 기업 규제는 주 의회의 미묘한 지속적 규제와 더불어 주요 스캔들 발생 후 연방 의회에 의한 주기적이고 극적인 규제상의 개입으로 이루어져 왔다."[2] 이러한 스캔들의 여파로 분노한 대중은 스캔들이 발생하지 않았더라면 불가능했을 가시적인 개혁을 광범위하게 지원하는 사법상의 변화를 요구하였다.

우리는 기업 스캔들의 역사는 엔론에서 시작하여 스톡 옵션 소급으로 끝난 것이 아니며, 사베인-옥슬리법은 정부 규제의 모든 것이자 궁극적인 것이 아니라는 사실을 기억할 필요가 있다. 추악한 기업 스캔들은 거대 기업이 존재해 온 것만큼이나 오랫 동안 존재해 왔다. 1860년대에 필라델피아의 은행가 제이 쿠키Jay Cooke는 북부군의 자금 조달을 위한 정부 채권을 판매함으로써 명성과 부를 쌓았다. 남북 전쟁 후에 그는 정부 채권 판매와 유사한 기법과 막대한 광고를 사용하여 북태평양 철도의 자금 조달을 위한 채권을 판매했다. 그러나 대부분의 사람들이 너무 위험하다고 우려하는 데도 불구하고 철도에 돈을 계속 쏟아부었던 그는 인플레이션이 상승하고 철도 건설이 수요를 훨씬 초과한다는 경고 신호를 무시했다. 이 스캔들의 영향은 그것이 발생한 방식 때문이 아니라 관련된 인물 때문이었다. 쿠키의 회사는 '금융 안정성의 기둥으로 여겨졌었다.'[3] 현대에 비유하자면 금융계의 우상이랄 수 있는 빌 게이츠나 워렌 버핏이 비성공적인 기업에 개인적인 명성과 회사의 재산을 전부 걸어서 자신의 회사를 말아 먹은 격이다. 쿠키의 은행과 철도 파산의 직접적인 결과로 1873년의 경제 공황이라는 경제 침체가 초래되었다. 이 스캔들은 부유한 사람들뿐만 아니라 해당 채권에 투자한 일반 투자자들에게도 영향을 주었기 때문에 중대한 의미가 있었다. 철도에 재무적 이해 관계가 없는 사람들조차 이에 대해 분통을 터뜨렸다.[4]

이러한 파산으로 많은 사람들이 피해를 입고 막대한 돈을 잃었지만 이로 인해 훗날 회사 개혁 법률들이 제정되었다는 약간의 유익이 있었다. 1873년에 철도가 파산하고 곧 이어 자기 거래 및 뇌물이라는 뻔뻔한 부패가 상세히 밝혀지자 연방 의회와 일부 주에서 회사를 보다 더 감시하고 정치 과정에서 기업의 영향력을 제한하도록 고안된 법률을 제정했다. 19세기에 존재하던 법률들은 소규모 기업을 겨냥한 것이지 산업화 시대의 거대 기업 집단을 위해 고안된 것이 아니었다. 법원도 철도 회사 경영자들이 자신의 이익을 위해 회사 자금을 빼돌리는 데 사용되었던 자기 거래 계약을 방지하는 규칙을 만듦으로써 규제 환경을 조성하고자 했다. 공황에 대한 경험으로 인해 1887년의 주간 상업법Interstate Commerce Act으로 철도에 대해 중대한 규제가 도입되었으며, 1890년의 셔먼 반독점법Sherman Antitrust Act으로 독점에 대한 연방의 규제가 도입되었다.[5] 이 시기에 의회는 중요한 영향을 미치는 또 다른 사기 방지 법률인 우편 사기법Mail Fraud Statute을 제정했다. 우편 사기법은 소비자와 기업체 소유자를 겨냥한 사기가 만연해지자 이로부터 미국인들을 보호하기 위해 1872년에 제정된 최초의 연방 법률이었다. 현재 기업 사기를 포함한 많은 사기를 우편 사기법을 적용하여 기소하고 있다.

주 정부들은 회사를 규제하는 법률들을 통과시켰지만, 이런 규제들이 산업 시대의 합병의 물결에는 거의 영향을 주지 않았고 회사의 성장에 제동을 걸지도 않았다. "주 정부들이 기업 결합에 대한 싸움을 포기하자 기업 독점에 대한 반대 운동은 주 정부로부터 연방 의회 및 연방 규제 당국이 떠맡게 되었다. 20년 뒤에는, 테디 루스벨트Teddy Roosvelt 대통령에 의해 주도되는 반反독점 운동이 연방 규제 당국을 미국 기업들의 경쟁에 대한 주요한 수호자로 확고히 자리잡게 하였다."[6]

테디 루스벨트와 기업 규제

테디 루스벨트 대통령의 기업 규제에 대한 관심은 미국의 전성기에 형성된 거대 기업들의 힘, 영향력의 범위와 책임성 결여에 대한 대중의 심각한 불안과 동시에 야기되었다. 이 시기는 기업이 사람들의 삶과 정부의 운영에 미증유의 힘과 영향력을 행사했던 시기였으며, 사회의 병폐와 독점 기업 및 착취적인 기업 부호들의 비리를 폭로하려 했던 부정 부패 적발자들이 분연히 일어난 시기이기도 했다. 루스벨트 대통령은 이를 인식했으며 주 정부들이 기업을 충분히 규제할 수 없거나 규제할 의지가 없음도 알아차렸다. 그러나 기업 권력의 위험을 인식했음에도 불구하고 그는 강한 기업이 미국의 경제 성장과 강대국 지위에 중심 역할을 한다고 생각했기 때문에 기업을 파산시키거나 약화시키려 하지는 않았다. 확실히 그는 '세력 과시' 외교로 미국의 힘을 라틴 아메리카와 필리핀 등에 쏟아 붓고 있는 상황에서 미국의 경제력을 약화시키는 정책을 취하고 싶지 않았을 것이다. 루스벨트는 기업의 힘과 경제계의 이해 관계, 일반 대중의 이해 관계와 시민의 복지 사이의 균형을 유지하기 원했다. 그리고 기업 활동, 특히 기업 비리에 대한 중앙 정부의 규제는 이 균형을 유지시켜 주는 수단이 되었다.[7]

루스벨트가 이 문제를 다룬, 1902년 12월에 행한 그의 두 번째 연두교서 연설은 그 이후 100년 동안 미국 연방의 기업 규제에 대한 기조를 이루었다.

우리의 목표는 기업을 없애는 것이 아닙니다. 오히려 이들 거대 집단들은 현대 산업화의 진전에 불가피하며, 국가 전체에 엄청난 재난을 가져오게 될 정도로 극단적인 방식이 아니고서는 이들을 파괴하려는 노력은 무용지물이 될 것입니다. 우리가 기업을 공격하고 있는 것이 아니라 그 안에 있는 악을 없애려 한다는 점을 우리의 마음에 분명히 해두지 않으면 이들 기업에 대해 규제하고 감독하는 데 있어서 어떤 효과도 거두지 못하게 됩니다. 우리는 기업에 적대적이지 않습니다.

우리는 단지 기업이 대중의 이익에 도움이 되는 방식으로 다루어지도록 하려는 것 뿐입니다. 우리는 비리에 대해 선을 긋는 것이지 부에 대해 반대하는 것이 아닙니다. 독자적으로, 혹은 동료들과 함께 커다란 상업적 성공을 거두어 돈을 버는 자본가는 적절하지만 합법적인 선 안에서 행할 때에만 범법자가 아니라 바르게 행동하는 사람입니다. 우리는 바르게 행동하는 사람에게 혜택을 주고자 합니다. 우리는 기업가가 나쁜 행동을 하는 것을 방지하려는 목적으로만 그의 행동을 감독하고 통제할 것입니다. 대중의 관심은 정직한 기업에게는 아무런 해악도 끼칠 수 없습니다. 또한 우리는 부정직한 기업을 용서해 줄 정도로 너그러울 필요도 없습니다.[8]

불행하게도 그 이후 100년은 기업 부정행위자들의 비리로 특징지워졌다.

경제적으로 위험한 또 다른 대공황 시기였던 1932년에 사무엘 인술Samuel Insull의 전기 제국 붕괴는 프랭클린 드라노 루스벨트Franklin Delano Roosevelt 대통령에게 전면적인 뉴딜 기업 개혁 법안 제정에 박차를 가하는데 도움을 주었다. 토마스 에디슨의 이전 동료이자 시카고의 에너지 거물이었던 인술은 경쟁 에너지 회사와 다른 기업들을 인수 합병하여 거대한 기업 제국을 건설하였다.[9] 그러나 그 제국의 재무 상태는 결코 외관처럼 안전하지 못했다. 인술은 이 기업체의 불안정한 재무 상태를 위장하기 위해서 엔론이 70년 후에 사용했던 것과 유사한 정교한 지주회사 구조를 창설했다. 인술은 미로처럼 복잡한 모회사와 자회사를 이용하여 자기 회사의 재무상태를 숨겼는데 이 회사 중에는 상당한 자산이 있는 기업도 있었으나 일부는 서류상에 표시된 만큼의 가치가 없었다.[10] 이처럼 불안정한 기초가 곧 무너져내릴 것으로 예측할 수 있었는데, 어떤 이들은 이를 '세계 역사상 가장 큰 기업 도산' 중 하나라고 설명하기도 한다.[11] 회계 법인 아더 앤더슨Arther Andersen이 인술의 회사에 대한 조사와 이에 따른 인술에 대한 기소 관련 작업에서의 뛰어난 정직성으로 명성을 얻어 전국적인 회사로 성장했다는 점은 역사의 역설이 아닐 수 없다.[12]

인술은 앞 시대의 쿠키와 그 후에 등장하게 될 많은 기업체의 임원들과 같이 자만심과 자신의 회사는 난공불락이라는 안이함에 빠져서 법률을 무시하다가 몰락을 초래하고 말았다. "이런 스캔들을 보면 좀 더 최근의 기업체 붕괴의 경우와 마찬가지로 크게 성공한 사업가들이 스캔들의 중심에 있었던 적이 한두 번이 아니다. 쿠키와 인술은 당시 미국의 모든 기업과 재무 활동에 퍼져 있던 책임감의 결여를 전형적으로 보여 주었다."[13]

루스벨트 대통령과 투자자들을 위한 뉴딜New Deal 정책

1920년대 말과 1930년대 초의 스캔들로 인해 많은 규제가 등장하였다. 프랭클린 루스벨트 대통령은 선거 유세에서 그의 사촌 테디 루스벨트를 본받아 미국 기업을 정화하겠다고 공약했는데 그는 뉴딜 정책의 일부로서 이 약속을 이행했다. 실제로 그는 1930년 뉴욕 주지사 선거 와 첫 번째 대통령 선거 유세에서 '인술 망령'에 맞서 싸우겠다고 공약했다.[14] 당시에 제정되었던 광범위한 전면적 개혁이 오늘날까지 미국 기업의 주요 하부 구조 및 시장 규제의 근간을 이루고 있다. 의회는 1929년 주식 시장 붕괴와 이에 따른 대공황의 결과 1930년대 초에 최초의 유가 증권 법률을 제정했다. 1933년과 1934년 유가증권법으로 유가증권거래위원회Securities and Exchange Commission: SEC가 창설되고, 광범위한 신규 공시 요건 및 사기 방지 규정들이 도입되었다. SEC의 사명은 공정 시장 및 투자자 보호를 확보하는 것이었다. 또한 뉴딜 개혁자들은 은행들의 상업 은행과 투자 은행 업무 겸업을 금지하였으며, 수도 · 가스 · 전기 등 공공재 산업에서는 인술 및 기타 기업들이 투자자들을 오도하는 데 사용했던 복잡한 지주회사 구조를 사용하지 못하게 했다.[15]

이러한 스캔들과 이에 따른 입법 내용들을 조사해 보면 일정한 패턴이 드러난다. "어떤 충격적인 스캔들이 주의를 끌게 되면, 해당 기업이 통상적인 상황하에서 지니고 있던 영향력이 무력해진다. 의회는 일반 국민들이 요구하는 개혁 조치들을 입법화함으로써 재빨리 이에 대응한다. 그러면 이러한 개혁 조치들이 그 이후 수십 년 동안의 미 연방 규제의 하부 구조를 제공한다."[16] 바로 이런 패턴으로 현재 컴플라이언스라고 생각되는 것들이 조성되었다. 규제가 늘어나고 복잡해지자 기업들은 자신과 직원들이 이러한 규제를 확실히 준수하도록 모색하는 길을 찾게 되었다.

현대 컴플라이언스의 발달

조직화된 상업이 시작된 이래 컴플라이언스는 어떤 형태로든 계속 존재해 왔다. 기업의 자율 규제는 중세 상인과 장인 조합이 스스로 비즈니스 기준을 설정한 것으로 거슬러 올라간다.[17] 업계는 흔히 다른 회사의 스캔들이 발생하면 자체 윤리강령을 채택해 왔다. 그러나 스스로 부과한 이런 유형의 규제는 자발적이고 비공식적이며 상대적으로 단순하다. 20세기 중반에 규제가 증가함에 따라 일부 기업들은 자신들이 반드시 법규를 준수할 수 있게끔 보장할 새로운 방법을 찾아야 했다. 그들에게는 현대적인 규제의 복잡성을 다룰 수 있는 좀 더 공식적이고 체계적인 방법이 필요했다.

한 학설에 따르면 현대 컴플라이언스 프로그램은 1960년대 초 전기 산업의 독점 금지 스캔들 발생 이후에 최초로 만들어졌다. 제너럴 일렉트릭, 웨스팅 하우스 등 전기장비 제조업체들이 연루된 입찰 가격 조작, 가격 고정 공모 등이 만연하여 많은 개인 및 기업들이 독점 금지 위반으로 기소되었다. 이 사건의 심각성과 70년이나 되는 셔먼Sherman 독점금지법 역사상 최초의 징역형 선고에 대한 대중의 관심으로 반독점 컴플라이언스 행동 강령 및 프로그램의 발전이 촉진되었다.[18] 이 시기에 가장 엄중하고 복잡한 규제를 받는 산업에 속한 기업들은 자체적으로 컴플라이언스, 특히 위에 언급한 반독점 이슈들에 관한 컴플라이언스 노력을 개시하였다. 스캔들이 더 많아지자 이런 컴플라이언스 노력들이 다른 산업에도 확산되기 시작했다.

대중의 분노와 정부의 압력이 결합하여 기업들에게 절실한 개혁을 촉진시키는 경우가 많다. 1977년에 의회는 해외부패방지법을 통과시켜서 외국에서 사업을 촉진하기 위해 뇌물을 제공하는 것을 범죄로 규정했다. 해외부패방지법은 워터게이트 사건에 대한 조사로 기업들이 "장부에 기장되지 않은" 자금을 이용하여 해외 및 국내 공무원들에게 뇌물을 주고 있음이 발견된 후 제정되었다. 이 법은 미국의 기업과 그들을 위해 행동하는 개인 및 조직이 외국의 정부 관리들에게 비즈니스 관계 획득, 유지

를 지원하거나 해당 업체와 거래하도록 지시하는 대가로 뇌물을 제공하는 것을 범죄로 규정한다.[19]

뇌물 스캔들과 이 사건의 근저를 이루는 기업의 역기능으로 인해 기업 윤리강령 제정 확산이 가속화되었다.[20] 많은 기업들이 그들의 행동을 규율할 효과적인 견제와 균형이 갖춰져 있지 않았으며, 내부 통제 부서에서는 명확하고 적절한 법률 조언을 제공할 수 없었거나 이를 제공하지 않는 경우가 많았다. 단기적·개인적 관심사가 회사의 의사 결정을 주도했기 때문에 경영진은 과도하게 열성적으로 일하면서 커다란 위험을 감수했다.[21] 이 시기에 기업의 불법적이고 유해한 행동에 대한 일반 대중과 학자들의 관심도 커져서 추가적인 규제를 낳게 되었다.

터무니 없이 비싼 300달러 짜리 망치

1980년대 초 일반 대중은 지나치게 부풀려진 국방 물자 조달 계약에 관한 상세한 뉴스에 다시금 경악했다. 미군은 방위 물자 공급자로부터 300달러 짜리 망치, 600달러 짜리 변기 등과 같은 터무니없이 비싼 품목들을 구입했다. 이로 인해 수십 억 달러의 국방 예산이 낭비되었다. 로날드 레이건 당시 대통령은 국방 관리에 관한 블루 리본 위원회Blue Ribbon Commission on Defense Management를 설치하여 이 사건을 조사해서 컴플라이언스 향상을 위한 권고안을 마련하게 했다. 휴렛 패커드로 유명한 데이빗 패커드David Packard 의장의 이름을 따서 패커드 위원회로 불리는 이 위원회는 1986년도의 중간 보고서에서 구매 과정의 낭비, 사기 및 남용을 방지하기 위해 많은 사항을 권고했다. 이 위원회의 권고 중에는 '모든 기존 직원과 신입 직원에게 윤리강령을 배포'하고, '비즈니스 수행 기준 및 전형적인 비즈니스 상황을 직원의 경험이나 성과 평가의 정식 고려 요소가 되게' 하는 내용이 있다.[22] 또한 윤리강령과 컴플라이언스 준수를 확실히 하려는 내부 통제 실행과 더불어 모니터링도 권고되었다. 패커드 위원회가 방위업체용으로 제안한 컴플라이언스 권고 사항들은 정부 기관과 다른 기관들에게도 적용되었다.[23]

불행하게도 사기는 계속되는 병폐이며 역사는 반복된다. 2007년 8월 남캐롤라이나 주의 한 방위업체가 10년 넘게 국방부에 손실을 입힌 2천 5십만 달러의 사기 사건에 대해 유죄를 인정했다. 널리 퍼진 사취 행위 유형 중 가장 지독한 사례는 이 업체가 19센트짜리 세정기 2개에 대해 998,798달러를 허위 청구한 건이었다.[24]

패커드 위원회의 조사 결과 컴플라이언스를 향상시키기 위해 1986년 32개의 주요 방위 산업체들이 기업 윤리 및 행위에 관한 방위 산업 이니셔티브Defense Industry Initiative; DII를 설립했다. 그들의 웹사이트에 표명한 바와 같이 DII는 "연방 정부 구매에 관하여 국방부, 일반 대중, 정부 및 서로에 대한 기업의 책임을 인정하고 이를 표명하는 일련의 기업 윤리와 행동 원칙을 채택하고 실행하기로 서약했다."[25] DII는 높은 기업 행동 및 윤리 기준 달성을 위한 원칙을 입안하기 위해 방위 산업체 전 부문에 걸쳐 20년 이상 광범위하게 활동했다. DII에 관한 보다 자세한 정보는 부록 C에서 찾아볼 수 있다.

1987년 일명 '트레드웨이 위원회'로 알려진 사기적 회계 보고에 관한 국가 위원회National Commission on Fraudulent Financial Reporting, 일명 Treadway Commission가 사기적 재무 보고에 이르게 하는 요인과 이러한 사건을 감소시킬 수 있는 조치를 파악하기 위해 재무 보고 시스템을 연구했다.[26] 이 위원회의 핵심 권고 내용은 최고 경영진이 세운 상부에서의 기조, 내부 통제 및 감사 기능의 질적 향상, 이사회 및 감사위원회의 역할, 외부 감사인의 독립성, 적절한 자원에 대한 필요성, 법집행 강화 등의 범주로 분류할 수 있다.

이 시기 동안에 기업들이 자신의 행동에 대해 책임질 필요가 있는데 기존 법률은 이 요구에 부응하지 못한다는 인식이 강해졌다. 물론 이 시기는 '월 스트리트Wall Street'라는 영화에서 "탐욕은 선하다, 탐욕은 통한다"는 말로 요약한 바와 같이 적대적 인수 및 내부자 거래가 기업들의 통제 밖에 있다는 인식에 기름을 부었던 시기였다. 비판자들은 수년 간의 규제에도 불구하고 기업의 행위는 개선되지 않았고 윤리성이 더 떨어졌다고 불만을 제기했다. 반대로 레이건 시대의 자율화 물결이 기업의 재앙에 대한 원흉이라고 비난하는 비판자들도 있었다.

그렇다고 해서 1980년대에 모든 기업이 윤리 문제를 무시했다고 말하려는 것은 아니다. 많은 기업들이 컴플라이언스를 발달시키는 데 있어서 DII 및 트레드웨이 위원회의 인도를 따라 장족의 발전을 이루었다. 그러나 기업들이 컴플라이언스 이슈들을 정면으로 다루기 시작했지만 의미 있는 지침이나 감독 부재로 상당한 프로그램들이 명시한 목표를 달성하지 못했다. 당시에 언급된 바와 같이 "많은 기업과 산업에서 자체의 컴플라이언스 프로그램 및 감사 프로그램을 갖추고 있었다.…불행하게도 그들은 그렇게 할 수 있었음에도 자율 규제를 효과적으로 하지 않았다."[27] 기업들은 컴플라이언스 메커니즘은 갖추고 있었다. 그러나 그런 프로그램이 효과적으로 작동되게 할 적절한 인센티브는 결여되었다.

연방 조직 양형 가이드라인

기업 컴플라이언스 프로그램의 지속적인 발전은 범죄 행위에 대해 '공정한 처벌'을 가하고 범죄의 발견 및 예방을 위해 '억제'에 대한 인센티브를 적용함으로써 기관들에게 책임을 지우는 1991년의 미 연방 조직 양형 가이드라인의 발판이 되었다.[28] 최초의 양형 가이드라인에서는 기관의 범죄를 다루지 않았기 때문에 기업 범죄 양형에 관한 이 가이드라인은 전반적인 양형 가이드라인에 대한 수정판인 셈이었다. 미국 양형위원회USSC; The United States Sentencing Commission와 대다수의 비평가들은 그 특성상 다른 일반 범법자들과 기업을 달리 취급할 필요가 있다고 믿었다. 이위원회는 효과적인 컴플라이언스 프로그램이 법률 위반을 방지하기 위해 갖추어야 할 필수 요건으로 자진 보고 및 책임 인정 등 7개 항을 권고했다. 조직 양형 가이드라인은 형량을 경감 받기 위해 컴플라이언스 프로그램을 갖추거나, 보호 관찰 대상 기간 중 이행해야 할 의무의 일환으로 컴플라이언스 프로그램을 갖추도록 명령하는 등 기업들이 효과적인 컴플라이언스 프로그램을 갖출 강력한 인센티브를 제공했다.

1991년 최초로 권고되고 2004년의 연방 조직 양형 가이드라인 개정 시 상당 수준 개선된 7개 항의 조치로 기업체들은 범죄 행위의 처벌을 경감받기 위해 플라이언스 및 윤리 프로그램을 강화하게 되었다.[29] 연방 조직 양형 가이드라인 및 효과적인 컴플라이언스 프로그램에 대해서는 9장과 10장에서 추가로 논의될 것이다. 부록A에서는 연방 조직 양형 가이드라인 개정판에 대한 상세한 요약과 효과적인 컴플라이언스 달성을 위해 권고된 조치들을 기술한다.

또한 연방 조직 양형 가이드라인 도입은 완전히 새로운 직위인 윤리 및 컴플라이언스 책임자Ethics & Compliance Officer 창설에 도움이 되었다.[30] 이 지침으로 새로운 컴플라이언스 프로그램 창설 또는 기존 프로그램의 향상에 박차를 가하게 되었다. 기업들이 법률을 지키도록 담보하는 공식적인 구조를 설계하는 데 있어 적절한 인센티브와 지침이 없으면 피해를 입게 되겠지만, 이제 인센티브와 지침을 갖추게 되었다. 2002년 사베인-옥슬리법 제정과 앞에서 언급한 2004년 연방 양형 가이드라인 개정으로 이런 추세가 지속되었다. 특히 엔론과 월드콤의 도산으로 컴플라이언스 강화의 중요성을 부각시켜 위에서 언급한 2가지의 개선을 이끌어 낸 기업 스캔들은, 동일한 실수를 되풀이하지 않기 위해서는 이런 스캔들의 역사와 그 결과에 대한 이해가 중요함을 깨우쳐 준다.

사기에 대한 엄중 조치

미국 정부는 기업 범죄에 대해 엄한 조치를 취해 왔다. 많은 기업 부정 스캔들에 대한 국민들의 분노와 미국 기업체 전반에 걸친 비리 및 부정의 명백한 물결 덕에 의회와 법무부에 기업 범죄를 엄하게 다룰 수 있는 실탄이 지급되었다. 사베인-옥슬리법 통과와 연방 조직 양형 가이드라인 개정 후 기업 임원에 대한 연방의 평균 형량은 3배 이상으로 늘어났다.[31] 월드콤의 거대한 사기 사건에 대한 처벌 중 이 회사 CEO인 버니 에버스에 적용된 25년형은 항소심에서 합리적이라고 인정 받았다. 법원은 의회에서 권한을 부여받은 새로운 양형 가이드라인에 비춰 볼 때 25년형은 합리적이라고 명시했다.[32]

한 법원은 거의 10년에 달하는 징역형이 해당 범죄에 대한 양형 가이드라인을 초과했음에도 불구하고 합리적이라고 판단하기도 했는데 통상적인 사기 사건이라면 그처럼 긴 징역형이 정당화되지 않았겠지만, 법원은 규모가 1억 달러를 초과하고 정교한 부정 기법이 동원된 점 등 이 사건의 전반적인 심각성에 주목했다.[33] 사건의 심각성, 관련자에게 끼친 피해, 대중 전반에 대한 위협 등을 고려해서 법원은 법률을 위반한 임원에게 중형을 부과할 수 있다. 이런 중형이 조만간 완화될 조짐은 보이지 않는다. 이제 모든 기업의 지도자들은 정부의 반기업범죄 캠페인과 범죄를 저지를 마음을 품었던 많은 동료들이 몰락한 사실을 잘 알아야 한다. 이를 몰랐다 해도 변명이 되지 않는다.

흔히 법률 위반에 대해 책임지도록 법정에 서게 되면 기업의 임원들은 계속 반복되는 적신호에 주의를 기울이지 않았다는 사실이 드러나는 경우에도 자신들은 알지 못했으며 범죄를 저지를 의도가 없었다고 주장한다.[34] 이런 주장은 일반 상식적으로 기업의 임원들이 자신의 회사에 대해 세심한 주의를 기울인다는 사실을 생각하면 설득력이 없는 것이다. 더구나 몰랐다고 선처를 호소하는 것은 효과적인 방어 수단이 아니다. 이처럼 머리만 감추고 안심하는 타조와 같은 사람에 대해 표준 배심원 가이드라인을 사용하면 이러한 방어가 무력화된다. 본질적으로 이 지침은 배심원에게 해당 사건의 모든 사실 관계 및 피고의 행동으로부터 피고가 알고 있었는지를 결정하라고 요구한다. 알고 있었다는 사실은 수상한 부분이 있는데도 진실에 대해 무관심했다는 사실로부터 추론될 수도 있다. 적절하지 않다고 의심되는 행동에 대해 의도적으로 눈을 돌리고 이를 무시한다고 해서 책임을 회피할 수는 없다.[35] 회사의 임원들은 기업이 윤리적 행위를 장려하는 기업 문화를 증진하고, 범죄 행위 예방 및 탐지를 위해 적절한 주의를 기울여야 함을 강조하는 2004년 연방 조직 양형 가이드라인에 대해 숙지해야 한다. 회사 임원들의 의무는 잘 알려져 있고 기업 범죄는 검사들에게 매우 심각하게 여겨지고 있기 때문에 일반적으로 기업 범죄를 방지하고, 특히 애초에 피고들이 자신이 곤란에 처하게 될 행동에 관여하지 않도록 방지하는 분위기 조성의 일환으로 기업 범죄에 엄한 형이 부과되리라고 예상할 수 있다. 컴플라이언스 인사이트 3.1은 자신의 가르침을 망각한 한 전설적인 기업인의 추락에 관한 또 하나의 슬픈 이야기다.

법무부에서 기업 범죄 기소에 높은 우선 순위를 두는 점을 고려할 때 컴플라이언스 프로그램 구축시 정부의 관점에 대해 이해할 필요가 있다. 특히 컴플라이언스 실패의 결과 및 효과적인 컴플라이언스 프로그램이 잠재적인 피해를 어느 정도 경감할 수 있는지에 대한 이해가 중요하다. 연방 조직 양형 가이드라인은 효과적인 컴플라이언스 프로그램이 구형 결정에 영향을 주는 한 가지 요소라고 특별히 언급한다. 또한 특정 조직체의 컴플라이언스 프로그램과 윤리 문화도 정부의 처벌 의사 결정 및 원고와 피고 사이의 협상에서 고려 대상이 된다. 미국 연방 정부는 일련의 메모에서 자신의 정책 및 기대 사항들을 특별히 표명하였다. 필자의 이전 저서 『사기 예방 및 내부 통제로 가는 경영진의 로드맵』에서 톰슨 메모에 관해 기술한 다음과 같은 말을 현행 맥널티 메모에 적용해도 그 말이 여전히 타당하다. "정부가 기업체를 어떻게 기소하는지 이해함으로써 기업은 자신의 처벌 수준을 경감시킬 견고한 컴플라이언스 및 사기 예방 프로그램을 운영할 수 있다.…기업체의 모든 임원들과 법률 고문들은 이와 같은 정부의 전략적 메모를 숙지해야 한다. 사실 이 메모는 법규를 준수하지 않는 문화의 결과가 어떠한지에 대한 상기물로 모든 CEO 및 CFO들이 되풀이해서 읽어야 한다."[36]

전설적인 인물조차도 컴플라이언스를 위배할 수 있다

Compliance Insight 3.1

일반적으로 소매업체는 직원들의 좀도둑질로 인한 상품 분실을 우려한다. 때로는 하위직뿐 아니라 수백만 달러의 연봉을 받고 회사를 경영하는 임원들도 이런 범죄를 저지른다.

토마스 코플린Thomas Coughlin은 한때 월마트의 가장 존경 받는 지도자 중 한 명이었다. 회사의 전설적인 존재이자 창업자인 샘 월튼Sam Walton의 절친한 친구이며 사냥 파트너이기도 했던 코플린은 월튼의 피후견인이기도 했다. 27년이 넘는 재직 기간 중에 코플린은 이 회사의 거의 모든 사업 부문을 두루 거쳤으며 2인자 위치에까지 올랐다.[a] 하지만 상당한 자선 활동을 하고 임직원들에게 존경을 받던 인물도 탐욕과 자만심에 굴복할 수 있다.

코플린은 허위 비용 보고서를 제출하고 회사의 기프트 카드를 오용함으로써 이 기업으로부터 최대 50만 달러를 횡령했다. 코플린은 2004년 '올스타' 직원에게 부상으로 지급한다며 100달러짜리 월마트 기프트 카드 51개를 신청했다. 코플린은 1년에 6백만 달러를 버는 데도 이 카드를 직원에게 주지 않고, 애완견 사료, 보드카, 3개의 12구경 엽총, CD, 콘텍트 렌즈, 식품 같은 항목 지급 비용으로 사용했다. 그는 또 직원에게 허위 비용 보고서를 작성하도록 지시하고 그 돈을 개인 지출에 사용했다. 코플린은 물건을 구입한 뒤 부하 직원에게 그 비용을 합법적인 업무 비용으로 처리하게 했다. 월마트는 7년이 넘는 기간 동안 의심스러운 거래가

10만-50만 달러에 달한다는 것을 발견했다. 이런 거래는 합법적인 업무 비용의 탈을 쓰고 있었기 때문에 내부 조사자들은 정확한 손실 금액을 알기 어려웠다. 코플린은 회사 돈을 횡령하여 애완견 건강 관리, 사냥 휴가, 맞춤형 악어 부츠, 동물들이 못 알아보도록 위장한 사냥용 자동차 비용을 지급했다.[b]

월마트의 유능한 직원 덕분에 이 모든 꼼수들이 밝혀졌다. 코플린이 2005년 1월 기프트 카드 중 하나를 사용하려 하자 판매 직원이 본사에 전화를 걸어서 이 거래의 처리에 대한 도움을 요청했다. 본사 직원은 기프트 카드는 '올스타' 직원만 사용할 수 있다고 알고 있는데 코플린이 왜 그 카드로 물건을 구입하려 했는지 이해할 수 없었다.[c] 이 직원은 회사에 이 사실을 알렸고 회사는 내부 조사를 시작했다. 월마트는 코플린의 구매 내역을 추적하여 그의 비리를 발견하였으며, 코플린은 결국 사임했다. 월마트는 코플린의 퇴직 급여를 취소하고 수백만 달러의 퇴직 후 혜택을 동결시켰으며, 손실액을 보전하기 위해 그를 고소했다.[d]

코플린은 2006년 텔레뱅킹 사기와 세금 탈세 혐의에 대해 연방 법원에서 유죄를 인정했다.[e] 월마트의 전직 부회장인 코플린은 27개월의 가택연금과 5년간의 보호관찰을 선고받았으며 또한 40만 달러의 변상액을 지급하라는 명령을 받았다. 판사는 형을 부과하면서 이 사건이 대중에게 알려졌고 퇴직 혜택을 박탈당해 이미 처벌을 받았다는 점을 감안하여 형량을 낮게 선고했다고 언급했다.[f] 정부는 선고가 너무 관대하다며 항소했으며 연방 항소 법원도 이에 동의했다. 항소 법원은 코플린에게 징역형 대신 자택 구금형을 선고한 것은 "합리적인 형량의 범위에 들지 않는다"고 했다. 이 책을 집필하는 현재까지 새로운 양형 청문회 일정이 잡히지 않았다.

이 배신으로부터 우리가 무엇을 배울 수 있는가? 이 사건은 모니터링과 경계하는 태도의 중요성을 보여준다. 코플린의 꼼수는 무엇인가 잘못되었다는 것을 알아차리고 회사의 적절한 사람에게 이 사실을 보고한, 관찰력이 뛰어나고 기지가 있는 직원에 의해 발견되었다. 그러나 코플린이 이 직원이 있었을 때 걸렸다는 것은 행운이었다는 점도 주목해야 한다. 그 직원이 본부에 알리지 않았다면 이 사기 행각이 얼마나 더 오래 지속되었을지 누가 알겠는가? 더구나 월마트는 광범위한 내부 통제 시스템을 유지하고 있지만 이 시스템이 코플린의 허위 거래를 포착하지 못한 것을 볼 때, 회사 고위층에게는 통제가 엄하게 이루어지지 않았던 것 같다. 이는 코플린의 높은 지위와 명성 때문이었을 수도 있다. 그가 매우 큰 권한을 가지고 있었기 때문에 이런 거래에 아무도 의문을 제기하지 않았다. 이는 모든 회사들이 알아야 할 중요한 사실이다. 최고위층의 가장 존경 받는 간부조차도 회사를 속이고 있을 수 있으므로 컴플라이언스 프로그램이 완전히 효과를 발휘하기 위해서는 조직의 모든 직급에 대해 모니터해야 한다.

코플린은 월마트의 직원들이 그의 책략을 돕도록 압력을 행사했다. 직원들은 해고될까 두려워서 그에게 맞서지도 않았고 그의 행동을 보고하지도 않았다. 회사는 비윤리적 행위에 대해 익명으로 보고할 수 있는 장치를 갖춰야 하지만 더 중요한 것은 내부 고발자가 고발로 인해 보복 당하지 않는다는 것을 알 수 있는 환경을 강화해야 한다. 직원이 가치있는 조직 구성원의 비리를 보고했다는 이유로 경영진이 그 직원을 처벌한다고 느낀다면 세상의 어떤 핫라인도 소용없게 될 것이다.

이 사례에서 역설적인 점은 코플린은 그렇게 행동하지 말았어야 했다는 점이다. 그가 월마트에서 처음으로 맡았던 직무는 손실 방지 책임자였다. 그래서 그는 절도와 비윤리적 행동의 영향을 직접 다뤘었다. 월마트의 강직한 한 임원이 이렇게 말한 적이 있다. "동료와 주주의 돈을 가져가는 사람은 누구든 사살되어야 한다.…그러한 탐욕이 당신을 파괴할 것이다."[g]

이 말을 한 사람은 누구였을까? 바로 토마스 코플린 자신이었다.

a) James Bandler and Ann Zimmerman, "A Wal-Mart Legend's Trial of Deceit," 월 스트리트 저널, 2006년 4월 8일자, A1면.
b) 위의 글; James Bandler and Ann Zimmerman, "how Gift Cards Helped Trip Up Wal-Mart's Aide," 월 스트리트 저널, 2005년 7월 15일자, B1면; "Former Wal-Mart Exec Sentemced for Theft," Associated Press, 2006년 8월 8일자.
c) James Bandler and Ann Zimmerman, "how Gift Cards Helped Trip Up Wal-Mart's Aide," 월 스트리트 저널, 2005년 7월 15일자, B1면.
d) "Ex-Exec's Benefits Frozen Amid Probe," 시애틀 타임즈, 2005년 4월 16이라, E4면; Ann Zimmerman and Kris Hudson, "Wal-Mart Sues Ex-Vice Chairman," 월 스트리트 저널, 2006년 1월 7일자 A1면.
e) James Bandler, "former No. 2 at Wal-Mart Set to Plead Guilty," 월 스트리트 저널, 2006년 1월 7일자 A1면.
f) "Former Wal-Mart Exec Sentemced for Theft," Associated Press, 2006년 8월 8일자.
g) James Bandler and Ann Zimmerman, "A Wal-Mart Legend's Trial of Deceit," 월 스트리트 저널, 2006년 4월 8일자, A1면.

맥널티 메모 Mcnulty Memorandum

2006년 12월 미국 법무부는 기업체에 대한 연방의 개정 기소 원칙을 요약하는 '맥널티 메모'를 공표했다. 이 메모는 전신인 '톰슨 메모'를 대체했다. 2003년 톰슨 메모는 정부 조사를 혼란스럽게 하거나 방해하지 않고 진정으로 협조하게 하고, 효과적인 기업 거버넌스 절차를 개발함을 직접적인 목표로 삼았다. 이 메모는 협조의 중요성을 강조하고 완곡하게 '자발적 공지'라 명명함으로써 기업 범죄 단속에 대한 기조를 형성했다.

맥널티 메모는 톰슨 메모의 원칙을 적용함으로써 야기된 우려 사항들을 완화하되 범법자에 대한 엄한 처벌을 유지하고 기업 범죄에 강력히 대처할 것이라는 인식을 심어주려고 했다. 톰슨 메모의 정책들은 효과성이 인정되었지만 엄격한 적용과 검사들의 가혹한 전술들로 인해 기업체와 피고인 측 변호사들의 비판에 직면했다. 비판자들은 정부가 너무 많은 권한을 지니고 있으며 때로는 피고 기업에 대해 무한정의 영향력을 행사한다고 생각했다. 그러나 가장 강하게 비판을 받았던 점은 기업체에 대해 변호인-고객 특권을 포기하라는 압력을 가한 것이었다.[37]

변호인-고객 특권은 변호인과 고객 또는 잠재 고객 사이의 비밀스러운 의사 소통을 보호한다. 오래된 법적 보호장치인 이 특권은 해당 정보가 대중에게 알려질 수도 있다는 두려움 없이 변호인과 솔직하게 상의할 수 있게 해 준다. 톰슨 메모는 검사들에게 피고 기업의 협조 정도를 평가할 때 기업의 자체 조사 및 직원과 법률 고문 사이의 대화에 관해 해당 기업이 변호인-고객 특권을 기꺼이 포기하려 하는지를 고려하라고 했었다.[38]

이런 공지는 정부에게 큰 혜택이 되었다. 때로는 기업 입장에서 치명적인 자료가 제출되기도 했는데 기업들이 자신의 협력이 '진정이라는' 것을 보여 주기 위해 방대한 양의 특권 정보를 제출하고 모든 내부 조사 결과를 공유하는 등 할 수 있는 모든 것을 했기 때문이다. 그렇지 않으면 기소당해 회사를 완전히 망치게 될지도 모른다는 위험을 감수해야 했다.[39] 또한 변호사-고객 사이의 특권 포기는 장래의 소송에 대한 가능성을 열어 두었는데 이는 잠재적인 소송 제기자가 정부에 제공된 정보에 접근할 수 있기 때문이다. 범죄를 저지른 직원을 넘기라는 압력으로 인해 기업들이 두려운 기소를 피하고 자신의 책임을 회피하기 위해 직원을 '사기

꾼' 으로 몰고 하위직이나 중간 관리자들을 희생양으로 삼을 것이라는 우려가 제기되었다. 이로 인해 좀 더 정확하고 철저한 조사가 이루어진 다면 유죄로 판결받지 않을 사람들이 해고되거나 공개적인 수치를 받을 수도 있다.[40]

맥널티 메모는 이런 비판들을 감안하여 기업 임원, 피고 측 변호사와 이에 관심 있는 시민과 법 집행 요원들을 달래기 위해 법무부 정책을 변경한다고 발표했다. 폴 맥널티Paul McNulty 당시 법무부 차관은 이 메모의 병행 서한에서 다음과 같이 언급했다.

우리는 최근 기업 임원들로부터 회사에 대한 의무를 수행하면서 정부 조사에 대응할 때 직면하는 어려움에 대해 들어 왔습니다. 이들 중 대부분이 우리의 관행이 직원과 회사 변호사의 솔직한 의사 소통을 막을 수도 있다는 우려와 관련되어 있습니다.[41]

맥널티 차관은 이런 어려움을 인정해서 특권적 자료에 대한 '자발적인 공지'를 일반적으로 요구하지 않는 방향으로 법무부의 정책을 바꾼다고 발표했다. 특권 포기에 대한 일반적인 백지 요구 대신 앞으로는 특별히 필요한 경우에만 요구될 것이다. "검사는 법률 집행 의무를 수행하기 위해 특권 정보에 대한 합법적인 필요가 있을 때에만 변호사-고객 특권 혹은 내부 조사 결과 보호의 포기를 요구할 수 있다."[42]

합법적인 필요성은 편의나 해당 정보가 있으면 좋다는 수준을 넘어선다. 그것은 전체 상황에 비추어 볼 때 필요하지만 다른 방법으로는 구할수 없는 것이어야 한다. 이제 특권 정보를 구하려면 검사는 법무부 장관에게 특별히 신청하여 승인받아야 한다.[43] 특권 포기가 회사가 정부 조사에 협력했다고 결정하는 전제조건이 되지 않을 것이다. 물론, 특권 포기는 회사에 유리하게 작용하며 여전히 권장된다. 요청받지 않았는데도 특권 정보를 자발적으로 제공하는 회사는 큰 혜택을 입을 수도 있다. 전직 미 법무부 뉴욕 동부지청 롱 아일랜드 부서장이자 현재 베이커 호스테를러 법무 법인의 사무직 범죄 방지 및 기업 조사부서장으로 근무하는 조지 스탬부를리디스George Stambourlidis는 공동 저자로 참여한 글에서 다음과 같이 언급한 바 있다. "기업이 자발적으로 특권 정보를 제공함으로써 검사가 특권 정보를 요청하는 권한을 부여 받기 위해 상사에게 승인 신청서를 제출하는 부담을 덜어주는 것과 같이 사소해 보이는 그 어떤 것이 검사에게 더 낮은 처벌 수준을 구형하거나 전적으로 기소를 포기하게 할 수도 있다."[44]

약간의 조정에도 불구하고 법무부 정책은 전반적으로 그 기조를 유지하고 있다. 검사들은 기업의 조사 방해나 사실 은폐 시도를 용인하지 않기 때문에 정부 조사에 대한 협력은 여전히 중요하다. 기업의 내부 조사에 높은 가치가 부여된다. 이런 내부 조사는 '정부의 일을 대신 하는 것'이 아니라 법규 위반과의 싸움에 가장 효과적인 방법이다. 이를 통해 정부 조사를 기다리기보다는 기업체 자신이 신속하게 대응할 수 있다. 또한 내부 조사는 정부나 규제 당국의 조치보다 비리 행위를 더 잘 잡아 내며 더 효과적이다.[45]

검사들은 구형 결정에 폭넓은 재량권이 있다. 그러나 맥널티 메모는 구형 결정에 있어서 평가되어야 할 요인들을 열거함으로써 기업 범죄를 다루는 일반적인 지침을 제공한다. 해당 기업에 컴플라이언스 프로그램이 있는지 여부와 기업의 시정 조치에 대한 분석이 구형 결정의 한 요소를 이룬다. 컴플라이언스 인사이트 3.2는 검사가 기업의 형사 범죄를 기소할 때 고려해야 할 요소들을 설명하고 있다.

맥널티 메모는 법무부의 정책을 개략적으로 설명할 뿐 아니라 임원과 기업에게 자사에서 법률 위반이 발견되었을 때 어떤 조치를 취할 것으로 기대되는지와 무슨 조치를 취해야 하는지에 대한 가이드라인을 제공한다. 이 가이드라인을 살펴보면 강력한 컴플라이언스 프로그램의 가치가 명백해진다. 앞에서 설명한 바와 같이 정부와의 협력이 높게 평가된다. 사실 협력이 기업의 최상책이다. 얼마나 많은 기업이 비리 자체보다는 이를 은폐하려는 노력 때문에 피해를 입어 왔던가? 이러한 협력은 기업 범죄를 근절하는 데 필수적인데 이는 기업 자체가 관련 증거를 발견하고 평가할 가장 좋은 위치에 있기 때문이다. 이에 대한 보상으로 해당 기업은 정부로부터 좀 더 관대한 대우를 받을 것으로 기대할 수 있으며, 최소한 보다 유리한 조건으로 협상할 수 있는 입장에 처하게 된다.

회사는 고위 경영진이 관련되어 있을 경우에도 범인을 찾아낼 용의가 있어야 한다.[46] 회사가 범인을 보호하는 것으로 보인다면 큰 피해를 입을 것이다.[47] 기업이 직원을 보호하려는 것은 자연스러운 본능일 수도 있지만 회사가 왜 그렇게 해야 하는가? 이런 임원들은 자신의 이익을 회사의 이익보다 앞세움으로써 회사와 회사의 평판에 피해를 입히고 수임인으로서의 의무fiduciary duties를 저버린 사람들이다. 결국 회사의 조치들은 "회사가 범법자 보호보다는 시정 및 징계조치의 성실성 및 신뢰성을 강조한다"는 점에 대해 검사들을 만족시킬 수 있을 정도로 입증할 수 있어야 한다.[48]

혐의 대상 비리가 발생하기 전에 컴플라이언스 프로그램이 있었다면

회사 기소 : 고려해야 할 요소들

맥널티 메모는 검사들이 기업의 위법성을 평가할 때 증거의 강도 및 유죄 판결 가능성과 같은 전형적인 고려 요인 외에 특별히 고려해야 할 아홉 가지 요인을 열거한다. 검사들은 조사 수행, 기소 여부 결정 및 유죄 인정 조건부 형량 협상시 다음 사항을 고려해야 한다.

· 범죄의 성격 및 심각성; 대중에 대한 피해 위험, 특정 범죄 유형에 대한 기업체 기소에 적용할 수 있는 정책 및 우선 순위 포함.

· 기업 내 비리 행위 정도; 기업 경영진의 비리 공모 또는 용인 포함.

· 해당 기업의 유사 행동 전력; 과거의 민 · 형사상 조치 또는 규제 당국의 제재 조치 포함.

· 비리에 대한 회사의 시의적절하고 자발적인 공지 및 당국의 조사에 대한 협력 의지.

· 회사 컴플라이언스 프로그램의 존재와 그 적정성.

· 회사의 시정 조치; 효과적인 컴플라이언스 프로그램 도입 또는 기존 프로그램 개선 노력, 책임 있는 경영진 교체, 비리 행위자 징계 또는 해고, 배상금 지급 및 관련 정부 기구에 대한 협력 포함.

· 부수적인 결과들; 주주 · 연금 수급권자 · 개인적으로 책임이 없는 직원들에 대한 균형이 맞지 않는 피해 및 기업에 대한 기소로 일반 대중에 미치는 영향.

· 기업 비리에 책임 있는 사람에 대한 기소의 적정성.

· 민사상 또는 규제 당국의 단속 조치와 같은 해결 방안의 적정성.[a]

a) Paul J. McNulty, "Principles of Federal Prosecution of Business Organizations," 법무부, 2006년 12월호 (the "McNulty Memo"), 4쪽, www.usdoj.gov/dag/speech/2006/mcnulty_memo.pdf.

이는 검사들이 조사의 전 과정에 걸쳐 이를 고려하게 되는 요인이 된다. 이 요인은 두 방향으로 고려될 수 있다. 컴플라이언스 프로그램이 존재함에도 불구하고 위반 행위를 저질렀다는 것은 경영진이 컴플라이언스 프로그램을 전적으로 지원하지 않고 있음을 시사할 수도 있다. 강력한 프로그램은 컴플라이언스를 달성하려는 성실한 노력을 실질적이고 일관적으로 기울이고 있음을 입증할 수도 있는데 이는 회사에 유리하게 작용할 수 있다.[49] 컴플라이언스 인사이트 3.3은 정부의 컴플라이언스 프로그램 평가에 중요한 요인들을 자세히 설명한다.

정부가 효과적인 컴플라이언스 프로그램에 근거하여 형량을 낮춰 줄 수는 있지만 기업은 이에 의존해서는 안 된다.[50] 컴플라이언스 프로그램의 주된 역할은 비리 행위를 근절하고 이를 방지하는 것이어야지 기소 협상 테이블에서의 협상 전술 역할을 하는 것이어서는 안 된다. 바로 맥널티 메모에서 '종이 프로그램'이라고 부르는 것이어서는 안 된다는 말이다. 검사는 컴플라이언스 프로그램의 피상적인 외양보다는 컴플라이언스에 대한 회사의 진정한 의지를 검토할 것이다. 프로그램의 설계 및 시행, 회사의 컴플라이언스 노력의 결과에 대한 감사, 문서화, 분석 및 활용을 위한 인력의 충분성, 직원들이 컴플라이언스 프로그램에 대한 적정한 정보를 제공받고 있는지와 컴플라이언스에 대한 회사의 의지를 확신하고 있는지 등의 요인들이 검토된다.[51] "이는 검사에게 회사가 효과적인 프로그램을 채택하고 시행했는지를 파악한 상태에서 의사 결정을 내릴 수 있게 해 줌으로써 다른 연방 법률 집행 정책과 부합할 경우, 검사는_{회사는 기소하지 않고} 직원과 대리인만 기소할 수도 있다."[52]

효과적인 컴플라이언스 프로그램 평가 시 중요 요인

미국 법무부는 아무리 잘 설계되고 지원을 잘 받는 컴플라이언스 프로그램이라고 해도 잠재적인 모든 법규 위반을 방지하거나 포착할 수는 없다는 점을 이해한다. 이러한 이해에 기초하여 맥널티 메모는 검사들이 컴플라이언스 프로그램 평가 시, 이면을 살펴보고 그것이 단순한 '종이 프로그램'인지 컴플라이언스에 대한 회사의 진정한 의지를 보여 주는지를 평가하라고 조언한다. 근본적으로 검사는 다음과 같은 질문을 해야 한다. "이 회사의 컴플라이언스 프로그램이 잘 설계되었는가?" 그리고 "이 회사의 컴플라이언스 프로그램이 효과를 발휘하는가?"[a] 이런 질문에 대답할 때 검사는 다음 요인들을 검토해야 한다.[b]

· 컴플라이언스 프로그램의 포괄성
· 범죄 행위의 정도와 회사 내의 만연도
· 연루된 직원의 수 및 직위
· 비리 행위의 심각성, 지속 기간, 빈도
· 배상, 징계 조치, 회사의 컴플라이언스 프로그램 개정 등 기업이 취한 시정 조치
· 정부에 대한 비리 공개의 신속성, 정부 조사에 대한 회사의 협조
· 비리 행위 탐지 및 예방에 있어 기업 거버넌스의 효과성_{이사의 독립성, 그들이}

법 집행 조치 완화에 관한 씨보드 기준Seaboard Criteria 평가

효과적인 컴플라이언스 프로그램의 이점 중 하나는 실패 사례 발생 시 정부 규제 당국이나 검사들에게 자진 보고함으로써 형사 책임을 줄일 가능성이 높다는 것이다. 자발적으로 보고할 경우 관계 당국은 법률을 위반한 회사나 임원에 대해 아무 조치도 취하지 않는 경우도 있다. 1999년 내부 조사를 시작하여 2001년 증권거래위원회 조사 결과 보고서SEC Report of Investigation 작성으로 마무리된 씨보드Seaboard Corporation 사례가 이에 해당한다.

씨보드는 식료품 생산 및 가공, 상품 트레이딩, 컨테이너 선적, 전기 생산을 영위하는 다국적 기업이다. 이 회사는 미국 캔사스 주 쇼니 미션에 본사를 두고 있으며 전 세계에 만 명이 넘는 직원을 고용하고 있다. 씨보드는 1918년에 창립되었으며 연 매출액은 26억 달러를 상회하고, 「포춘」 100대 기업에 속하는 미국 증권거래소 상장 기업이다. 씨보드는 자사 홈페이지에 다음과 같이 표명하고 있다. "우리는 우리의 모든 사업 부문에서 최고의 도덕성과 정직성, 건전한 비즈니스상의 판단을 통해 고

115

객들에게 특별한 가치를 전달하기로 서약한다."

그들은 자사 윤리강령 사이트에 대한 소개에 이렇게 진술한다. "자회사 및 관계회사를 포함한 씨보드는 공정함과 윤리적 행동이라는 원칙을 엄격히 고수한다. 우리는 최고의 개인 윤리 및 직업 윤리 기준을 서약한다."[53] 씨보드는 한 쪽 분량의 본문과 이해 상충, 내부자거래에 대한 방침 및 금지에 관한 5쪽 분량의 부록으로 구성된 비교적 짧은 윤리강령을 가지고 있다. 윤리강령은 짧기는 하지만 내부 조사 및 그 이후 SEC의 매우 긍정적인 결정으로 입증된 데서 볼 수 있는 바와 같이 명백하게 효과를 발휘하고 있다.

1999년 말 씨보드는 어느 사업 부문의 회계 담당자가 재무제표에 이연 비용deferred cost을 과대 계상하고 비용을 과소 계상하는 등 부적절하게 기장한 데 대해 조사를 시작했다. 다른 직원들이 이런 이례적인 기장에 대한 우려를 제기하여 내부 감사 부서의 조사가 이루어졌다. 2000년 7월 이 회계 담당자는 상사에게 지난 5년간 허위 회계 기장으로 7백만 달러가 넘는 회계상의 불일치가 초래되었음을 실토했다.

씨보드의 경영진은 곧 이런 사고 발생 사실과 회계 담당자의 행동으로 재무제표가 잘못 작성되어 왔음을 이사회에 통보했다. 이사회는 사건 전반에 대해 철저한 조사를 수행하기 위해 외부 법무 법인을 고용했다. 회계 담당자와 적절히 감독하지 못한 두 명의 직원들은 즉시 해고되었다. 씨보드는 회계 담당자가 허위 기장한 재무제표를 재작성할 예정이라고 공시했고 이 사건을 SEC에 자진 보고했다.[54]

SEC는 자체 조사를 실시하여 이 회계 담당자가 유가증권법을 위반했다는 씨보드의 내부 조사 결과를 확인했다. 씨보드는 SEC 조사에 전적으로 협력하고 도와주었다. 2001년 10월 23일 SEC는 조사 보고서에 다음과 같이 언급했다.

씨보드는 우리 직원에게 전적으로 협력할 것을 약속하고 실제로 그렇게 했다. 법률 위반과 관련된 모든 정보를 제공하고 회계 담당자 메레디스 및 다른 직원들과의 면담 내용에 대한 기록 및 녹취록 등 자체 조사에 대한 상세한 내용을 작성했으며 또한 조사과정에서 밝혀진 사실과 관련하여 변호사 – 고객 특권, 조사 결과 보호 및 업무상 산출물 보호 또는 기타 특권으로 보호받을 권리를 행사하지 않았다.

이 회사는 또 메레디스의 행위를 다루기 위해 자사의 재무보고 프로세스를 강화했다. 즉, 회계 담당자들의 상세한 마감 절차를 개발하고, 자회사의 회계 기능을 모회사의 공인회계사 산하에 통합하였으며, 자회사의 재무제표 작성 책임이 있는 회계부서에 3명의 공인회계사를 신규 채용했다. 이들에게 최소 연 1회 감사를 실시하도록 했으며, 모회사의 재무 컨트롤러가 자회사의 보고 과정에서 모든 고위직 회계 담당자를 면담하고 자회사의 재무제표를 승인하도록 했다.[55]

그 결과 SEC는 씨보드에 대해 어떠한 징계 조치도 취하지 않기로 결정했다. SEC는 자체 보고 등 씨보드의 신속하고 투명한 조치가 투자자들과 SEC의 감독 규정 집행에 큰 도움이 되었다고 설명했다. 이 사건으로 SEC는 향후 감독 규정 집행 과정에서 타사들에 대해 징계조치를 경감할지 또는 징계조치를 취하지 않을지를 결정함에 있어서 '자체 경찰 활동, 자진 보고, 시정 조치 및 협력 인정 여부를 결정함에 있어서 고려하게 될 4가지 핵심 요인 및 관련 기준들을 발표했다.[56] SEC의 4가지 주요 요인들은 다음과 같다.

· **자체 경찰 활동**: 문제와 혐의 내용이 적절히 상부에 보고되고 완전히 조사되도록 하는 효과적인 컴플라이언스 프로그램이 구축되어 지속적으로 유지되고 있으며 이에 대해 경영진과 이사회가 강력하게 지원함.

· **자진 보고**: 효과적인 자체 경찰 활동으로 윤리강령이 위반됐다고 판명될 경우 회사가 이런 위반 행위를 신속하고 효과적으로 일반 대중, 정부 규제 당국 및 법률 집행 당국에 공개함.

· **시정**: 해당 조직의 윤리강령을 위반한 사람들에 대한 적절한 징계 절차 및 비리 행위 반복 또는 기타 위반을 경감시키기 위한 내부 통제 강화.

· **협력**: 위반 행위 및 조사 내용에 관한 서류 및 증언 제공 등 SEC 및 법률 집행 기관에 대한 완전하고 전적인 협력.

다음은 SEC의 관련 기준과 기업이 묻고 대답해야 할 질문들이다.

① 관련 불법 행위의 본질은 무엇인가? 부주의, 순수한 실수, 단순한 태만, 잘못된 행동의 징후에 대한 무모하거나 고의적인 무관심, 고의적인 비리의 결과인가? 또는 돈을 노리고 직위를 부정하게 이용한 데서 비롯되었는가? 회사의 감사 담당자들이 업무를 잘못 처리하였는가?

② 불법 행위는 어떻게 발생했는가? 직원에게 특정 성과를 달성하라는 압력의 결과인가, 아니면 회사를 통제하는 사람들이 무법상태라는 분위기를 조성한 결과인가? 지금 발견된 불법 행위를 방지하기 위해 어떤 컴플라이언스 절차가 있었는가? 그러한 절차가 왜 불법 행위를 막거나 방지하지 못했는가?

③ 불법 행위가 조직 내의 어느 곳에서 발생했는가? 조직 내의 어느 위치까지 이 불법 행위에 대해 알고 있거나 관여했는가? 고위 직급이 관여했거나 불법 행위에 대한 명백한 징후가 있음에도 눈감아 주었는가? 그런 행동은 얼마나 체계적이었는가? 그것은 이 회사가 업무를 수행하는 방식을 보여주는 것인가, 아니면 이 비리가 전체 조직의 분위기와는 무관한가?

④ 이 불법 행위는 얼마나 오래 지속되었는가? 한 분기 동안 지속되었는가, 일회성 사건이었는가? 아니면 과거 수년 간 지속되었는가? 상장기업의 경우 이 불법 행위가 상장되기 전에 발생했는가? 불법 행위로 인해 그 기업의 상장이 촉진되었는가?

⑤ 이 불법 행위가 투자자나 다른 기업 구성원들에게 얼마나 많은 피해를 입혔는가? 불법 행위 발견 및 공개 이후 이 기업의 주가가 하락했는가?

⑥ 불법 행위는 어떻게 발견되었으며 누가 발견했는가?

⑦ 불법 행위 발견 이후 효과적인 대응을 하는 데 얼마나 오래 걸렸는가?

⑧ 회사는 불법 행위를 알고 난 후 어떤 조치를 취했는가? 회사는 이 불법 행위를 즉시 중단시켰는가? 불법 행위에 책임이 있는 사람들이 여전히 회사에 남아 있는가? 그럴 경우, 그들이 여전히 같은 위치에 있는가? 회사는 비리의 존재를 신속하고 완전하게 일반 대중, 감독당국, 자율 규제 기관에 공개했는가? 회사는 적절한 규제 당국 및 사법 당국에 완전히 협력했는가? 회사는 추가로 어떤 비리가 발생할 수 있는지 찾아냈는가? 회사는 투자자 및 기타 회사 구성원들에게 끼친 피해의 정도를 파악하기 위한 조치를 취했는가? 회사는 불법 행위로 피해를 입은 사람들에게 적절하게 보상해 주었는가?

⑨ 이런 문제들을 해결하고 필요한 정보를 찾아내기 위해 회사는 어떤 절차를 따랐는가? 감사위원회와 이사회는 이에 대해 완전한 정보를 제공받았는가? 그럴 경우 언제 제공받았는가?

⑩ 회사는 진실을 완전히 그리고 신속하게 알려고 했는가? 회사는 불법 행위 및 관련 행동들의 본질, 정도, 기원, 결과에 대해 철저하게 검토했는가? 경영진, 이사회 또는 사외이사로만 구성된 위원회가 검토를 감독했는가? 검토를 회사 직원이 수행했는가, 아니면 외부인이 수행했는가? 외부인이 수행한 경우 그들이 회사의 다른 업무를 수행한 적이 있는가? 외부 컨설팅 업체가 검토를 수행한 경우 경영진이 이전에 그러한 컨설팅을 받아 본적이 있는가? 그러한 검토 범위에 제한이 가해졌는가? 그럴 경우 어떤 제한이 가해졌는가?

⑪ 회사는 그 검토 결과를 SEC 직원에게 신속하게 제공하고, 이 상황에 대한 회사의 대응을 보여 주는 충분한 문서를 제공하였는가? 법률 위반자에 대한 신속한 단속 조치를 원활히 하기 위해 회사는 위법 가능성이 있는 행동 및 증거에 대해 충분히 정확한 증거자료를 찾아냈는가? 회사는 검토 결과 발견 사항을 설명하는, 철저하고 면밀한 서면 보고서를 작성했는가? 회사는 SEC 직원이 직접 요청하지 않고 회사가 제공하지 않으면 발견되지 않았을 수도 있는 정보를 자발적으로 공개했는가? 회사는 직원들에게 SEC 직원들과 협력하도록 요청하고 그런 협력을 확보하기 위해 합리적인 노력을 기울였는가?

⑫ 불법 행위가 재발하지 않을 것이라고 보장할 장치가 있는가? 회사는 비리 재발을 막기 위해 고안된, 새롭고 좀 더 효과적인 내부 통제 및 절차를 채택하고 시행했는가?

⑬ 회사는 불법 행위가 발생하기 전과 같은 회사인가? 아니면 합병이나 파산 절차상의 조직 재정비를 통해 변화되었는가?[57)]

씨보드 사례에 대한 SEC의 접근 방식은 효과적인 컴플라이언스 프로그램의 중요성 및 훌륭한 행동에 대해 보상이 주어짐을 강조한다. 씨보드의 컴플라이언스 프로그램은 주의 깊은 직원이 의심스러운 관행을 상부에 보고한 데에서 시작하여 내부 감사 팀의 대응, 경영진의 관여, 내부 조사, 이사회에 대한 보고, 범인에 대한 징계 조치, 자진 보고, 정부와의 협력 그리고 결함 시정 및 내부 통제 강화 등의 모든 과정에서 원활하게 작동했다. 컴플라이언스 실패가 발생할 때마다 이러한 접근 방법과 결과가 일어날 것이라는 보장은 없지만 일단 그런 선례가 세워졌다. SEC의 4가지 핵심 요인과 관련 기준들은 모든 조직이 컴플라이언스를 강화할 때 사용하는 컴플라이언스 도구함에 추가될 도구다.

1) David A. Skeel, Jr., "Icarus and American Corporate Regulation," The Business Lawyer, 2005년 11월호, 135쪽.

2) 위의 책, 156쪽.

3) Robert G. Caldwell, "The Social Significance of American Panics," Scientific Monthly, 1932년 4월호, 303쪽.

4) David A. Skeel, Icarus In the Boardroom: The Fundamental Flaws in Corporate America and Where They Came From, (New York: 옥스포드 대학 출판부, 2005년), 40쪽. 언론과 마찬가지로 쿠키는 그가 지원하는 벤처 기업의 자금을 지원하고 이 기업이 계속 존속하도록 하기 위해 의문스러운 금융 기법을 이용하였다. 스킬은 제이 쿠키가 당시에 율리시스 S. 그랜트(Ulysses S. Grant) 대통령과 밀접한 관계가 있었음을 주목하면서 그를 제이 쿠키와 비교함으로써 언론과 더욱더 연결시켰다. 사실 그랜트는 그 기업이 붕괴하던 날 밤에 쿠키의 집에 있었다.

5) Skeel, "Icarus and American Corporate Regulation," 160쪽.

6) 위의 책 165쪽.

7) 정부가 기업을 규제한다는 아이디어는 오늘날에는 진부한 이야기지만, 20세기 초에는 사실상 급진적인 주장이었다. 이 시기는 노동자에 대한 착취를 방지하기 위해 노동 시간을 제한한 뉴욕의 법률을 경제적인 권리를 간섭한다는 근거로 뒤엎은 대법원의 결정을 따서 이름을 붙인 로흐너(Lochner) 시대였다. 당시에는 경제적 권리가 표현 및 종교의 자유 등과 동일하게 취급되었으며 따라서 이런 권리들처럼 침해할 수 없었다. 법원은 개혁자들이 기업의 행동을 규제하려는 시도에 단호하게 반대했다.

8) 테오드르 루스벨트 대통령의 연두교서 연설, 1902년 12월 2일, 53쪽, www2.hn.psu.edu/faculty/jmanis/poldocs/uspressu/SUaddressTRoosevelt.pdf.

9) M. L. Ramsay, Pyramids of Power, (New York: Da Capo Press, 1975), 45-47쪽.

10) Ramsay, Pyramids of Power, 90~94쪽.

11) Hon. Richard D. Cudahy and William Henderson, "From Insull to Enron: Corporate (Re)Regulation After the Rise and Fall of Two Energy Icons," Energy Law Journal, 2005년 3월호, 73쪽.

12) Skeel, Icarus in the Boardroom, 88쪽.

13) Skeel, "Icarus and American Corporate Regulation," 156쪽.

14) Ramsay, Pyramids of Power, 75쪽.

15) Skeel, "Icarus and American Corporate Regulation," 160~161쪽. 불행하게도 시간이 지나고 규제가 느슨해짐에 따라 언론이 그와 똑같은 일을 할 수 있었다.

16) 위의 책, 162쪽.

17) Charles J. Walsh and Alissa Pyrich, "Corporate Compliance Program as a Defence to Criminal Liability: Can a Corporation Save Its Soul?," Rutgers Law Review, 1995년 겨울호, 649쪽.

18) Stephany Watson, "Fostering Positive Corporate Culture in the Post-Enron Era," Tennessee Journal of Business Law, 2004년 가을호, 12~13쪽.

19) Martin T. Biegleman and Joel T. Barrow, Executive Roadmap to Fraud Prevention and Internal Control: Creating a Culture of Compliance, (Hoboken, NJ: John Wiley & Sons, 2006), 318쪽.

20) Walsh and Pyrich, Corporate Compliance Programs, 653쪽.

21) 위의 책.

22) Dr. John D. Copeland, "The Tyson Story: Building an Effective Ethics and Compliance program," Drake Journal of Agricultural Law, 200년 겨울호, 315쪽.

23) Watson, "Fostering Positive Corporate Culture," 13쪽.

24) Renae Merle, "$998,798 Paid for Two 19-Cent Washers," Seattle Times, 2007년 8월 17일

자, A17면.

25) Defense Industry Initiative on Business Ethics and Conduct, www.dii.org/Statement.htm.

26) National Commission on Fraudulent Financial Reporting, Report of the National Commission on Fraudulent Financial Reporting, (1987년 1월호), 1쪽, ("The Treadway Report"), www.coso.org/publications/NCFFR_Part_1.htm.

27) Nancy Frank and Michael Lombnes, Controlling Corporate Illegality: The Regulatory Justice System, (Cincinnati: Anderson Publishing Co., 1988), 162쪽.

28) Supplemental Report on Sentencing Guidelines for Organizations, (1991년 8월 30일), 6쪽, www.ussc.gov/corp/OrgGL83091.PDF.

29) Beagelman and Bartow, Executive Roadmap, 50쪽.

30) Diana E. Murphy, "The Federal Sentencing Guidelines for Organizations: A Decade of Promoting Compliance and Ethics", Iowa Law Review, 2002, 710쪽, www.ussc.gov/corp/Murphy1.pdf.

31) United States v. Caputo, No. 03 CR)126 (N. Dist. IL 2006), 24쪽.

32) United States v. Ebbers, 458 F.3 d 110, 129-130쪽(2 d Cir. 2006).

33) United States v. Leaby, 464 F. 3 d 773 (7th Cir. 2006).

34) Caputo, 27쪽.

35) Caputo, 27-28쪽.

36) Beagelman and Bartow, Executive Roadmap, 87-88쪽.

37) George A. Stamboulidis and Jamie Pfeffer, "A Quarter Century after Upjohn, in Our Current Culture of Waiver, Do Privileges Still Exists?", 화이트칼라 범죄에 관한 Annual National Institute의 21세기 교과서, 2007, 37쪽, www.bakerlaw.com/PublicDocs/News/Articles/LITIGATION/ABA%205Stamboulidis%20Pfeffer%202007.pdf.

38) Larry D. Tompson, "Principles of Federal Prosecution of Business Organizations," 법무부, 2003년 1월호, 37-38쪽, www.usdoj.gov/dag/ctft/corporate_guidelines.htm.

39) Stamboulidis and Pfeffer, "A Quarter Century after Upjohn," 37-38쪽.

40) Christopher A. Wray and Robert K. Hur, "Corporate Criminal Prosecution in a Post-Enron World: The Thompson Memo in Theory and Practice," American Criminal Law Review, 2006년 여름호, 1181-1182쪽. 이 논문의 저자 중 한 명인 Christopher Wray는 톰슨 메모에 대해 비평할 수 있는 독특한 위치에 있다. 이 메모가 발표되었을 때 그는 법무부의 제1차관보로 일했다. 실상, 톰슨 메모의 서문은 이 메모에 대한 모든 의견은 Wray에게 보내라고 언급했다.

41) Paul J. McNulty, "Principles of Federal Prosecution of Business Organizations," 법무부, 2006년 12월호 (the "McNulty Memo"), www.usdoj.gov/dag/speech/2006/mcnulty_memo.pdf.

42) McNulty Memo, 7쪽.

43) 면제 요청은 두 가지 범주로 나누어진다. Category I은 특권이 있을 수도 있고 없을 수도 있는, 해당 비리 행위와 관련된 순수하게 사실에 관한 정보를 다룬다. 이에는 사실에 관한 인터뷰 기록, 일지, 변호사가 작성한 조직도, 증인의 진술, 핵심 문서들의 사본 등이 포함된다. 면제 요청을 분석할 때 미국의 검사는 이를 승인하기 전에 형사 국의 차관보와 상의해야 한다. 변호인-의뢰인의 의사 소통 내용과 사실 관계와 관련되지 않은 변호사의 업무 수행 산출물을 포함하는 Category II는 입수 가능한 순전히 사실에 관한 정보가 철저한 조사를 수행할 충분한 근거가 되지 못할 때에만 요청할 수 있다. 이러한 유형의 정보에는 해당 비리 행위 발생 이전, 발생하는 동안 및 발생 후에 회사에 주어진 법률적 조언을 포함한다. Category II에 해당하는 정보는 극히 예외적인 상황하에서만 요청해야 하며 요청할 경우에도 그 중 일부만 승인될 것이다. 이를 신청하기 전에 검사들은 법무차관으로부터 서면으로 권한을 받아야 한다. McNulty Memo, 8-10쪽.

44) Stamboulidis and Pfeffer, "A Quarter Century after Upjohn," 49쪽.

45) Wray and Hur, "Corporate Criminal Prosecution," 1171쪽.

46) McNulty Memo, 7쪽.

47) 위의 글, 11쪽.

48) 위의 글, 15쪽.

49) 위의 글 12-13쪽.

50) (컴플라이언스 프로그램을 '과도하게 비싼 보험'에 비교하면서, 이 프로그램이 양형에 아무 영향을 주지 않거나 거의 주지 않으며 결코 직접적으로 형량 감소를 가져다주지 않는다고 주장하면서 컴플라이언스 프로그램의 효과성에 의문을 제기하는) Frank O. Bowman III, "Drifting Down the Dnieper with Prince Potemkin: Some Skeptical Reflections About the Place of Compliance Programs in Federal Criminal Sentencing," Wake Forest Law Review, 2004년 가을호, 685쪽을 보라.

51) McNulty Memo, 14쪽.

52) 위의 글.

53) Seaboard Corporation, www.seaboardcorp.com/about.aspx.

54) In the Matter of Gisela de Leon-Meredith, Respondent, Securities and Exchange Act of 1934 Release No. 44970, 2001년 10월 23일, 미국증권거래위원회, www.sec.gov/litigation/admin/34-44970.htm.

55) Securities and Exchange Act of 1934 Release No. 44969, Report of Investigation, 2001년 10월 23일, 미국증권거래위원회, www.sec.gov/litigation/admin/34-44970.htm.

56) 위의 글.

57) 위의 글.

Chapter 4

케어마크Caremark 사례와
사베인-옥슬리법;
컴플라이언스 강화하기

Compliance
Program

"유리, 도자기, 그리고 명성은 쉽게 깨진다. 그리고 일단 깨지면 원상태로 돌리지 못한다."
— 벤저민 프랭클린(Benjamin Franklin)

　세계적 수준의 컴플라이언스 프로그램을 갖춰야 하는 이유가 많은데 그 중에서 중요한 한가지는 회사가 원하는 결과를 달성하기 위해 회사 내에서 직원들의 행동을 모니터하고 긍정적인 영향을 미치는 것이다. 회사의 모든 직원이 스스로 규정을 준수하는 것은 아니며 통제되지 않는 나쁜 직원이 있을 경우 회사에 부정적인 영향을 줄 수 있기 때문이다. 또 다른 이유는 회사가 그 안에서 운영해야 하는 법적인 틀framework 을 필요로 하기 때문이다. 법률은 견고한 기업 거버넌스에 보상을 제공함으로써, 효과적인 컴플라이언스 프로그램을 운영해야 하는 많은 이유를 제공한다. 앞 장에서 논의한 바와 같이 미국의 연방 조직 양형 가이드라인은 검사들에게 컴플라이언스 프로그램의 존재 여부를 고려하도록 명시적으로 요구하고 있으며 효과적인 컴플라이언스 프로그램이 존재할 경우 형을 감면받을 수 있는 기회를 제공한다. 이 가이드라인 외에도 다른 법률이나 규정들도 기업이 컴플라이언스 프로그램을 도입하거나 기존 프로그램이 효과적이고 원활하게 운영되도록 만전을 기할 강력한 인센티브와 이유를 제공한다.

실제로 기업이 컴플라이언스 프로그램을 갖추도록 법률상으로 요구하며 그렇게 하지 않을 경우 회사의 지도자가 이에 대해 책임지는 경우도 있다. 법원의 판결이 연방정부의 강력한 노력과 결합되어서 컴플라이언스 이슈가 회사법의 전면에 부상했다. 법률 위반자들을 더 엄격하게 처벌하고 기존 법률과 규정의 집행을 강화함으로써 법률 시스템은 컴플라이언스에 더 큰 인센티브를 만들어냈다. 기존 규칙들이 기업 스캔들을 완전히 막지 못했다는 것을 인식하고서 정부와 법원은 이런 행동을 변화시키려는 노력의 일환으로 법률을 엄격하게 해석해 왔으며 앞으로도 계속 그렇게 할 것이다.

회사와 이사들은 컴플라이언스 실패로 정부와 주주로부터 엄격한 처벌과 법적 조치를 당할 수 있다. 케어마크Caremark 사례와 지난 10년 동안의 회사법 분야 판결에서 알 수 있듯이 법원의 결정은 이사들의 행동을 상세하게 조사하도록 요구했으며, 이사들이 법률을 준수하지 않은 것으로 밝혀질 경우 이들은 엄격한 법적 조치를 당할 수 있다. 법원은 이사들이 성실하게 행동했는지 여부에 초점을 맞춰 왔다. 회사 지도자들의 성실의무는 분석의 중요한 부분으로써 법원의 의사결정에 큰 역할을 한다. 더구나 뉴욕 증권거래소나 나스닥NASDAQ 같은 증권거래소는 기업 거버넌스 규칙을 상장의 전제조건으로 정했다. 이 요건을 지키지 않는 기업은 이들 거래소에서 거래될 수 없다.[1] 또한 사베인-옥슬리법 같은 연방 법률들은 상장 기업에 복잡한 컴플라이언스 구조를 요구한다.

또한 미국 애국법원 이름은 테러방지에 필요한 적절한 도구를 제공함으로써 미국을 단합시키고 강력하게 하기 위한 법, Uniting and Strengthening America by Providing Appropriate Tools Required to Intercept and Obstruct Terrorism. USA PATRIOT Act 같은 다른 법률들은 기업에게 컴플라이언스 프로그램을 통해서만 충족될 수 있는 엄격한 요건들을 확립하였다. 해외부패방지법Foreign Corrupt Practices Act; FCPA이 이 범주에 속한다. 기업의 자체 컴플라이언스 프로그램 기준을 수립할 때 이런 법률들이 중요하다. 법원 판례에서 판사들이 한 말을 수용함으로써 회사는 이런 최저 기준을 충족시켜 안전지대에 머물 수 있다. 법률은 대부분의 경우에 컴플라이언스 프로그램의 최저 요건이 무엇인지 명시적으로 언급함으로써 회사의 법률 준수 기준을 세운다. 회사는 무엇이 허용되는지, 허용되지 않는지에 대해 알아야 하는데 이것이 언제나 쉬운 것만은 아니다. 회사가 해외에서 사업을 수행하거나 외국에 사업장이 있을 때는 이런 기준이 특히 중요하다. 미국 정부가 해외부패방지법과 미국 애국법의 자금세탁 방지 규정들을 강력하게 집행하고 있기 때문에 미국에 본사를 둔 기업들은 이 규정에 대해 정확하게 알아야 한다.

특히 해외부패방지법의 집행이 강화됨과 동시에 법원도 이 법률의 적용 범위 및 기소 가능한 행동에 대한 범위를 넓혀 왔다. 해외부패방지법은 6장에서 자세히 논의되며 자금세탁 방지 규정에 대한 보다 자세한 정보는 7장에서 제공된다. 이런 추세를 감안할 때 회사는 컴플라이언스를 강조하는것 외에는 선택의 여지가 없다.

케어마크 사례

이 분야에서 가장 중요한 판결 중 하나는 1996년 케어마크 사례다. 이 사건은 10년도 더 지난 일이고 원래 의도했던 만큼 큰 영향을 끼치지는 않았지만 여전히 중요한 법률적 이정표 중 하나다.

배경을 약간 소개하자면 케어마크 인터내셔널 주주 대표 소송Caremark International Inc. Derivative Litigation은 의료 서비스 회사인 케어마크를 상대로 주주들이 제기한 소송이다. 주주들은 주주 대표 소송에서 케어마크 직원들이 자사가 판매하는 특정 의약품을 납품하기 위해 의사들에게 불법적으로 금전을 지급하는 등 연방과 주법을 위반했다고 주장했다. 뇌물에 해당하는 이러한 지불로 인해 이 회사 및 특히 두 명의 임원에 대한 심각한 조사와 기소가 이어졌다. 이 후에 주주들은 델라웨어 주에서 소송을 제기했다. 많은 기업들이 이 주에서 설립되어서 델라웨어 법원은 종종 회사법의 최전선에 서는 경우가 많다. 이 소송의 요점은 이사들이 직원들을 적절히 모니터링하지 못함으로써, 결국 회사에 민·형사상의 벌금 등 심각한 재무적 손실을 입혔다는 주장이었다. 주주들은 이사들의 행동에서 주의 의무 위반이나 이해 상충이라는 전형적인 이론을 적용할 수 없었다. 왜냐하면 이 두 가지 모두 증거가 뒷받침되지 않기 때문이다. 대신 이 소송은 모니터링 실패에 대한 책임을 주장했다. 이 사례는 본질적으로 다음과 같이 묻고 있다. "기업이 법률의 테두리 내에서 목표를 달성하도록 하기 위한 조직 구조 및 모니터링과 관련한 이사회의 책임은 무엇인가?"[2]

델라웨어 법원의 윌리엄 앨런 판사는 당시에는 새로웠던 이 이론이 법률적으로 타당하다고 판단했다. 간단히 말해서 이사들은 법률이 준수되도록 만전을 기하기 위해 성실한 노력을 기울이고 이 목표를 향해 필요한 조치를 취할 책임이 있다. 케어마크 주주가 제기한 질문에 답하기 위해 앨런은 처음에는 연방 법률을 통해 기업 세계에서 컴플라이언스의 역할이 점점 증가하고 있음을 주목했다. "현재 이 질문은 기업이 환경·재무·직원 및 제품의 안전, 그리고 건강 및 안전 규정 등 외부의 법률 요건을 준수하도록 만전을 기하기 위해 특히 연방 법률에 따라 형사법을 적용하려는 경향이 증가함으로써 중요해졌다.…연방 양형 가이드라인은 오늘날의 회사들이 법률 위반을 탐지하고, 위반 사항 발견시 이를 적절한 정부 관리들에게 신속하게 보고하고, 신속하고 자발적인 시정 노력을 취하기 위한 컴플라이언스 프로그램을 갖출 강력한 인센티브를 제공한다."[3] 케어마크 사건 이후, 특히 엔론 사태 이후 형법상의 기소를 통한 연방의 회사 규제가 제대로 확립되었으며 연방 양형 가이드라인과 컴플라이언스가 연결되었음이 알려졌지만 앨런 판사의 말은 오늘날에도 타당하다.

케어마크 사례는 이사들을 어떻게 판단하며 모니터링 요건이 어떻게 충족될 지에 대한 기준을 제시했다. "이사회는 이사회를 포함한 고위 경영진이 회사의 법률 준수 및 비즈니스 성과에 관하여 자신의 업무 범위 내에 속한 정보를 시의적절하고 정확하게 그리고 충분히 제공 받은 상태에서 의사 결정을 내릴 수 있도록 보장하기 위해 합리적으로 고안된 정보 및 보고 시스템이 조직 내에 존재하도록 함으로써 회사에 관해 제대로 알아야 한다는 그들의 의무를 충족시킬 수 있다."[4]

이 결정은 비록 어느 정도 상당한 회피 장치가 있기는 하지만 이런 모니터링 의무는 회사에 대한 이사들의 전반적인 의무의 일부로 포함된다는 점을 확립하였다. 이사들의 "의무는 이사회가 적정하다고 판단하는 회사의 정보 및 보고 시스템이 존재하도록 성실하게 노력할 의무를 포함하며 그렇게 하지 못할 경우 최소한 이론상으로는 관련 법률 기준 미준수로 야기된 손실에 대해 이사가 책임을 지게 되는 상황을 맞을 수도 있다."[5] 또한 이 결정은 이런 기준을 어떻게 충족시킬지에 대해 기업들에게 상당한 유연성을 제공했다. 이 판결은 어떠한 기업도 다른 기업과 똑같지 않고 어떤 컴플라이언스 프로그램도 똑같지 않을 것이라는 점을 인식하고서 기업의 의사결정자들이 무엇이 자사의 특수한 비즈니스 상황에 맞는지를 선량한 관리자의 주의에 따라 결정하도록 허용한다. 기업은 법률을 준수해야 하지만 정확한 방법은 기업에게 맡겨져 있다.

> 그런 정보 시스템이 어느 정도로 상세해야 적절한지는 확실히 비즈니스상 판단의 문제이다. 그리고 아무리 합리적으로 설계된 정보와 보고 시스템이라도 회사가 법규를 위반하거나 고위 경영진 또는 이사들이 잘못 오도되거나 회사의 법규 준수에 중요한 행위를 합리적으로 탐지하지 못할 가능성을 없애 주지 못한다는 점도 명백하다. 그러나 이사회가 의무를 충족할 수 있도록 담보하기 위해서는 회사의 정보와 보고 시스템이 일상 업무 수행 과정에서 적절한 정보가 적시에 이사회의 주의를 끌게 만들기에 개념상, 설계상 적정한지에 대해 선량한 관리자로서 사려깊은 판단을 내리는 것이 중요하다.[6]

이는 적정한 회사의 정보 시스템, 즉 컴플라이언스 프로그램 구축에 있어서 선량한 관리자로서 사려깊게 행동할 의무를 부과한다.

모니터링을 포함한 이사의 의무에 대해 여러 말들이 있지만 이 결정은 책임에 대한 높은 기준을 확립해서 이사들이 이 의무를 충족하는 것을 용이하게 만들었다. 이사회가 컴플라이언스 프로그램을 설치하기 위해 선량한 관리자의 노력을 기울이는 한 이 의무는 충족된 것으로 본다. 외견상으로는 이것이 유일한 요건으로 보인다. 즉, 케어마크 사례하에서는 이사회가 컴플라이언스 프로그램 구축을 시도하기만 했다면 이사회의 노력이 실패하든 컴플라이언스 프로그램이 효과를 발휘하지 못하든 관계가 없는 것처럼 보인다. 사실 이 결정은 다음과 같이 선언한다. "이사회가 합리적인 정보 및 보고 시스템이 존재하도록 만들기 위한 노력을 전혀 기울이지 않는 등 이사회가 지속적이거나 체계적으로 감독 기능을 행사하지 못할 경우에만 이사회가 책임질 필요 조건이 되는 선량한 관리자의 주의 의무 부재가 성립된다."[7] 책임지게 되는 조건에 대해 이처럼 높은 기준을 적용함으로써 앨런 판사는 케어마크의 이사회가 그들의 모니터링 의무 수행시 선량한 관리자의 주의 의무를 결여했다거나 회사의 법률 위반을 알면서 허용했다는 증거가 없으므로 이사회가 모니터링 의무를 이행하지 못한 것이 아니라고 결정했다.[8]

컴플라이언스 프로그램에 대한 케어마크 사례의 기준하에서 이사회는 통상적인 비즈니스 수행 과정 중에 이사회에 전달되는 법률적 컴플라이언스 및 비즈니스 정보를 포함하는 시의적절하고 정확한 보고 시스템을 만들어야 한다. 이 결정에서 연방 양형 가이드라인을 자주 언급하는 점에 비추어 볼 때 그런 프로그램은 최소한 일곱 가지 요소를 충족시켜야 한다.[9] 이 사례가 이사들에게 독립적인 신의·성실의무를 신설하지는 않았지만, 법원은 이사들이 실제로 그들에게 요구되는 의무, 특히 선량한 주의 의무를 다했는지 분석할 것이다. 이 기준을 적용하는 법원은 신의칙信義則의 견지에서 절차적인 위반을 다루게 된다. 즉, 법원은 이사들

의 행동이 책임의 필요 조건이 되는 신의 성실 결여에 해당되는지에 초점을 맞춘다.[10]

케어마크 사례에 대한 비판적 회고

델라웨어 법원이 케어마크 사례를 결정한 지 10년도 더 지났다. 이 결정은 미국의 기업 거버넌스 개선을 증진하고 미국 기업 지도자들의 안정성 및 컴플라이언스를 확보하고자 했지만 목적을 달성하지는 못했다. 이 판결이 내려진 지 몇 년이 지나지 않아서 기업의 부정 스캔들이 꼬리에 꼬리를 물고 뉴스를 장식했는데 새로운 비리가 발생할 때마다 이전보다 그 정도가 더 심해졌다. 한 비평가가 말한 것처럼, "케어마크 사례는 비평가들이 묘사한 바와 같이 실질에 대한 형식의 공허한 승리"에 지나지 않았단 말인가?[11]

델라웨어 법원은 연방 회사법과 주 회사법 사이의 간격이 커지고 있어서 그것을 메우려는 시도에서 케어마크 사례를 결정했다. 참고로 델라웨어 주는 20세기 대부분 동안 이 분야의 선봉에 서 있었다. 기업 규제에서 연방법이 더 큰 역할을 담당하게 되었는데, 특히 연방 양형 가이드라인에 대한 조직 양형 가이드라인 개정안 및 기타 의회의 단속조치들이 통과된 후 더욱 그러했다. 케어마크 사례는 법률을 개선했지만 이 결정의 한계로 인해 판결이 추구했던 기업 거버넌스의 혁명을 이루지는 못했다. 이 판결이 바라던 결과를 얻지는 못했지만 이 주제에 관해 할애되는 법률 검토 논문, 비평 및 심포지엄의 양을 볼 때, 이 사례는 많이 논의되고 분석되는 사례로써 큰 영향을 미쳤다.

케어마크 판결이 그 목표를 달성하지 못한 것은 높은 이상과 최소한의 기대 수준이 혼합되었기 때문이었다. 이 판결은 이상은 높았지만 적절히 집행되지는 않았다. 완전한 법률적 및 윤리적 컴플라이언스라는 이 판결의 의도를 실제로 달성하지 않으면서도 그 요건을 이행하기가 너무도 쉬웠다. 이 판결은 조직 내에 법률 준수 구조가 존재하도록 할 주의의무를 새로 부여했지만 이론상이나 실제적 측면에서 여전히 난제가 남아 있다.[12] 이 판례하에서는 아주 지독한 법률 위반만이 기준 위반으로 간주될 것이다. 따라서 이사가 자신이 성실하게 행동했다고 합리적으로 주장하는 한 그(녀)의 결정이 회사에 얼마나 치명적인 피해를 입혔는지를 불문하고 그(녀)는 책임에서 벗어날 수 있다. 자신의 재무적 책임을 우려한 많은 이사들은 기업의 비리를 실제로 방지하기 위해서라기보다는 자신들의 책임을 피하려는 목적으로 컴플라이언스 프로그램을 설계했다.[13] 그들은 다음과 같은 견해를 가졌다.

기업들이 컴플라이언스 절차와 체제를 만들려는 조치를 많이 취할수록 사법상의 조사에서 책임을 차단할 근거가 강해진다. 이로 인해 기업의 컴플라이언스 활동 규모와 범위가 큰 폭으로 증가했으며 궁극적으로는 조직 내에 거대한 컴플라이언스 관료주의를 낳게 되었다. 이러한 활동 동기는 주로 책임에 기초한 것이었기 때문에 기업의 행동에 실질적인 영향을 주는지는 의심스러웠다.[14]

이 판결의 특징으로 인해 의도했던 바와 정반대의 효과가 나타났다. 즉, 이사회의 소극성이라는 위험한 형태를 초래했다. "컴플라이언스 면에서 이사회는 단지 윤리 및 컴플라이언스 담당자, 비잔틴 시대의 건물과 같은 웅장한 구조와 복잡함을 지닌 컴플라이언스 프로그램과 정보 및 보고 시스템을 개발한 컨설턴트에게 비용이 지출된다는 사실만으로 자신들은 일을 다 했으며 회사는 효과적인 감독 체제를 지녔다고 생각하여 안심하게 되었다."[15] 이처럼 절차에 초점을 맞추다 보니 효과적인 이사회의 감독 기능 수행 및 법률 위반 감소 여부를 보지 못했다. 이 판결은 절차뿐만 아니라 실제로 법규를 준수할 적절한 인센티브를 제공하지 못했다. 이 판결이 준 유일한 인센티브는 이사들이 주주 대표 소송으로부터 자신을 보호하기 위해 복잡한 절차의 그물망을 만드는 것이었으며 이사회가 적극적으로 법률 위반자를 뿌리 뽑거나 해로운 행동을 모니터하고 예방하기에 충분할 정도로 엄격한 통제를 부과할 동기를 부여하지 못했다.

이 판결 후 기업의 이사회들은 이사들과 기업의 법적 책임을 제한하는 데에는 도움이 되었지만 그 외에는 아무런 효과도 낳지 못한 컴플라이언스 제도를 서둘러 만들었다. 그들은 문화를 변화시키는 데 영향을 미치거나 적절한 윤리적 가치를 불어넣는 행동은 아무것도 하지 않았다. 1장에서 논의한 두 종류의 컴플라이언스 프로그램이라는 아이디어로 돌아가자면, 이런 회사들은 컴플라이언스의 가치를 완전히 수용하지 않는 1단계에만 머물렀다. 앞서 얘기했듯이 컴플라이언스의 외양을 갖춘 듯하지만 진정으로 그 가치를 믿거나 실행하지 않는 회사는 위험한 존재다.

그렇지만 케어마크 사례에서 적절한 기업 행동을 확보하기 위한 이사회의 책임을 강조한 것은 올바른 일이다.[16] 자신을 책임으로부터 벗어나게 하거나 회사의 관행에 대한 외부인들의 우려를 그릇되게 누그러뜨리는 수단으로 컴플라이언스 제도를 이용하는 것이 아니라 윤리적 행동 및 엄격한 법률 준수에 관한 회사의 장기적 성공이 컴플라이언스에 대한 이사회의 목표여야 한다. 또한 이사회와 임원들은 이러한 윤리적 관행이 위로부터의 적절한 기조와 짝을 이루어서 조직 전반에 퍼지게 하고, 이렇게 함으로써 회사의 컴플라이언스 의지를 확인해야 한다.

이처럼 부정적인 모든 요인에도 불구하고 케어마크 사례는 여전히 적절하며 중요하다. 이 사례에서 언급된 규칙들은 두 곳의 다른 연방 법원에 의해 적용되어 왔으며[17] 델라웨어 법원은 최근 판결에서 케어마크 판례를 재확인했다.[18] 델라웨어 최고 법원은 스톤 v. 리터Stone v. Ritter 사례에서 이사들은 주의 및 충성 의무와 별도로 신의 성실 의무를 부담하지는 않지만 신의 성실은 이사들의 배상 책임이 있는지에 대한 분석에서 중요한 일부분이라고 언급했다. 스톤 법원은 신의 성실 요건을 "이사는 회사에 가장 이익이 되는 방향으로 행동해야 하며 자신의 이익을 회사의 이익보다 앞세워서는 안 된다"는 충성 의무와 연결시켰다. "이사들이 수행해야 하는 의무를 알면서도 무시했음이 입증되면, 수임자로서의 충성 의무를 위반하게 된다."[19] 스톤 법원은 이사의 감독 책임에 대한 케어마크 사례의 기준을 재 언급하면서 "이사들은 어떠한 보고나 정보 시스템 또는 통제도 구축하지 않았고 회사의 운영에 대해 의식적으로 모니터하거나 감독하지도 않았으며 이에 따라 주의를 요하는 리스크나 문제에 대해 정보를 제공받지 못하게 했다"고 언급했다.[20]

케어마크 사례는 법원의 조사에 있어서 윤리 및 컴플라이언스의 중요성을 보여준다는 점에서 중요한 사례로 남아 있다. 법원이 모니터링 실패에 대해 책임을 부과하지 않는 경우도 있을 수 있지만, 법원은 모니터링 실패에 대한 불만을 수용하고 심리시에 기업의 내부 운영 및 컴플라이언스 프로그램을 조사하려는 경향이 커지고 있다. 또한 다른 주들도 법정에서 컴플라이언스 이슈에 대한 조사에서 델라웨어 주 법원의 선례를 따르고 있다. 이 사례는 연방 양형 가이드라인이 그다지 부각되지 않았던 당시에 그 중요성을 강조했다. 이 판결은 계속되는 언급을 통해 가이드라인의 영향 및 중요성에 대한 인식을 제고했다.

이 판결은 현재의 법률이 법률 준수와 회사의 내부 운영에 대해 더 강조하는 방향으로의 변화를 촉발시켰다. 지난 수년 동안의 고위직 기소 사례에서 볼 수 있는 바와 같이 한 회사의 내부 문화, 특히 이사회의 감독 책임 및 이사회가 법률을 어떻게 준수하는지 또는 준수하지 않는지가 심리에서 큰 역할을 한다. 더구나 주주들은 소송에서 이사들이 모니터링을 하지 않은 데에서 알 수 있는 바와 같이 성실이 결여되었다고 주장할 것이다. 기업은 컴플라이언스 프로그램과 그 작동 방식, 이에 대한 이사회의 강조 및 지원을 보여주고 이사들은 신의 성실에 따라 행동했음을 보여줌으로써 이러한 혐의에 답변할 준비가 되어 있어야 한다. 제대로 기능을 발휘하는 컴플라이언스 프로그램을 갖추고 있지 않으면 주주들은 그 사실 자체가 이사회의 법률 위반이라고 주장하고, 이사들에게 금전상의 피해를 입힐 수 있게 되었다. 기업이 임원을 위한 법률 비용 지출을 줄이고 있는 상황에서, 특히 연방 정부의 조사와 기소가 동시에 진행될 경우 이는 임원들에게 우려되는 문제라 할 수 있다. 이제 기업은 회사가 피해를 입지 않게끔 임원들이 처벌되는 것을 기꺼이 감수하려 한다.

케어마크 사례와 연방 양형 가이드라인 제정이 쉽게 행동을 바꾸거나 스캔들을 중단시키지는 못했지만 기업들은 종전에 비해서 변화되고 효과적인 컴플라이언스 프로그램을 실행할 의지가 갖추어졌다고 말할 수 있다. 기업들은 이제 스캔들에 휩싸인 기업에 대한 부정적인 이미지 때문에 그렇게 해야 할 시장의 인센티브를 지니게 되었다. 컴플라이언스에 투입되는 자원과 노력을 고려해 볼 때 회사는 컴플라이언스에 관심을 기울여야 하는 법률적 이유를 명심해야 하지만 자신이 어떠한 종류의 회사가 되기를 원하는지에 대해서도 물어봐야 한다.

SOX에 대한 재고찰

흔히 SOX로 알려진 사베인 – 옥슬리법Sabenes-Oxley Act; SOX은 그 자체로도 결코 작은 일이 아니며 미국의 역사상 가장 논란이 되는 입법 중 하나다.[21] 감사인의 독립성, 회사의 책임, 내부 통제 개선, 재무 공시의 강화 등을 다루는 많은 섹션section을 담고 있는 이 법은 2002년 7월에 통과되었으며 기업 스캔들과 금융시장에 대한 투자자의 신뢰 저하 위기에 대응하고 유가증권법의 적용을 받는 상장 기업의 감사를 감독하기 위해 강력하고 독립적인 상장 기업 회계감독 위원회Public Company Accounting Oversight Board를 창설했다. 그리고 감사인의 독립성을 높이고 이해상충을 피하기 위해 감사인이 감사와 관련 없는 업무를 못하게 했으며 기업 내부 고발자가 비리를 보고하는 시스템을 만들어 회사가 그 보고에 적절히 반응하도록 했다. 따라서 상장 기업의 CEO와 CFO는 정기적인 보고서의 공시에 대해 인증해야 하며, 임원에 대한 회사의 개인 대출도 금지되었다. 또

한 수많은 민·형사상 벌칙 강화로 이 법은 기업 비리를 처벌할 강력한 무기를 가지게 되었다.[22]

SOX로 인해 기업은 경영진이 적정한 내부 통제 및 보고 절차를 수립하고 유지하며, 이들 통제 및 절차의 효과성을 평가할 책임이 있음을 확인해야 한다. 회사의 회계 감사인은 감사활동의 일환으로 경영진의 평가를 증명하고 이에 대해 보고해야 하고 회사는 또한 재무 공시에서 모든 부외거래off balance sheet뿐 아니라 전기의 재무제표에 중대한 변화가 있는 경우에도 모두 보고해야 한다.[23]

SOX가 제정된 지 여러 해가 지났기 때문에 이 법에 대해 되돌아보고 이에 대한 비판을 검토할 때가 되었다. 비판자들은 이 법은 너무 많은 비용이 소요되며 비효율적이기 때문에 전면 개정하거나 아예 폐기해야 한다고 주장한다. 반대로 이 법의 지지자들은 SOX의 엄격한 조항을 조금이라도 수정할 경우 많은 기업의 불법 행위를 장려할 수 있다고 우려한다.

SOX는 높은 위상에 비해 손쉬운 공격 목표처럼 보인다. 비평가들은 SOX 준수에 많은 비용이 소요된다고 비판하며 이에 반대하는 장광설을 늘어놓았다. 전형적인 언론 사설은 SOX의 개혁 효과에 대해 짤막하게 인정하면서도 고비용에 대해 법석을 떨며, 이 법이 혁신을 질식시키고 외국 기업을 쫓아낸다고 불평한다. 사설은 대개 이 법을 폐기하거나 상당한 변화를 가해야 한다는 요구로 끝을 맺는다. 이러한 비평가들의 집요한 주제는 돈이다. 그들은 컴플라이언스를 순이익이라는 관점으로만 접근하여 단지 부담일 뿐이라 여긴다. 컴플라이언스는 아무리 효과적이라 하더라도 쉽게 계량화할 수 있는 숫자로 나타낼 수 없기 때문에 그 효용에 비해 비용이 훨씬 큰 것처럼 보일 위험이 있다.

계속해서 비용에만 초점을 맞추는 것은 컴플라이언스 및 SOX 비평에 대해 방향이 어긋난 접근법이다. 이런 태도는 개혁이 아니라 돈에만 신경을 쓴다는 인상을 남긴다. 간단히 말해서 그들은 SOX가 애초에 통제하고자 했던 경영진들의 바로 그 행태를 반영하는 듯하다. 그들은 회사가 돈을 벌고 있는 이유 중 하나가 정부가 경제 개혁을 실행했고 회사가 내부적으로 컴플라이언스 노력을 기울였기 때문이라는 사실을 인식하지 못하는 것 같다.

이런 비판 중 가장 황당한 부분은 의회가 SOX를 통과시킴으로써 과도하게 반응했다는 비명이다. 미국은 기업의 부정 스캔들과 경영진 비리 파동에 직면했고 단호한 대응이 필요했다. 기업이 다시는 비리로 점철된 동료의 실수를 반복하지 않으려면 좀 더 나은 감독이 필요했다. SOX가 완벽과는 거리가 있으며 이를 효과적으로 개선하기 위해 상당한 변화가 가해져 왔다. 그러나 단지 돈만이 아니라, 어떻게 하면 기업의 책임을 가장 효과적으로 개선할 수 있을지를 결정하기 위해 분석되어야 할 측면들이 많기 때문에, SOX를 순전히 비용 측면에서만 검토한다면 얻을 것이 별로 없다.

SOX에 대해 흔히 '과잉 규제'를 우려한다. 즉 너무 많은 관료적 형식주의와 지나치게 부담스러운 절차가 경제와 주식시장을 질식시키고 있으며, 투자가와 기업을 다른 나라로 몰아내고 있다는 것이다. 예를 들어, "정책 입안자와 기업은 많은 외국 기업이 뉴욕 대신 런던에 주식을 상장하는 것을 증거로 들면서, 엔론 사태 이후 규제에 대한 부담으로 미국 시장의 경쟁력이 떨어졌다고 주장해 왔다."[24] 또 다른 주장의 요지는 SOX 준수, 특히 "회사의 경영진에게 재무 보고에 대한 내부 통제를 모니터링

하는 절차를 개발하라고 요구하면서"[25] 이러한 기능을 어떻게 수행해야 하는 지에 대해서는 경영진에게 아무런 지침도 제공하지 않는 Section 404 준수에 많은 비용이 소요된다는 것이다.

이런 분노에도 불구하고 자세하게 살펴보면 SOX의 영향은 이들이 주장하는 것만큼 기업에 큰 피해를 주지는 않는다. 2007년에 수행된 한 연구는 외국 기업들이 규제상의 부담 때문에 뉴욕보다 런던에서 주식을 상장하기를 선호한다는 주장을 반박한다. 외국 기업의 신규 상장 감소는 다른 요인들 때문이며 이 요인들 중 어느 것도 SOX와는 아무 관련이 없다. 실상은 이 연구는 다음과 같은 사실도 발견했다. "투자가들은 엄격한 미국의 규제 기준을 충족시킨 데 대한 보상으로 미국에 상장된 외국 기업의 주식에 대해 상당 수준의 프리미엄을 지불할 의향이 있지만 런던에 상장한 해외 기업 주식은 유사한 프리미엄을 받지 못했다. …"[26] 해외에 상장하는 기업들 중 일부는 미국 시장의 상장 조건인 컴플라이언스에 대한 헌신 및 재무적 안정성을 입증하는 데 필요한 윤리적 및 규제적 장애물을 절대 통과하지 못할 것이다.

또 다른 비판은 SOX의 폐해에 대한 증거로 IPO 감소를 지적한다.[27] 해외에서의 기업 공개 증가와 미국에서의 기업 공개 감소는 부분적으로는 개발도상 국가에서의 투자 및 사회 간접 자본 건설 증가와 전반적인 경제 호황에 기인할 수도 있다. 개발도상국가의 새로운 기업들이라면 미국보다는 본국에 가까운 주식시장에서 상장하는 것이 합리적일 것이다. 지금은 1990년대에 비해 IPO가 감소했지만 이에 대해 SOX를 비난할 수는 없다. 1990년대에 기술주에 투자한 대부분의 사람들이 분명하게 기억하듯이 IPO시 청약 과열을 보였던 많은 기업들이 기업 공개 직후

파국을 맞아 부도 처리되었다. 대박을 터뜨린 IPO 기업 중 현재까지 성공적으로 사업을 벌이는 기업은 거의 없다. IPO 수 감소는 불가피했다. 수십억 달러의 벤처 캐피털 펀드가 여전히 실리콘 밸리의 신설 기업에 자금을 지원하고 있는 것을 감안하면 SOX가 새로운 기업의 성장을 질식시키고 있다고 비난할 수 없다.

더욱이 SOX 준수 비용이 크기는 하지만 그 비용이 감소되어 왔으며, 미국 증권거래위원회SEC는 이 문제를 다루기 위한 조치를 취해 왔다. Section 404 준수 비용은 2003년부터 2006년까지 해마다 하락해 왔다. 2006년의 SOX 준수 비용은 전년 대비 23%, 초년도 대비 35% 하락했다. 이러한 비용 감소는 기업이 내부 검토를 보다 효율적으로 처리하게 됨에 따른 것이다.[28] 전체적인 비용이 감소했지만 외부 검토 비용은 여전히 높다. 이에 따라 SEC는 특히 중소기업에 대해 비용 면에서 좀 더 효과적인 새로운 가이드라인을 발표했다.

이러한 개혁은 본질적으로 획일적인 접근법을 지양하고 이 법의 요건에 대해 개별 기업의 사정에 적합한 대응을 허용한다. 이 가이드라인은 경영진들이 자사의 필요와 요건에 기반하여 평가 수준을 조정하기 위해 취할 수 있는 조치들에 대한 개요를 제시한다.[29] 이 가이드라인은 자사의 형편에 따라 평가 수준을 조절할 수 있게 하며 중소기업, 특히 과거에는 규제상의 부담을 감당하기 어려웠을 중소기업에게 혜택을 주는, 비용 대비 효용을 보다 고려하는 접근법이다. 이 가이드라인은 두 개의 별도의 의견, 즉 통제에 대한 의견과 통제를 평가하기 위한 경영진의 프로세스에 대한 의견을 하나의 의견으로 통합했는데 이 조치도 비용을 줄이기 위한 방안 중 하나다.

SOX의 영향

"사베인 – 옥슬리법은 민주주의 국가에서 규제 당국이 어떻게 이상적으로 행동해야 하는지에 대한 교과서적 사례. 즉, 관련 기관들은 기업 부정에 대해 강력한 입법조치로 반응한 후 이를 섬세하게 조율했다.…전 세계적으로 일본, 프랑스, 중국, 캐나다 및 다른 국가들에서 이와 유사한 법률을 채택하고 있는 것도 놀랄 일은 아니다."[a]

· 미국의 S&P 500 지수는 2002년 7월 30일부시 대통령이 SOX 법안에 서명한 날부터 2007년 6월 30일까지 67% 상승했다. 이는 4.2조 달러의 시장 가치에 해당한다[b]. SOX가 금융시장에 대한 투자자의 신뢰 회복에 큰 영향을 미쳤다는 사실은 아무도 부정하지 않는다.

· 비판자들은 미국 기업들이 2006년에 SOX 준수를 위해 지출한 비용이 약 60억 달러로 추정된다고 불평하지만 이는 엔론의 기업 부정으로 투자가들이 잃어버린 600억 달러에 비하면 아주 적은 금액이다.[c]

· SOX의 섹션 404가 효과를 발휘하고 있다. 현재 내부 통제가 취약한 기업은 크게 줄어들었다. 섹션 404 보고 첫 해에는 97개 기업이 내부 통제상 주요 취약점이 있다고 보고하였으나 2007년 4월 1일에 종료한 섹션 404 보고 3년 차에는 그 수가 55개로 줄어들었다.[d]

· SOX 제정 후 재무제표를 다시 작성하는 기업의 수는 해마다 증가해 왔지만 이제 그 수도 감소하기 시작한 것으로 보인다. 2006년 상반기의 재무제표 재작성 건수는 786개였던 반면 2007년 상반기에는 698개 사가 재무제표를 재작성했다.[e]

· 미국 전역에 걸쳐 많은 사례가 있지만 그 중 하나만 예로 들자면 캘리포

니아 주 칼스배드 소재 바이오테크 회사 인비트로겐Invitrogen Corp.은 SOX의 효용에 대해 이렇게 말한다. "SOX는 우리 회사가 잘 운영되게 한 여러 변화를 촉진하는 데 도움이 됐다. 사외 이사들은 집행 임원들이 참석하지 않은 회의를 자주 개최하였을 뿐만 아니라 다수의 옴부즈맨이 직원들의 불만을 처리하고 윤리교육 또한 더 엄격해졌다. 그리고 CEO인 그레그 루시에르Greg Lucier는 참모들에게 그 결과에 대해 보다 많은 책임을 지도록 요구한다."[f]

a) Thomas J. Healey, "Sarbox Was the Right Medicine," 월 스트리트 저널, 2007년 8월 9일자, A13면.
b) 위의 글.
c) 위의 글.
d) Gregory Jonas, Marc Gale, Alan Rosenberg and Luke Hedges, "The Third Year of Section 494 Reporting on Internal Control," Moody's Investor Service, 2007년 5월호, http://papers.ssrn.com/sol3/papers.cfm?abstract_id=985546.
e) Joann S. Lublin and Kara Scannell, "Critics See Some Good From Sarbanes-Oxley," 월 스트리트 저널, 2007년 7월 30일자 B1면.
f) 위의 글.

이 법안을 발의한 폴 사베인 전 상원 의원과 마이클 옥슬리 전 하원 의원은 이 법안과 목표에 대한 지지를 재확인했다. 옥슬리 의원은 SOX 법안이 통과된 후 다우존스 산업 평균 지수가 크게 상승한 것을 예로 들며 투자자들의 신뢰도가 높아졌다고 지적했다.[30] 사베인 의원도 투자자 신뢰 개선에 대한 이 법이 기업의 책임성을 현저하게 개선시켰으며, 많은 이해 상충 문제를 제거함으로써 "견제와 균형이 다시금 작동하고 있으며 감시인이 감시인의 역할을 하고 있다."[31]고 이 견해에 공감을 표시했다. SOX가 외국에 비해 미국 시장을 방해하고 있다는 주장에 대해서 그는 다른 나라들도 비슷한 방향으로 나아가고 있으며 이들 나라에는 더 높은 기준을 포함한 규정이 있다고 반박한다. 그는 또 컴플라이언스에 지출된 돈을 자본 투자라고 본다. 즉, 처음에는 시스템 구축에 많은 비용이 들지만 그 후 효과를 발휘하여 비용이 감소하게 된다. SOX는 필요한 부담, 즉 기업이 높은 기준을 유지하고 사람들이 신뢰하며 돈을 투자할 수 있도록 만들기 위해 지불되어야 할 비용이다.[32]

SOX는 전반적으로 피해보다는 훨씬 많은 이익을 가져 왔으며 이 법이 법률 개정으로 약화되어서는 안 된다. 이 법의 비용과 부담스런 측면을 비판하는 사람도 이사회의 책임성이 높아졌다는 점과 기업들이 향후의 부정 스캔들을 피하기 위해 내부 변화를 촉진시키는 데 도움이 되었음을 인정한다. 이사회는 이제 내부 문제가 '곪아서 폭발하기 전에' 이를 다루고 해결할 수 있다.[33] 공시 및 인증 요구가 투자자들을 확신시키고 기업 재무제표의 무결성에 대한 신뢰 회복에 도움을 줌으로써 기관 투자가들도 혜택을 받게 되었다. 이 법이 통과된 직후 수년 동안 많은 회사들이 재무제표를 재작성해야 했지만 회사들이 과거의 문제를 시정하고 새로운 문제를 피하게 됨에 따라 이제 이런 관행은 거의 자취를 감췄다. 많은 회사들이 발견된 재무제표상의 문제를 재빨리 보고하고 이를 즉시 해결하고 있다.[34] 개혁 조치가 시행된 덕분에 이런 사소한 문제들은 신속하게 해결될 수 있다. 기업은 자사의 컴플라이언스 노력이 견고해지도록 절차를 계속 다듬을 수 있다.

기타 컴플라이언스 법률 및 기준

컴플라이언스 프로그램을 구축할 때 기업은 다양한 법률, 규정, 기준에 직면하게 된다. 이들 중 일부는 컴플라이언스 프로그램을 어떻게 하면 가장 잘 구축할 수 있는지 또는 법률에 의해 요구되는 최소 요건을 충족할 수 있는지에 대한 가이드라인을 제공해 줄 것이다. 업계의 기준 혹은 조직의 인증 요건도 이에 포함될 것이다. 컴플라이언스라는 주제가 광범위하기 때문에 이 책이 모든 측면과 법률을 다룰 수는 없다. 예를 들면 건강·환경적 영향·작업장 안전 및 금융 정보 보호 규정 분야에는 특수한 컴플라이언스 요건이 있다. 허위 청구법The False Claims Act, 1996년의 건강 보험 이전성 및 책임성에 관한 법The Health Insurance Portability and Accountability Act, 1999년의 금융 현대화법The Financial Modernization Act으로 알려진 그램-리치-빌라이 법The Gramm-Leach-Bliley Act, 특정 외국에 대한 경제 및 무역 제재를 강제하는 미국 재무부의 해외 자산 통제청과 관련된 컴플라이언스 요건들은 컴플라이언스 프로그램을 요구하는 법률 및 감독 규정 중 일부에 지나지 않는다. 이 책에서 중요한 면들을 많이 다루려고는 했지만 컴플라이언스의 세계는 너무도 광범위해서 어느 책도 중요한 모든 면을 다 다룰 수는 없다. 이 책에서 논의되는 개념에서 컴플라이언스를 이해한다면 어떤 특정한 규정이나 법률이 적용된다 하더라도 효과적인 컴플라이언스 기반을 갖추게 될 것이다.

NOTES

1) 뉴욕 증권거래소의 상장 규칙에 대해 보다 자세히 알고 싶으면, Martin T. Biegelman and Joel T. Barrow, Executive Roadmap to Fraud Prevention and Internal Control: Creating a Culture of Compliance, (Hoboken, NJ: John Wiley & Sons, 2006), 90~94쪽을 참고하기 바란다.

2) In re Caremark International Inc. Derivative Litigation, 698 A.2d 959, 968–969쪽 (Del. Ch. 1996).

3) 위의 글, 969쪽.

4) 위의 글, 970쪽.

5) 위의 글.

6) 위의 글.

7) 위의 글, 971쪽.

8) 위의 글, 972쪽.

9) Stephany Watson, "Fostering Positive Corporate Culture in the Post-Enron Era," The Tennessee Journal of Business Law, 2004년 가을호, 20쪽.

10) Thomas Rivers, "How to Be Good: The Emphasis on Corporate Director's Good Faith in the Post-Enron Era," Note, Vanderbilt Law Review, 2005년 3월호, 644쪽.

11) Charles M. Elson and Christopher J. Gyves, "In Re Caremark: Good Intentions, Unintended Consequences, " Wake Forest Law Review, 2004년 가을호, 692쪽.

12) 위의 글, 701쪽.

13) 위의 글.

14) 위의 글.

15) 위의 글, 702쪽.

16) 위의 글, 692쪽

17) 제6 순회 재판소는 2001년에 McCall v. Scott, 239 F.3d 817(6th Cir. 2001)에서 Caremark 규칙을 적용했으며, 제7 순회재판소도 2003년에 In Re Abbot Laboratories Derivative Shareholder Litigation, 325 F. 3d 796 (7th Cir. 2003) 그렇게 했다.

18) Stone v. Ritter, 911 A. 2d 362 (Del. 2006).

19) 위의 글, 370쪽.

20) 위의 글.

21) 사베인-옥슬리법 및 그 규정에 관해 더 많은 정보를 원할 경우, Martin T. Biegelman and Joel T. Barrow, Executive Roadmap to Fraud Prevention and Internal Control: Creating a Culture of Compliance, (Hoboken, NJ: John Wiley & Sons, 2006), 63쪽을 보라.

22) Biegelman and Barrow, Executive Roadmap,, 64-71쪽.

23) Biegelman and Barrow, Executive Roadmap, 71쪽.

24) Greg Ip, "Maybe U.S. Markets are Still Supreme," 월 스트리트 저널, 2007년 4월 27일자, C1면.

25) Kara Scannell, "Softening a Sabanes-Oxley Thorn," 월 스트리트 저널, 2007년 4월 5일자, C2면.

26) Ip, "U.S. Markets are Still Supreme," C1면.

27) 예를 들어 Robert E. Grady, "The Sarbox Monster," 월 스트리트 저널, 2007년 4월 26일자, A19면을 보라. 이 사설은 사베인-옥슬리법이 벤처 캐피탈이 지원하는 신설 기업 수의 "급감"을 야기하고, "일자리를 만드는 엔진을 죽인다"고 비난한다. 위의 글.

28) Kara Scannell, "Costs Fall Again for Firms to Comply with Sarbanes," 월 스트리트 저널, 2007년 5월 16일자, C7면.

29) Siobhan Hughes, (Sarbanes-Oxley is Eased," 월 스트리트 저널, 2007년 5월 24일자, C8면.

30) Alison Grant, "Corporate Reforms Working, Says Law's Co-Author," Newhouse News

Service, Seattle Times 2007년 4월 22일자, F1면에 실린 글. 이 법이 통과되었을 때 다우 존스는 7,000을 약간 상회했는데, 이 인터뷰를 실시했던 2007년에는 12,500을 상회했다. 위의 글.

31) Dick Carozza, "Sarbanes-Oxley Act Revisited: An Interview with Sen. Paul S. Sarbanes," Fraud magazine, 2007년 5/6월호, 36쪽.

32) 위의 글.

33) Joann S. Lublin and Kara Scanell, "Critics See Good From Sarbanes-Oxley," 월 스트리트 저널, 2007년 7월 30일자, B1면.

34) 위의 글.

Chapter 5

CA 컴플라이언스의 재탄생;
거짓말하지 마라
속이지 마라
훔치지 마라

"아니라고 말할 수 있는 용기를 가져라. 진실과 대면할 용기를 가져라. 그것이 옳기 때문에 옳은 일을 하라. 이것들이 고결하게 살아갈 수 있는 마법의 열쇠다."

— 클레멘트 스톤(W. Clement Stone)

개인이나 조직이 끔찍한 잘못을 바로잡을 두 번째 기회를 가지게 되는 것은 흔한 일이 아니다. 그러나 기업 부정 및 스캔들의 폐해로부터의 구원과 긍정적인 변화가 있을 수 있다. 세계적인 주요 테크놀로지 기업인 CA이전의 Computer Associates에서도 이런 일이 발생했다. CA는 여러 해 동안 공개적인 정부 조사, 상층부에서의 회계 부정에 대한 대중 매체의 머리 기사, 많은 임원들에 대한 기소 및 유죄 판결, 평판 및 주주가치에 대한 부정적인 영향으로 어려움을 겪었다.

사실 대규모 회계 부정이 발생했던 당시 CA에는 컴플라이언스 프로그램이 없었다. 강력한 컴플라이언스 프로그램이 있었더라면 이번 장이 필요하지 않았을 것이다. 그러나 CA가 그 후 이루어낸 긍정적인 변화들은 다른 조직에게 배울 점과 모범 관행을 제공해준다. 궁극적으로

CA는 매우 고통스러운 과정을 견디고 훨씬 더 우수한 기업으로 변화되었다.

CA는 세계 최대의 정보 기술 관리 소프트웨어 제공업체 중 하나다. 이 회사는 고객들이 시스템, 네크워크, 보안, 저장, 어플리케이션, 데이터베이스를 안전하고 역동적으로 관리할 수 있도록 지원해 주는 소프트웨어 제품 개발, 판매 및 라이센스 업무를 수행한다. 그들은 IT 관리를 단일화 및 단순화함으로써 개인이나 조직들이 비즈니스에 IT의 힘을 충분히 실현하도록 도와주는 것을 목표로 한다. CA는 「포춘」 선정 1,000대 기업의 99%와 거래하고 있으며 이외에도 정부 기관, 교육 기관, 다양한 업종의 많은 회사들을 고객으로 두고 있다. 이 회사는 1976년 설립되어 뉴욕의 아일랜디아에 본사를 두고 있으며, 뉴욕 증권 거래소에 상장되어 시가 총액이 144억 달러에 달하고 있고, 45개국에서 영업 활동을 하고 있는 글로벌 비즈니스 리더다. 이 회사의 원래 이름은 컴퓨터 어소시에이츠Computer Associate였지만 2006년 2월 CACA Inc.로 바뀌었다.

"35일짜리 달" 회계 부정

2002년에 미국 FBI, SEC 및 뉴욕의 브루클린 검찰은 공동으로 CA의 회계 관행에 대한 조사에 착수했다. 이 조사를 통해서 최소한 1990년대부터 2001년에 걸쳐 CA의 고위 임원들에 의해 자행된 대규모 회계 부정이 밝혀졌다. 정부는 또한 이 회사의 임원들이 증거 인멸과 정부 조사관들에게 거짓된 진술을 함으로써 회계 부정을 은폐하고 조사를 방해하려

했다는 유력한 증거도 발견했다.

정부는 조사 초기 단계에 CA의 일부 임원들이 증거 서류 작성에 충분히 협조하지 않고 있다는 결론을 내리고 이사회에 자체 조사를 시작하도록 요청했다. CA의 감사위원회는 이에 동의하고, 2003년 7월 설리번 & 크롬웰이라는 법무 법인을 고용하여 회계 부정 혐의에 대한 자체 조사를 수행하게 했다. 자체 조사 결과 그 해 가을 초에 이러한 혐의와 '35일짜리 달' 관행의 존재가 확인되었다. CA는 2003년 10월에 "부적절한 매출 계상을 발견했다"고 공식적으로 발표했다.[1]

2003년 12월 설리번 & 크롬웰 법무 법인은 조사 범위를 확대하여 고위 임원들의 사법 방해를 조사 대상에 포함시켰다. 이후, 감사위원회가 고용한 조사관들은 임원들이 거짓말을 했음을 인증하는 전자 우편, 서류, 내부 면담 결과 등을 제출했다. 이사회는 이후 법률 고문을 포함한 일부 임원들을 해고하거나 퇴출시켰다.[2] CA는 조사에 대한 협력 수준, '책임 있는' 경영진 교체와 '비리 행위의 만연도'가 정부에서 회사를 형사 고발할지 여부를 결정할 때 고려하는 변수라는 점을 알았다.[3] CA는 자체 조사 결과를 정부에 제공했다.

정부 조사에 의해 이 회사 직원들이 내부적으로 "35일짜리 달"로 알려진 사기적인 회계 관행을 수행했음이 발견되었다. 회사의 회계 담당자들은 분기 매출을 늘리기 위해 분기 마지막 달의 날짜를 실제 월말보다 며칠씩 더 연장시켜 추가 매출을 인식하도록 했다.[4] CA는 2000 회계연도 한 해에만 14억 달러가 넘는 매출액을 미리 인식했다.[5] CA의 내부 조사에 의하면 이 회사의 임원들은 외부 감사인에게 이러한 회계 부정을 숨기기 위해 팩스로 전송된 계약서에서 날짜 부분을 잘라내고 위조한 날

짜를 덧붙였다.[6)]

2004년 초 CFO가 포함된 4명의 고위 임원들은 유가증권 사기 및 사법 방해 행위에 대해 처벌 감면부 유죄를 인정했다. 유가증권 사기 혐의는 "여러 회계 분기에 걸쳐 회사가 분기 순익 전망치에 부합하거나 이를 상회하도록 하기 위한 계약일자 소급 및 위조 수법이 장기간 동안 회사 전반에 걸쳐 자행되었다"는 내용이었다.[7)] 사법 방해 혐의는 "피고들이 정부 조사관들에게 거짓말을 하고 유가증권 사기의 증거를 은닉했다"는 것이었다.[8)] 이 사건의 기소를 담당했던 검사는 CA 임원들의 유죄 인정 및 범죄에 대한 설명은 "CA 경영진의 부패한 문화를 보여 준다"[9)]고 말했다.

CA의 종전 CEO 산제이 쿠마르Sanjay Kumar는 2004년 9월 22일 회계 사기 및 사법 방해에 대한 폭넓은 공모 혐의로 기소되었다. 같은 날 CA는 기소 유예 약정에 동의하고 SEC의 소송을 해결하며 형사 기소를 피하기 위해 피해자 보상 기금용으로 2억 2천 5백만 달러를 지급하기로 합의했다. 18개월에 걸쳐 7,500만 달러씩 3회 지급하기로 합의되었으며 지금은 모든 지급이 완료되었다. 이 회사와 정부의 합의에는 범죄 행위에 대한 책임 인정 및 정부와의 지속적인 협력도 포함되었다.[10)]

기소 유예 약정의 일환으로 CA는 새로운 경영진 임명, 이사회에 독립적인 구성원 추가 및 정부와의 약정조건 준수 여부를 검토하기 위한 독립적인 조사관 임명에 합의했다. 그리고 부정 행위가 재발하지 않도록 효과적인 컴플라이언스 프로그램을 구축하기 위해 조직 전반에 걸친 시정 조치들을 계속 시행하기로 했다. 이에 대한 대가로 CA는 전직 책임자, 임원 및 직원들의 범죄 행위에 대한 기소를 유예받았다.[11)]

미국 검찰의 형사 절차에서 CA는 전직 경영진이 관여한 범죄 행위에 관해 다음의 사실을 진술했다.

35일짜리 달 관행의 주된 목표는 CA가 실상은 분기별 매출 및 수익 전망치를 충족시키지 못했음에도 이를 충족했거나 초과 달성했다고 보고할 수 있게 하는 것이었다. 이 관행의 결과 CA는 2000 회계연도의 4개 분기를 포함한 여러 분기 동안 투자자와 감독 당국에게 자사의 실적 추정치 콘센서스를 충족하거나 초과했다고 거짓으로 보고했다. 실상은 2000 회계연도의 각 분기에 CA는 분기 말 이후에 종결된 수많은 라이센스 계약과 관련된 수억 달러 규모의 매출액을 부적절하게 인식하고 거짓으로 보고했다. 그렇게 함으로써 CA는 투자 대중이 신뢰했던 중요한 사실을 허위 표시하고 생략했다.[12]

결국 CA의 CEO, CFO, 법률 고문, 판매담당 부사장, 재무보고 담당 부서장 등 8명의 고위 임원들이 유가증권 사기 및/또는 사법 방해 혐의에 유죄를 인정했다. 쿠마르Kumar는 12년 징역형과 8백만 달러의 벌금을 선고 받았고 CA는 22억 달러의 매출을 수정해야 했다.

기소 유예 약정The Deffered Prosecution Agreement, DPA

CA가 2004년 9월 22일 정부와 기소 유예 약정을 체결함으로써 조사가 종료되었을 뿐 아니라 CA를 변화시키고 컴플라이언스 프로그램을 구축하는 철저하고 중요한 과정이 시작되었다. 기소 유예는 위반자에게 스스로 개혁하고 기소를 피할 수 있는 기회를 준다는 점에서 집행유예와 유사한 기능을 하는데 이 제도는 특히 기업에 대해 적용되어 왔다. 기소 유예 제도 하에서는 검사는 회사의 죄를 인정하지만 비리 인정, 정직하고 진지한 교정 노력, 범죄를 저지른 임원 해고를 조건으로 기소 연기에 합의한다.[13] 회사가 합의를 준수하고 당국과 협력하고 충분히 교정하면 검사는 사건을 취하할 수 있다. 회사가 합의를 어길 경우 검사는 기소를 진행하고 회사는 위험해질 수 있다. 회사를 감옥에 보낼 수는 없지만 면허 박탈, CA의 경우와 같은 중요한 정부 계약 상실 등을 초래할 수 있기 때문에 회사는 기소에 매우 취약하다. 그래서 검사들은 만족스러운 컴플라이언스 프로그램 구축 및 부도덕한 직원 제거라는 목표를 달성할 수 있고 회사는 치명적인 처벌을 피할 수 있다.[14]

CA는 SEC에 대한 중대한 오류가 있는 재무제표 보고 및 사법 방해와 관련된 임원, 책임자와 직원들의 법률 위반에 대한 책임을 인정하고 이를 받아들였다. CA는 기소 유예 약정에 서명한 후 자사의 웹사이트에 다음과 같이 게재했다.

"이로써 CA의 역사에서 문제가 있는 시기를 끝내고 우리 회사에 대한 새로운 기회의 시대가 시작되었습니다. 우리는 CA에서 발생한 불법 행위에 대한 모든 책임을 인정했으며 과거의 그런 관행이 다시는 반복되지 않도록 통제 및 거버넌스 조치들을 시행하기로 합의했습니다. CA의 전 부문에 최고의 윤리 수준을 확보해야 할 의무야말로 다른 어떤 비즈니스 목표나 고려사항보다 중요합니다."[15]

CA는 자사 웹사이트에 기소 유예 약정상의 다양한 의무들을 게재했고 합의 내용의 진척 상황을 업데이트했다. 기소 유예 약정에서 합의한 바와 같이 CA의 이사회 및 고위 경영진은 이전에 발견되었던 비리 행위에 대응하여 아래와 같은 수많은 시정 조치들을 취했다.

- 부적절한 회계, 부정확한 재무 보고 및 사법 방해에 책임이 있는 CA의 임직원 해고
- CA의 내부 조사에 대한 협조를 거부했거나 조사 방해 조치를 취했던 임직원 해고
- CEO, CFO, 글로벌 판매 본부장, 법률 고문 등 새로운 경영진 임명
- 지속적인 협력 의무
- CA의 주주들에 대한 보상금 지급
- 다음과 같은 기업 개혁 조치
  - 이사회에 독립적인 이사 추가 및 기업 거버넌스 개혁 수행
  - 이사회의 2/3 이상을 독립적인 이사로 구성
  - 이사회에 컴플라이언스위원회 설치
  - 공시위원회 설치
  - CA의 웹사이트에 컴플라이언스위원회의 보고서 게재
  - 포괄적인 기록 관리 정책 및 절차 신규 제정
  - 소프트웨어 라이센싱 매출 인식에 대한 모범관행 실행
  - 향후 법률 위반 가능성을 최소화하기 위해 모든 CA 직원에 대한 윤리 및 컴플라이언스 교육 실시
  - 독립적인 고위급 최고 컴플라이언스 책임자 임명
  - 고위직 임원 보상 체계 수정
  - 재무부서 재정비

– 내부 감사 부서 재정비 및 강화

 – 정부 기관과의 의사 소통 개선을 위한 서면 계획 작성

 – 기존의 핫라인 보고 시스템 강화[6]

 SEC의 민사 조치에서 비롯된 최종 결정뿐 아니라 기소 유예 약정상의 의무들을 준수하는지 여부를 검토하기 위해 독립적인 검사관을 임명한 것도 CA가 취한 많은 조치 중 하나였다. 독립적인 검사관은 자신의 임무 종료시 CA가 다음과 같은 '모범 관행'을 실행하고 있는지 여부에 대해 보고할 것이다. "(1) 소프트웨어 라이센싱 수익 인식 관행, (2) 내부 회계 통제, (3) 새로운 'ERP전사적 자원 관리 계획' 정보 기술 시스템 운영, (4) 내부 감사 부서의 적정성, (5) 윤리 및 컴플라이언스 정책, (6) 관리 정책 및 절차."[17]

 또한 CA는 CFO를 임명했으며 2억 2500만 달러의 투자자 보상기금에 대한 책임자도 임명했다. CA는 ERP 전환을 위해 두 회사를 선정했으며, 공시위원회를 설치했고, 최고 컨트롤러, 최고 회계 책임자, 기록 및 정보 관리 이사를 새로 임명했다.

CA의 초대 최고 컴플라이언스 책임자

 팻 나조Pat Gnazzo는 CA의 비즈니스 관행 부문 선임 부사장이자 최고 컴플라이언스 책임자로 2005년 1월에 CA에 합류했으며 이 회사의 초대 CCO다. 그는 포괄적인 컴플라이언스 및 윤리 프로그램 개발과 실행 책임을 맡고 있고 정부의 규제 준수와 기록 및 정보 관리 프로그램 수립도

감독하고 있다. 그는 CA에 합류하기 전에는 유나이티드 테크놀로지 코퍼레이션United Technology Corporation: UTC에서 10년간 CCO와 비즈니스 관행 부사장으로 근무하면서 세계 최고의 윤리 프로그램을 구축하고 이끌었다. 그는 전 세계적으로 260명이 넘는 비즈니스 관행 담당자들의 지원을 받아 180개국에 소재한 20만 명에 달하는 직원들에게 회사의 윤리 및 컴플라이언스 프로그램을 시행했다.

그는 UTC에서 UTC의 프랫 & 휘트니 부문Pratt & Whitney division 계약 담당 및 차석 법률 고문부사장, 정부연락 담당관부사장, 유나이티드 테크놀로지 인터내셔널 사장, 소송 자문부사장, 정부 계약 및 컴플라이언스 담당 부사장 등 여러 역할을 수행함으로써 UTC의 비즈니스 및 비즈니스 리스크에 대해 잘 이해할 수 있게 되었으며 이러한 경험은 나중에 최고 CCO 역할을 수행하는 데 발판이 되었다.

1981년, UTC에 합류하기 전에는 미국 해군의 소송부문에서 수석 송무 변호사이사로 근무하기도 했던 그는 윤리책임자협회 이사회 이사직을 수행하고 있으며 윤리 및 컴플라이언스 분야에서 활발하게 강의활동을 하고 있다. 그는 클리블랜드 주립 대학교에서 법학 석사 학위를 받았으며 존 캐롤 대학에서 학사 학위를 받았다.

CA에게는 나조와 같이 컴플라이언스 분야에서 경험 많은 리더를 영입하는 것이 최상의 선택이었다. 이 회사는 여러 이유로 나조처럼 비즈니스 감각과 컴플라이언스 분야에서 탁월하다는 명성을 동시에 지닌 인물이 필요했다. 단지 기소 유예 약정상의 조건을 충족하는 것 외에도 나조는 투자자, 직원, 정부에게 필요한 확신을 제공해 줄 것이다. 보다 중요한 점은 컴플라이언스 프로그램 구축이 심각한 컴플라이언스 실패에서 일어서려는 회사에서는 결코 쉬운 일이 아니라는 점을 나조가 알고 있었다는 것이다.

그는 이렇게 말했다. "윤리적 문화를 발전시킨다는 것은 커다란 도전 과제다. 우선, 문화적 변화는 시간을 필요로 한다. 문화는 하룻밤 사이에 형성될 수 없다. 가치 체계는 하룻밤 사이에라도 작성할 수 있지만 문화는 구성원이 충분히 오랜 기간 동안 가치에 입각하여 행동하고 그렇게 한다고 알려질 때에야 비로소 내면화되는 것이다."[18]

CA가 초대 CCO를 물색했을 때 그들은 저명한 채용 정보 회사에 의뢰했다. 이 회사는 나조에게 이 자리에 적합한 후보 명단을 추천해 줄 것을 요청했다. 자격 요건을 갖춘 여러 명의 후보들을 추천한 나조는 채용 정보 회사와 대화하면서 CA의 독특하고 도전적인 기회에 대해 생각하게 되었다. UTC에 수년 간 근무하면서 원활하게 운영되는 세계적 수준의 컴플라이언스 프로그램을 구축했던 그는 은퇴를 고려하고 있었지만 CA가 필요로 하는 것처럼 컴플라이언스 프로그램을 백지상태에서 새로 구축할 기회를 갖는 것이 얼마나 드문 일인지에 대해 생각했다.

그는 이에 대해 숙고할수록 이 자리는 자신이 원하는 기회임을 알게 되었다. 그는 채용 정보 회사에 전화를 걸어 자신이 이 자리에 대해 관심이 있다고 말했다. 나머지는 모두가 아는 바와 같다.

나조는 CA에 합류한 후 컴플라이언스 프로그램을 점진적으로 구축해서 이 프로그램이 영구히 내면화되게 할 계획을 세웠다. 그는 이렇게 말했다. "나는 CA에 컴플라이언스와 윤리가 체질화되어 이를 회사의 중요한 부분이 되게 함으로써 CEO나 다른 누구라도 이를 제거하지 못하게 만들 겁니다." 그는 성공적이고 지속적인 컴플라이언스 프로그램을 달성하기 위해서는 단순히 체크리스트에 표시하는 방식보다 훨씬 더 깊이 들어가야 한다는 것을 알았다. 컴플라이언스 문화를 주도하고 모든 직원이 컴플라이언스 프로그램을 샅샅이 이해할 때까지 필요한 각 요소 별로 구축하는 것은 경영진의 책임이다.

자유로운 접근권

나조는 CA에 합류하기 전에 UTC에서 10년 동안 컴플라이언스 분야에서 일한 경험이 있다. UTC에서 그가 시행한 프로그램은 평판이 좋았으며 다른 조직에게도 본이 되었다. 그는 또한 최고의 컴플라이언스 프로그램 구축과 유지를 위해서 무엇이 필요한지를 알았다. '자유로운 접근권'과 'CEO 이하 모든 직원들에게 이야기할 수 있는' 권한이 나조에게 절대적으로 필요했고, 그는 그 권한을 부여 받았다. 그는 이사회의 감사 및 컴플라이언스 위원회에 대해 직접 보고할 수 있었다. 이러한 완전한 접근권 덕분에 나조는 누구의 사무실이라도 찾아가서 자세하게 질문하거나 잠재적인 문제를 신속하게 해결할 수 있었다.

그는 경영진, 고위직 임원, CFO, 법률 고문, 외부 감사 법인인 KPMG 및 상황에 따라 필요한 사람들과 정기적으로 만났다. CA의 임원진에 컴플라이언스 담당 임원이 포함되어 있다는 사실 자체가 이제 이 회사에서 컴플라이언스를 얼마나 중요하게 여기는지에 대해 대내외적으로 강한 메시지를 전달했다. CA와 나조가 컴플라이언스 프로그램에 대해 보낸 메시지들이 그의 존재감을 확립했고 컴플라이언스의 중요성을 강화했다.

최고 컴플라이언스 책임자가 변화를 가져올 수 있는지에 대한 판단을 내림에 있어서 나조는 윤리 담당 임원의 위치를 살펴보라고 제안한다. 윤리 담당 임원이 법률 고문에게 보고할 수도 있지만 정기적인 컴플라이언스 보고서를 감사위원회에 실제로 제출하는 사람이 누구인지가 매우 중요하다. 나조는 최고 컴플라이언스 책임자가 감사위원회에 보고하도록 권고한다. 윤리 및 컴플라이언스 책임자 협회가 수행한 조사에서 최고 컴플라이언스 책임자가 이사회에 직접 보고하는 상장 회사는 10%에도 미치지 못했다는 점은 주목할 가치가 있다.

컴플라이언스 프로그램 구축하기

나조는 컴플라이언스 분야의 리더라는 명성 덕분에 수월하게 컴플라이언스 프로그램을 구축하고 CA의 전 세계 어느 곳의 사무실이라도 찾아가서 질문할 수 있었다. 컴플라이언스 실패 이후 이를 다시 세우는 회사에는 강직하고 경험 많은 컴플라이언스 전문가를 영입하는 것이 최상의 방법이다. 세계적인 수준의 컴플라이언스 프로그램을 개발하고 관리했던 사람은 새로운 컴플라이언스 프로그램에 대해 즉각적인 위상, 존경, 능력을 가져다준다. 이런 변화는 조직의 직원들이 가장 잘 안다.

나는 최고 컴플라이언스 책임자가 이 분야에서 존경받는 것을 목격했다. 그 회사의 최고 컴플라이언스 책임자는 연방 검사 및 다른 조직의 최고 컴플라이언스 책임자를 역임했다. 그는 컴플라이언스 분야에서 수년간의 경험을 갖춘 사상적 리더였다. 나는 그가 컴플라이언스의 어느 측면에 대해 이야기하자 한 직원이 자기 회사는 운 좋게 이런 경험을 가진 사람을 영입할 수 있었다고 얘기하는 걸 들었다. 나는 그 직원과 동료들이 그를 존경심과 경외심으로 대하는 것도 보았다. 나조는 CA에 이런 영향을 미쳤다.

나조는 이렇게 말했다. "CA에 문화적 충격이 있었다. 기존 임원들이 직원들의 기대를 저버렸으며 결과적으로 모든 사람들이 도매금으로 오명을 뒤집어썼다. 새로운 인물이 CA에 새로운 방식을 들여왔다. 그러나 직원들은 자신이 이전에도 잘하고 있었다고 생각했다." 나조는 직원들이 강력한 리더십, 옳고 그름에 대한 가이드를 제공받으리라는 사실과 회사가 다시는 그들을 실망시키지 않으리라는 확신을 필요로 한다는 것을 알았다.

CA의 컴플라이언스 프로그램을 구축하기 위해 많은 사항들이 수행되어야 했다. 시작 단계부터 직원들의 이해와 수용이 필요함을 깨달은 나조는 컴플라이언스 프로그램 구축 초기에 사내 방송을 통해 자신과 컴플라이언스 팀이 향후 수개월 간 수행하게 될 일들을 설명했다. 그는 또한 진척 상황에 대해 직원들에게 정기적으로 업데이트해 줄 것이라고 말했다. 이로써 직원들 사이에 불확실성이 줄어들었으며 직원들에게 CA가 보다 더 훌륭하고 법규를 잘 지키는 회사가 되리라는 확신을 주었다.

CA에는 윤리강령이 있었지만 개정이 필요했다. 이 강령은 거의 배포되지 않았으며 직원들은 윤리강령상의 책임에 대해 교육을 받지 못했다. 또한 직원들은 부정 이슈나 다른 컴플라이언스 문제를 보고하려 해도 누구에게 연락해야 하는지 알지 못했다. 역설적이게도 윤리강령 위반을 보고하기 위해 이용할 수 있는 유일한 핫라인 전화는 전직 법률 고문의 책상 위에서 울렸다. 이 사람은 사법 방해 및 유가증권 사기를 저지른 데 대해 유죄를 인정하고 2년 형을 선고 받은 바로 그 법률 고문이었다. 따라서 핫라인이 정비되어야 했다. 독립성과 책임성을 확보하기 위해 제3의 업체와 핫라인에 관한 업무 위탁 계약을 맺을 필요가 있었다.

나조의 경험이 그에게 많은 도움이 되었다. CA가 핫라인을 개설했을 때 임원들 사이에서는 여러 이슈들이 쇄도할 것이라는 우려가 있었다. 하지만 실제로는 그렇지 않았다. 나조의 경험대로 전화의 대부분은 인사 문제와 관련된 것이었다. 그럼에도 불구하고 상당한 수의 잠재적인 비리 혐의가 보고되었다. 핫라인은 만병통치약은 아니지만 견실한 컴플라이언스 프로그램에 필요한 도구이자 구성 요소다.

나조가 상장 회사는 윤리강령을 갖추어야 한다고 뉴욕증권거래소NYSE와 전미증권딜러협회NASDAQ에 권고했지만 상장 회사가 윤리강령을 적극적으로 관리할 전담자를 둘 의무는 없다. CA 사에서는 윤리강령을 전면적으로 개정했다. 컴플라이언스 부서에서 윤리강령 관리 책임을 맡게 됨에 따라 이는 지속적인 프로세스가 될 것이다.

CA는 조직의 핵심 가치들이 성공적인 컴플라이언스 프로그램의 기초라는 점을 이해하고 있다. 먼저 포커스 그룹을 구성하여 어떤 가치들이 직원에게 중요한지 파악한 후 직원들에게 무엇이 핵심 가치가 되어야 할지에 대해 물어보았다. 고위 리더십 팀Senior Leadership Team; SLT이 이를 검토한 후 핵심 가치를 조율하여 최종적으로 선정했다.

SLT는 핵심 가치의 중요성에 대해 강력한 메시지를 전달하기 원했다. SLT는 회의 결과를 직원들에게 배포하고 피드백을 받은 후 새로운 핵심 가치를 전 세계의 CA 직원들에게 전달했다.

CA는 자사의 강점이 무엇인지, 개선할 기회가 있는 부문은 어디인지 알아내기 위해 설문조사를 실시했다. 조사 결과 직원들의 94%가 윤리강령을 읽고, 그것이 자신에게 어떤 의미가 있는지를 이해했다. 또한 직원들은 40명의 CA 고위 임원들로 구성된 SLT의 85%가 윤리적인 언행을 보인다고 생각하는 것으로 나타났다. 이 조사에서는 직원들의 직속 상사에 대해서도 조사했다. 직원들의 86%가 그들의 상사가 높은 윤리 기준 및 컴플라이언스 기준에 부합하도록 행동한다고 답변했다. 이 조사로 직원들이 SLT로부터 일관된 메시지를 받고 있다고 느끼지 않는다는 점이 가장 큰 약점으로 드러났으며 이러한 문제는 바로 시정되었다.

CA의 개정 윤리강령

CA의 윤리강령은 '탁월한 비즈니스 관행 기준: 우리의 윤리강령'이라 명명되었는데 이 강령은 흥미롭다. 새로운 경영진은 직원들이 직장 내 또는 윤리적 난제를 인식하고 이에 대응하는 데 도움을 주기 위한 틀로 기능할 수 있도록 윤리강령을 개정했다. 그들은 또한 윤리강령이 직원들이 직면할 수 있는 모든 잠재적인 문제들을 다룰 수 있을 만큼 '모든 것을 담고 있는' 것은 아니라는 점을 분명히 했다. 윤리강령은 직원들이 윤리적 문제에 직면했을 때 사용할 수 있는 "명확한 상부 보고 통로를 갖춘 출발점"이라는 중요한 메시지를 직원들에게 전달했다.

CA의 CEO 존 스웨인슨John Swainson은 윤리강령의 서문에 다음과 같이 언급했다. "우리는 컴플라이언스와 훌륭한 비즈니스 관행을 CA의 일부로 만들 책임을 공유하고 있습니다. 우리는 강화된 윤리강령인 '우리의 윤리강령'을 개발했습니다. 우리가 바로 이 강령이 회사에 괜해시 좋은 모든 것을 진정으로 반영하도록 해야 할 사람들이기 때문에 'CA의'라는 말 대신 '우리의'라는 단어를 사용합니다. 결국 우리가 바로 회사입니다."

이 강령의 다른 많은 측면들도 탁월하다. 서문에서 CEO는 팻 나조를 최고 컴플라이언스 책임자로 소개하면서 직원들이 윤리강령이나 관련 이슈에 대해 질문이나 우려 사항이 있을 때에는 나조나 그의 팀원에게 연락하도록 했다. 윤리강령은 단호하게 다음과 같이 말한다. "CA의 모든 직원에게 적용되는 근본적인 비즈니스 규칙은 '거짓말하지 마라, 속이지 마라, 훔치지 마라'다." 이러한 선언이 이처럼 직접적이고 분명히 이해할 수 있는 용어로 말해질 때 특히 효과적이다. 나조는 이 윤리강령의 핵심 가치 섹션에서 이들이 "가치는 형편이 가장 좋을 때나 가장 나쁠 때에 통찰력을 제공해 준다"고 즐겨 말한다.

CA는 또한 핵심 가치를 개정하여 혁신, 탁월성, 팀워크, 고결성 및 성과를 포함시켰다. CA는 이렇게 말한다. "이러한 요소와 더불어 그리고 그 전면에 고결성이 있다." CA는 더 나아가 이렇게 덧붙인다. "우리는 모든 상호 관계에서 정직하며, 보다 높은 윤리 기준과 행동을 고수함으로써 명성을 얻는다." 고결성은 원래의 핵심 가치에서는 특별히 열거되지는 않았지만 언제나 당연한 사항이었다고 나조는 설명했다. 정부 조사 후에는 고결성을 핵심 가치로서 분명한 용어로 명시하고 이를 상술할 필요가 있게 되었다. CA의 경영진은 이 회사에서 일어났던 일에 비추어 볼 때 고결성을 전면 및 중심에 둘 필요가 있다고 결정했다. 새로운 윤리강령이 완성되자 모든 직원들의 책상에 윤리강령 사본을 두고 이를 읽도록 하고, 또 그들에게 윤리강령을 읽었으며 이를 준수하겠다고 서약하도록 했다.

CA의 윤리강령은 문서 전체를 통하여 모범적인 윤리강령의 견실한 내용을 제공해 주는 컴플라이언스의 중요한 요소들을 강조한다. 다음은 CA의 윤리강령에서 발췌한 주요 예시다.

· 당사의 모든 윤리적 규칙과 원칙은 당사의 공유된 목표와 핵심 가치의 기반 위에 수립된다.

· 당사는 모든 직원들이 윤리강령을 읽고 이해하기를 기대한다. 윤리강령에 대해 의문이 있는 직원들은 자유롭게 자신의 상사, 인사 담당자, 또는 비즈니스 관행 및 컴플라이언스 부서 직원에게 그러한 질문을 제기해야 한다. 모든 직원들은 윤리강령 위반 혐의에 대해 이 강령 중 'CA의 투명성에 대한 서약' 섹션에서 언급하는 통로를 통해 경영진에게 보고할 의무가 있다.

· 당사는 매년 모든 직원에게 자신이 윤리강령을 이해하고 있음을 인정하고, 인지된 또는 실제적인 이해 상충을 보고하도록 요구할 것이다.

· 윤리강령 위반시 최고 해고에 해당하는 징계를 받을 수 있다.

· 윤리강령 준수는 모든 직원의 책임이다. 당사는 모든 직원이 보복의 두려움 없이 이와 관련된 이슈나 우려를 경영진에게 제기하도록 권장한다.

· 당사는 당사의 비즈니스 관행에 관해 질문이나 우려를 제기하는 직원이나 CA 헬프라인 이용을 이유로 하는 어떠한 보복도 용인하지 않을

것이다. 그러나 직원들은 이러한 의사 소통 채널을 이용하여 비리를 보고했다 해서 해당 직원이 그러한 비리에 개인적으로 관여한 데 대한 책임을 면제해 주지는 않는다는 것을 이해해야 한다.

· CA의 투명성에 대한 서약: 우리는 투명하고 책임성 있는 기업 문화를 창조할 의무가 있다.

· 법률 준수는 의무적이다.

· 당사는 100개가 넘는 국가에서 사업을 수행하기 때문에 지역에 따라 법률, 관습 및 사회적 기준이 크게 다르다. 그러한 법률이나 관행이 미국 법과 상충되지 않는 한 당사가 사업을 수행하는 해당 국가의 중앙 및 지방 정부의 법률을 준수하는 것이 당사의 정책이다. 당사의 모든 직원은 자신이 사업을 수행하고 있는 지역에서 적용되는 법률과 규정을 이해하고 준수할 책임이 있다.

· 컴플라이언스상의 문제 혹은 윤리적인 곤경에 처하게 될 경우 자신은 혼자가 아니라는 사실을 기억하라. 자신의 상사, 인사 담당자, 비즈니스 관행 및 컴플라이언스 부서, 글로벌 법무 부서에 연락하거나 CA 헬프라인에 전화하라.

· 물론 이 윤리강령이 당사의 직원들이 업무 수행시 직면할 수 있는 모든 컴플라이언스상의 문제나 윤리적 난국을 해결할 수는 없다. CA는 독점 금지, 재무 보고, 인사 관련 문제 및 이해 상충 등 직원이 업무 수행 중 직면할 수도 있는 다양한 업무 상황과 컴플라이언스 위반 가능성들을 열거하고 있다. 이 항목들은 직원들이 직면할 수 있는 유일한 컴플라이언스상의 문제나 윤리적 곤경이 아니라는 사실을 기억하라.

· 당사는 정부 관료들에게 뇌물을 제의하거나 지급하지 않는다.

- 미국 이외의 국가에서 근무하는 당사 직원들은 해외정부 관리에 대한 뇌물 지급은 해외부패방지법FCPA 위반이며 해당 국가의 법률 위반일 수도 있다는 점을 인식해야 한다. 또한 FCPA는 당사에게 적절한 회계 상의 통제를 유지하고 모든 종류의 지급을 포함하여 정부와의 모든 재무적 거래에 관한 상세한 기록을 유지하도록 요구한다.
- 당사는 공무원의 면허나 인가증 발행 등의 직무에 있어 '급행료 지급' facilitating payment을 억제한다. 모든 급행료 지급은 글로벌 법무 부서 직원의 검토 및 승인을 받아야 하며 적절한 재무 기록에 '급행료 지급'으로 정확하게 기록되어야 한다.
- 당사는 상장 미국 기업으로서 다양한 유가증권 관련 법률, 감독 규정 및 보고 의무를 준수해야 한다. 미국의 연방 법률 및 당사의 관련 내규들은 비즈니스, 재무 상태, 사업 실적에 관한 정확하고 완전한 정보를 공시하도록 요구한다. 부정확하고, 불완전하거나 시의적절하지 않은 보고는 용인되지 않으며 법적인 책임을 초래할 수도 있다.
- 재무보고의 기본적인 규칙은 다음과 같다.

당사의 재무 상태에 대해 어느 누구라도 오도하거나 그에게 잘못된 정보를 주게 될 어떤 일도 하지 마라.[19]

CA는 자사의 윤리강령을 훌륭하게 소생시켰다. 에티스피어 매거진은 2007년 2분기 호에서 50개의 금융 회사 및 테크놀로지 회사의 윤리강령에 대해 벤치마킹 조사를 실시했다. 이 벤치마킹에서는 대중의 입수 가능성, 상부에서의 기조, 가독성과 어조, 보복 금지, 이해 관계자들에 대한 헌신, 리스크와 관련된 주제, 학습 지원, 프리젠테이션 및 스타일 등

8개 요소를 고려했다. CA는 종합 등급 A라는 우수한 등급을 받았다. 「에티스피어 매거진」은 CA의 윤리강령이 "잘 배열되고 잘 작성된 윤리강령이다. CA는 윤리 및 컴플라이언스 프로그램에 많은 투자를 했다"고 언급했다.[20]

방위 산업 이니셔티브Depense Industry Initiative; DII 가입

컴플라이언스의 탁월함에 대한 서약을 더 잘 표현하기 위해 나조는 CA가 방위 산업 이니셔티브DII에 가입할 필요가 있다고 결정했다. DII는 1986년에 강력한 비즈니스 윤리강령을 채택하여 실행하기로 서약한 32개의 주요 방위 산업 계약자들이 조직했다. DII의 구성 및 역할은 3장에서 다루어졌으며 부록 C에서 보다 구체적으로 논의된다. CA 사는 정부와 거래하고 있기 때문에 그곳에서의 컴플라이언스 이슈는 다른 곳에서의 비즈니스 수행 시와 마찬가지로 커다란 문제다. 나조는 DII 가입에 따른 몇 가지 중요한 기회를 인식했다. DII는 방위 산업 컴플라이언스 분야에서 모범 관행을 장려하는 조직이다. 나조에 의하면 어느 한 조직이 DII에 가입하고 DII의 중요성을 공개적으로 시인한 후에는 이를 탈퇴하기가 쉽지 않다. 그것은 CA에서의 상부에서의 기조를 강화시켜 준다. DII는 해마다 모범 관행 회의를 개최하여 최신 벤치마킹 사례를 회원들과 공유한다. 나조의 행동은 정부와 거래하고 있는 모든 회사들이 고려해야 하는 또 다른 모범 관행이다.

CA에서의 상부에서의 기조

나조는 상부에서의 기조야말로 모든 컴플라이언스 프로그램의 중요한 요소 중 하나라고 믿는다. "사람은 자신의 지도자를 닮습니다"라는 그의 메시지는 매우 중요하기 때문에 고위 임원 차원에서뿐 아니라 여러 계층의 사람들에 의해 다양한 방식으로 소통되어야 한다. "컴플라이언스 메시지는 최고 컴플라이언스 책임자, 최고 경영자 또는 최고재무책임자에 의해서만 전달될 수는 없습니다. 이는 다른 책임자들에게서도 나와야 합니다." 특히 해당 국가의 대표가 회사 리더십의 얼굴이자 음성인, 미국 밖에 소재한 사업 부문에서는 더욱 그러하다. 이들은 그 지역 직원들이 상호 교류하며 지도를 구하는 사람들이다.

한 국가 혹은 지역에서 이러한 사람들과 다른 책임자들로부터 나오는 강력한 컴플라이언스 메시지는 윤리적 관행과 컴플라이언스를 내면화하는 데 큰 역할을 할 수 있다.

상부에서의 기조는 여러 방법으로 측정될 수 있고 또 측정되어야 한다. 직원 설문 조사, 투표, 직원의 윤리강령 준수 교육, 보상 검토시 컴플라이언스 고려 여부, 모든 직원에 대한 교육 정도는 상부에서의 기조와 컴플라이언스에 대한 의지 모두를 측정할 수 있는 여러 방법 중 일부에 지나지 않는다. 다른 측정 지표들에는 컴플라이언스에 책정된 예산액, 컴플라이언스에 할당된 인원 수, 의사 소통 · 조사 및 해결된 모든 컴플라이언스 이슈들에 대한 기록 유지 등이 포함된다.

임원들은 여러 방법으로 평가된다. 주요 평가 항목에는 컴플라이언스 및 윤리 프로그램 지원 정도, 조사 지원 요청에 대한 반응, 적절한 징계 조치 시행 여부 및 법률 및 인사 부문과의 협력 정도 등이 포함된다. 임

170

원에 대한 보상의 최대 10%까지는 이들이 컴플라이언스 요건을 어떻게 다루고 대응하는지, 필수 윤리 교육을 받았는지, 윤리강령의 중요성을 조직에 어떻게 소통하는지, 상부에서의 기조를 어떻게 보어 주는지에 근거하여 결정된다. CA에서는 임원들도 다른 직원들과 동일한 교육을 받고 모든 필수 연수 과정을 마치도록 요구한다. 예외는 없다. 전체적으로 볼 때 이런 조치들은 상부에서의 기조에 대한 훌륭한 평가 지표다. 참고로 윤리 및 컴플라이언스 책임자 협회의 보고에 의하면 미국 소재 기업 중 임원의 보상을 윤리/컴플라이언스 평가와 연동시키는 기업은 10%에도 미치지 못한다.

연수의 중요성을 강조하면서 나조는 연수 인식 및 커뮤니케이션 담당 이사를 채용했다. 이 지위는 CA의 컴플라이언스 프로그램에 대한 전사적 인식 확산 책임을 졌다. 이 이사는 윤리강령, 이해 상충 정책과 같은 CA의 다양한 윤리 및 컴플라이언스 이니셔티브에 관한 연수를 개발하고 시행한다.

기소 유예 약정DPA은 회사의 문서 보유 정책 및 절차에 대한 전반적인 정비를 요구했다. 이에 대응하여 나조는 기록 및 정보 관리 담당 부사장을 채용했다. 이 지위는 CA의 기록과 문서가 적절하게 생성, 보유, 처분되도록 하는 책임을 진다. 효율적이고, 효과적이며 법규에 부합하는 기록 관리 정책을 갖추면 회사가 비즈니스상의 필요성을 충족시킬 뿐 아니라 모든 법률 및 감독 규정상의 요건을 준수하는 데 도움이 된다.

나조는 또한 최고 리스크 관리 책임자Chief Risk Officer, CRO로서 CA에 신설된 전사 리스크 관리 그룹을 이끌고 있다. 그는 리스크와 컴플라이언스는 밀접하게 연결되어 있다고 믿는다. 조직이 직면할 가능성이 있는 다양한 리스크들을 미리 파악해 두면 리스크 발생 가능성을 낮출 수 있다. CA의 전사 리스크 관리 그룹은 직원들이 리스크를 조기에 파악하도록 힘을 실어 주는 것을 목표로 하고 있다. 뉴욕증권거래소는 상장 기업들에게 감사 위원회가 승인한 재무 리스크에 대한 규정을 갖추도록 요구한다.

비즈니스 관행 위반에 대한 대응

CA는 비리 혐의 대응 및 내부 조사 수행과 관련하여 매우 전문적이고 분명한 절차를 지니고 있다. 하지만 종전에는 부정 혐의 및 컴플라이언스 실패에 대응할 전담 조사원이 없었다. 기업들이 부정 및 법규 미준수 문제에 대한 조사 수행 및 해결을 담당할 전문적인 조사원을 채용해야 한다고 믿었던 나조는 존 맥더머트John McDermott를 컴플라이언스 조사원으로 채용한 것이 매우 유익했다고 설명했다. 맥더머트는 미국 우편 조사관으로 2006년 6월 CA에 입사했다. 그는 존경받는 부정 행위 조사관이었으며 여러 해 동안 뉴욕 연방조사관들의 팀장으로 활동했다. 맥더머트는 사기적인 재무회계 사건 등 뉴욕에서 가장 복잡하고 널리 알려진 부정 사건들 중 일부를 조사했다. 그는 CA의 컴플라이언스 프로그램 중 한 가지 역할에 대해 독특한 자격을 갖추었으며 이 팀의 핵심적인 일원이 되었다. 나조는 맥더머트와 같은 경험 있는 전문가를 영입함으로써 조직이 신뢰감과 컴플라이언스의 효과성을 크게 높일 수 있다고 설명한다.

보고되는 모든 이슈는 웹 기반 사례 관리 시스템인 CA의 사건 관리 로그에 문서화된다. 이 로그에는 모든 혐의, 문의 및 정부의 요구가 포함된다. 그들은 이 로그에 사건의 수, 사건 발생 장소, 사건 유형, 사건의 진척 상태, 혐의 대상자의 직위, 각 사건으로부터의 손실 및 기타 사항들에 관한 기록을 유지한다. 나조는 이 보고 도구를 이용하여 이사회의 감사 및 컴플라이언스 위원회에 대한 분기 보고서를 작성한다. 그는 분기 보고 프리젠테이션을 준비할 때 이 보고 도구를 활용한다.

향후의 컴플라이언스 확보하기

나조에게 제기된 과제 중 하나는 "한번 발생한 일을 어떻게 재발하지 않도록 할 것인가"라고 질문하는 직원들에게 대응하는 것이었다. 나조는 이를 위해 열린 의사 소통과 직원들이 질문을 하고 우려 사항들을 상부에 보고할 다양한 의사 소통 통로를 제공하는 것이 최상의 대안이라고 말했다. 또한 부정과 부패가 존재할 경우 직원과 회사 외부인들에게 그러한 사슬을 끊을 수 있는 기회를 제공함으로써 컴플라이언스 위반이 중단될 수 있다고 설명했다.

CA에서는 많은 고위급 임원이 거대한 공모에 관련되었다. 아무도 그 사슬을 끊지 않았으며, 그 결과 부정 행위가 여러 해 동안 지속되었다. CA에는 애초에 사건 발생을 막거나 최소한 초기에 이를 발견해 낼 수 있는 컴플라이언스 프로그램이나 문화가 없었다. 부정 행위 관여 여부에 관해 질문을 받은 임원들은 모두 거짓말을 하고 이를 은폐했다. 그들은 이사회에도 거짓말을 하고 사내 변호사들에게도 거짓말을 했다. 그들은 심지어 연방 검사들에게도 거짓말을 했다. 그들은 한 임원이 거짓말을 멈추고 나서야 발각되었다. 이 임원은 전직 연방검사를 자신의 변호사로 채용했으며 연방 조사관과 검사들의 질문을 받자 자신이 지금까지 거짓말을 해왔다고 실토했다. 그는 CA에 거대한 회계 부정이 있음을 확인해 줬다. 이로써 거짓말과 사법 방해라는 사슬이 끊기고 책임 인정과 재탄생의 계기가 되었다.

나조에 의하면 원활하게 의사 소통되는 핫라인, 강력하고 독립적인 감사위원회, 전문 직원을 갖춘 인사 부서, 옴부즈맨 프로그램 및 효과적인 컴플라이언스 프로그램은 모두 컴플라이언스 이슈에 대해 성공적으로 소통하기 위한 핵심 요소들이다.

옴부즈맨 프로그램은 CA에서 직원들의 의사 소통을 위한 또 다른 수단이다. 이 프로그램은 제보자의 신원은 비밀로 유지하면서 해당 문제를 경영진에게 보고할 수 있게 해준다. 핫라인 외에도 임기가 보장되며, 존경 받고, 철저하게 훈련되고, 신뢰받는 사람으로서 직원들의 문제를 들어 줄 사람이 있다는 사실은 또 다른 의사 소통 통로를 제공해 준다. 직원은 핫라인을 이용하기보다는 이런 지위에 있는 사람에게 말할 가능성이 더 크다. 나조가 말한 바와 같이 많은 사람이 35일짜리 달 회계 부정에 관여했다. "CA에 적절한 법규 준수 태도가 있었다면 이런 일은 일어날 수 없었을 것이다. 이런 대규모 부정이 재발하지 않도록 담보하는 최고의 보험은 열린 커뮤니케이션과 문제를 보고할 사람들이다."

CA에서는 직원들에게 컴플라이언스 부서는 어떤 문제든, 언제든 물어볼 수 있는 구명줄이라는 메시지를 계속적으로 전달한다. 이 회사에서는 경영진에게 항상 그들의 일상 업무에 컴플라이언스를 포함시키도록 계속해서 상기시켜 준다. 또한 직원들은 개인적으로 컴플라이언스에 대한 책임이 있으며 그 결과가 측정된다는 메시지도 보낸다.

나조는 직원들에게 비즈니스 윤리 위반 사례를 알리는 것도 의미가 있지만 생산적인 방식으로 알려야 한다고 믿는다. CA는 부정 및 규정 위반에 관련된 직원의 '공개 처형'을 실행하지 않는다. 특정 사유로 해고되었거나 다른 징계 조치를 받은 직원은 공개적으로 거명되거나 다른 어떤 방식으로도 신원이 알려지지 않는다. 대신 CA는 연수에 이를 활용하여 자사의 윤리강령을 어떻게 위반했는지 보여줌으로써 직원들의 효율적인 교육 소재로 삼고 있다.

CA의 컴플라이언스 프로그램이 다룬 또 다른 분야로는 부속 서신들이 있다. 부속 서신들은 원래의 계약에서 상세하게 다루어지지 않은 계약 조건과 합의 등에 대한 사후 계약 수정으로서 잠재적인 재무와 소송 리스크를 초래할 수 있다. 나조는 '계약의 모든 측면을' 이해하는 것이 부속 서신 문제를 줄일 수 있는 하나의 방법이라고 충고한다. CA는 직원들에게 어떠한 부속 서신도 계약서에 부가되지 않았다는 서약서를 작성하도록 한다. 나아가 CA는 부속 서신이 부과하는 리스크에 대해서도 직원들을 교육시킨다. 이 회사는 또한 거래에 부속 서신들이 없어지도록 담보하기 위해 고객들에게 계약의 내용을 확인해 달라고 요청하는 서신을 보낸다.

업무 관행 담당 책임자Business Practice Officer; BPO

나조는 나라마다 업무 관행 기준이 다르며 문화적 민감성 이슈, 상이한 법적 요건 및 노동자들의 요구를 다뤄야 한다는 점을 알고 있었다. 이에 대응하여 그는 컴플라이언스를 개선하기 위해 전 세계에 소재한 CA

의 사업장에 87명의 보조 업무 관행 책임자BPO를 두었다. 이들은 뉴욕 본사에 있는 나조의 컴플라이언스 팀 이외의 추가 인력들이다. BPO들은 CA가 업무를 수행하는 국가에서 그 지역의 컴플라이언스 대표 역할을 수행한다. 경영진 및 직원들과 정보를 공유하고, 영업전략 회의 준비를 도와주며, 인사 부서 및 법무 부서와 모범 관행을 토론하고 컴플라이언스에 대한 인식 및 교육을 제공하는 것이 이들의 역할이다. 또한 직원들이 질문하고 우려 사항을 제기할 수 있도록 자신이 속한 지역의 접점 역할을 한다.

BPO들은 컴플라이언스 부서에서 심사하여 지정하였으며 이해 상충 문제 처리 등 다양한 윤리 및 컴플라이언스 분야에서 철저하게 교육을 받았다. 그리고 배정받은 분야에 대해 보조적인 역할을 하기 때문에 그들은 컴플라이언스 활동에 10~15%를 할애하고 직접 조사를 수행하지는 않지만 컴플라이언스 조사관들이 이용하는 정보를 수집한다. 나조가 설명한 바와 같이 그들은 '경찰'로 활동하거나 조사를 주도하지는 않지만 각 지역에서 윤리 및 컴플라이언스에 대한 회사의 메시지를 전하는 얼굴 역할을 한다.

컴플라이언스 및 윤리 리더십 위원회 프로그램 평가

CA의 윤리 및 컴플라이언스 프로그램을 보다 깊이있게 평가하기 위해 나조는 컴플라이언스 및 윤리 프로그램 평가 마법사를 활용해서 상세하게 평가하도록 했다. 컴플라이언스 프로그램 평가 마법사는 기업 임원 위원회의 컴플라이언스 및 윤리 리더십 위원회CELC에 의해 만들어진 컴플라이언스 및 윤리 프로그램 성과에 대한 종합적인 평가 시스템이자 벤치마킹 시스템이다. 이 마법사에 대한 보다 자세한 정보는 부록 C의 관련 섹션을 참고하기 바란다.

CELC 및 컴플라이언스 프로그램 평가 마법사는 CA를 28개 기준 중 2개를 제외한 모든 분야에서 양호한 등급으로 판정했다. CA 사가 높은 등급을 받은 분야는 프로그램 구조 및 감독, 기준과 절차, 프로그램 측정과 모니터링, 혐의 보고 및 조사, 의사 소통, 징계 및 인센티브였다. 개선 필요라는 등급을 받은 분야는 이사회 교육과 리스크 식별이었는데, CA는 이 두 분야를 적극적으로 시정하고 있다.

세계적인 수준의 컴플라이언스 프로그램을 위한 팻 나조의 5개 모범 관행

나조는 세계적인 수준의 컴플라이언스 프로그램을 위한 5개 모범 관행을 제시하면서 이외에도 다른 중요한 측면도 있다고 덧붙였다.

① 최고 컴플라이언스 책임자cco는 CEO, CFO 등 최고 책임자들로 구성된 최고위급 임원 회의에 참석해야 한다. CCO는 직위 고하를 막론하고 회사의 모든 직원에 대해 완전한 접근권을 가져야 하며 미리 약속하지 않고서도 직원들을 만날 수 있어야 한다. CCO의 존재가 회사에 잘 알려져 있어야 하며 CCO는 해당 분야에서 상당한 경험과 위상을 지니고 있어야 한다.

② CCO는 독립적이어야 하며, 감사위원회에 직접 보고하고 법률 고문에게 간접 보고해야 한다.

③ 회사는 누구나 다양한 채널을 통해 혐의나 이슈를 보고할 수 있고 이러한 문제들이 신속하게 다루어지는 열린 의사 소통 프로그램을 갖추어야 한다.

④ 회사는 위법 혐의에 대한 강력한 조사 및 이의 처리 절차를 가지고 있어야 한다. 컴플라이언스 부서는 정보를 입수하여 분석하고, 면담을 실시하며, 발견 사항에 대해 컴플라이언스 및 윤리 프로그램을 개선하는 방법을 아는 숙련된 조사 전문가를 보유해야 한다.

⑤ 전 세계의 사업장에 업무 관행 책임자BPO를 배치하는 것도 모범 관행 중 하나다.

또한 나조는 감사위원회뿐 아니라 전체 이사회도 컴플라이언스에 깊이 관여할 필요가 있다고 생각한다. 모든 이사회 위원들은 CCO를 알고, 그와 교류해야 하며 컴플라이언스가 어떻게 작동하는지를 철저히 이해해야 한다. 나조는 이사회의 지원을 얻기 위해 매년 전체 이사회 앞에서 논의할 주제나 이슈를 찾아 준비한다. 그는 이사회의 각 위원과 가깝게 교류한다. 이를 통해 CA에서는 컴플라이언스 프로그램이 다른 모든 비즈니스 활동 및 프로그램과 같은 위치에 놓이고 있다.

탁월한 컴플라이언스를 위해서는 CCO가 귀중한 부분이라는 점은 분명하다. 세계적 수준의 CCO는 다양한 지식, 기술 및 능력을 필요로 한다. 또한 비즈니스 감각이 절대적으로 요구된다. 비즈니스 경험과 자사의 특정 분야의 비즈니스 운영 및 모델을 이해하는 능력 또한 CCO가 성공하기 위한 요소 중 하나다. 각 부문의 비즈니스 본부장과 만나서 동일한 언어로 대화할 수 있는 CCO는 컴플라이언스 프로그램의 위상에 있어서 매우 중요한 자산이다. CCO가 비즈니스 본부장과 만나 같은 언어로 대화하면 이해와 유익은 더욱 커진다. 컴플라이언스 전문성에 비즈니스 지식을 더하는 것이 성공적인 CCO가 되기 위한 결정적인 요건이다.

나조가 CA의 CCO가 되기 전에 UTC의 두 개의 비즈니스 부문에서 일한 경험은 세계적 수준의 컴플라이언스 프로그램을 구축하는 데 중요한 밑거름이 되었다. CCO는 관리 경험을 바탕으로 사람들을 지도할 수 있어야 하고 효과적인 의사 소통자로서 대규모 청중 앞에서의 연설 능력과 중요한 메시지를 전달하는 자질을 반드시 갖추어야 한다. 그리고 자신을 속속들이 드러낼 수 있고 위기 상황에서 앞으로 나아갈 수 있는 능력 또한 CCO의 핵심 자질 중 하나다.

나조는 CCO가 따라야 할 권고 사항도 제시한다. 컴플라이언스 분야에서 사상적 리더가 되라. 전문적인 컴플라이언스 조직에 가입하고 토론 모임에 참석하여 모범 관행을 공유하라. 컴플라이언스의 다양한 주제에 대해 강연 및 기고 활동을 하라.

새로운 기회의 시대

CA는 기소 유예 약정DPA 발표 이후 획기적인 전환을 이루어 왔는데 CA가 개발한 컴플라이언스 프로그램이 그 주요 요인 중 하나다. CA의 강력한 의지뿐 아니라 나조의 경험, 신뢰성 및 명성이 윤리 및 컴플라이언스 부활의 토대가 되었다. CA는 2007년 5월 21일 기소 유예 약정의 요건들을 충족했다고 발표했다. 독립적인 검사관이 미국 법무부에 제출한 2007년 5월 1일자 보고서는 CA가 DPA를 '준수했다'고 했다. 그 결과 이 사건을 배정받은 연방 판사는 CA에 대해 계류 중인 모든 기소를 각하했다. CA는 더 이상 윤리 및 컴플라이언스 의지를 입증하기 위해 정부의 면밀한 조사를 받을 필요가 없게 되었다. CA의 사장 겸 CEO 존 스웨인슨은 이렇게 말했다. "우리는 DPA의 요건을 충족했다고 해서 컴플라이언스 노력을 중단하지 않을 것입니다. 우리는 조직 전체에 높은 수준의 투명성, 윤리적 행위 및 고결성을 계속해서 요구할 것입니다."

이 기소 유예 약정은 법무부가 개혁 요구 사항을 매우 구체적으로 열거한 제도 중 하나였다. CA는 DPA를 준수하기 위해 수억 달러를 지출했다. 개선된 통제 및 절차는 실질적인 변화를 가져왔다. 이제 문제는 CA가 도입한 변화가 이 회사의 DNA의 일부가 될 것인지 여부다. 나조는 이를 법규를 준수하고 정부가 밀착 감시하지 않을 때에도 고결하고 책임 있게 행동하라는 메시지를 강화시킬 수 있는 기회로 본다. 사실 향후 어떻게 하는지 관찰하는 것이 CA가 새로워졌는지, CA의 컴플라이언스가 재탄생했는지를 확인할 수 있는 진정한 테스트가 되기 때문에 나조는 미래를 진지하게 기대하고 있다. 그는 다음과 같이 말했다. "회사의 성공 척도는 애초에 문제가 발생한 적이 없었다는 데 달려 있는 것이 아니라 회사가 문제를 어떻게 다루느냐에 달려 있다."

NOTES

1) Steve Hamm, "A Probe-and a Bitter Freud," 비즈니스 위크, 2004년 4월 12일자, 78면.

2) Martin T. Biegleman and Joel T. Barrow, Executive Roadmap to Fraud Prevention and Internal Control: Creating a Culture of Compliance,, Hoboken, NJ: John Wiley & Sons Inc, 2006, 335쪽.

3) Charles Forelle and Joann S. Lublin, "Kumar Gives Up Leadership Posts Under Pressure," 월 스트리트 저널, 2004년 4월 22일자, A1면.

4) Charles Forelle, "Ex-CFO at Computer Associates To Enter Plea in Accounting Probe," 월 스트리트 저널, 2004년 4월 8일자, A1면.

5) Charles Forelle, "CA Ex-Executives Plead Guilty, Call Freud Pervasive," 월 스트리트 저널, 2004년 4월 9일자, A3면.

6) 위의 글.

7) 대통령에 대한 2년차 보고서, 기업 부정 태스크포스, 2004년 7월 20일, www.usdoj.gov/dag/cftf/2nd_yr_freud_report.pdf.

8) 위의 글.

9) Charles Forelle, "CA Ex-Executives Plead Guilty," A3면.

10) Biegleman and Barrow, Executive Roadmap, 335-337쪽.

11) 정부와 CA 사이의 기소 유예 합의는 2004년 9월 22일에 CA의 Investor Relations 웹사이트 http://investor.ca.com/phoenix.zhtnl?c=83100&p=irol-govdeferred에 게시되었다.

12) Stipulation of Facts, www.ca.com/about/dpa/exhibit_c_stipulationoffacts.pdf.

13) Benjamin M. Greenblum, "What Happen to a Prosecution Defferred? Judical Oversight of Corporate Deferred Prosecution Agreements," Colombia Law review, 2005년 10월호, 1863쪽.

14) 위의 글.

15) CA's Deferred Prosecution Agreement, Investor Relations and Corporate Governance site, CA, Inc., http://investor.ca.com/phoenix.zhtnl?c=83100&p=irol-govdeferred.

16) 위의 글.

17) "Court Appoints Attorney Lee. S. Richards Independent Examiner for Computer Associates International, Inc.," SEC Press Release 2005-37, 2005년 3월 16일, www.sec.gov/news/press/2005-37.htm.

18) Gregory J. Millman, "Black and White Fever: The State of Business Ethics," Financial Executive Magazine, 2006년 5월 26일.

19) "Business Practices Standards of Excellence: Our Code of Conduct," www.ca.com/XXX 에서 구할 수 있음.

20) Douglas Allen, "50 Codes of Conduct Benchmarked: How Does Your Organization Stack Up?," Ethisphere Magazine, 2007년 2분기호, www.ethisphere.com/Ethispere_Magazine_0207/50-codes-Q2.

Chapter 6

컴플라이언스의
국제적 지형

"신념은 생각이 되고, 생각은 말이 된다. 말은 행동이 되고, 행동은 습관이 된다. 습관은 가치가 되고, 가치는 운명이 된다."

— 마하트마 간디(Mahatma Gandhi)

요즘은 뉴욕에서 중얼거린 말이 베이징에서 들릴 정도로 세상이 좁아졌다. 인도 델리에서 이루어진 거래가 런던에 영향을 끼친다. 미국에 본사를 둔 회사가 다른 나라에 수십 개의 자회사를 두는 일이 흔하듯 세계 경제는 빠른 속도로 성장하고 있다. BRICs, 즉 브라질, 러시아, 인도 및 중국 등 신흥국들은 늦어도 금세기 중반까지는 세계 경제의 주도국이 될 것으로 예상되고 있다. 전멸 수준의 사건이 아니고서는 이러한 폭발적인 성장을 막을 수 없는 듯하다. 그러나 자연 재해, 무장 충돌 및 환경 문제 등 외에도 기업들의 노력을 무력화시키고 세상의 발전을 막을 수 있는 다른 요인들이 있다.[1] 비효율적인 기업 컴플라이언스 프로그램의 최종 산물인 부패, 기업 부정 및 스캔들이 기업 도산을 초래할 수도 있다.

기업의 세계화에 따라 컴플라이언스는 미국의 국경을 넘어서고 있다. 여러 중요한 요소들이 결합되어서 컴플라이언스는 국제적인 필수 요건이 되었다. 전 세계에 자회사, 관계 회사 및 거래업체들을 둔 기업들은 무한한 기회와 동시에 큰 위험도 안게 된다. 미국의 법은 전세계에 미치며 미국 회사와 그 회사의 직원들이 어느 곳에 있든 그들의 행동은 미국법의 적용을 받는다. 불법행위는 중요한 의미가 있을 수 있다. 해외부패방지법이나 애국법과 관련한 해외부패방지법의 뇌물 금지 규정 위반자에게는 엄한 벌칙이 부과된다. 회사는 직접 고용된 직원 또는 대리인 여부를 불문하고 피고용인의 행위에 대해 책임이 있기 때문에, 제3자 책임이 또 다른 주요 고려 대상이다. 강력한 컴플라이언스 프로그램을 갖춰서 모든 사람들이 규정은 어떠한지 및 무슨 일이 진행되고 있는지를 알게 하고, 또한 누가 무슨 일을 하는지 기록을 남기도록 하는 것이 바로 해결책이다. 이번 장과 다음 장에서는 이런 주제를 살펴보고 모든 분야를 포괄하는 컴플라이언스의 중요성을 설명한다.

해외부패방지법

뇌물과 부패는 기업의 어두운 측면이다. 거래를 유치하기 위해 공공기업이나 민간 기업들이 해외 정부 관리들에게 불법 자금을 지급하는 것은 오랜 관행으로 지속되어 왔다. 하지만 뇌물은 불법이기 때문에 미국에서는 법률로 금지되어 있다. 1970년대에 다수의 뇌물 및 부패 사건이 발생하자 의회는 1977년 해외부패방지법Foreign Corrupt Practices Act. 이 장에서는 이하 FCPA라 함을 제정하였다. 사베인 – 옥슬리법이 통과된 이후에 FCPA와 관련된 조사 및 기소에 대한 관심이 되살아나 FCPA 규정 준수는 그 어느 때보다 중요해졌다.

FCPA는 개인이나 회사가 "특정인이 거래 관계를 따내거나 이를 유지하게 하거나, 특정인에게 거래가 성사되도록 하거나, 부적절한 특혜를 받게 할 목적으로 우편이나 기타 국제 상거래 수단을 이용하여 외국 관리들에게 부정한 방식으로 현금이나 기타 가치가 있는 것의 지급을 제의하거나 약속하거나 이를 승인하는" 것을 금지한다.[2] 또한 FCPA는 "외국 정부 관리들에게 부정한 지급을 금지할 뿐 아니라 직원 및 대리인들이 뇌물 수수에 관여할 위험을 줄일 수 있는 정책 및 관행을 시행"하도록 요구한다[3] FCPA의 회계 장부나 기록 관련 규정은 특정 기업들이 회사 거래를 공정하고 정확하게 표시하는 장부·기록 및 계정 과목을 유지하도록 요구한다. 또한 알면서 회사의 회계 기록을 위조하는 것도 금지된다.[4] 이 법률을 위반하면 회사와 범법 행위자 개인에 대해 민사 및 형사상 제재가 가해진다.

이런 규정들은 법령에 힘을 실어준다. 기업들이 외국 정부 관리에 지급한 뇌물을 정확하게 기록하지 않을 가능성은 있지만 뇌물을 지급하면 정부가 입수할 증거가 남게 된다. 기업들이 뇌물 지급을 감추기 위해 거래를 장부에서 누락하거나 위조하면 법적 위험에 직면할 수도 있다. 강력한 FCPA 규정은 정부가 기업의 뇌물 및 부정 기법에 대해 조사나 기소를 할 때 매우 강력한 지렛대로 작용한다. 이 법률 위반자는 이를 숨겨도 낭패를 당하고 숨기지 않아도 낭패를 당한다. 따라서 처벌을 피하는 가장 좋은 방법은 애당초 범죄를 저지르지 않는 것이다.

아래의 사례는 처음에 컴플라이언스에 실패한 뒤 컴플라이언스 요건들을 제도화함으로써 전환을 이룬 흥미로운 연구 사례다. 이 회사가 겪은 경험을 통해 배울 점이 많다. 컴플라이언스 프로그램의 결여는 외국인들에게 뇌물을 지급하는 오래된 관행을 낳았다. 그러나 컴플라이언스 프로그램 개발로 잘못된 역사가 수면 위로 들춰지기는 했지만 이 회사는 견고한 컴플라이언스 프로그램 시행에 힘입어 명성을 회복했다.

쉬나이처 스틸과 FCPA

쉬나이처 스틸 인더스트리Schnitzer Steel Industries, Inc. 이하 SSI는 미국의 북서부 태평양 연안에 뿌리를 둔 유서 깊고 자부심 강한 회사다. 이 회사는 1900년대 초 포틀랜드에서 샘 쉬나이처Sam Schnitzer라는 폴란드 출신 이민자에 의해 시작되었다. 쉬나이처는 1906년 고철에 사업 기회가 있음을 보고 고철을 수집하여 팔기 시작했다. 몇 년이 지나지 않아서 그는 H. J. 울페H. J. Wolfe라는 파트너와 함께 알래스카 고물 회사Alaska Junk Company와 쉬나이처 앤드 울페 기계 회사Schnitzer & Wolfe Machinery Company를 보유하게 되었다. 샘은 그 후 수년 동안 기업을 성장시켰으며, 다섯 명의 아들을 합류시켰다. 1950년대에 샘가※는 울페가※의 지분을 사들여서 현재의 쉬나이처 인더스트리 사의 지분을 단독으로 보유하게 되었다. 샘은 1952년 사망했으며, 아들들이 기업을 물려받았다. 4명의 아들은 계속 이 회사를 경영했고 한 아들은 1950년대 중반 부동산 사업을 하기 위해 회사를 떠났다. 1962년 포틀랜드 지역 신문사의 한 칼럼니스트는 샘에 대해 이렇게 묘사했다. "그는 배낭 하나와 말 한 마리, 그리고 마차 한 대로 사업을 시작해서 현재는 멋진 쉬나이처 빌딩의 회의실에 그의 초상화를 걸어 두고 있는 머리가 좋은 이민자였다."[5]

그 후 SSI는 내부적인 성장과 다른 회사 인수를 통해 미국 내에서뿐만 아니라 국제적으로 성장을 계속했다. SSI는 1993년 상장을 통해 기업을 공개하겠다고 발표했다. 오리건 주의 신문들은 쉬나이처가에서 회사 경영에 대한 세대 간의 갈등으로 인해 기업을 공개하기로 결정했다고 추정했다.[6] 쉬나이처가는 기업을 공개한 뒤에도 투표권이 있는 주식의 95%를 보유했다. 샘의 아들과 사위들이 SSI 임원진의 다수를 장악했다. 이 회사는 오리건 주의 터줏대감이었고 쉬나이처가는 주에서 가장 부유한 가문 중 하나로 다양한 자선 활동과 시민 활동을 벌였다.

SSI는 1993년에 상장한 후 많은 기업을 인수하여 연간 고철 처리 물량이 급증하고 매출액이 크게 증가했다. 확장에 수백만 달러가 넘는 금액이 쓰였으며 고철 처리 용량이 증가했다. 포틀랜드의 비즈니스 잡지 기자는 당시의 인수에 대해 이렇게 기록했다. "이 인수는 쉬나이처 가문의 젊은 세대들의 공격적 성향을 나타낸다.…보수적이고 잘 나서지 않는 설립자 샘 쉬나이처의 계승자들은 보다 공격적인 사업가들로 대체되었다."[7] 이 기자는 자신의 말이 십 년이 흐른 뒤 대중에게 널리 알려지게 될 거라고는 상상하지 못했다.

오늘날 SSI는 미국 최대의 금속 재활용 업체 중 하나다. 이 회사는 오리건 주 포틀랜드에 본사를 두고 있고 2006년 8월 31일 종료된 당해 회계연도에 3,200명의 직원과 18억 5천 5백만 달러의 매출을 기록했으며 금속 재활용, 제철 및 자동차 부품 제조 등 세 개의 비즈니스 부문으로 이루어진 나스닥 상장 회사다.

FCPA 위반과 발각

나는 이번 장을 쓰기 위해 연구하면서 이 회사에서 어떻게 컴플라이언스 실패가 일어났는지에 대해 귀중한 정보와 통찰력을 제공해 준 전직 SSI 직원을 만나는 행운을 얻었다. 이 사람은 해당 문제가 벌어지던 시기에 SSI에 근무하고 있었다. 나는 이 사람의 신원을 보호하기 위해 '비밀 정보원confidential source, 이하 CS'이라 지칭할 것이다. CS는 이 범죄에 관여하지 않았으며 FCPA 위반에 따른 내부 조사가 일반 직원들에게 알려졌을 때 이에 대해 알게 되었다. CS는 독특한 지위에 있었기 때문에 왜 이런 일이 발생했는지 내게 말해 줄 수 있었다. 그는 효과적인 컴플라이언스 프로그램 결여가 유서 깊고 자부심 강한 회사에 중대하고 고통스러운 변화를 가져온 시절에 대해 설명해 주었다.

SSI는 1993년 상장과 더불어 사업을 확장할 자본을 보유하게 되었다. 1995년 워싱턴 주 타코마 시 소재의 한 비상장 고철 재활용 업체를 인수했는데 이 회사는 워싱턴 주 최대의 고철 재활용 업체이자 아시아 시장의 고철 수출 선두 주자였다. 이 회사에는 두 개의 자회사가 있었는데, SSI는 이를 SSI International Far East, Ltd.이하 SSI Korea 및 SSI International, Inc. 이하 SSI International 로 회사명을 변경했다. SSI Korea는 한국에 근거를 두고 있었다. CS에 의하면 이 인수로 SSI의 고철 수집 및 처리 능력은 크게 증대되었으나 불길한 부작용도 있었다. 인수 당시 SSI는 모르고 있었지만, 피인수 회사는 비즈니스를 확보하기 위해 아시아 지역의 정부 관리들에게 뇌물을 주는 관행이 있었던 듯하다. 하지만 이 관행은 SSI의 인수 후에도 계속되었다.

수년 후 발견된 이런 뇌물들은 효과적인 컴플라이언스 프로그램 설치의 중요성을 보여 준다. 사베인-옥슬리법이 시행되고 컴플라이언스를 더욱 강조함에 따라 SSI는 컴플라이언스 프로그램을 시작했다. 이전에는 직원들에게 준수 서약을 요구할 공식적인 윤리강령이 없었지만 SSI는 윤리강령을 제정해서 직원들의 준수 서약을 받았다.

2003년 여름 경 SSI의 법무 부서 및 인사 부서 직원들은 타코마 자회사를 방문하여 그곳의 직원들에게 컴플라이언스 규정을 알려줬다. 그런데 고위 직원 중 한 명이 뇌물 및 리베이트 규정을 읽어 본 뒤에 자신은 윤리 규정에 서명할 수 없다고 통보했다. 그는 해당 규정을 위반한 것 같다고 설명했다. 이런 일들로 SSI는 내부 조사를 시작했다. 결국 이사회가 철저한 조사를 실시하기 위해 FCPA 문제에 정통한 워싱턴 DC 소재 법무법인을 고용했다. 이 조사로 인수 이후 계속돼 온 뇌물 및 부패에 대해 샅샅이 밝혀졌고 법무부와 SEC에 불법 행위를 신고하기에 이르렀다.

공모

SEC에 의하면 "SSI International과 SSI Korea의 대리점 및 직원들은 중국 정부가 전부 또는 일부를 소유한 고철 업체의 관리자들에게 부적절한 현금을 지급하였다. 이는 관리자들이 쉬나이처로부터 고철을 구입하도록 할 목적으로 지급되었다."[8] SSI는 "30회의 매출 거래와 관련하여 중국의 정부 소유 기업체 관리자들에게 2십만 5천 달러가 넘는 금액을 부적절하게 지급했는데, 이 거래의 총 매출액은 약 9천 6백만 달러이며 이 거래로 6,259,104달러의 순 이익을 남겼다."[9]

SSI는 해외 고객들에게 두 가지 유형의 상납금을 지급했다. 하나는 고철 선적 당 3천 달러에서 6천 달러에 달하는 '표준' 상납금이었다. 이런 지불에 소요된 자금은 해당 고철 판매에서 발생한 수익에서 나왔다. 다른 형태의 상납금은 내부적으로는 '환불금' 또는 '리베이트'로 불렸다. 이런 환불금을 지급하기 위해 SSI로부터 고철을 수입하는 제철소 관리자들은 강철 구입 대금을 과다 지급했다. 그 후에 그들은 3천 달러에서 1만 5천 달러에 달하는 '과다 지급액'을 개인적으로 회수했다. SSI는 이런 불법적인 지급액을 SSI Korea 대표 명의로 개설된 한국의 은행 비밀 계좌에 송금했다. 그러면 SSI International과 SSI Korea의 대표들은 이 자금을 이용해서 고객 회사의 관리자들에게 현금을 지급하곤 했다. 현금 지급 외에도 보석, 상품권, 골프 접대 및 콘도 사용권 등이 뇌물과 상납금으로 지급되었다.[10]

SSI Korea는 중국에 고철을 판매하는 일본 고철 회사들의 브로커 역할도 했다. 그들은 일본 회사를 대신해서 제철 회사의 관리자들에게 뇌물을 지급하고 편의 제공에 대한 대가로 수수료를 받았다. SSI는 정부 관리에 대한 그들의 뇌물 제공 행위를 제지하지 않았다. 그들은 또한 중국과 한국의 비상장 제철 회사들에게 부적절한 자금을 지급했다. 수년 동안 회사의 회계 장부에는 이를 '판매 수수료', '고객 수수료', '하자 보상 비용', '할인', '고객 관계', '환불금'으로 처리함으로써 불법적인 지급의 성격을 숨겼다.

SSI가 FCPA에 위반하여 이러한 불법적인 지급을 하던 1995년에서 2004년에 이 회사는 "직원, 대리점 또는 자회사에 FCPA의 요건에 대해 어떠한 연수나 교육도 실시하지 않았으며 FCPA를 준수하는지를 모니터링할 프로그램도 수립하지 않았다."[11] 인수 합병 시 컴플라이언스 이슈에 대해 철저한 실사를 하지 않은 점도 SSI의 재무 및 평판 손상에 기여했다.

내부 조사 결과 2004년 5월까지 SSI의 컴플라이언스 부서가 뇌물과 상납금에 대해 자세한 내용을 알게 되었다. 당시 고위 임원은 더 이상 불법적인 지급을 하지 못하도록 금지되어 있었음에도 불구하고 "쉬나이처 직원들이 자사가 민간 부문 고객들에게 기존에 약속한 최소한 2건의 뇌물을 추가로 지급하도록 승인했다. 이 고위 임원은 민간 및 정부 소유 고철 고객들에 대한 현금 지급 대신 접대비를 늘리도록 허용했다."[12]

이 고위 임원은 어떤 생각을 한 것일까? 더 중요하게는 이 사람이 어떻게 고위 임원으로 승진할 수 있었을까? 또한 조사가 시작되고 SSI가 직원들에게 모든 서류를 보존하도록 지시하기 전에 SSI Korea는 유죄를 입증하는 문서들을 파기했다. 오리건 주의 연방 검사는 SSI Korea를 공모, 송금 부정 및 FCPA 위반으로 기소하면서 범죄 정보에 다음과 같이 기록했는데 SSI Korea는 이 내용에 대해 유죄를 인정했다.

SSI Korea는 1995년 경부터 2004년 8월 경까지 불법적이고 고의적으로 책임자 A, 책임자 B 및 다른 사람들이 알게 모르게 우편이나 다른 국제 상거래 수단을 사용하여 다음과 같은 목적으로 외국 관리에게 현금이나 기타 가치가 있는 것을 제의, 지급, 약속하거나 승인함으로써 미국의 해외부패방지법을 위반하였다. (1) 해외 관리 공무 집행에 있어서의 행동과 의사 결정에 영향을 미침, (2) 해외 관리들이 자신의 법률상의 의무를 위반하여 어떤 행동을 하지 않게 함, (3) 부적절한 특혜를 받음, (4) 해외 관리들이 정부와 다른 기관에 대한 자신의 영향력을 사용하여 정부와 다른 기관들이 피고 회사 SSI Korea가 그들과의 거래를 따내거나 유지하고, SSI Korea와 쉬나이처 스틸에 거래가 성사되도록 함.…이 회사는 FCPA의 규정에 따라 쉬나이처 스틸의 거래 및 자산 처분을 합리적으로 자세하며, 정확하고 공정하게 기록하도록 요구하는 장부 · 기록 및 계좌들을 악의로 위조함으로써 해외부패방지법을 추가로 위반하였다.[13)]

책임자 A는 전직 직원 우XX로 이 공모에 관여한 데 대해 유죄를 인정했다. 위에서 언급된 책임자 B와 다른 사람들은 이 책을 집필하고 있는 현재 신원이 밝혀지거나 형사 기소되지 않고 있다.

SSI의 시정 노력

SSI는 문제 해결의 일환으로 자사 컴플라이언스 프로그램 개선을 위해 다음과 같은 시정 조치에 합의했다.

· 3년 동안 컴플라이언스 컨설턴트를 고용하여 관련 해외 뇌물 법률 및 FCPA 규정들에 관한 SSI의 내부 통제, 장부 보관, 재무 보고 정책과 절차를 검토하고 평가하도록 함.

· 위의 컴플라이언스 컨설턴트에 충분히 협력하고 그들에게 모든 관련 장부와 거래 기록, 오퍼레이션 및 인력들에 대해 완전한 접근 권한을 부여함.

· 컴플라이언스 컨설턴트가 SSI의 정책과 절차를 검토하고 이 정책과 절차가 FCPA 위반을 탐지하고 방지하도록 합리적으로 고안되었는지 확인한 후 이에 관한 보고서를 작성하여 SEC와 법무부에 제출하도록 함.

· 컴플라이언스 컨설턴트의 모든 권고 사항을 채택하기로 함. SSI는 과도한 부담이 되거나, 실제적이지 않거나 비용이 많이 소요되는 사항들에 대해서는 동일한 목적이나 목표를 달성하도록 고안된 대안적인 정

책들을 제안할 수 있음. 컴플라이언스 컨설턴트가 대안적인 정책에 동의하지 않을 경우 SSI는 원래의 권고를 수용해야 함.

SSI는 2006년 10월 16일 FCPA 위반에 관해 법무부와 SEC와의 문제를 마무리했다. SSI Korea는 FCPA의 뇌물 금지, 장부 및 거래 기록 규정 위반에 대해 유죄를 인정하고 7백 5십만 달러의 벌금에 처해졌다. SSI는 기소 유예 약정과 몰수금 및 이자로 7백 7십만 달러의 벌금을 부과 받았다. 2006년도 연례 보고서에서 SSI는 자사는 법무부와 SEC와의 현안을 해결했다고 공표했다. 그들은 다음과 같이 진술했다. "당사는 과거에 재생 고철 수출과 관련하여 아시아 지역의 거의 모든 고객 회사 관리자들에게 부적절한 지급을 하는 관행이 있었습니다."[14] 법무부는 다음과 같은 의미 있는 많은 시정 조치와 컴플라이언스 개선으로 인해 SSI에 대한 기소 유예 약정 및 SSI Korea의 유죄 인정에 동의했다.

· 법무부와 SEC에 대한 FCPA 위반 자진 신고.
· SSI 이사회의 광범위한 내부 조사와 경험 있는 외부 카운셀러 고용 및 이 조사 결과를 정부와 공유함.
· 법무부와 SEC에게 광범위하게 협력함.
· 특정 고위 경영진 교체 등 적절한 징계 조치.
· 경험 있는 컴플라이언스 컨설턴트 고용 및 향후 FCPA 및 기타 컴플라이언스 실패를 방지하기 위한 효과적인 컴플라이언스 프로그램 창설.

전직 쉬나이처 스틸의 집행 부사장 겸 SSI Korea의 대표는 2007년 6월 29일 FCPA 위반 공모에 대해 유죄를 인정했다. 연방 법원에서의 유죄 인정 연설에서 자신과 다른 사람들이 거의 10년 가까이 중국의 정부 소유 기업 고객에게 불법적인 지급을 했다고 말한 그는 1999년 9월과 2004년 8월 사이에 중국의 정부 소유 기업 관리자들에게 2십만 달러가 넘는 뇌물을 지급했다. 법무부는 이후의 범죄 수사에 SSI Korea 대표가 협력하여 공모 가담자들을 추가로 기소할 수 있었다고 발표했다.[15] 컴플라이언스 인사이트 6.1에서는 법무부의 한 관리가 FCPA와 SSI에 대해 의견을 표명한다.

부패와의 전쟁에 관한 법무부 차관 앨리스 피셔의 견해

앨리스 S. 피셔는 워싱턴 DC에 있는 미국 법무부의 차관이다. 앨리스는 2006년 10월 16일 미국변호사협회의 국립 FCPA 연구소에서 행한 연설에서 FCPA 및 관련 컴플라이언스 프로그램에 관해 중요한 언급을 했다. 그녀는 변호사로 구성된 청중들에게 얘기를 했지만 이 연설을 통해 보다 넓은 비즈니스 리더 그룹에도 얘기한 셈이다. 그녀는 이렇게 말했다.[a]

"부패는 매우 다양한, 세계적인 문제의 뿌리입니다. 부패는 민주주의와 법의 지배를 약화시킵니다. 또한 경제 성장과 지속 가능한 발전을 질식시킵니다. 부패는 시장을 교란시킵니다. 부패는 또한 미국 기업들의 해외 사업 수행에 불공정한 토대를 만들어 냅니다."

앨리스는 강력한 FCPA 시행이 다른 나라 정부들에게도 자체적인 반부패 노력을 강화하도록 자극했다고 설명하고 "여러분의 경쟁자들이 해외 비즈니스를 위한 경쟁에서 불공정한 이점을 누리지 못합니다. 우리는 우리의 본국 시장의 고결성을 확보하여 투자자들이 여러분의 회사에 계속해서 투자하게 하고자 합니다."라고 강조했다.

앨리스는 법무부 조사원들과의 협력의 중요성을 강조하면서 쉬나이처 스틸의 사례를 설명했다. 이 회사의 '이례적인 협조'를 지적하며 이로 인해 쉬나이처는 기소 유예 약정을 받았고, 그렇지 않았을 경우에 지불 했을 벌금에 비해 훨씬 낮은 벌금을 내는 등 회사에 큰 보상이 있었다 고 말했다.

피셔 차관은 또한 자발적 신고, 컴플라이언스 컨설턴트, FCPA 의견 청취 절차와 거래 실사 등 4개의 FCPA 정책 이슈들을 강조했다.

자진 신고

"심각한 FCPA 문제들이 발생하면 우리는 여러분과 여러분의 고객들이 이러한 문제들을 자진하여 신고하도록 강력히 권고합니다. 저는 자진 신 고 절차에 충분한 확실성이 없다는 우려가 있다는 것을 압니다. 또한 솔 직히 말해서 거기에는 충분한 이유가 있습니다.…그러나 저는 톰슨 메모 [b]에 나와 있는 바와 같이 자발적 신고 등 기업의 협조에는 항상 혜택이 있다는 점을 말씀드릴 수 있습니다. 자체 경찰 활동, 자진 신고, 선제적 위험 평가, 통제 및 절차 개선, FCPA 연수 또는 조사 시작 후 조사에 대 한 협조 등 여러분이 해야 할 일을 할 경우 여러분은 혜택을 얻게 될 것 입니다. 이는 여러분이나 여러분의 고객이 완전한 면죄부를 얻게 된다는 것을 의미하지는 않지만 여러분은 실질적이고 가시적인 혜택을 입게 될 것입니다."

회사가 FCPA 위반을 자진해서 신고하면 해당 회사가 유죄 인정부 처벌 감면을 받게 되는 경우도 있지만 아예 기소되지 않는 경우도 있다. 이를 염두에 두고 피셔 차관은 자진 신고 및 협력에 진정한 유익이 있다고 강조했다.

컴플라이언스 컨설턴트

쉬나이처 스틸 사례와 같은 최근의 여러 FCPA 관련 결정에서 법무부는 법률을 위반한 당해 회사에게 "컴플라이언스 컨설턴트를 고용하여 회사의 FCPA 내부 통제 시스템을 검토하도록" 요구하였다. 피셔 차관은 컴플라이언스 컨설턴트를 고용하도록 요구할 때 고려하는 요소로 "회사의 기존 경영 관리 및 컴플라이언스 팀의 수준, 문제가 만연한 정도, 회사의 기존 FCPA 정책과 절차들의 강도" 등을 열거했다.

그녀는 또한 이렇게 말했다. "모니터링을 요구할 경우 우리는 모니터링 범위를 사례에 따라 적절하게 조정하기 위해 모든 노력을 기울일 것입니다. 이 말은 컴플라이언스 컨설턴트 고용이 기소 유예 약정의 본질적 부분인 경우가 많을 거라는 점을 의미합니다. 회사가 FCPA 준수에 '판에 박은' 접근법을 취하거나, 컴플라이언스 프로그램에 진정한 실체 없이 그저 '종이' 프로그램만을 지니고 있을 경우가 이에 해당합니다."

의견 청취 절차

피셔 차관은 회사들이 FCPA 위반을 저지르기 전에 사전에 법무부에 상의하도록 권장하기를 바라는 FCPA 의견 청취 절차에 대해 간략히 설명했다. 의견 청취 절차하에서는 특정 회사나 개인은 제안된 비즈니스나 행동을 취하기 전에 이에 대한 법무부의 의견을 요청할 수 있다. 법무부가 의견을 제시하면 이 의견에 따른 그러한 행동이나 거래는 FCPA에 부합하는 것으로 간주된다. 피셔는 이렇게 말했다. "과거 수년 동안 FCPA 의견 청취 절차는 일반적으로 잘 이용되지 않았으며 해마다 단지 몇 건의 의견만 요청되고 있습니다. 그러나 저는 법무차관으로서 FCPA 의견 청취 절차가 비즈니스에 대한 지침으로서 유용하기를 바랍니다."

실사 due diligence

'FCPA 실사에서 해외 상대방에 대해 잠재적인 문제가 드러날 경우' 합작, 인수 및 합병에도 의견 청취 절차가 유용할 수 있다. "기업은 FCPA 맥락에서의 거래 실사를 하는 것이 좋다." 이는 GE가 인비전 테크놀로지 InVision Technology Inc.와 합병할 때 증명되었다. "이 사례에서 법무부와 SEC의 조사로 인비전은 공항 안전 검사 기계 판매와 관련하여 태국에서 뇌물을 지급했음이 드러났다. 인비전은 결국 기소 유예 약정을 받아들이고 8십만 달러의 벌금을 납부했다."

GE는 실사 덕분에 이 합병을 완료하기 전에 뇌물 지급 행위를 발견해서 승계자 책임을 지게 될 가능성을 피할 수 있었다. "GE는 인비전이 기소 유예 약정을 준수하도록 하기 위해 법무부와 별도의 약정을 체결하기는 했지만 GE가 이 사례에서 철저한 실사를 하지 않았을 경우 직면했을 결과를 상상해 보라."

---

a) 이 섹션의 인용 및 자료는 2006년 10월 16일에 워싱턴 DC 옴니 쇼어햄 호텔에서 열린 미국 변호사협회의 국립 FCPA 연구소에서 미국의 법무차관 앨리스 S. 피셔가 미리 준비한 연설에서 따왔다. 준비한 연설의 원고는 http://skaddenpractics.skadden.com/fcpa/에서 찾아볼 수 있다.
b) 톰슨 메모는 법무부의 '비즈니스 조직체에 대한 연방 기소 원칙(Principles of Federal Prosecution of Business Organizations)'의 비공식적인 이름이다. 이 연설은 전에 톰슨 메모에서 상세하게 설명되었던 기업체 형사 기소에 관한 법무부의 지침을 업데이트하는 맥널티 메모(McNulty Memo)가 발표되기 전에 행해졌다.

메트카프 & 에디Metcalf & Eddy의 FCPA 위반 민사적 해결

메사추세츠 주 소재 환경 공학 회사인 메트카프 & 에디 인터내셔날은 이집트의 공무원에게 불법적으로 여행 비용과 부대 비용을 지급함으로써 FCPA를 위반한 혐의로 1999년에 기소되었다. 이 공무원은 메트카프 & 에디가 수행하기로 되어 있는 하수도 개량 프로젝트의 계약 협상에 관련된 위원회의 의장이었다. 그는 가족 동반 미국 여행 경비와 법에서 허용된 일일 경비의 150%에 해당하는 금액을 받았다. 메트카프 & 에디는 이 공무원이 이미 여행 경비 전액을 지급받았음에도 불구하고, 일등석 승급을 포함한 항공권과 대부분의 여행 경비 및 부대 비용을 지급했다. 더욱이 메트카프 & 에디는 이 거래를 정확하게 기록으로 남기지 않아서 회사가 악의로 법률을 위반했다는 기소를 당했다.[16]

이 사건을 민사적으로 해결하기 위해 메트카프 & 에디는 FCPA 컴플라이언스 프로그램을 실행하도록 요구되었다. 이 사례는 정부가 컴플라이언스 프로그램에 대해 기대하는 기준에 대한 표준을 수립했으며 다른 사례들에서도 계속해서 이 표준을 따르고 있다. 이 표준은 FCPA 컴플라이언스 프로그램을 수립할 때 충족해야 하는 최소 기준을 확립한다.[17]

효과적인 FCPA 컴플라이언스 프로그램은 최소한 다음의 요소들을 포함해야 한다.

· 명확한 FCPA 규정을 통해 직원, 컨설턴트, 대리인들이 따라야 할 컴플라이언스 표준 및 관행 확립. 이들 표준과 관행은 합리적으로 위반을 줄이고 법규 준수를 확보할 수 있어야 함.

- FCPA 컴플라이언스 프로그램 감독 책임을 질 1인 이상의 고위 책임자 지정. 이 책임자는 범죄 행위를 탐지할 모니터링과 감사 시스템을 실행하고 이용하며 필요할 경우 조사와 감사를 실행할 외부 자문관 및 독립적인 감사를 선임할 책임과 권한을 지녀야 함. 이 책임자는 발견된 위반에 대응하고 향후 유사한 위반을 방지하기 위해 필요한 경우 해당 컴플라이언스 프로그램을 수정해야 함.

- 외국에서 비즈니스나 관련 계약을 수행할 대리인, 컨설턴트 및 회사의 기타 대표자 고용을 검토할 위원회 설립과 유지. 이 위원회는 FCPA 준수를 확실히 하기 위해 모든 합작 상대방 후보를 검토하고 합작 상대방 선정시 실사를 해야 함. 이 위원회는 합작 회사가 다른 대리인과 컨설턴트를 고용할 때 후속 실사가 이루어지도록 할 지속적인 책임이 있음. 이 위원회는 독립적이어야 하며 해당 거래에 관여하는 회사 책임자에 의해 영향을 받지 않아야 함.

- 회사가 불법적인 행동에 관여할 가능성이 있다고 알고 있거나 그렇게 알고 있어야 할 사람에게 상당한 결정권을 위임하지 않도록 하기 위한 명확한 규정이 있어야 함.

- 회사가 명망이 있고 자격을 갖춘 상대방과만 거래를 하도록 하기 위해 필요한 사전 주의를 기울이도록 하는 명확한 절차가 있어야 함. 실사를 수행했다는 증거 기록을 회사의 문서 파일에 유지하도록 규정으로 요구해야 함.

- FCPA 정책, 표준과 절차를 직원들에게 알려 주고 해외 사업에 관련된 책임자와 직원들에게 FCPA 및 기타 해외 뇌물 관련 법률에 대한 정기적인 연수를 요구함. 해외 사업과 관련하여 고용된 대리인과 컨설턴트

에게도 조기에 적절한 연수를 실시해야 함.

· 필요할 경우 이 법률이나 회사의 컴플라이언스 규정 위반을 탐지하지 못한 개인에 대한 징계 등 적절한 조치 시행.

· 범죄 행위가 의심될 때 보복에 대해 두려워하지 않고 또한 직속 상사에게 직접 보고할 필요 없이 이를 보고할 수 있는 시스템 확립.

· 모든 해외 사업 계약에 뇌물을 금지하는 조항을 포함시킴. 비즈니스 거래에 있어서 그들의 영향력을 사용하거나 부적절한 특혜를 얻기 위해 외국 관리, 정치인, 선출직 입후보자 또는 유사한 사람에게 금전이나 기타 가치 있는 어떠한 것도 직간접적으로 지급을 약속하거나 제안하거나 또는 지급해서는 아니 됨. 모든 계약서에 대리인이 되려는 자는 회사 고위 책임자의 사전 서면 동의 없이는 하도급자나 대리인을 두지 않기로 동의한다는 조항을 포함시켜야 함. 이 조항 위반은 계약 해지 사유가 됨.

또한 효과적인 FCPA 컴플라이언스 프로그램은 다음 사항들도 포함해야 한다.

· 최소한 5년마다 독립적인 법무 법인과 감사 법인을 고용하여 회사의 규정 및 FCPA 컴플라이언스 프로그램을 정기적으로 검토해야 함.

· 회사, 임직원, 대리인, 기타 인물 또는 회사가 참여하고 있는 합작회사에 의한 FCPA나 기타 해외 뇌물 관련 법률 위반 혐의에 대한 신속한 조사 및 보고.

새로운 사례들로 인해 다음과 같은 요건이 추가되었다.[18]

· 회사는 객관적인 척도를 사용하여 자사가 비즈니스를 수행하는 장소 중 부패 위험이 더 높은 지역이나 국가를 결정하고 지역에서의 회사 운영에 대해 정기적으로 엄격한 FCPA 감사를 수행해야 함. 이러한 감사는 해당 부문의 회계 장부 및 기록에 대한 상세 감사, 감사 대상으로 선정된 대리인과 컨설턴트 및 합작 상대방에 대한 감사, 그리고 관련 직원·컨설턴트·대리인 등에 대한 면담을 포함함.

지난 몇 년 동안 FCPA 단속이 강화되고 처벌의 범위도 확대되었으며 그 강도 또한 높아져 효과적인 FCPA 프로그램 보유의 중요성이 강조되었다.[19] 법무부와 SEC는 그들이 국내의 기업 스캔들에 맞섰던 방식으로 국외의 부패를 공격했다. 미국 대 캐이United States v. Kay[20] 사례에서와 같이 법원의 결정도 정부가 FCPA를 넓게 해석하는 것을 지지해줌으로써 이런 노력을 지원하였다. 정부는 FCPA 조항들을 집행함에 있어서 넓은 재량권을 가지고 있으며 동 법 위반을 엄하게 처벌할 수 있다.

정부의 노력이 커졌음을 보여 주는 일례로 몬산토Monsanto Corporation 사례가 있다. 농산물 비즈니스계의 거물인 몬산토의 한 직원이 이 회사가 번거롭게 여기는 법률을 폐기하려고 인도네시아의 관리에게 뇌물을 주었다. 비록 그 뇌물은 순전히 한 직원이 상부의 허가 없이 지급한 듯하나 몬산토의 내부 통제가 이 비리를 발견하여 처벌하였으며 그들은 이 사건을 정부에 자진 신고하였고 이 사건은 현재 SEC에 계류 중이다. 그러나 몬산토의 컴플라이언스 프로그램 보유 및 협력 덕분에 이 회사는 기소 유예 약정 처분을 받았다.

캐이Kay 판결 및 몬산토의 해결 합의 이후 "외국 관리에 대한 불법적인 지급은 FCPA의 제한적인 예외를 제외하고 해당 회사가 계약을 따낼 가능성이 있는지 여부에 관계 없이 법에 저촉될 수 있다."[21] 더구나 법무부와 SEC는 반복적으로 회사와는 무관하게 '사악한 직원'이 저지른 행위라는 회사의 항변을 일축했다. 회사의 규정에 반하는 개별 직원의 행동이 위반을 야기했다는 사실에도 불구하고 회사는 여전히 이 법률 위반에 책임이 있다. 법무부와 SEC는 "모든 FCPA 위반 문제들은 회사 내부 통제 결함의 결과임에 틀림없다"[22]는 입장을 취한다.

정부가 잘 작동하는 컴플라이언스 프로그램을 지니고 있고 비리 행위를 자진 신고한 몬산토를 기소하기는 했지만 그럼에도 불구하고 이는 기업이 효율적인 컴플라이언스 프로그램을 지닐 필요가 있음을 강조해 준다. 우선 컴플라이언스 프로그램들은 그 효과성을 높이기 위해 항상 개선되고 보완되어야 하며 또한 정부의 FCPA 위반자 기소 강화로 회사들은 최소 기준을 충족시키는 컴플라이언스 프로그램을 보유하지 않거나 협력하지 않을 경우 비리가 적발되면 가혹하게 처벌받게 되리라는 점에도 주목해야 한다.

FCPA 컴플라이언스 프로그램이 없을 경우 산 디에고 기반의 군사 정보 및 커뮤니케이션 회사 타이탄 코퍼레이션 사례에서와 같이 회사 전체에 큰 재앙을 가져올 수도 있다. SEC에 의하면 다른 FCPA 위반 중에서도 특히 "타이탄은 베냉 소재 대리인을 통하여 당시의 베냉 대통령 선거 유세에 약 2백만 달러를 공급했다.…타이탄은 베냉에서 자사의 텔레콤 프로젝트 개발을 지원하고, 정부로부터 이 프로젝트에 대한 타이탄의 프로젝트 관리 수수료 인상 동의를 얻기 위해 이 금액을 지급했다."[23] 정부의 최종 판단의 기재 사항에 동의한 후 타이탄은 불법적인 지급으로부터 나온 이익을 토해 낸 것을 포함해서 당시까지 FCPA 벌금으로 최대 금액이었던 2천 8백 4십만 달러를 지급하는 데 동의했다. 이 법률 위반 발견 후 록히드 마틴Lockheed Martin 사와의 합병 거래도 수포로 돌아갔다.[24] 가장 중요한 요소로 SEC는 이 회사가 컴플라이언스 프로그램을 보유하지 않았으며 심지어 의미 있는 어떠한 컴플라이언스 노력도 기울이지 않았던 것을 비판했다.

> 타이탄은 2004년 전까지는 23년간 FCPA 컴플라이언스 프로그램이나 절차를 가진 적이 없었다. 이에 관한 타이탄의 유일한 '정책'은 "모든 직원은 해외부패방지법 등과 같은 규정들을 숙지하고 이를 엄격히 준수해야 한다"라고 정한 자사의 윤리강령에 해마다 서명하는 것뿐이었다. 타이탄은 이 정책을 강제하지도 않았고 직원들에게 FCPA에 관한 어떠한 정보도 제공하지 않았다.[25]

타이탄이 받았던 엄한 처벌에 이처럼 컴플라이언스 노력이 전혀 없었던 점이 고려되었다는 것은 의심할 여지가 없다. 정부는 컴플라이언스 노력을 전혀 기울이지 않는 회사들을 엄하게 다루고 있으며 그들을 처벌할 때에도 이 점을 고려한 것이다.

그러나 효과적인 FCPA 컴플라이언스 프로그램을 갖추고 정부에 협조하면 기소를 면하지는 못할지라도 기업이 받게 되는 처벌을 경감하는 데 도움이 될 것이다. FCPA 위반 자진 신고를 다룸에 있어서 정부는 톰슨 메모와 맥널티 메모에 제시된 협조 기준을 따른다.[26] 자발적인 신고와 조사 협조를 통해서 기업은 다른 방법을 통할 때보다 기소 유예 약정과 낮은 벌칙을 받게 될 가능성을 훨씬 더 높이게 된다.

해외 기업들에게 기업 컴플라이언스를 실행할 때의 도전 과제

페드로 파비아노Pedro Fabiano는 미국과 라틴 아메리카에서 부정 행위 조사와 컴플라이언스 감사 수행, 부정 행위 예방, 자금세탁 방지 및 윤리 컴플라이언스 프로그램 설계, 그리고 여러 산업과 다양한 기업 구조 환경하에서 15년이 넘는 컨설팅 서비스 경험을 지닌 전문가다. 공인 부정 행위 감사관이자 공인 회계사로서 아르헨티나의 부에노스아이레스에 기반을 두고 있는 파비아노는 2002년에서 2004년까지 공인 부정 행위 감사협회의 리젠트위원회Board of Regents of the Association of Certified Fraud Examiners; ACFE 위원으로 선출되었고 2005년에는 동 위원회의 특별회원으로 지정되었다. 특별회원 제도는 부정 행위 검사 분야에서의 탁월한 성과, 중대한 공헌 및 이례적인 서비스를 인정하기 위해 마련되었다. 그는 또한 라틴 아메리카의 유일한 지부인 ACFE 아르헨티나 지부장이자 공동 설립자이기도 하다.

그는 대학과 전문가 단체에서 기업 거버넌스, 정보 보안, 손실 방지, 부정 행위 감사 및 자금세탁 방지 등의 주제로 활발한 강연을 하고 있다. 가장 최근에는 아르헨티나 중앙은행을 위해 '금융기관에서의 감사 및 부정 행위: 글로벌 감독 당국의 관점' 이라는 제목의 세미나를 조직하여 개최했다.

풍부한 경험을 가진 파비아노는 아래와 같은 질의 응답을 통해 미국 이외의 나라, 특히 라틴 아메리카에서의 컴플라이언스 도전 과제들에 대해 독특한 통찰력을 제공한다.

문 _ 기업 거버넌스와 부정 행위 예방에 관한 최근의 미국 법률 및 규정 개정의 결과가 해외의 비공개 기업들에게 어떤 영향을 주었습니까?

답 _ 미국에서 최근에 행해진 거버넌스 및 사기 예방에 관한 법규 개정은 해외의 비공개 기업과 미국에 등록한 기업의 자회사에 상당한 영향을 주었습니다. 사베인-옥슬리법에서 내부 부정 행위를 더 강조하였고, 이 법의 결과 FCPA 장부 및 기록 위반에 대한 처벌이 강화되었으며, 미국 정부에서 국제 비즈니스 관련 뇌물에 대해 지속적으로 관심을 기울이는 등 여러 요소들이 복합적으로 작용하여 2002년 이후 FCPA 단속 활동이 상당한 수준에 이르게 되었습니다.

예를 들어 SEC는 2006년 4월 오일 스테이츠 인터내셔날Oil States International Inc.; OSI이 자회사인 HWC를 통한 지급의 결과 초래된 FCPA의 장부 및 기록 규정과 내부 통제 규정 위반에 대해 중지 명령 절차를 개시했습니다. SEC는 OSI가 HWC의 특정 직원을 통해 베네주엘라 정부 소유 에너지 기업 페트롤레오스 드 베네주엘라의 직원들에게 약 348,350 달러를 부적절하게 지급했다고 밝혔습니다.

미국의 유가증권 법에는 해외의 비상장 기업에 대한 일반적인 예외가 없다는 점을 강조할 필요가 있습니다. 자사의 유가증권이 미국에서 공개되거나 거래될 경우 그 회사들은 이들 법률에 주의할 필요가 있습니다. 몬테디손 에스 피 에이Montedison S.P.A. 사례는 SEC가 미국에서 영업하지 않는 해외 기업을 재제한 첫 번째 사례입니다. 이 회사는 고위 경영진들이 1988년부터 1993년 초까지 최소 3억 9천 8백만 달러의 이익을 불법적으로 과대 표시했는데 이로 인해 콜럼비아의 연방 지방법원으로부터 연방 유가증권 법률의 부정 행위 금지, 재무 보고, 장부 및 거래 규정 위반 혐의로 3십만 달러의 벌금을 지급하라는 명령을 받았습니다. 이 명령은 SEC와 몬테디손 사이의 타협의 결과였는데 몬테디손은 이 혐의에 대한 책임을 인정도 부인도 하지 않았습니다. SEC는 1996년 이 사건으로 제소했고 그 사건은 2001년에 종결되었습니다.

1977년 제정된 FCPA는 대개 해외의 뇌물 금지와 관련이 있습니다. 장부 기록 및 내부 통제에 관한 FCPA의 규정들은 덜 알려져 있지만 이 법률의 적용을 받는 회사들을 정부가 처벌할 수 있는 근거가 될 가능성이 큽니다. FCPA를 강제하는 가장 보편적인 방편은 법무부의 형사 기소나 뇌물 금지 조항에 의한 SEC의 민사 소송이 아니라 회계 규정에 따른 민사 소송입니다. 사실 SEC는 해외 관리에 대한 뇌물 지급에 관여하지는 않았지만 기술적으로 회계 요건을 위반한 비리 행위자들을 FCPA를 이용하여 수차례 기소하였는데, 이는 연방 정부가 다른 범죄를 입증할 수 없을 때 세법을 이용하여 조직 범죄를 기소한 것과 매우 유사합니다.

2002년 SOX가 통과된 이후 경영진들은 회사의 재무제표 고결성을 인증하고 내부 통제의 적정성을 평가하도록 요구되기 때문에 회계 조항들의 중요성이 훨씬 더 커졌습니다. 그 결과 기업들은 자체 SOX 검토 과정에서 회계 규정 위반을 더 자주 발견하고 규정 위반에 대한 처벌을 경감받기를 기대하며 감독 당국에 이러한 위반 내용을 자진 신고하고 있습니다. SOX의 여러 조항들이 FCPA 자진 신고 건수를 증가시키는데 기여했지만 특히 섹션 302와 404 두 조항이 회사들의 사기적인 회계 관행을 예방하고 탐지하는 대응 방식을 근본적으로 변화시켰습니다. 이 조항들은 고위 경영진들에게 사기 행위와 부적절한 기장記帳을 탐지할 책임을 부여합니다. 섹션 302와 404에 대응하여 회계 조항을 인증하는 경영진들은 내부 통제의 적정성 및 다른 부정 행위 방지 조치에 대한 조사를 한층 더 강화하라고 요구하고 있으며, 이에 따른 자연스러운 결과로 자체 발견하여 당국에 자진 신고하는 FCPA 위반 건수가 증가하였습니다. 그리고 SOX 조항들은 경영진들이 부정 행위를 예방 및 탐지할 강력한 인센티브를 포함하고 있습니다. SOX 섹션 302와 밀접한 관련이 있는 형벌 조항인 섹션 906에서는 SEC에 제출하는 정기 보고서가 FCPA 요건들을 빠뜨리고 있음을 알면서도 이를 인증하는 경영진들은 최고 20년까지의 징역 또는 최고 5백만 달러의 벌금에 처해질 수 있습니다.

문 _ 미국 주식 시장에서 해외 기업들은 얼마나 중요한가요?

답 _ 약 1,200개의 외국 기업들이 미국 거래소에 상장되어 있습니다. 뉴욕 증권 거래소NYSE에 450개의 외국 기업이 있고 나스닥NASDAQ에 약 300개사가 있으며 나머지 외국 기업들은 장외에서 거래됩니다. 미국 시장에 상장되면 명성이 크게 높아지며 비 미국 회사의 유가증권에 대한 투자자들의 관심이 높아짐에 따라 NYSE는 최고 수준의 기업 거버넌스와 재무 건전성을 보이는 기업들을 상장시키고자 노력하고 있습니다. 2005년 현재 NYSE는 비미국 기업을 위한 선도 시장입니다. 2005년 12월 31일 현재 NYSE는 47개 국에서 450개가 넘는 비미국 기업들을 상장시키고 있는데 이들 글로벌 기업의 시가 총액은 7.9조 달러에 달합니다. NYSE에 상장된 17개의 중국 본토 기업들의 시가는 3,290억 달러로 증가하였으며 2005년에 NYSE는 9번째 인도 기업을 상장시켰습니다.

문 _ 라틴 아메리카에서 기업 거버넌스와 부정 행위 예방에 영향을 주는 비즈니스 환경의 핵심적인 특성은 무엇인가요?

답_제 경험에 비추어 볼 때 라틴 아메리카에 속한 대부분 나라의 비즈니스 환경은 다음과 같은 두 가지의 일반적인 특성을 보이고 있습니다. 법률 및 규제 틀이 부족하거나 적절히 시행되지 않고 있으며 소유와 지배가 매우 집중되어 있습니다. 라틴 아메리카 국가들은 유럽의 민사법 전통을 따른다는 공통적인 법률적 기원을 지니고 있습니다. 그러나 이 지역의 법률 및 사법적 공통성은 법률과 계약을 강제하기 위해 채택된 방법에도 확장됩니다. 일반적으로 유럽이나 북미에 비해 민사 소송을 하는 경우는 적고 행정 및 형사 조치를 더 강조합니다. 중재 명령과 같은 사적 분쟁 해결 장치는 상대적으로 새로운 제도로서 대체로 시험되지 않았습니다.

이 지역에 속한 많은 개발도상국들의 대다수 사람들은 서로를 믿지 않습니다. 예를 들어 계약의 이행 강제성에 대한 불신으로 인해 많은 사람이 계약에 서명한 후에도 협상이 끝나지 않았다고 생각합니다. 그래서 부속문서나 계약서에 명시되지 않은 다른 합의들도 강제할 수 있습니다. 그 결과 그러한 상황에서 한 쪽 당사자를 다른 당사자로부터 보호하기 위한 거래 비용이 훨씬 더 많이 소요됩니다.

불공정한 법률 및 규제 틀이 기업 설립 비용을 증가시키고 투자를 저해하며 부패의 토양을 제공합니다. 일부 국가에서는 관리들에게 더 많은 재량권을 주기 위해 규제 조항을 일부러 모호하게 제정한다고 믿는 평론가들도 있습니다. 그러한 상황에서는 책임 있는 기업 행동이 포기되거나 법을 상황에 맞추어 왜곡하여 해석합니다.

법규가 잘 제정된 경우에도 사실상 불공정하게 시행되거나 무시되는 경우도 흔합니다. 법률 및 규제 틀을 강제하지 않거나 준수하지 않음으로써 혼란이 가중되며, 법률을 지키는 기업이 경쟁상 불리한 입장에 처하고, 투자가 저해되며 부패 풍조가 확대됩니다.

라틴 아메리카에서 영위되는 많은 기업들이 산업, 금융 또는 혼합 기업 집단들 중 하나에 의해 직간접적으로 지배됩니다. 혼합 기업 집단은 소유 관계를 통해 연결되고 지방의 토호 가문, 투자자 집단 또는 외국 기업에 의해 지배되는 기업 진단을 말합니다. 대주주들은 대개 피라미드식 체제, 상호 지분 보유와 두 종류의 주식 사용 등을 통해 기업을 지배합니다. 소유의 집중과 혼합이 심각한 회사 구조는 이사회 구성에도 중대한 영향을 줍니다. 라틴 아메리카 회사들의 대부분의 이사회 구성원은 가문 간의 유대, 친구 관계, 사업상의 관계, 그리고 근로 계약을 통해 지배 집단과 연결되어 있습니다.

그룹 간 거래의 특징인 투명성 결여와 독립적이지 못한 회사 의사 결정 과정은 이제 효율적인 자금 조달의 장애물로 인식되고 있습니다. 지난 몇 년 동안 많은 기업 집단들이 운영을 분리하고 소속 회사들의 활동, 자금 조달 및 거버넌스를 명확하게 분리하기 시작했습니다. 기업 집단들이 자신을 어떻게 정리할 것인가와 투명성을 높이고 각각의 비즈니스 라인을 독립적으로 경영하라는 요구에 대응하여 어떤 조치를 내놓을지가 이 지역의 시장 경제 발전의 중요한 요소들입니다.

많은 국유 기업들의 민영화에도 불구하고 국가는 여전히 대기업의 중요한 주주입니다. 또한 민영화 과정이 민영화된 회사들의 소유권 배열과 거버넌스 형성에 중요한 영향을 주었습니다.

마지막으로 라틴 아메리카의 자본 시장은 최근에 인수 합병 물결을 경험했는데 이 과정에서 국내 최대 기업들의 소유권이 외국 회사로 넘어갔습니다. 또한 지난 10년 동안 많은 라틴 아메리카의 대기업들이 미국 주식 예탁증서American Depository Receipt; ADR를 통해 미국 시장에 상장된 반면 국내 거래는 위축되어 회전율도 낮고 신규 상장도 매우 낮은 수준입니다.

문 _ 라틴 아메리카에서 미국의 자회사와 외국 회사들이 미국의 기준을 시행할 때 직면하는 주요 장애물은 무엇인가요?

답 _ 외국에 있는 직원들에게 미국 기준을 수용하도록 하는 것이 큰 도전 과제인데 이는 세계의 외진 곳에 있는 사람들에게 본질상 국제적인 기업의 한 부분으로 느끼게 하는 것입니다.

문화적 이슈는 항상 장애가 됩니다. 핫라인 운영이 좋은 예가 될 것입니다. 억압이나 학대의 역사가 있었던 곳의 사람들은 익명으로 문제를 보고하는 방법에 대해 불편해 합니다. 그리고 문화적으로 그 방법에 대해 아주 혐오합니다. 대부분의 라틴 아메리카 회사들은 다양한 익명 보고 장치들을 시행하고 있지만 도입 후 처음 2년 동안은 아무런 불만 사항도 접수되지 않았습니다.

친척 고용에 있어서도 문화적 차이가 있습니다. 일부 국가에서는 소유주와 경영진이 친척을 고용하지만 친척 고용이 억제되거나 특정한 경우에는 금지되는 국가도 있습니다.

흔히 직면하는 장애물 중 하나는 해당 지역의 임직원들이 미국의 감독 규정을 이들 국가에 시행하는 것이 미국의 패권주의의 발로라고 간주한다는 점입니다. 이로 인해 반미 감정이 만들어지거나 조장되는 일이 흔합니다. 그 결과 해외 근로자들에게 미국의 컴플라이언스 제도를 교육시키려는 최초의 노력은 어려울 수 있습니다. 저는 최근에 NYSE에 상장된 한 라틴 아메리카 회사에서 컴플라이언스 프로그램 연수 계약을 맺었는데 직원들이 처음에 보인 반응은 '이것은 미국의 문제다' 라는 것이었습니다. 그러나 이 회사는 자발적으로 미국에 상장한 회사가 되었고 이 결정으로 이해 당사자들이 큰 혜택을 입었기 때문에 몇 가지 특수한 컴플라이언스 요건을 준수해야 한다고 설명하자 직원들의 태도가 달라졌습니다. 이러한 극적인 태도 변화는 직원들이 외국 상장 회사들의 기본적인 의무에 관해 적절하고 시의적절한 정보를 받지 못했다는 점을 제게 보여 주었습니다. 이 상황은 교육 외에도 효과적인 '위로부터의' 의사 소통이 모든 컴플라이언스 노력에 필수적이라는 점을 보여 줍니다.

신흥 시장 국가에서 FCPA를 시행하는 것도 당면 과제입니다. 예를 들어 뇌물 수수를 공식적으로 승인하는 나라는 없지만 공무원들이 최저 생활에 필요한 수준보다 낮은 급여를 받는 곳에서는 '급행료' 가 관행상 인정되고 있습니다. 그런 나라에서는 뇌물이 흔하다 보니 법률위반을 단속하는 공무원마저 그 자리를 얻기 위해 뇌물을 지급합니다.

문 _ 문화적 이슈와 비즈니스 환경을 고려할 때 라틴 아메리카에서 컴플라이언스가 성공하기 위해 어떻게 접근하도록 조언하겠습니까?

답 _ 성공적인 컴플라이언스 전략 수립 시 해당 국가의 법률뿐만 아니라 그 이행 틀과 현지의 비즈니스 관행에 대해 철저하게 분석하고 평가하는 것이 첫 번째 단계여야 한다고 제안하고 싶습니다.

국가나 산업별로 차이가 있다는 점에 비추어 볼 때 모든 회사의 컴플라이언스 프로그램이 유사하리라고 기대하는 것은 잘못입니다. 주의 깊게 생각해서 특정 회사, 산업 및 국가에 적합한 정책을 만들어야 합니다. 많은 나라에서 운영되는 다국적 기업은 본사 소재 국가에서 개발된 윤리강령이나 윤리 교육의 일반적인 적용 가능성을 고려할 필요가 있습니다. 나라마다 윤리적 관심사항이 다를 경우 한 나라에서 개발된 기준을 다른 나라에 강제하면 역효과를 낳을 수 있습니다. 이와 유사하게 본사에서 현지에 발령받은 다국적 기업 직원들은 윤리적 이슈에 관한 자신들의 관점이 현지 직원들의 관점과 어울리지 않을 수 있다는 점을 인식할 필요가 있습니다.

 글로벌 컴플라이언스 프로그램의 설계 및 시행 시 현지의 규범, 가치 및 기준에 세심하게 주의를 기울일 필요가 있습니다. 이 프로그램은 경영 정책, 기준 및 절차들이 기업의 모든 직급의 사람들에 의한 해석의 여지가 있다는 점을 인식해야 합니다. 예를 들어 뇌물을 정죄하고 뇌물을 수수하는 사람을 위협만 하는 것은 윤리적인 비즈니스 행위에 대한 피상적인 접근 방법입니다. 그러나 글로벌 컴플라이언스 프로그램은 종합적인 접근 방법을 취합니다. 이런 접근 방법에서는 관행상 용인되는 행동을 회사가 직면한 장애물들의 일부로 인식하고 그러한 문제들을 체계적으로 다룹니다. 즉, 고용 과정 · 보상 제도 · 연수 및 교육에 대한 검토, 모니터링 · 검사 · 보고 제도 구축, 입법 또는 감독 프로세스에 영향을 주기 등을 통해 그 근원을 다룹니다.

직원들이 SOX 및 FCPA의 수용을 꺼리는 것을 다룰 때는 연수가 아주 중요해집니다. 직원들은 보다 큰 글로벌 기업의 일부이며 세계적으로 기술 및 정보가 발달한 이 시대에서 부적절한 행동은 결국 드러나게 되어 있다는 점이 연수시 전달할 중요한 메시지입니다. 세계의 어느 곳에서 벌어지고 있는 뇌물 및 부패가 끝까지 다른 세계에 알려지지 않을 수는 없을 것입니다. 두 번째, 그러나 중요성에서는 떨어지지 않는 메시지는 회사의 중요한 자산은 평판이며 한번 평판을 잃으면 이를 회복하기가 매우 어렵다는 점입니다.

마지막으로 임직원들에게 SOX 및 FCPA는 기업체들이 준수해야 하는 또 다른 관료적 조치에 지나지 않는 것으로 여겨지지 않도록 납득시키는 것이 중요합니다. 오히려 이 규정은 기업들이 부정 행위 탐지 및 예방에 사용할 수 있는 매우 효과적인 도구입니다. 건전한 회계 관행과 내부 통제는 부정 행위에 대한 최상의 방어책이 되는 경우가 흔한데 규제 당국이 재무 보고에 관한 규칙을 강제하는데 있어서 덜 엄격한 접근을 하는 해외 국가들에서는 특히 그렇습니다. 따라서 미국 밖에서 운영하는 국내 기업과 미국에 상장된 해외 기업은 그들의 글로벌 비즈니스 전략에 있어서 SOX 및 FCPA 준수를 높은 우선 순위에 두도록 적극 권장합니다.

문_ 귀하의 경험에 비추어 볼 때 성공적인 회사들은 어떤 모범 관행과 전략을 시행하고 있습니까?

답_ 라틴 아메리카의 회사들이 채택한 가장 보편적인 모범 관행 및 전략에는 다음 사항들이 있습니다.

· 고위 경영진 및 이사회의 승인을 받은 컴플라이언스 담당 임원에 대한 명확한 서면 직무 기술서. 이 직무 기술서는 해당 조직의 모든 직급에 효과적으로 전달됩니다.

· 일차적인 컴플라이언스 책임을 주로 컴플라이언스 지원 업무를 수행하는 부서법무, 인사 등가 아닌 일선 부서마케팅, 오퍼레이션, 재무 등에 부여합니다. 이들의 책임은 컴플라이언스 프로그램의 필수적인 부분인 '컴플라이언스 책임 분장표'에 기록되는 것이 보통입니다.

· 컴플라이언스 프로그램은 현업 및 지원 부서에서 컴플라이언스 담당

임원에게 분기 보고서를 제출하도록 요구합니다. 컴플라이언스 담당 임원은 분기 요약 보고서 및 연례 평가서를 이사회에 제출합니다.

· 내부 감사는 각 부서에서 작성한 분기 컴플라이언스 보고서의 입증 문서 및 이 보고서의 신뢰성 검토를 포함합니다.

· 고위 경영진 및 이사회 구성원들은 연수에 참석하여 성공적인 컴플라이언스 경험을 직원들과 나눔으로써 그들의 컴플라이언스 의지를 보여줍니다.

· 내부 감사, 보안 및 컴플라이언스 담당 임원 사이에 강력한 공식, 비공식 의사 소통 경로가 개발됩니다.

1) 저자 Thomas L. Friedman은 "세상은 평평하다"라는 말을 지어냈는데, 이 말은 세계적인 경쟁의 장(場)이 기술, 경쟁 및 혁신에 의해 어떻게 대등하게 되었는지를 설명하는 그의 베스트셀러 책의 제목이기도 하다.

2) Title 15, United States Code, Section 78dd-3.

3) United States v. SSI International Far East, LTD, 피고, 범죄 정보 비밀 해제, 2006년 10월 16일, United States District Court, District of Oregon, 24쪽.

4) 위의 글.

5) Schnitzer Steel Industries, Inc. Company History, www.fundinguniverse.com/company-histories/Schnitzer-Steel_Industries-Inc-Company-History.html.

6) 위의 글.

7) 위의 글.

8) In the matter of Schnitzer Stee Industries, Inc., Respondent, Order Instituting Cease-and-Desist Proceedings, Making Fundings, and Imposing a Cease-and-Desist Order Pursuant to Section 21C of the Securities Exchange Act of 1934, Securities and Exchange Commission Release No. 54606, 2006년 10월 16일, www.sec.gov/litigation/admin/2006/34-54606.pdf.

9) 위의 글.

10) 위의 글.

11) 위의 글.

12) 위의 글.

13) 위의 글.

14) United States v. SSI International Far East, LTD, 피고, 범죄 정보 비밀 해제, 2006년 10월 16일, United States District Court, District of Oregon, 5-6쪽.

15) Schnitzer Steel Industries, Inc. 2006년 연례 보고서, 2006년 11월 9일,/library.corporate-ir.net/library/87/870/87090/items/225808/2006AR.pdf.

16) "Former Senior Officer of Schnitzer Steel Industiries Inc. Subsidiary Plead Guilty to Goreign Bribes," 미국 법무부 보도 자료, 2007년 6월 29일, www.usdoj.gov/opa/pr/2007/June/07_crm_474.html.

17) Transparency USA Toolkit, www.transparency-usa.org/Toolkit1c.html.

18) United States of America v. Metcalf & Eddy, Inc. (D. Mass No. 99CV12566-NG).

19) 예컨대, United States of America v.Monsanto, 기소 유예 협정 (Dist. D.C. 2005), www.corporatecrimereporter.com/documents/monsantoareement.pdf를 보라.

20) William B. F. Steinman and Kathleen M. Hamann, "Expanding Risks Under the Foreign Corrupt Practices Act," Government Contract, 2006년 9월 25일, www.pogolaw.com/ articles/2054.pdf. ("2004년 및 2005년에 이전의 26년간 전체 기간 동안보다 많은 FCPA 기소 사례가 발생하였다.")

21) United States v. Kay, 359 F.3d 738 (5th Cir. 2004) (의회가 FCPA를 입법할 때, "해외 뇌물에 대해 넓은 그물"을 칠 의도라고 한 설명)을 보라.

22) Steinman and Hamann, "Expanding Risks Under the Foreign Corrupt Practices Act."

23) 위의 글.

24) SEC v. Titan Corporation, Complaint, Civ. Action No. 05-0411 (JR) (Dist. DC 2005년 3월 1일자), 1~2쪽.

25) Fred Shaheen and Natalia Geren, "Penalties Get Tougher for FCPA Violations," National Defense, 2005년 9월 1일자, 50쪽.

26) SEC v. Titan, 16쪽.

27) Michael T. Burt, "Corporations Caught in Rising Tide of FCPA Enforcement," Inside Counsel, 2005년 11월호, www.insidecounsel.com/issues/insidecounsel/15_168/regulatory/214-1.html.

Chapter 7

컴플라이언스 프로그램과
자금세탁 방지 노력

Building A World-Class **Compliance Program**

이번 장은 자금세탁 분야의 경험이 아주 많은 세 명의 범죄 수사 회계 전문가들에 의해 쓰였다. 이 책을 위해 자신의 독특한 통찰력 및 경험을 기부해 준 데 대해 깊이 감사드린다.

기여 저자 : 마크 B. 셔만(Marc B. Sherman),
로라 코너(Laura Conner), 데이비드 메일스트럽(David Meilstrup)

　　과거에는 성문화되고 합리적으로 업무를 분장한 컴플라이언스 프로그램이 있으면 적정하다고 인정되었다. 그러나 오늘날에는 그것만으로는 충분하지 않으며 컴플라이언스 프로그램이 효과적이기도 해야 한다. 이에 대해 자금세탁보다 더 좋은 예는 없다. 자금세탁의 위협은 많은 국가에서 정부와 기업들의 심각한 우려가 되었다. 미국에서는 자금세탁이 오랫동안 마약 밀매 등 범죄 조직에 이용되어 왔다. 1990년대 후반에 자금세탁에 대한 조사 및 기소가 더 많은 관심을 끌고는 있었지만 2001년 9월 11일 테러 공격의 여파로 자금세탁 문제가 더욱더 전면에 부상했다. 점증하는 국제 테러라는 망령에 맞서기 위해 정부 당국들은 세계적인 자금세탁 방지anti-money laundering;AML법의 확산 및 자금세탁 조사를 이용해 왔다.

218

그러나 AML의 시행은 전통적으로 자금세탁과 관련이 있었던 테러 행위 및 마약 밀매에만 영향을 미치는 것이 아니다. 국제적으로 이 법을 강력하게 집행하고 있고 현행 자금세탁 방지 규정이 광범위하다 보니 국내 기업이나 글로벌 기업들은 자신도 모르는 사이에 오늘날의 자금세탁 방지 노력의 핵심인 다양한 법률들을 위반할 위험에 처해 있다. 자금세탁 및 테러분자의 자금 조달 활동과의 전쟁을 지원하기 위해 미국 정부는 미국 애국법[1]을 제정했는데, 이 법은 은행비밀법Bank Secrecy Act; BSA[2]을 개정한 것으로서 자금세탁 및 테러 자금 조달의 보다 원활한 예방, 탐지 및 기소를 가능하게 해 준다.

범죄 자금을 은닉하고 특정 불법 행위의 탐지 및 기소를 막는 데 자금세탁이 오랫동안 이용되어 왔다. 금융시스템을 통해 범죄 자금을 이동시켜 감출 수 있으면 범죄 행위가 증진되고 범죄와의 전쟁 및 최근의 테러 자금 조달과 전쟁을 치르는 법 집행 노력이 좌절된다. 금융시스템에서의 자금세탁과 그 근저의 범죄 및 테러 활동의 예방과 탐지에 도움을 주기 위해 은행이나 기타 기업들에게 특정 컴플라이언스 요건이 부과되었다. 관련 법률 및 규정들은 금융기관들에게 컴플라이언스의 일환으로서 고객의 거래를 모니터링하여 수상한 거래를 보고할 의무를 부과한다.

자금세탁이란 무엇인가?

자금세탁이란 돈의 출처를 위장하거나 출처의 탐지를 방지하기 위해 일련의 거래들을 통해 '더러운' 돈범죄로 획득한 자금을 걸러내는 과정이다.[3] 이를 통해 '더러운' 자금이 세탁되어 합법적인 활동으로 수취한 자금인 듯한 모양새를 주게 된다. 정의 상 자금세탁은 예치placement, 거래반복layering, 및 통합integration이라는 세 개의 독립적인 단계로 구성된다.

예치는 그 이름이 시사하는 바와 같이 예금이나 다른 방법을 통해 불법 자금을 상거래 안으로 들여 놓는 것이다. 거래반복은 여러 층의 복잡한 금융 거래를 통해 범죄를 통한 수령액을 원래의 출처에서 분리시키는 것이다. 그런 거래에는 현금을 화폐성 자산, 전자 자금이체, 주식, 채권, 신용장 등으로 바꾸거나 미술 작품이나 보석 등의 자산을 구입하는 것이 포함된다. 통합은 합법적으로 보이는 거래를 이용해서 범죄로 획득한 자금을 세탁하여 범죄 활동에 다시 투입하는 것이다.

자금세탁에는 다양한 거래 유형이 관여할 수 있으나 역사적으로 구조화structuring,[4] 암시장 페소Peso 환전, 멕시코 은행 어음, 제3자 수표 매입 등 몇 가지의 보편적인 기법들이 자금세탁에 이용되었다. 암시장 페소 환전은 서구에서 가장 흔한 자금세탁 방법으로서 마약 밀매상들이 주로 이용한다. 미국에서의 불법적 마약 판매 대금을 페소 브로커가 할인된 환율로 페소로 환전해 준다. 그 후 브로커는 미국에서 매입한 달러를 남미의 사업가에게 또다시 할인된 환율로 매각하여 페소를 재매입한다. 이 사업가는 세탁된 미국 달러로 미국에서 물품을 구입하여 이 물품을 자신들의 본국으로 불법적으로 수입한다.[5] 거래가 종결되면 마약 밀매상들은 페소를 갖게 되고, 외국의 사업가는 자신의 사업을 위해 미국에서 구입한 상품을 보유하게 되며, 브로커는 외환 중개에 대한 수수료를 챙기고, 미국에서의 마약 판매 대금은 합법적인 일련의 상거래 안으로 들어오게 된다세탁된다.

애국법 제정 후 사업을 영위하는 모든 개인이나 단체에게 자금세탁이

관심사가 되었다. 미국에서는 국세청과 법무부에 자금세탁 범죄 혐의를 조사하는 부서가 설치되었다.[6]

은행비밀법

자금세탁은 다른 범죄 활동을 가능케 해주는 수단으로써 수십 년 동안 국제 범죄 조직의 선호 대상이었으며 사법 당국에는 생산적인 법 집행 표적이었다. 미국 하원은 금융기관들이 자신도 모르는 사이에 범죄 활동의 매개체로 이용되는 것을 방지함을 주요 목표로 1970년에 은행비밀법Bank Secrecy Act을 통과시켰다.[7] 이 법은 범죄 실행 장치를 제거하고 사법 당국에 범죄 음모를 보다 쉽게 탐지할 수 있는 수단을 제공함으로써 불법 활동을 감소시킬 것으로 기대되었다. 이를 달성하기 위해 은행비밀법은 금융기관[8]들이 고액의 현금 및 화폐성 금융상품의 이용에 관한 특정 보고서를 정부에 제출하도록 요구했다. 이 법은 또한 금융기관들이 특정 기록을 유지하여 범죄, 조세 및 감독상의 조사 절차에 사용할 수 있게 하도록 요구했다.[9] 금융기관이 은행비밀법을 준수하면 자금세탁 활동을 보다 쉽게 파악하고, 문서상의 추적이 가능해지며, 그 결과 근저를 이루는 관련 범죄 활동을 파악하여 기소하게 되리라고 기대된다. 이런 범죄 활동에는 마약 거래, 테러 활동 및 다른 유형의 사무직 범죄 및 기업 범죄가 포함된다.

자금세탁은 불법적인 활동으로부터 이익을 얻고 이를 위장하는 적극적인 도구이기 때문에 1996년부터 2000년까지의 자금세탁 기소 건수가 보여주듯이 정부는 이를 매우 심각하게 여긴다. 사실 자금세탁 기소 건수는 2001년 9월 11일 테러 공격 및 애국법 제정 이전에도 확실히 증가 추세에 있었다컴플라이언스 인사이트 7.1을 보라.

자금세탁으로 기소된 피고인 수(1996-2000)

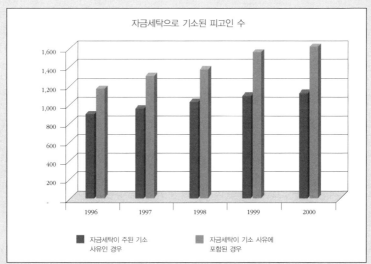

자금세탁으로 기소된 피고인 수

	1996	1997	1998	1999	2000
자금세탁이 주된 기소 사유인 경우	853	929	973	1,061	1,106
자금세탁이 기소 사유에 포함된 경우	1,145	1,219	1,338	1,542	1,565
자금세탁으로 기소된 총 피고인 수	**1,998**	**2,148**	**2,311**	**2,603**	**2,671**

출처 : 미국 양형 위원회[a]

---

a) "2002 전국 자금세탁 전략"; 재무부 및 법무부, 2002. 7. 27.

보고 의무

은행비밀법은 금융기관에게 여러 유형의 거래 활동을 보고하도록 요구한다. 1만 달러를 초과하는 현금 예치·현금 인출·환전 또는 현금 송금에 대해 금융기관은 미국 재무부에 현금 거래 보고Currency Transaction Report; CTR를 제출해야 한다. 금융기관들은 다수의 현금 거래가 동일한 개인에 의해, 또는 동일한 개인을 위해 수행되어 이를 합산한 현금 수령액이나 지급액이 1영업일에 1만 달러를 초과하는 경우 이 모든 거래를 단일 거래로 취급한다.

법규 위반 가능성이 있는 수상한 활동에 대해서는 혐의 거래 보고 Suspicious Activity Report; SAR를 제출해야 한다. 특히 혐의 거래 보고 의무는 은행[10]에게 모든 유형의 내부 횡령, 총액 5천 달러 이상의 연방 법률 위반, 자금세탁 위반 가능성이 있는 5천 달러 이상의 거래, 은행비밀법 위반, 은행비밀법 보고 의무 회피 시도 또는 비즈니스 상의 목적 등 명백한 합법적 목적이 없는 거래를 발견할 경우 혐의 거래를 보고하도록 강제한다.[11] 은행은 혐의 거래를 적시에 보고해야 하는데, 적시라 함은 대부분의 경우 은행이 "수상한 활동"이라고 의심할 만한 근거가 될 수 있는 사실을 최초로 발견한 때로부터 30일을 초과하지 않아야 하며 어느 경우에도 60일을 초과할 수 없다.[12] 애국법은 은행이 아닌 금융기관들에게도 유사한 의무를 부과한다.[13] 애국법의 결과 은행비밀법의 규정 및 보고 요건을 적용받게 된 비 은행 금융기관에는 뮤추얼 펀드[14], 보험 회사[15], 증권 회사브로커 및 딜러[16], 현금 서비스 업체[17] 및 카지노[18]가 포함된다. 이렇게 분류된 모든 회사들은 이제 은행비밀법의 보고 및 기록 유지 의무를 은행과 동일하게 준수해야 한다.

미국의 관할 아래 있는 미국인이나 금융기관을 포함한 회사로서 당해 연도 중에 한번이라도 하나 이상의 외국 은행, 증권, 기타 금융 계좌에 대해 합계 1만 달러를 초과하는 이해 지분, 서명권 또는 다른 권한을 보유한 자가 현금이나 기타 자산을 미국 이외의 국가로 보내거나 외국에 이를 유지하려면, 외국 은행 및 금융 계좌 보고Report of Foreign Bank and Financial Accounts; FBAR를 제출해야 한다. 금융범죄 단속 네트워크Financial Crime Enforcement Network; FinCEN[19]는 '미국인'을 '미국 시민권자 또는 거주자, 국내 파트너십, 국내 회사 또는 국내 유산이나 신탁'으로 정의한다.[20]

기록 유지 의무

은행비밀법 규정은 금융기관에게 특정 기록을 5년 동안 유지하도록 요구한다. 이 기록을 유지하도록 하는 이유 중 하나는 필요할 경우 거래의 재구성이 가능하도록 하기 위함이다. 이러한 기록 유지 요건은 화폐성 자산 판매 기록 및 자금이체 기록 유지 요건을 포함한다.[21]

1만 달러 이상의 현금과 관련된 거래를 보고하는 것 외에도 3천 달러에서 5천 달러까지의 은행 수표, 어음, 자기앞 수표, 우편환, 여행자 수표 등의 모든 화폐성 자산의 현금 판매에 대한 기록도 유지해야 한다. 이 기록에는 매입자의 신원 입증 자료 및 기타 정보가 포함된다. 은행은 3천 달러 이상을 보내거나 받는 거래 또는 이 거래에 대해 중개 역할을 하는 모든 자금이체에 대한 기록을 유지하도록 요구된다. 은행이 유지해야 하는 정보의 유형은 자금이체 과정에서 은행이 수행하는 역할에 좌우된다. 또한 이체의 개시자 또는 중개인으로서의 은행은 이체 통로상의 다음 단계 은행에 특정 정보를 넘겨 주도록 요구된다.[22]

미국 애국법

은행비밀법은 1970년에 제정된 이후 자금세탁 방지 및 테러 방지라는 목표를 강화하기 위해 여러 차례 개정되었다. 이러한 개정들 중 가장 중요한 것은 그 자체로서 새롭고 견고하며 보다 더 참신한 법률인 애국법이다. 부시 대통령은 2001년 10월 26일에 미국 애국법으로 알려진 테러 행위 차단 및 방해에 필요한 적절한 수단을 공급함으로써 미국을 단합 및 강화시키는 법the Uniting and Strengthening America by Providing Appropriate Tools Required to Intercept and Obstruct Terrorism Act에 서명했다. 이 법의 Title Ⅲ은 자금세탁에 역공을 가하기 위해 법률들을 강화하고 은행비밀법에 중대한 수정을 가했다.[23] 이 새로운 법은 금융 서비스 분야의 다양한 기업에게 새롭고도 강화된 법적 의무를 부과한다. 이와 같이 자금세탁 방지 및 탐지에 대해 한층 더 강조하게 됨에 따라 다른 범죄 활동과는 관련이 없지만 "자금세탁"의 정의에 해당하는 선의의 행동 또는 고의가 아닌 행동들이 과거에서와 같이 발각되지 않을 수 없게 되었고, 가볍게 다루어질 수 없게 되었다.

애국법은 법 집행 및 외국 정보 수집을 위해 의사 소통의 추적 및 도청을 허용하는 광범위한 법규다.[24] 이 법은 외국에서의 자금세탁과 테러 자금 조달의 예방, 탐지 및 기소를 위해 재무부 장관에게 미국 금융기관에 대한 감독권을 부여한다.[25] 그리고 '금융기관'의 범위를 상당히 확장하여 모든 소비자 신용조합, 상세하게 정의된 자금 전달자, 선물futures 거래상, 상품 트레이딩 자문사와 상품 풀pool 운영사 등 새로운 유형의 기관을 포함시켰다.[26] 일반적으로 이 법에 의해 규제, 범죄 제재 및 몰수라는 세 가지 영역에서 미국 정부의 권한이 강화되었다.[27]

규제

애국법은 은행비밀법을 수정하고 재무부 장관의 권한을 확대하여 미국 금융기관의 활동, 특히 외국인 개인 및 단체들과 거래하는 활동을 규제할 권한을 부여한다. 이 법안 수정에 따른 규제상의 변화에는 다음 사항들을 위한 '특별 조치들' 및 '강화된 실사' 의무가 포함된다.

· 해외 자금세탁과의 싸움

· 해외 껍데기 은행shell bank에 대한 코레스 계좌correspondent account 유지 금지

· 금융기관의 집중 계좌concentration account를 이용한 고객의 금융활동 은닉 방지

· 신규 고객의 신원 확인과 기록 유지 최소 기준, 그리고 해외 고객의 신원 확인을 위한 보다 효과적인 방법 확립[28]

이 법은 또한 금융기관과 사법 기관들 간의 자금세탁 및 테러 활동 혐의에 관한 정보 공유를 권장한다. 금융기관들에게 가장 중요한 내용으로는, 이 법이 모든 금융기관들에게 자금세탁 방지 프로그램을 도입하고 유지하도록 한다는 점이다. 그리고 효과적인 자금세탁 방지 프로그램을 유지하기 위해 최소한 컴플라이언스 담당 임원, 직원 연수 프로그램, 내부 정책, 절차 및 통제, 그리고 독립적인 감사 부서를 갖추도록 권장한다.[29]

범죄 제재

애국법에 의해 기존의 범죄에 대해 수정이 가해지고 형벌이 강화된

외에 새로운 범죄도 규정되었다. 이 법은 미국에서의 자금세탁을 확장하여 해외의 폭력 및 정치적 부패 범죄로 수취한 자금을 포함시켰다. 또한 사이버 범죄 수취 자금의 세탁을 금지하고 테러 조직 지원을 금지했으며, 위조에 대한 벌칙을 높였고, 정부에게 미국의 신용 카드와 관련된 사기를 기소할 권한을 부여했다. 이 법은 또한 하위 범죄predicate offense: 특정 범죄가 여러 불법 행위로 구성되어 있을 때 특정 범죄 행위를 구성하는 각각의 불법 행위가 발생한 곳에서 자금세탁을 기소하도록 허용한다.

몰수

법원은 미국 연방 법전 Title 18 섹션 1956, 1957 또는 1960의 위반으로 기소된 개인이나 단체에 대한 제재로 범죄 자금 몰수를 명령할 수 있다. 몰수 명령이 내려지면 범죄에 사용되었거나 범죄로 취득한 모든 재산동산 또는 부동산을 미국 정부에 몰수 당한다. 범죄와 직접 관련이 있는 자산으로 취득한 재산도 모두 몰수 대상이다.[30] 미국 법무부에는 연방 범죄로 취득했거나 범죄를 촉진하는 데 사용된 자산을 압류하기 위해 고안된 자산 몰수 프로그램Asset Forfeiture Program이 있다. 자산 몰수 프로그램은 1984년 포괄 범죄통제법Comprehensive Crime Control Act에 의해 설립된 자산 몰수 기금에서 자금이 조달된다. 이 기금은 몰수 자금을 수령하여 향후의 조사 및 기소와 관련된 비용으로 지급한다.[31]

애국법은 두 가지의 새로운 몰수 유형을 만들어 냈다. 첫째, 이 법은 국내 또는 국제 테러 활동에 참여하는 개인이나 단체의 모든 재산의 몰수를 허용한다. 국내 또는 국제 테러를 통해 나오거나 이에 이용된 모든 재산도 몰수될 수 있다. 이 법은 정부가 몰수 절차를 진행할 넓은 관할권을 지니게 하는 기구를 설립할 수 있게 해 주며 미국이 외국의 몰수 명령을 집행하도록 허용할 뿐만 아니라 몰수할 수 있는 해외 자산을 보유하고 있는 외국 은행들이 미국 금융기관에 보유하고 있는 코레스 계좌를 압수할 수 있도록 허용한다.[32]

금융기관이 아닌 거래 주체

은행비밀법과 애국법은 '금융기관'의 행동을 규제하지만 다른 유형의 거래 주체들도 자신이 모르는 사이에 자금세탁 활동에 연루되지 않도록 주의해야 한다. 예를 들어 거래를 하거나 사업을 영위하는 자는 1만 달러를 초과하는 현금 거래에 대해 국세청/금융범죄 단속 네트워크 양식 8300을 신고해야 하며 이를 이행하지 않으면 은행비밀법의 적용을 받는 금융기관이 아니어도 막대한 벌금에 처해질 수 있다.[33] 관련된 현금 거래가 양식 8300 보고를 피하려고 의도한 것으로 확인될 경우 은행비밀법 하에서 적용되는 것과 유사한 규칙들이 적용된다. 양식 8300 보고 의무를 위반하면 형사 기소되어 5년 이하의 징역이나, 개인은 25만 달러, 회사는 50만 달러 이하의 벌금에 처해질 수 있다.[34]

컴플라이언스 프로그램

이제 금융기관은 자금세탁 방지 컴플라이언스 프로그램이 선택 사항이 아니라는 점을 분명히 알아야 한다. 자금세탁 방지 컴플라이언스는 지난 수년 동안 성숙 단계에 접어들었다. 지난 10년 동안 자동화된 소프트웨어가 개발되었으며 은행은 자신의 자금세탁 방지 컴플라이언스 기능을 강화시켰다. 오늘날의 소프트웨어 프로그램은 특정 기관에서 일어나는 거래를 지켜보다가 특정한 패턴이 있는지를 찾아내는 정교한 모니터링 시스템이다. 통상적이지 않은 패턴에 대해서는 신호를 보내서 추가 조사를 하게 된다. 또한 정부는 금융기관들로부터 무엇을 기대하는 지에 대해 더 많은 정의를 내놓았다예를 들어 애국법은 강화된 실사 요건을 제시했으며, "고객 알기 know your customers; KYC"는 일반 규범이 되었다. 많은 은행들이 강화된 의무와 정부의 기대에 순응했지만 모두가 그렇게 한 것은 아니다.

은행 업계가 자금세탁 방지 컴플라이언스 분야에 많은 경험을 쌓았음에도 불구하고 금융기관들이 여전히 검찰의 조사를 받게 되는 데에는 몇 가지 이유가 있다. 비은행 금융기관들은 자금세탁 방지 컴플라이언스에 대해 상대적으로 생소하며 관련 규정 및 컴플라이언스 프로그램 실행에 대한 경험이 부족하다. 이런 회사들은 경험 부족으로 인해 법률 위반에 대한 위험이 커지게 된다. 정부는 특히 자금세탁과 테러 행위가 밀접하게 관련되어 있다는 점에서 자금세탁 방지 컴플라이언스 소홀에 대해서는 관대하게 봐 주지 않는다.[35] 아직도 높아진 현행 감시 기준을 충족시키기 위해 낡은 컴플라이언스 프로그램을 강화하지 않은 금융기관들이 많다. 일부 기관은 자신의 특수한 영업의 성격에 맞춘 조정 작업을 생략한 채 기존에 개발된 ALM 프로그램을 그대로 도입하기도 했다. 느슨한 자금세탁 방지 프로그램이 용인되지 않는 것과 마찬가지로 적절하게 강화되거나 업데이트되지 않는 자금세탁 방지 프로그램도 정부의 자금세탁 방지 활동의 표적이 되고 있다.

오늘날 정부는 금융기관이 효과적인 자금세탁 방지 프로그램을 보유할 것으로 기대하고 있으며, 과거 방식을 고수한 채 현재 상황에서 제 기능을 발휘하지 못하거나 현행 기준을 충족시키지 못하는 컴플라이언스 노력을 더 이상 받아들이지 않을 것이다. 정부는 새로운 자금세탁 방법과 범죄 및 테러 활동을 보다 정교하게 숨기는 방법에 맞서 싸우기 위해 금융기관들이 개정되는 감독 규정의 요건과 현재의 기술 수준하에서 달성할 수 있는 정교함을 지속적으로 유지할 것을 기대한다. 은행비밀법, 애국법의 요건을 충족시키지 못하면 가혹한 벌칙이 부과될 수 있다.[36] 오늘날 금융기관은 과거의 자금세탁 방지 프로그램의 성공이나 "산업표준"에 관한 자신들의 견해에 의존해서는 안 되며 자금세탁 방지 프로그램 강화 비용이 부담스러울 수 있다는 점이 정상 참작되어 관대한 처분을 받을 수 있을 것으로 기대해서도 안 된다. 소규모 은행은 재무 안정성, 감독 관련 정교성 및 규모의 경제가 결여되어 있기 때문에 영향을 더 많이 받겠지만 전국적 또는 국제적으로 금융 서비스를 제공하는 금융 중심지의 대형 금융기관들도 예외는 아니다.

금융기관은 자신과 관련되지 않은 형법 집행 조사와 관련된 자금수취를 통해 자금세탁 조사를 받게 되는 경우가 있다. 대형 은행들은 수십 년에 걸쳐 자금세탁 방지 프로그램을 정교하게 발전시켜 온 경험이 있어서 많은 기관들이 자금세탁 활동 방지 및 탐지에 상당히 숙달되어 있다. 따라서 불법 자금은 이를 피하기 위해 다른 경로를 찾는다. 오늘날 대형 은행들은 정교한 탐지 프로그램을 통해 불법 자금의 흐름을 탐지해 낼 가능성이 높기 때문에 검은돈은 컴플라이언스 프로그램이 덜 정교한 소형 은행, 미국의 감독 당국에 낯선 은행 및 비은행 금융기관들을 통해 이동하기 시작했다. 이로 인해 새로 자금세탁방지법의 적용을 받게 된 금융기관은 어려움을 겪게 되었다. 차츰 사법 당국의 자금세탁 조사관들이 이들 금융기관에 빈번하게 방문할 것이다. 이로 인해 이런 기관들은 조사의 중심에 서게 되고 이들의 자금세탁 방지 노력이 자세한 조사를 받게 된다. 따라서 이런 기관들이 현재의 감독 환경에 대해 인식하고 효과적인 자금세탁 방지 컴플라이언스 프로그램을 구비하는 것이 필수 요건이 되었다.

금융기관이 자금세탁 방지 프로그램을 도입하고 유지해야 하는 의무는 공허한 의무가 아니다. 은행비밀법 및 애국법에 의하면, 금융기관들은 수상한 활동을 모니터하고 식별할 수 있는 컴플라이언스 프로그램을 시행하고 이를 적시에 재무부에 보고해야 한다. 컴플라이언스 의무는 회사에만 적용되는 것이 아니라 직원들에게도 적용된다. 이 법과 정부는 금융기관과 직원에게 고객의 금융거래 적절성을 감독할 의무를 부과한다. 금융기관들은 과태료, 벌금 및 형사 제재를 받을 수 있다. 직원들도 개인적으로 징역을 포함한 형사 제재를 받을 수 있다. 위에서 언급한 바와 같이 컴플라이언스 노력의 보편적인 결함에는 느슨한 프로그램이나 과거의 프로그램이 현재의 기준을 충족시키도록 강화되지 못한 것이 포함된다. 정부는 기소 노력을 통해 금융기관들이 자신의 프로그램은 업계의 전통적인 일반 관행에 부합한다거나 강화된 자금세탁 방지 프로그램의 비용이 너무 부담스럽다는 주장은 받아들여질 만한 방어 수단이 아님을 보여 주었다. 효과적인 컴플라이언스 프로그램은 시대와 상황이 변함에 따라 계속 발전해 갈 필요가 있다고 생각해야 한다.

효과적인 자금세탁 방지 프로그램을 수립하고 유지하라는 요건의 일부로서 금융기관은 최소한 컴플라이언스 전담 임원, 지속적인 직원 연수 프로그램, 적정하고 효과적인 내부 정책·절차와 통제 및 컴플라이언스 프로그램을 검증할 독립적 감사 부서를 지니고 있어야 한다.[37] 궁극적으로 이런 프로그램들은 해당 금융기관이 적극적으로 자금세탁을 수행하거나 부지불식 간에 이에 관여하는 것을 방지하도록 설계되고 그런 기능을 발휘해야 한다. 이 프로그램은 최소한 이례적이거나 수상한 활동을 포착하고 찾아내도록 합리적으로 설계되어야 한다. 이례적인 활동을 탐지하기 위해서 금융기관은 '고객 알기know your customers; KYC'를 위한 적절한 고객 실사due diligence 프로그램을 마련해야 하고 이례적이거나 수상스러운 활동을 찾아내는 고객 계좌 활동 모니터링 절차와 시스템을 갖춰야 한다. 이 요건을 적정하게 달성하기 위해 대부분의 금융기관, 특히 은행은 계좌 활동 분석을 위한 자동화된 모니터링 시스템을 자신의 자금세탁 방지 프로그램의 한 요소로 포함시키고 있다.

성공적인 금융거래 활동 모니터링 프로그램은 적신호 유형 활동, 고객의 사업, 계좌 특성 및 관련 위험 같은 측면을 고려한다. 좀 더 나은 절차는 단순한 계좌별 검토가 아니라 고객의 전체적인 관계에 대한 검토를 요구한다. 오늘날의 검사들은 이례적인 거래를 발견한 경우 독립된 계좌 분석이 특정 거래나 고객 활동의 합법성에 대한 판단을 내리기에 적정하지 않은 것으로 본다. 잠재적으로 수상한 활동이 발견되면 해당 금융기관은 은행비밀법과 애국법에 의해 조사하여 혐의 거래 보고SAR를 제출할 정도인지를 결정해야 한다.[38]

적신호

많은 유형의 거래 행위들이 금융기관에 적신호를 보내야 하는 수상한 활동에 포함된다. 자금세탁 방지 컴플라이언스 시스템이 적절하게 작동하려면 모니터링 시스템 등에서 적신호를 정의하고 이에 주의를 기울이는 것이 필수적이다. 적신호가 켜지면 금융기관은 이 거래나 활동을 좀 더 자세히 조사하여 혐의 거래 보고 여부를 결정해야 한다. 특수한 상황 하에서는 해당 금융 기관이 계좌를 폐쇄하거나 해당 고객과의 거래 관계를 종료하는 것이 적절한 행동일 수 있다. 이런 결정은 전반적인 컴플라이언스 시스템의 일부가 되어야 하며 사안에 따라 결정되어야 한다. 계좌 보유자에 대한 적절한 또한 때로는 강력한 조치를 취하지 않으면 자금세탁 범죄 조사시 해당 기관에 대해 불리하게 작용할 수 있다.

아래의 활동 유형들은 혐의 거래 신호로 볼 수 있는 예시들이다. 이러한 예들은 적신호를 가려내는데 필요한 기초 지식을 제공하고 좋은 컴플라이언스 프로그램 및 고객 실사 프로그램에 필요한 다른 요소들을 직관적으로 보여 준다. 하지만 아래의 예시가 모든 혐의 거래 유형을 다 포함하는 것은 아니다.

① 고객의 사업에 부합하지 않는 활동

고객의 사업이나 진술된 계좌의 목적에 부합하지 않는 활동은 항상 적신호로 여겨져야 하며 최소한 적절한 조사를 필요로 한다. 물론 이를 위해서는 거래 관계를 시작할 때부터 고객의 비즈니스를 이해하기 위한 견고한 고객 알기KYC 프로그램을 필요로 한다. 금융기관은 고객에 의해 행해지는 혐의 거래 가능성으로부터 자신을 보호하고 잠재적인 사기행위 시도로부터 고객을 보호할 필요가 있다. 고객의 사업과 부합하지 않는 잠재적인 수상한 활동 몇 가지를 예로 들자면 소매업자가 일상적으로 수표로 예금을 하면서 현금 인출은 거의 하지 않는 경우 기업이 거액의 현금을 자주 예치하면서 해당 업체의 비즈니스 형태와 부합하지 않는 수표 발행이나 출금을 하는 경우, 수표나 전자 이체보다는 주로 현금 입출금을 하는 기업 고객 계좌 등이 있다.

② 보고 또는 기록 유지 의무 회피

은행비밀법에 의해 요구되는 은행또는 다른 금융기관의 보고 및 기록 유지 의무를 회피하려는 고객의 시도는 적신호로 간주되어 조사 및 보고되어야 한다. 회피 시도에 이용되는 보편적인 기법으로는 고객이 거래를 보고 기준 금액 이내로 유지하기 위해 고의로 현금의 일부를 유보하거나, 해당 거래의 보고서 제출과 거래 진행에 필요한 정보 제공을 꺼리거나, 은행 직원에게 필요한 기록 유지와 보고서 작성을 하지 말 것을 강요하는 사례를 들 수 있다.

③ 자금(전자) 이체

대부분의 전자 이체 유형들이 잠재적으로 의심을 야기할 수 있기 때문에 금융기관의 추가적인 조사 사유가 되어야 한다. 사실 이런 적신호 유형 중 일부는 자동화된 시스템이 기계적이고 손쉽게 모니터할 수 있는 활동일 수 있다. 금융기관들이 자동적으로 또는 다른 방법으로 모니터해야 하는 잠재적으로 수상한 활동의 예로는, 끝자리가 정확히 떨어지는 일정 단위의 거액 자금이체, 역외 은행으로나 역외 은행으로부터의 빈번한 거액의 자금이체, 합법적인 계약·상품 또는 서비스와 명백하게 연결되지 않는 지불 또는 수령, 명백한 비즈니스상의 이유 없이 금융 비밀 피난처 국가로의 또는 이들 국가로부터의 이체 활동이나 해당 고객의 비즈니스나 역사와 부합하지 않는 이체 활동 등이 있다.

④ 고객이 제공한 정보가 불충분하거나 의심스러운 경우

은행이 잠재 고객과 기존 고객으로부터 불완전하고 상호 모순되는 의심스러운 정보를 제공받을 경우 해당 은행은 이를 수상하게 여기고 추가 질문을 해서 혐의 거래 보고를 하거나 고객과의 거래 관계를 거절하거나 종료할지를 결정해야 한다. 그런 정보의 보편적인 사례로는 신규 계좌를 개설하려는 고객이 사업 목적·이전의 은행 거래 관계·임원 및 이사의 이름 또는 사업장 소재지에 관한 완전한 정보 제공을 꺼리는 경우, 신용 또는 기타 은행 서비스 자격 요건 확인에 필요한 정보 제공을 거절하는 경우, 고객의 활동에 대해 설명이 거의 없거나 비논리적인 경우, 해당 고객의 집이나 사무소 전화가 폐쇄된 것을 발견한 경우 또는 해당 고객의 재무제표가 유사한 기업의 재무제표와 아주 다른 경우 등이 있다.

⑤ 은행 직원에 의한 특정 활동이나 행동

수상하고 적신호가 되는 행동들이 은행 외부에서만 모두 행해지는 것은 아니다. 적신호 활동 중 일부는 고객의 불법적 활동을 방조하거나 기타 다른 유형의 사기를 저지르기 위해 은행 직원이 내부적으로 수행한다. 이런 활동에 관여하는 은행 직원은 대개 경고 신호를 보이는데 이런 경고 신호에는 직원의 급여로는 지탱할 수 없는 헤픈 생활 양식, 특히 프라이빗 뱅킹에서의 인정된 시스템·정책 및 통제에의 순응 거부, 휴가 미사용 등이 있다.

⑥ 수상한 고객 활동

수상한 고객 활동 유형으로는 50달러나 100달러 지폐고액권에 의한 거액의 예금, 빈번한 소액권 지폐의 고액권 교환, 갑작스러운 거액 대출 상환, 해당 고객의 통상적인 활동 영역이 아닌 국가나 지역으로의 예금이나 송금, 일련 번호가 연속되고 끝자리가 정확히 떨어지는 일정 금액 단위의 우편환이나 여행자 수표, 이례적인 스탬프/기호가 있고 우편으로 예치된 수표, 대출 자금이 명시된 대출 용도에 합치하지 않는 방식으로 사용되는 경우 등이 있다.

이 적신호들은 자금세탁 가능성이 있는 모든 활동들을 망라하는 것이라기보다는 적신호 활동에 대한 보편적인 사례들이다. 또한 불법적으로 획득한 자금의 세탁 관여자들은 발각을 피하기 위해 새롭고 창의적인 방식으로 세탁 방법을 변경하기 때문에 추가적인 적신호들이 나타날 것이다. 자금세탁 방지 컴플라이언스 프로그램은 이런 새로운 방법에 적응할 수 있어야 하며 추가적인 적신호를 인식하여 이를 혐의 거래 발견 노력에 구현할 수 있어야 한다.

내부 통제 및 감사 부서의 기능

효과적인 AML 컴플라이언스 프로그램을 구축하려면 금융기관은 잘 설계된 내부 통제를 갖춰야 하고, 독립적인 감사 부서가 적절한 방식으로 또한 정기적으로 이런 내부 통제 및 컴플라이언스 프로그램 전체에 대해 평가해야 한다. 내부 통제에는 계좌 개설 및 거래 관계 수용에서부터 금융거래 활동 모니터링과 직원 연수 및 혐의 거래 보고 등 회사 컴플라이언스 프로그램의 모든 측면을 다루어야 한다. 훌륭한 통제 구조는 핵심 직무의 분리, 계좌 개설 업무 · 계좌 모니터링 · 자금이체 절차 및 신용 거래 등 다양한 업무에 적합한 직급을 가진 책임자의 승인, 혐의 거래 보고 · 현금 거래 보고 및 기타 보고 의무에 대한 명확한 절차, 직원의 직무 기술 및 고과 평가 시 컴플라이언스 의무 반영 등을 갖추고 있다.

그러나 정책 및 통제 장치를 갖추는 것만으로는 충분하지 않다. 이런 장치들이 효과적으로 기능을 발휘해야 한다. 금융기관은 독립적인 감사 부서를 두고 감사 부서로 하여금 해당 기관의 컴플라이언스 프로그램을 시험하도록 요구하는데[39] 이 시험은 경영진 및 컴플라이언스 부서로부터 독립적이어야 하며 최소한 다음 사항을 평가해야 한다.

- 은행비밀법/애국법 준수를 위한 시스템·통제 및 기술적 측면의 전반적인 무결성integrity 및 효과성
- 해당 금융기관이 외부 규정·내부 정책 및 절차를 준수하는지 확인하기 위해 표본 검사를 통해 해당 금융기관의 모든 분야고위험 분야·상품 및 서비스에 특히 유의의 거래들을 점검함
- 규정 및 절차에 대한 직원의 지식 수준
- 연수 프로그램의 적정성, 정확성 및 완전성
- 혐의 거래 식별 및 보고 절차의 적정성

독립적인 시험에서 발견한 사항들은 해당 금융기관의 이사회 내 위원회 및 고위 경영진에 보고되어야 하며 위원회와 경영진은 이에 대해 충분한 주의를 기울여야 한다.

외국 법규들의 부상

역사적으로 미국의 은행비밀법과 자금세탁방지법은 본받을 모델로 간주되었다. 사실 이와 유사하거나 이를 보완하는 법률 및 규정들이 없는 나라들이 많으며 이러한 나라들이 자금 피난처로 이용되어 미국의 자

금세탁 활동 조사 능력을 저하시켰다. 그러나 오늘날에는 대부분의 나라들이 미국의 인도를 따르고 있으며 최근에 자신들의 자금세탁 방지 노력을 강화하고 자신의 규정 및 요건을 제정하였다. 자금세탁 방지 제도를 강화하는 조치를 취한 나라에는 바하마, 스위스, 인도네시아, 콜롬비아 등이 있다.

바하마나 스위스와 같은 은행 피난처들은 수많은 법률 및 규정들을 제정하여 금융시스템을 이용한 범죄 자금세탁과 범죄 활동에 대항하는 세계적인 싸움에 기여하였다. 뿐만 아니라 바하마와 스위스는 고객 알기 요건을 더 많이 제정했으며 수상한 활동 보고 요건을 좀 더 자세하게 규정했고 자금세탁과 관련된 범죄 유형에 테러 활동과 관련된 범죄를 포함시켰다.[40]

인도네시아도 최근에 자금세탁 방지 환경을 개선시키기 위해 많은 노력을 기울이고 있다. 이런 지속적인 노력의 결과 인도네시아는 2005년 2월 11일에 금융 활동 테스크 포스Financial Action Task Force; FATF의 비협조적인 국가 및 지역Non-Cooperative Countries and Territories; NCCT 명단에서 삭제되었고 1년 후에는 FATF의 특별 모니터링 명단에서도 제외되었다.[41] 2002년 4월 인도네시아는 자금세탁을 범죄로 규정하는 법률을 통과시켰으며 자금세탁과 관련된 15개의 의제 범죄를 적시하고 고객 알기 의무, 현금 거래 보고 의무 및 혐의 거래 보고 의무도 제정했다.

마약 대금 세탁이 경제 전반에 만연하고 금융기관에 영향을 주고 있는 콜롬비아도 일부 지역에서는 미국보다 엄격한 은행법 및 자금세탁 방지법을 확립하였다. 사실 콜롬비아는 자금세탁과의 전쟁에서 남반구의 선도자로 여겨지고 있다. 콜롬비아는 다양한 범죄 활동으로부터 수취한 자금의 세탁을 범죄로 규정했으며 특정한 문제 지역들과 싸우기 위한 특별법들을 제정했다. 그리고 2005년 10월에는 미화 1만 달러 상당액을 초과하는 현금의 국내 반입 또는 국외 반출을 불법화했다. 이 조치는 거액의 현금 밀반입 또는 밀반출 문제와 싸우기 위해 취해졌다.[42]

이들 국가와 다른 나라의 노력에서 볼 수 있는 바와 같이 미국은 이제 의미 있는 자금세탁 방지 법률과 규정을 가지고 이를 개선시키는 유일한 나라가 아니다. 과거에 자금세탁 활동의 온상이었던 많은 나라의 변화 노력은 인상적이고 주목할 만하며, 이는 자금세탁 및 그 근저의 범죄 활동에 대해 세계가 보다 엄격하게 대응하는 방향으로 나아가고 있음을 보여주는 징표다.

1) Public Law 107–157쪽.

2) 31 U.S.C. 5311~5330; 12 U.S.,C. 1818(s), 1829(b) 및 1951–1959.

3) 18 U.S.C. 1956–1957. 자금세탁은 U.S.C.의 title 18에 정의된 바와 같이 범죄 행위다.

4) 구조화는 1만 달러를 초과하는 모든 현금 또는 현금 등가물 거래에 대한 현금 거래 보고(CTR)를 제출하라는 은행비밀법의 요구를 피하기 위해 거액 현금 거래를 다수의 소액 거래로 분할하는 것을 말한다.

5) Javier Sarmiento, "Money Laundering: Black Market Peso Exchange: An International Scheme," Fraud Magazine, 2007년 7/8월호, 24쪽.

6) www.irs.gov; www.doj.gov.

7) 31 U.S.C.5311–5330; 12 U.S.C. 1818(s), 1829(b), 및 1951–1959.

8) 은행비밀법은 "금융기관"에 대해 좁게 정의한다. 그러나 애국법은 이 정의를 더욱더 확장한다.

9) Regulatory Bulletin RB 18–6, Compliance Activities Handbook, Office of Thrift Supervision, 재무부, 2004년 3월 31일자, 1쪽.

10) (애국법 이전에도) 감독규정에서의 은행의 정의는 상당히 넓어서 상업은행, 저축은행(thrift) 및 신용조합 등을 모든 예금 기관을 의미했다.

11) 31 CFR 103.18.

12) 위의 글.

13) 예를 들어 선물(futures) 거래상 및 상품 중개인을 혐의 거래 보고에서의 '금융기관'의 정의에 추가하기 위해 2003년 12월 3일부터 유효한 31 CFR 103의 은행비밀법 규제 요건이 개정되었다.

14) 31 CFR 103.15.

15) 31 CFR 103.16.

16) 31 CFR 103.19.

17) 31 CFR 103.20.

18) 31 CFR 103.21.

19) FinCen은 미국 재무부 산하의 법 집행기관 중 하나다.

20) www.fincen.gov/reg_fhar.html.

21) 예컨대, 31 CFR 103.33(g)을 보라.– The 'Travel Rule'은 금융기관에게 3천 달러 이상의 자금 송금과 관련된 송금 지시서에 특정 정보를 포함시키도록 요구한다.

22) 위의 글.

23) Public Law 107–56. 미국 애국법은 의사 소통 추적 및 도청, 미국 국경 내에서의 해외 테러분자 구금 및 추방, 그리고 감독 조치에 관한 규정에 관한 법률들을 포함한다.

24) Public Law 107–56. Charles Doyle, "The USA PATRIOT Act: A Sketch"; Congressional Research Service, The Library of Congress, 2002년 4월 18일, 1쪽을 보라.

25) 위의 글.

26) Public Law 107–56 및 31 U.S.C. 5312 (a).

27) Public Law 107–56. 또한, Charles Doyle, "The USA PATRIOT Act: A Sketch"; Congressional Research Service, The Library of Congress, 2002년 4월 18일, 3~4쪽을 보라.

28) 위의 글.

29) Public Law 107–56 및 31 U.S.C. 5318(h)(1).

30) 18 U.S.C. 982.

31) www.doj/gov.

32) Public Law 107–56.

33) "US indicts 23, including two Washington, DC area automobile dealership organizations, salesman, and managers," 워싱턴 포스트. 1993년 3월 12일자.

34) IRS/FINCEN Form 8300; www.irs.gov.

35) 예컨대, BankAtlantic의 기소유예 약정 www.usdoj.gov/usao/fls/PressReleases/Attachments/
060426-02.BankAtlanticDPA.pdf를 보라.

36) 예컨대, AmSouth Bank의 5천만 달러의 벌금(www.uddoj.gov/usao/mss/documents/
pressreleases/october2004/amprsrels.htm, www.fincen.gov/amsouthassessmentcivilmoney.p
df 및 www.tederalreserve.gov/boarddocs/press/enforcement/2004/20041012/), Riggs Bank의
4천 1백만 달러의 민·형사상 벌금(www.usdoj.gov/tax/usaopress/2005/txdv050530.html 및
www.fincen.gov/riggsassessment3.pdf)과 BankAtlantic의 천만 달러의 벌금(wwwusdoj.gov
/usao/fls/PressReleases/Attachments/060426-02. BankAtlanticDPA.pdf)을 보라.

37) 31 U.S.C. 5318(h)(1) 및 Public Law 107-56.

38) 애국법 이전에 은행비밀법의 규정을 적용 받지 않았던 은행들도 12 CFR 21.11과 같은 다른 규정들 하
에서 혐의거래 보고를 하도록 요구되었다.

39) 31 U.S.C. 5318(h)(1) 및 Public Law 107-56.

40) 예컨대 Bahamas Security Commission Interim AML and KYC Guidelines - 2004년 4월;
The Bahamas Financial Transactions Reporting Act, 2000년; The Bahamas Financial
Intelligence Act, 2000년을 보라.

41) The Financial Action Task Force(FATF)는 자금세탁 및 테러분자 자금 조달에 맞서 싸우기 위한
국내 및 국제 정책 개발 및 증진을 목적으로 하는 정부간 기구다. www.faft-gafi.org/0,2987,en
_32250379_32235720_1_1_1_1,00.html.

42) 위의 글.

7장의 저자들에 관해

마크 셔만은 범죄 수사 회계사이며 세계적인 컨설팅 회사인 휴론 컨설팅 그룹의 상무다. 그는 휴론 컨설팅 그룹의 사기, 사무직 범죄 및 자금세탁 방지 서비스의 리더이며 이 그룹의 워싱턴 DC 사무소 대표다. 이전에는 4대 회계 감사 법인 중 한 곳의 범죄 수사 회계 업무를 책임지는 파트너였다. 국내외의 회사 및 금융기관에서 수백 건의 범죄 수사를 이끌었으며 미국 법무부의 자금세탁 부서 및 다른 법 집행 기관들과 감독 기관에 대해 자금세탁 활동 및 기타 비리 혐의 조사 상담을 위한 특별 컨설턴트로 일했다. 또한 세계 도처에서 외국 정부들을 도와 은행 사기 조사 및 자산 회수를 수행하는 일을 했다.

그의 업무에는 은행비밀법/자금세탁 방지 컴플라이언스 프로그램과 이 프로그램의 요소들의 효과성 및 적정성에 대한 검토 및 컨설팅이 포함되어 있다. 범죄 과학 수사 회계 조사에 관한 저자로 참여했으며 사기 조사 및 자금세탁 방지라는 주제에 대해 자주 강연한다. 그리고 공인회계사, 메릴랜드 주 및 콜롬비아 특별구 변호사, 공인 부정 행위 조사관 자격 보유자이며, 조지타운 대학 교수로서 범죄 과학 수사 회계를 가르치고 있다.

로라 코노는 휴론 컨설팅 그룹 워싱턴 사무소의 책임자이며 회계 및 재무 자문과 금융 조사 및 소송을 둘러싼 문제들에 대해 법률 상담을 제공한다. 산업 분야에 관련된 일을 했으며 은행비밀법/자금세탁 방지법 컴플라이언스 및 자금 추적 문제에 관해 감독 당국과 일을 했고 이 분야에서 정부 조사관을 도운 풍부한 경험이 있다.

데이비드 메일스트럽은 휴론 컨설팅 그룹 워싱턴 DC 사무소의 직원이다. 그는 재무 및 회계 사안에 대한 조사를 수행해 왔으며 분쟁 및 소송 사안 상담을 보조해 왔다. 많은 산업 분야에 걸친 경험을 쌓았으며 자금세탁 활동, 은행비밀법/자금세탁 방지법 컴플라이언스 및 사기 분야에서의 금융기관들을 위한 업무에 대해서도 상당한 경험을 갖고 있다. 버지니아 주에서 인가를 받은 공인 회계사이기도 하다.

Chapter 8

윤리 및 컴플라이언스
사상적 지도자 대담

Compliance Program

"선해진다는 것은 고귀하다. 다른 사람이 선해지도록 가르치는 것은 더 고귀하다.…그러면 문제가 없다."
— 마크 트웨인(Mark Twain)

법학 박사이자 교육학 박사인 코플란드John D. Copeland는 소더퀴스트 리더십 윤리 센터의 상주임원Executive in Residence; EIR. 기업가 중 대학이나 벤처 캐피털에서 초빙 교수 역할을 함이자 존 브라운 대학교의 경영학 교수다. 타이슨 식품에서 윤리 및 컴플라이언스 담당 부사장1998~2003을 역임했고 남부 감리교 대학교에서 법학 박사 학위를, 아칸사스 대학교에서 농업법 석사 학위와 고등 교육 행정 분야에서 박사 학위를 받았다. 미국 농업법협회로부터 우수 학술상을 2회 수상했으며 아칸사스 대학에서 올해의 우수 박사논문상을 받았다. 2001년에 벤틀리 대학의 기업윤리센터는 그를 탁월한 윤리 담당 책임자로 인정하여 어니스트 A. 칼만 집행회원Ernest A. Kallman Executive Fellow으로 위촉했다.

미국의 법률 인명록에 등재된 코플란드 박사는 텍사스 주와 아칸사스 주 변호사협회 회원이다. 수년 간 개인 변호사 사무소를 운영한 후 국립 농업법 리서치 정보 센터를 이끌었고 아칸사스 대학교 로스쿨1989-1998에 서 법률 연구 교수를 역임했다. 그는 기업 윤리, 고용주 – 직원 관계, 환경법, 보험 보상 적용 범위, 제품 책임, 식품 안전, 노동자 보상 및 도시 지구 계획 등에 관한 글을 썼으며 1989년 이후, 미국 및 스코틀랜드 전역에서 대학교, 단체 및 기업들에 대해 약 300회의 강연을 했다.

코플란드 박사가 관여하고 있는 소더퀴스트 리더십 윤리센터는 브라운 대학교의 경영대학원과 제휴하여 1998년에 설립된 비영리 단체다. 아칸사스 주 실로암 스프링스에 위치한 이 센터는 기업과 비영리 단체 임직원들에게 윤리적 리더십이라는 변화시키는 힘을 갖추도록 교육시켜주는 국제 기관이다. EIR이며, 월마트 스토어의 전직 최고 운영 책임자coo이자 수석 부회장이었던 돈 소더퀴스트Don Soderquist의 이름을 따서 이 센터의 이름이 지어졌다. 소더퀴스트 센터에 대해 좀 더 자세한 정보를 원하면 www.soderquist.org를 방문해 보라.

윤리 및 컴플라이언스 분야의 저명한 실무자이자 교육자인 코플란드 박사는 진정한 사상적 지도자다. 이번 장은 코플란드 박사와 나누는 광범위한 대담을 통해 윤리적 행위 및 기업 컴플라이언스의 주요 문제들, 요건, 사례 연구 및 관련 모범 관행 및 성공 전략에 대해 논의한다.

문_박사님은 기업 컴플라이언스를 뭐라고 정의하십니까?

답_기업 컴플라이언스는 기업이 외부 및 내부의 제약 사항을 기꺼이 따르려는 의지입니다.

외부적으로는 기업의 임직원들이 연방 및 주의 법률과 규칙을 준수하는 것이고, 내부적으로는 임직원들이 회사의 윤리강령, 정책 및 절차를 존중하는 것입니다. 그러나 효과적인 측면에서는 컴플라이언스가 윤리와 결합될 필요가 있습니다. 직원들은 컴플라이언스에서 "하라, 하지 마라"고 얘기하는 것보다 더 많은 것을 알 필요가 있습니다. 그들은 자기 회사의 가치를 신봉해야 하며 이 가치에 따라 자신의 행동과 의사 결정을 판단해야 합니다. 윤리적 행동은 단순한 법규 준수와 옳고 그른 것의 구분 이상을 의미합니다. 그것은 회사의 가치를 적용함으로써 최선의, 또는 가장 윤리적인 행동을 선택하는 것을 의미합니다.

문 _ 기업 문화에서 윤리 및 컴플라이언스가 왜 중요합니까?

답 _ 하나의 조직으로서 기업의 행동 양식은 그 회사의 기업 문화를 반영합니다. 한 회사의 지도자가 자기 회사에 관해 뭐라고 말하는 지가 중요하기는 하지만 그것이 기업의 행동만큼 중요하지는 않습니다. 대부분의 기업 정책들은 직원들에게 존엄과 품위를 약속합니다. 그러나 때로는 약속과 실제 벌어지는 일 사이에 차이가 있습니다. 기업들은 평등고용법 준수, 공정한 임금 지불, 개인적 성장 기회, 그리고 가족과 함께 할 시간 제공 등을 통해 직원들을 존중하고 이들을 품위 있게 대하고자 노력합니다. 기업 문화는 직원들이 어떻게 대우 받는가에 대한 결과입니다.

기업의 다른 선언들에 대해서도 동일한 분석을 할 수 있습니다. 기업은 절대로 자신이 환경을 오염시키겠다고 말하지 않습니다. 그들은 의도적이거나 무모하게 유해 오염 물질을 배출하는 경우에도 환경 보호에 진력하겠다고 표명하는 문서를 만들어 냅니다.

엔론Enron은 고결하게 사업을 수행하겠다는 그들의 다짐을 공개적으로 표명했습니다. 그들은 서류상으로는 인간존중, 고결성, 의사 소통 및 탁월함이라는 기업 가치를 보호하기 위한 윤리강령을 가지고 있었습니다. 그러나 엔론 지도자들의 진술은 부패한 문화를 위장했습니다. 이 회사의 윤리 및 컴플라이언스 프로그램은 제대로 작동하지 않았을 뿐만 아니라 오히려 부정직한 회계라는 부패한 문화를 대중의 감시로부터 숨기도록 도와주었습니다.

이에 반하여 효과적인 윤리 및 컴플라이언스 프로그램은 회사의 의사 결정을 인도하는 가치에 기초한 건강한 기업 문화를 발전시키고 유지하며 보호하는 데 도움이 됩니다.

문_ 박사님이 타이슨 식품에 재직할 당시에 윤리 및 컴플라이언스가 도움이 되었던 사례를 몇 가지 말씀해 주시겠습니까?

답_ 타이슨의 윤리 및 컴플라이언스 프로그램은 어려운 상황에서 시작됐습니다. 이 프로그램은 회사가 농무부 장관에게 불법적인 선물을 지급한 것에 유죄를 인정한 후 시작되었습니다. 타이슨의 직원들은 이 프로그램의 시행 초기에는 많은 의문을 가지고 있었습니다. '이 프로그램이 일종의 처벌이 아닐까? 얼마나 지속될까? 어떤 문제에 대해 보고하고 싶을 때 프로그램 담당자들을 믿을 수 있을까?'

궁극적으로는 타이슨의 직원들은 프로그램을 신뢰하게 되었고 이를 효과적으로 이용했습니다. 그들은 비리로 의심될 만한 행동을 익명으로도 보고할 수 있는 상담전화를 더욱더 신뢰하게 되었습니다. 그리고 윤리 담당 부서 직원들과 직접 접촉하는 것에 대해 편안하게 느끼게 되면서 윤리 담당 부서도 신뢰하게 되었습니다. 직원들이 이 프로그램을 이용해 차별 행위, 고유 정보 오용, 장부 기록 오류, 환경 관련 위반, 직원간 갈등, 제품 위조 및 기타 큰 비용이 소요될 수 있는 문제들에 대해 보고했기 때문에 조기에 문제들을 막을 수 있게 되었습니다.

저는 상담전화 수가 증가하고 통화의 질이 변하는 것을 보고 이 프로그램이 성공하고 있음을 알았습니다. 직원들은 상담전화를 이용하는데 점점 더 능숙해지고 불만 접수 내용도 구체적으로 변했습니다. 동료나 경영진의 결정에 불만을 제기하기보다는 진정한 우려 사항을 보고하거나 행동하기 전에 조언을 들으려고 상담전화를 이용하기 시작했습니다. 그들은 타이슨의 기업 윤리강령이 자신들이 수행하는 특정 행동을 다루고 있는지에 대해 확신이 서지 않으면 윤리 담당 부서에 연락해서 조언을 받곤 했습니다. 직원들은 상담전화를 이용하여 조언을 얻는 것 외에도 윤리 담당자와 자주 만나거나 윤리 담당 부서에 직접 전화를 걸어서 윤리 문제에 대한 답변을 듣기 시작했습니다.

윤리 연수는 쌍방향이 되도록 했습니다. 저를 보좌하는 잰 반슬리Jan Barnsley 이사보와 저는 연수가 항상 쌍방향으로 진행되도록 했는데 차츰 직원들이 연수 시간에 열성적으로 참여하게 되었습니다. 연수 시간마다 더 많이 질문했고 서로의 반응에 대해 토론했습니다. 또한 직원들이 회사의 윤리강령을 더 잘 알게 되고 이를 따르기로 결심했습니다.

문 _ 윤리는 누군가에게 가르칠 수 있는 것입니까, 아니면 어릴 적부터 갖는 기질의 일부입니까?

답 _ 이 질문은 자주 논쟁이 되는 것이며 저도 그 질문을 해 봤습니다. 이 질문에는 몇 가지 변형이 있습니다. '다른 사람들보다 천성적으로 더 윤리적인 사람들이 있는가? 윤리를 가르치기가 불가능한 사람들이 있는가? 윤리를 가르칠 수 있다면 윤리가 한 사람의 기질의 일부가 되도록 만들기 위해 어린 시절에 가르쳐야 하는가?' 윤리 담당 임원 및 교수로 여러 해를 보내고 난 지금, 저는 이 문제에 대해 나름의 의견을 갖게 되었습니다.

윤리적 행동은 어린 시절에 배우는 것이 이상적입니다. 남에게 대접받고자 하는 대로 자신도 남을 대접하라는 '황금률'을 어려서 배울수록 그것이 그 사람 성격의 일부가 될 가능성이 더 높습니다. 그러나 모든 사람이 그런 조기 교육을 받는 것은 아니며 조기 교육을 받는다 해도 자신의 성격의 일부가 되지 않는 경우도 있습니다. 법을 지키기를 거부하는 사람이 있는 것과 마찬가지로 윤리적으로 행동하기를 거부하는 사람도 있습니다.

그러나 윤리적 행동은 이전에 윤리 교육을 받았는지와 상관 없이 대부분의 사람들에게 가르칠 수 있습니다. 직원들에게 회사가 그들로부터 무엇을 기대하는지 가르치십시오. 윤리적 행동에 상을 주고 비윤리적 행동을 처벌하는 프로그램을 시행하십시오. 그러면 직원들은 회사의 가치를 비즈니스 의사결정에 적용하는 법을 배우게 됩니다. 사람들의 마음을 언제나 바꿀 수 있는 것은 아니지만 사람들의 행동에 영향을 줄 수는 있습니다. 대부분의 직원들은 회사의 기대에 순응할 것입니다. 윤리적이거나 합법적으로 행동하지 않는 직원들은 해고하십시오.

문 _ 윤리적 행동에 대한 박사님의 멘토가 있습니까?

답 _ 기업에서는 돈 소더퀴스트Don Soderquist가 윤리적 행동에 대한 제 멘토입니다. 월마트의 최고 운영 책임자로서 회사와 개인의 고결성에 대한 높은 기준을 설정하고 본을 보였던 그는 지금도 미국 및 전 세계의 기업체와 기관의 리더와 함께 일하면서 그렇게 하고 있습니다.

고故 제이 비 헌트J. B. Hunt는 또 다른 멘토입니다. 그는 교육을 별로 받지 못했지만 제이 비 헌트 사라는 트럭 운수 제국을 건설했습니다. 헌트는 비전과 고결성으로 회사를 이뤘으며 직원과 사람들을 존중했습니다.

제 부친인 호워드 코플란드Howard Copeland도 저의 멘토입니다. 그는 고기 포장 공장을 운영하는 전형적인 소기업가이지만 고객들에게 좋은 서비스를 제공하며 약속을 지킵니다.

문 _ 박사님이 보시기에 사베인-옥슬리법이 통과된 후 윤리적 행동에 변화가 있는 것 같습니까?

답 _ 사베인-옥슬리법이 통과된 후에 대다수의 이사들이 자신의 수임 사무처리 의무를 보다 더 주의 깊게 수행하고 있습니다. 이사회 불참이 적어졌고 이사들은 많은 시간을 할애하여 회의를 준비합니다. 그들은 의결 사항에 대해 표결하기 전에 정보 제공을 요구합니다. 많은 이사들이 기업의 감시 업무에서 능동적으로 변했습니다.

사베인-옥슬리법은 재무 보고가 회사의 이익을 보다 정확하고 실질적으로 반영하도록 함으로써 재무 보고를 향상시켰습니다. CEO와 CFO가 재무 보고의 정확성을 인증하라는 요구는 투자자들을 안심시켜 줍니다.

이제 상장 기업은 회사 윤리강령을 가지고 있으며 임직원에게 컴플라이언스 연수를 실시합니다. 저는 모든 회사가 윤리 및 컴플라이언스 교육을 충분히 강조하지는 않는다는 것을 알고 있습니다. 실제 내용보다는 형식에 치우치는 회사도 있지만 이런 변화는 과거에 비해서는 개선된 것이며 저는 이 프로그램들이 보다 더 의미 있어지기를 바랍니다.

사베인-옥슬리법에 관해 가장 고무적인 것은 많은 비상장 기업들이 이와 유사한 관행을 자발적으로 채택하고 있다는 점입니다. 언젠가는 기업 공개를 바라기 때문에 그렇게 하는 기업도 있습니다. 그러나 많은 기업이 사베인-옥슬리법과 유사한 관행이 가치가 있음을 알고 또 고결성을 지닌 투명한 회사가 되기를 바라기 때문에 이런 관행을 채택합니다.

문 CEO가 회사 내에서 컴플라이언스 요건을 강화하기 위해 취할 수 있는 좋은 방법은 무엇입니까?

답_ CEO는 회사에서 가장 가시적인 지도자입니다. CEO가 무엇을 하는가, 또는 하지 않는가가 다른 사람들의 행동 양식을 좌우합니다. CEO가 컴플라이언스를 강화하는 최선의 방법은 다른 사람에게 기대하는 동일한 행동 기준을 따르는 것입니다. CEO가 폭언을 하면 관리자가 부하 직원을 거칠게 대한다 해도 놀랄 일이 아닙니다. CEO가 회사 자산을 개인 용도로 사용한다면 직원들에게도 그런 행위가 용납된다고 말하는 셈입니다. 물론 하위직 직원이 그렇게 하다가 발각되면 높은 대가를 치르는 경우가 흔합니다.

서로 다른 두 개의 컴플라이언스 기준으로는 효과적인 윤리 및 컴플라이언스 프로그램을 만들 수 없습니다. 임원이 회사 규칙을 어겨도 아무런 징계를 받지 않는다면 직원들도 회사 규칙을 어기려 할 것입니다. 기업의 위선은 어떠한 윤리 및 컴플라이언스 프로그램에도 해가 됩니다.

문_ 박사님은 상장 기업 및 비상장 기업의 최상의 컴플라이언스 프로그램으로 무엇을 추천하시겠습니까?

답_ 컴플라이언스 프로그램을 연방 조직 양형 가이드라인FSGO에 제시된 아래와 같은 7개의 요건에 따라 설계하라는 겁니다.

① 범죄 행위 발생 가능성을 합리적으로 감소시킬 수 있는 행위 기준을 확립하라.

② 전담 고위 임원에게 전반적인 컴플라이언스 책임을 부여하라.

③ 불법 행위나 기타 컴플라이언스 프로그램에 부합하지 않는 행동을 한 전력이 있는 개인에게 재량권을 위임하지 마라.

④ 직원 및 대리인에게 기준 및 절차를 알려 줘라.

⑤ 모니터링, 감사 및 보고 체계를 수립하라.

⑥ 징계 및 인센티브 기준을 시행하라.

⑦ 발견된 범죄 행위에 대응하기 위한 합리적인 조치를 취하라.

연방 조직 양형 가이드라인을 따른다고 해서 효과적인 윤리 프로그램이 보장되는 것은 아닙니다. 그것은 단지 최소 요건을 충족했음을 의미할 뿐입니다. 최상의 컴플라이언스 프로그램은 단순한 골격 이상을 요구합니다.

회사 윤리강령을 제정할 때 자사에 맞는 윤리강령을 고안하십시오. 귀사의 위험을 평가할 때 직원들을 참여시키십시오. 윤리강령을 이처럼 평가된 위험에 비추어 적합하게 만들고, 위험을 잘 처리하도록 강조하십시오. 단순히 다른 회사의 윤리강령을 가져다가 회사 이름만 바꿔 넣지 마십시오.

귀사의 윤리 담당 임원 및 부서에 가능한 한 많은 독립성을 부여하십시오. 컴플라이언스 프로그램 및 윤리 담당 임원을 법규부나 인사부 내에 두는 회사도 있는데 저는 그것은 실수라고 생각합니다. 윤리 담당 임원은 어려운 문제를 해결하기 위해 독립성과 영향력을 필요로 합니다. 윤리 담당 임원은 자사의 CEO 및 이사회 구성원들에게 직접 보고해야 합니다.

또한 윤리 담당 임원이 직무 수행에 필요한 교육을 받게 하십시오. 윤리 담당 임원 협회Ethics Officer Association; EOA 가입과 EOA 연수 프로그램 참가는 필수적입니다.

직원을 채용할 때는 윤리 프로그램과 회사 윤리강령을 소개하십시오. 직원들에게 회사 윤리강령을 준수하겠다는 서약서에 서명하게 하십시오. 직원들에게 반복해서 윤리강령 교육을 실시하십시오. 다양한 의사 소통 수단을 통해서 직원들에게 회사의 윤리강령과 가치를 전달하십시오. 쌍방향 세미나, 포스터 및 사내 소식 등을 통해 윤리 및 컴플라이언스 프로그램을 직원들에게 알리십시오.

직원의 연례 고과 평가 시 윤리 및 컴플라이언스 준수를 평가 요소에 포함시키십시오. 윤리적 행동을 한 직원에게 상을 주십시오. 직원들을 공정하게 대하는 윤리 및 컴플라이언스 프로그램 위반 징계 절차를 설계하십시오. 직원들에게 적절한 조사 절차를 제공하십시오. 혐의 대상 직원에게 대응할 기회를 제공하되 불만에 대해서는 신속히 조사하십시오.

처벌이 필요할 경우 회사의 대응은 위반 정도에 상응해야 합니다. 모든 위반 사항들이 해고 사유가 되어서는 안 됩니다. 사소한 위반은 구두 또는 서면 경고만을 필요로 할 수도 있습니다. 일관된 징계 및 신속한 대응이 중요합니다.

마지막으로 귀사의 컴플라이언스 프로그램을 정기적으로 평가하고 필요할 경우 이를 개정하십시오. 최고의 프로그램도 개선될 여지가 있습니다. 너무도 많은 기업들이 자사의 컴플라이언스 프로그램의 효과성을 점검하지 않으며 재점검을 하는 회사는 훨씬 적습니다.

문 _ 세계적인 컴플라이언스 프로그램이 될 수 있는 요소는 무엇입니까?

답 _ 전심전력commitment이 시시한 윤리 및 컴플라이언스 프로그램과 세계적 수준의 프로그램과의 차이입니다. 전심전력은 경영진으로부터 시작

합니다. 프로그램의 성공에 전심전력하는 지도자들은 다른 사람들의 마음에도 전심전력을 만들어 냅니다. 전심전력은 직원들의 마음에 이 프로그램을 지지할 열의를 낳습니다. 이보다 더 중요한 것은 직원들이 회사의 윤리 및 컴플라이언스 프로그램을 신뢰하게 된다는 점입니다. 전심전력, 지지, 그리고 신뢰는 세계적인 수준의 컴플라이언스 프로그램으로 귀결됩니다.

문 _ 기업은 어떻게 자신의 가치를 선택합니까?

답 _ 회사가 가치를 선택하는 데에는 두 가지 방법이 있습니다. 그 중 하나는 좀 더 공식적인 방법입니다. 회사 설립 시에 가치 선언서가 채택될 수도 있습니다. 회사는 종종 자문이나 포커스 그룹을 이용하여 가치를 결정합니다. 저는 사명, 비전 및 가치에 대한 과정을 가르치고 있는데 동일한 가치 선언을 가지고 있는 회사들이 많이 있습니다. 탁월함, 의사 소통, 직원 존중 및 환경 존중에 대한 서약은 제가 회사의 가치 선언서에서 보게 되는 몇 가지 예입니다. 너무도 많은 회사들이 단지 다른 회사가 수립한 가치 체계를 보고서 자기 회사에 좋을 것 같다고 생각되는 것을 선택합니다. 어떤 회사는 무의미해질 정도로 많은 가치들을 열거하기도 합니다. 사안을 결정할 때 무엇이 중요한지에 대한 초점이 없습니다.

회사의 가치 결정 시 모든 직급의 대표들의 도움을 받는 것이 이상적입니다. 가치는 직원과 경영진들이 함께 결정하고 공유할 때 효과적입니다. 가치는 회사의 핵심이 되어서 의사 결정의 경계를 설정합니다. 회사의 비즈니스가 변할 때에도 핵심 가치는 변하지 않고 남게 됩니다.

회사의 가치는 그 회사의 비즈니스에 스며들어서 윤리적이고 합법적인 행동을 확보하는 데 도움이 되어야 합니다. 어떤 가치가 회사의 지도자와

254

직원들에게 중요한가? 이 점이 더 중요한데, 어떤 가치들이 준수되는가? 어떤 회사들은 두 가지의 가치 체계를 지니고 있습니다. 첫 번째 체계는 공식적으로 발표되는 가치입니다. 두 번째 체계는 실제로 발생하는 가치, 즉 회사가 어떻게 운영되는가 하는 가치입니다. 직원들은 회사가 상징적으로 천명한 가치의 실천 여부를 재빨리 알아챕니다. 직원들은 상징적으로 발표된 가치가 아니라 회사에서 실제로 실천되는 가치에 순응합니다.

문 _ 박사님은 상부에서의 기조를 어떻게 정의하십니까?

답 _ 상부에서의 기조는 가치, 관찰 및 회사에서의 경험을 포함합니다. 먼저 회사가 비즈니스를 수행하는 방식에 관해서 경영진이 구두로 또는 문서로 뭐라고 말하는가? 특히 회사가 공표한 가치는 무엇인가? 둘째, 비즈니스 수행 시 어떤 가치가 실천되고 있는가? 직원과 기타 다른 사람들은 경영진이 어떻게 회사를 이끌며 비즈니스를 수행하고 있다고 알고 있는가? 사람들은 회사가 공표한 가치를 모든 경영진이 실천하고 있다고 보고 있는가?

마지막으로, 직원과 다른 사람들이 그 회사의 경영진과 접촉할 때 어떤 경험을 하는가? 예를 들어 어떤 회사가 정직을 핵심 가치로 선언했다고 가정해 봅시다. 회의에서나 회사의 문서에서 정직이 강조됩니다. 만약 직원들과 기타 다른 사람들이 재무 보고 및 비즈니스 거래에서 경영진이 정직하다는 것을 알게 되면 이 회사의 정직이라는 핵심 가치는 그들에게 좀 더 실제적으로 됩니다. 그들이 경영진과 접촉할 때 정직하게 대우를 받으면 정직이 그 기업의 기조로 받아들여집니다. 회사의 지도자들이 정직하게 행동하리라는 신뢰를 받는 것입니다. 만일 회사 내의 누군가 정직하지 못한 일을 하면 그 행동은 회사의 일반적인 행동에서 벗어난 것으로 취급

됩니다. 회사가 그런 부정직한 행동을 신속하게 처리하는 한 정직이라는 회사의 기조는 동일하게 유지됩니다.

문 _ 왜 조직에서 상부에서의 기조가 그렇게 중요한가요?

답 _ 상부에서의 기조는 조직 전체에 스며듭니다. 비즈니스 라운드 테이블의 2002년 기업 거버넌스 원칙Principles of Corporate Governance[1]은 고위 경영진은 고결성과 컴플라이언스 문화를 확립하기 위한 기조를 형성할 책임이 있다고 말합니다. 직원들은 회사의 지도자들, 특히 중간 관리자급이 행동하는 대로 행동합니다. 자연히 부패한 지도자들은 부하들에게 부패하라고 가르치는 셈입니다. 지도자들에게 좀 더 나은 행동을 기대하는 부하 직원들은 회사 밖에서도 지도자들이 고결성을 보여 주며 다른 사람들에게 고결성을 기대할 수 있는 회사에서 일하려 할 것입니다.

문 _ 위대한 지도자들은 상부에서의 기조를 어떻게 보여 주나요?

답 _ 지도자들은 자신의 행동을 통하여 상부에서의 기조를 보여 줍니다. 지도자들은 역할모델입니다. 지도자의 행동은 일관되게 회사의 가치와 부합해야 합니다. 위대한 지도자들은 위기 시에 회사의 가치를 지켜 냅니다. 위대한 지도자들은 값비싼 대가를 치르게 되더라도 핵심 가치의 훼손을 거절합니다. 이는 핵심 가치들이 조직 전반에 걸쳐 공유되어서 지도자들이 자신 있게 그런 행동을 취할 수 있기 때문입니다.

1980년대 존슨 앤드 존슨Johnson & Johnson의 타이레놀 위기는 위기 시의 윤리적 리더십에 대한 귀중한 기준이 되었습니다. 존슨 앤드 존슨의 과실은 없었지만 일부 타이레놀 약병에서 청산가리라는 독극물이 발견되었습니다. 존슨은 환자의 복지를 최우선으로 삼는다는 신조에 따라서 타이레놀을 진열대에서 모두 수거했습니다. 존슨의 최고 경영자 제임스 버키James

Burke는 회사가 어떻게 대응해야 할지에 관해서 회의를 주재했습니다. 버키는 모든 참석자들에게 회사가 대중의 안전을 위해 전심전력하겠다고 선언했음을 상기시켰습니다. 이것이 회사의 신조 때문에 조직 전체에 걸쳐 공유된 입장이었습니다.

문 _ 박사님께서 이제껏 연구해 오신 바에 비추어 상부에서의 좋은 기조와 나쁜 기조에 대한 몇 가지 예를 들어 주시겠습니까?

답 _ 저는 이미 타이레놀 위기에 대한 존슨 앤드 존슨의 반응을 설명 했는데 이는 훌륭한 본보기입니다. 그 회사에는 흔히 간과되는 좋은 사례가 더 있습니다. 이는 그 회사의 자사 신조 준수가 일관적임을 보여 줍니다. 베이비 오일은 존슨 앤드 존슨의 대표 제품 중 하나입니다. 미국인이라면 한번쯤은 이 제품을 사용했을 겁니다. 그 중에는 일광욕에 이 오일을 바르는 사람들이 있습니다. 베이비 오일이 일광욕에 사용된다는 사실을 알아차린 존슨 앤드 존슨은 수백만 달러를 들여서 광고를 준비했습니다.

그러나 그 광고는 집행되지 않았습니다. 피부암과 태양광 노출이 관계가 있다는 과학적 연구 결과들이 막 나오기 시작할 즈음에 이 회사의 고위 경영진에게 광고 계획이 보고되었습니다. 존슨 앤드 존슨의 임원들은 광고 계획을 승인하기 전에 피부암 문제에 대한 좀 더 자세한 정보를 요청했습니다. 피부암에 관한 연구를 검토한 뒤 이 회사의 경영진은 사람들에게 태양 아래 더 노출하는 것을 권장하지 않기로 결정했습니다. 이 회사는 대중의 건강을 보호한다는 신조 때문에 광고 계획을 폐지했습니다.

머크 앤드 컴퍼니Merck & Company는 훌륭한 지도부의 기조와 비전을 지닌 회사의 본보기로 남아 있습니다. 회사 설립 때부터 머크의 지도자들은 질병을 파괴함으로써 인류를 돕는다는 회사의 비전을 강조했습니다. 이 회사의 '사상충증river blindness' 치료제는 이 회사의 비전과 가치를 실현하는 지도자들에 대한 좋은 예입니다.

머크의 연구진들은 동물 질병 치료제를 연구하다 사상충증 치료제를 발견했습니다. 특정 기생충이 개발도상국의 수백만 명을 감염시키는 이 병을 일으킵니다. 머크의 약품인 멕티잔Mectizan이 이 병에 효과가 있음이 입증되었지만 상업적인 시장은 없었습니다. 이 약을 필요로 하는 사람들은 구입할 여유가 없었고 정부는 이 약값을 대신 지불하려 하지 않았습니다. 머크는 인류의 고통을 덜어 주기 위해 약을 무료로 나눠 줬으며 보급 비용도 상당 부분 지불했습니다.

엔론Enron, 월드콤WorldCom, 타이코Tyco, 아델피아Adelphia 스캔들 등 상부에서의 나쁜 기조에 대한 예는 많습니다. 이 회사들의 사례는 지도자의 비열한 무절제와 속임수에 대한 예입니다.

스코트 페이퍼Scott Paper와 선빔Sunbeam의 최고 경영자였던 앨 던랩Al Dunlap은 한 사람이 어떻게 회사 전체에 부정적인 기조를 형성할 수 있는지 보여 주는 사례입니다. 던랩은 어려움에 처한 회사를 회복시키기 위해 취한 비용 절감 조치들로 인해 '전기톱 앨Al'이라는 별명을 얻었습니다. 자연히 그가 지도자가 될 때마다 직원들은 실직을 두려워했습니다. 던랩은 취임 후 조기에 주식 가치를 올렸지만 비판가들은 그가 연구 개발비를 대폭 삭감하고 필요한 정비를 보류함으로써 그렇게 했다고 주장합니다.

상부에서의 나쁜 기조를 보여 주기 위해 제가 사용하는 또 다른 보기는 아먼드 해머Armand Hammer와 옥시덴탈 페트롤리엄Occidental Petroleum입니다. 최고 경영자 해머는 옥시덴탈을 개인 왕국처럼 경영했습니다. 그는 개인

258

적인 미술 소장품을 보관하기 위해 회사 돈으로 박물관을 지었습니다. 이는 로스엔젤레스 카운티 박물관이 소장품 보관 요구를 거절한 뒤에 이루어졌습니다.

아서 앤더슨Arthur Andersen은 회사를 파산으로 몰고 간 부패로 인해 상부에서의 기조에 대한 좋은 연구 대상이 되고 있습니다. 아서 앤더슨은 회계법인으로서 오랫동안 고결성을 지녀왔습니다. 이 회사에서는 경영진들이 어떻게 의문스러운 회계 관행을 승인하기보다는 비즈니스 관계를 거절했는지에 대한 일화들이 자주 언급되었습니다. 이 회사는 외부 전문가로 구성된 공개검토위원회를 설치하고 위원들이 회사를 방문하여 아서 앤더슨이 고결성 기준을 준수하는지 조사하게 했습니다.

그러나 차츰 회사가 수익성이 좋은 컨설팅 계약 부문에서 경쟁하게 됨에 따라 상부에서의 기조가 달라졌습니다. 공개검토위원회가 폐지되었습니다. 회사의 회계와 컨설팅 비즈니스 사이의 구분이 모호해졌습니다. 고객의 컨설팅 비즈니스를 유지하기 위해 문제가 있는 회계 관행이 승인되었습니다. 아서 앤더슨은 엔론 스캔들에 휘말렸고, 연방 조사관들이 엔론의 재무 자료를 보려고 하자 관련 서류를 폐기했습니다. 엔론 스캔들이 아서 앤더슨을 파괴했습니다. 이 회사의 붕괴는 상부에서의 윤리적 기조를 확립하고 유지할 필요를 보여 줍니다.

문 _ 타이슨 식품의 상부에서의 효과적인 기조에 대한 몇 가지 예를 보여 주시겠습니까?

답 _ 몇 가지 훌륭한 예를 생각할 수 있습니다. 첫 번째는 타이슨의 다양성에 대한 서약입니다.

존 타이슨John Tyson 회장은 타이슨의 리더십을 다양화하고 여성과 소수 인종에게 경영진이 될 기회를 만드는 데 전력을 기울였습니다. 이 회사는 여성과 소수 인종을 적극적으로 경영진 훈련 프로그램에 참여하도록 지원했고 모든 직원들이 발전할 기회를 가지도록 배려했습니다. 존 타이슨 회장과 타이슨사는 다양화 노력을 인정받아 이에 합당한 상을 받았습니다. 회사 내 모든 직급의 관리자들이 다양성 이슈 및 경영진을 다양화하려는 회사의 서약을 잘 알고 있습니다.

둘째, 타이슨은 조류 사육자들의 환경 보호를 지원합니다. 이 회사는 조류 사육자들에 대한 환경 보호상을 제정하자는 제 아이디어를 승인했습니다. 타이슨사는 해마다 환경 법률을 준수하거나, 창의적으로 환경을 보호하거나, 야생 동물 서식지를 개선시킨 조류 사육자를 시상했습니다. 조류 사육자와 그들을 돕는 타이슨의 기술자들은 해마다 상을 받기 위해 노력합니다. 대중의 인정과 부상 이외에도 수상 업체의 이름으로 조류 사육자들이 선정한 환경 단체에 기부가 이루어집니다. 타이슨 경영진의 후원으로 이 프로그램이 성공적으로 운영되고 있습니다.

또한 경영진은 기아와 싸우기 위해 타이슨의 제품을 기부하는 데 있어서 관대한 기조를 확립했습니다. 타이슨은 'Share Our Strength'라는 단체와 배고픈 사람들에게 음식을 주는 이 단체의 활동을 후원합니다. 타이슨 식품은 재난 구조를 돕기 위해 자사의 제품과 직원들을 제공합니다. 타이슨 경영진에 의해 그런 기조가 조성되었기 때문에 이런 노력들이 성공을 거두고 있습니다.

문 _ 상부에서의 기조를 가장 잘 알 수 있는 방법은 무엇입니까?

답 _ 해당 조직의 문화가 상부에서의 기조를 가장 잘 보여 줍니다. 기업 문화는 상부에서의 기조의 산물입니다. 컴플라이언스 및 윤리가 한 조직

260

의 문화로 내면화되면 그것이 비즈니스 의사 결정을 통제합니다. 경영진이나 직원 모두 불법적이거나 비윤리적인 행동을 용인하지 않습니다. 회사의 가치가 비즈니스 의사 결정을 인도합니다.

문 _ 기업은 상부에서의 기조를 어떻게 측정할 수 있습니까?

답 _ 몇몇 기관에서는 이미 기업의 상부에서의 기조를 측정하고 있습니다. 예컨대 「포춘」 등에서는 해마다 회사를 경제적 성과, 사회적 책임 및 환경상의 지속 가능성이라는 세 가지 측면에서 평가합니다. 효과적인 기업 거버넌스 평가를 업으로 하는 산업도 있습니다. 킨더, 리덴버그, 도미니 앤드 컴퍼니Kinder, Lydenberg, Domini & Company; KLD는 최고의 기업 시민을 찾아내는 것을 도와줍니다. 그러한 원천으로부터 제공되는 정보는 최소한 회사의 지도자들에게 자사의 상부에서의 기조에 대한 대중의 의견을 말해 줍니다.

그러나 상부에서의 기조를 측정하는 최상의 방법은 자체 검사인데 이는 직원으로부터 시작됩니다. 회사의 가치와 이 가치들이 얼마나 잘 지켜지는지 직원들에게 설문 조사를 실시해야 합니다. 직원들에게 보복에 대한 두려움 없이 익명으로 답변하게 하십시오. 직원들의 솔직한 평가를 진지하게 받아들이고 이에 적절하게 대응하십시오.

제품 공급사와 고객 등 회사의 다른 이해 관계자들에 대해서도 유사한 조사를 실시하십시오. 다른 사람들의 의견이 다소의 오해를 포함하고 있을 경우에도 이런 오해가 있다는 사실을 아는 것 자체가 이를 바로잡을 수 있는 기회를 줍니다. 궁극적으로는 시장이 상부에서의 기조를 측정합니다. 사람들은 윤리적인 기업에 투자하고 그런 기업과 거래합니다.

문 _ 옵션 소급은 현재 많은 기업들이 조사를 받고 있는 컴플라이언스 실패 사례입니다. 이런 사례들에서 상부에서의 기조는 왜, 그리고 어떻게 실패했습니까? 이러한 일이 일어나지 않도록 어떤 조치를 취할 수 있었습니까?

답 _ 옵션 소급은 리더십에서 두 가지의 약점을 보여 줍니다. 첫째, 자격이 있다는 그릇된 생각입니다. 주식 가치가 낮았던 날로부터 스톡 옵션 행사 가격을 '유리하게 선택했던' 임원들은 자신이 회사 가치를 높이지 않았음에도 재무적인 보상을 받을 자격이 있다고 믿습니다. 일자 소급은 주주 가치를 증진시키는 사업 계획이나 지도력을 필요로 하지 않습니다. 둘째, 일자 소급은 임원들이 자신의 경영 능력에 대한 신뢰가 없음을 보여 줍니다. 임원들이 옵션이 부여된 날의 자사 주식 가격을 행사 가격으로 사용한다면 그들은 암묵적으로 그들의 경영 노력이 회사의 가치를 높일 거라는 메시지를 보냅니다. 임원과 주주들은 임원들의 경영 능력으로부터 유익을 얻을 것입니다. 스톡 옵션이 소급될 때에는 보내는 메시지가 달라집니다. 옵션 부여일 소급은 회사의 경영진이 주주 가치를 높일 수 있는지에 대해서는 확신하지 못하면서도 자신들이 주주 가치를 높였을 때와 마찬가지로 보상받기 원한다고 말하는 셈입니다. 어떤 면에서 소급은 속임수입니다. 그것은 위험을 부담하지 않는 이익입니다.

소급에 대해 어떻게 해야 하는지는 간단합니다. 이사회는 이를 금지해야 합니다. 회사의 이사회가 수동적이기 때문에 많은 재무상의 횡령이 벌어집니다. 이사들은 주주에 대한 수임인으로서의 의무fiduciary duty를 다하지 못하고 있습니다. 그들은 집행 임원들의 과도한 보상 요청에 대해 승인하거나 소급에 관해서는 성과가 없는 보상 요청을 승인합니다.

문 _ 마지막으로 하실 말씀이 있습니까?

답 _ 저는 영리 기관과 비영리 기관에서 벌어지는 잘못된 일들에 대해 이사들이 책임이 있다고 생각합니다. 많은 이사들이 자신의 직위와 이에 수반하는 혜택을 즐기면서도 수임인으로서의 의무는 무시합니다. 저는 종종 '수동적인 이사회 위원은 시대에 뒤떨어졌다' 는 주제에 대해 강의하고 글을 쓰기도 하는데 이사들의 충성, 적절한 주의 및 충실 의무라는 수임인으로서의 의무와 법원이 이들 의무를 어떻게 정의하는지에 대해 초점을 맞춥니다. 이사들을 교육시킬 때는 상황을 제시하고 수임인으로서의 의무에 비추어 어떻게 대응할 지에 대한 질문을 포함시킵니다.

이사들을 교육시킬 때 사용하는 또 다른 방법은 임원 배상 책임 보험을 철저하게 훑어보게 하는 것입니다. 임원 배상 책임 보험의 적용 범위를 아는 임원들은 별로 없는데 그들은 이 보험이 배상 책임 청구로부터 자신을 보호할 거라고 지나치게 확신하고 있습니다. 임원들이 임원 배상 책임 보험의 범위와 한계를 알게 되면 수임인으로서의 의무를 충족시킬 필요에 대해 주의를 더 기울이게 됩니다. 제 경험에 비추어 볼 때 대부분의 이사들은 철저하고 도전적인 연수 프로그램의 가치를 인정하고 있습니다.

NOTES

1) 비즈니스 라운드테이블은 미국의 선도적 기업의 최고 경영자 조직이며 미국의 기업체 및 기업 거버넌스에 권위 있는 목소리를 내는 것으로 알려져 있다. 그들의 기업 거버넌스 원칙은 기업 거버넌스를 향상시키기 위한 지도 원리를 상술하는 비즈니스 라운드테이블의 출판물이다. 2002년 5월의 Principles of Corporate Governance, The Business Roundtable은 www.businessroundtable.org/ pdf/704.pdf에서 구할 수 있다.

Chapter 9

세계적인 수준의
컴플라이언스 프로그램 구축하기;
7가지 실행 요소
- 1부 -

Compliance Program

"옳은 일을 하기에는 항상 현재가 적합한 때다."

— 마틴 루터 킹 주니어(Martin Luther King, Jr)

미국의 의회와 일반 대중들은 사무직 범죄나 조직에 부과되는 처벌이 다른 범죄에 비해 관대하다고 생각해 왔다. 1987년에 제정된 원래의 연방 양형 가이드라인Federal Sentencing Guidelines은 개인에 대한 양형만을 다뤘다. 회사, 파트너십, 기타 형태의 기업체 조직 등이 범죄를 저지를 경우 이들을 어떻게 다뤄야 할지에는 상당한 차이가 있었다. 그래서 미국 의회는 미국 양형 위원회로 하여금 이러한 양형 상의 차이를 연구해서 범죄를 저지른 조직을 다루는 새로운 가이드라인을 공표하게 했다. 1991년 5월 1일 미국 양형 위원회는 연방 조직 양형 가이드라인Federal Sentencing Guidelines for Organizations ; FSGO을 공식적으로 공표했다. 이 가이드라인은 2004년 11월 1일부로 개정되어 더 강력해졌다.

기업 범죄를 다루는 연방 조직 양형 가이드라인 8장은 미국 양형 위원회에게 기업 범죄와 같은 특정 문제를 다룰 권한을 주는 의회의 명령에 의해 지난 수년 동안 계속 강화되어 왔다. 기업 스캔들이 계속되고 이 문제가 처리되어야 한다는 대중의 감정이 격앙되어기는 중에 나온 2004년 개정 가이드라인은 기업의 컴플라이언스를 향상시킬 필요가 있다는 인식을 다루었을 뿐 아니라 향후의 스캔들을 방지하기 위해 컴플라이언스 프로그램을 향상시키려는 기업에게 좀 더 직접적인 지침도 제공했다.

형사 범죄 처벌을 경감받기 위한 효과적인 컴플라이언스 및 윤리 프로그램을 강조함으로써 FSGO가 강화되었다. FGSO는 윤리적인 행동을 장려하는 조직 문화와 법률 준수에 대한 전심전력을 요구한다. 고위 집행 임원들과 이사들은 컴플라이언스에 대한 책임이 있다. 효과적인 컴플라이언스 프로그램은 이제 적정한 자원, 적절한 권한, 연수 프로그램, 보고 절차, 리스크 평가 및 지속적인 컴플라이언스 문화를 증진시키기 위한 정기적 평가를 갖춰야 한다.[1]

이 책에서 특별히 주목한 점은 2004년의 개정 양형 가이드라인은 기업에 대한 양형 가이드라인을 공표한 섹션을 개정하여 효과적인 컴플라이언스 프로그램이 무엇인지에 대해 공식적인 정의를 내렸다는 점이다. 개정 가이드라인은 기업에서의 컴플라이언스 프로그램의 중요성과 이의 필요를 특별히 설명하고 있으며 연방 판검사들이 기업의 귀책 여부를 평가할 때 지침이 되기 때문에 컴플라이언스 프로그램은 최소한 이 가이드라인을 직접적으로 충족시켜야 한다.

양형 가이드라인 제정 후 이 가이드라인은 때로는 커다란 논쟁거리가 되어 왔다.[2] 피고 측 변호인과 의뢰인은 매우 엄격한 형이 선고되는 것에 불만을 토로했고 판사들은 특히 약물과 관련된 사례에서 최소 형량 가이드라인에 대한 강제 규정을 수정할 수 없음을 개탄했다. 이런 다툼은 2004년 최고 법원에 제출되었다. 사람들은 대법관이 이 가이드라인을 영구히 폐기할 거라고 예상했다. 그러나 법원은 브래클리 대 워싱턴 Blakely v. Washington, 미국 대 부커United States v. Booker, 미국 대 판판United States v. Fanfan 사례를 통해서 본질적으로 이 가이드라인이 강행 규정은 아니지만, 판사들이 형량을 결정할 때 이를 따르더라도 합헌이라고 결정했다. 실제로는 판사들이 권고된 형량을 따르지 않을 자유가 있지만 대다수 판사들은 여전히 이 가이드라인을 따르거나 최소한 이에 가까운 가이드라인을 고수한다. 연방 검사들도 마찬가지로 여전히 기소 결정 및 형량 구형시 이 가이드라인을 사용한다. 결국 양형 가이드라인은 미국의 법률 제도에서 여전히 중요한 역할을 한다.

효과적인 컴플라이언스 프로그램에 대한 7가지 요소

연방 조직 양형 가이드라인에 자세히 설명된 효과적인 컴플라이언스 및 윤리 프로그램에 대한 '7가지 요소'는 그러한 프로그램을 구축하는 중추 역할을 한다. 이 가이드라인은 어떻게 효과적인 컴플라이언스 프로그램을 구축하는지에 대한 명확한 지침을 제공하며 정부가 무엇을 기대하는지에 대한 깊은 통찰력을 제공한다. 특정 사안을 평가할 때 검사들은 컴플라이언스 프로그램이 이 7개 요소의 요건을 충족하는지 살펴볼 것이다. 특정 회사의 컴플라이언스 프로그램이 이 요건을 충족시킬 경우 해당 회사는 형량 경감 또는 처벌유예를 기대할 수도 있으며 적어도 협

268

상 테이블에서 쓸 수 있는 무기를 더 많이 지니게 될 것이다. 그러나 최소 요건이 충족되지 못하면 이는 해당 회사가 컴플라이언스 및 윤리적 행동에 대해 높은 가치를 두지 않음을 정부에게 보여 주는 명확한 증표다. 특정 회사가 잘 알려져 있고 쉽게 달성할 수 있는 7가지 요소마저 준수할 수 없다면 정부가 그 회사가 복잡하고 어려운 감독상의 지침들을 따르리라고 믿을 이유가 있겠는가?

FSGO에 따르면 효과적인 컴플라이언스 및 윤리 프로그램을 갖추려면 "기업은 범죄 행위 예방 및 탐지를 위해 적절한 주의를 기울여야 하며 윤리적 행동을 장려하는 조직 문화와 법률 준수에 대한 전심전력을 증진해야 한다."[3] '~해야 한다'라는 단어가 포함되어 있음을 주목하라. 이는 이 요건이 컴플라이언스 프로그램을 갖춘 회사에게 의무 사항이며 정부는 이 요건이 준수되리라고 무조건적으로 기대한다는 뜻이다. 정부는 FSGO에 대한 엄격한 준수를 기대하지만 위반이 모두 방지되지는 않는다는 점을 인식한다. "그런 컴플라이언스 및 윤리 프로그램은 범죄 행위 예방 및 탐지에 대체로 효과적일 수 있도록 합리적으로 설계, 실행 및 강제되어야 한다. 단기간의 범죄를 예방하거나 탐지하지 못했다 해서 해당 프로그램이 반드시 일반적으로 효과적이지 않음을 의미하는 것은 아니다."[4]

FSGO는 사악한 직원이 범죄를 저지를 가능성을 인정한다. 그 경우에 해당 회사가 효과적인 컴플라이언스 프로그램을 갖추고 있다면 직원의 기소에 협조한다는 전제하에 회사는 처벌을 면할 수도 있다. 최고의 컴플라이언스 프로그램이라 해도 모든 비리 행위, 특히 한 직원이 단독으로 저지른 비행을 모두 잡아낼 수는 없음을 FSGO가 이해한 것이다.

훨씬 더 우려되는 경우는 회사 내의 힘있는 직위에 있는 직원들이 자신의 목적을 위해 컴플라이언스 프로그램을 적극적으로 무력화하고 비리를 저지르는 경우, 또는 회사가 범죄를 발견한 뒤에 적절하게 대응하기보다는 이를 감추려고 하는 경우다. 컴플라이언스 인사이트 9.1은 상장기업의 최고위층에서 사기가 발생하고 컴플라이언스 프로그램이 결여되었던 어느 회사에 대한 이야기다.

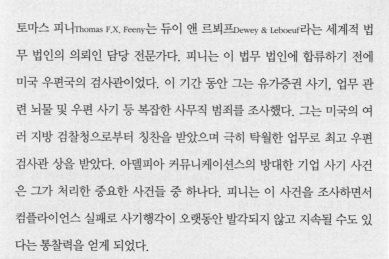

아델피아 커뮤니케이션스 : CEO의 사금고私金庫

토마스 피니Thomas F.X. Feeny는 듀이 앤 르뵈프Dewey & Leboeuf라는 세계적 법무 법인의 의뢰인 담당 전문가다. 피니는 이 법무 법인에 합류하기 전에 미국 우편국의 검사관이었다. 이 기간 동안 그는 유가증권 사기, 업무 관련 뇌물 및 우편 사기 등 복잡한 사무직 범죄를 조사했다. 그는 미국의 여러 지방 검찰청으로부터 칭찬을 받았으며 극히 탁월한 업무로 최고 우편 검사관 상을 받았다. 아델피아 커뮤니케이션스의 방대한 기업 사기 사건은 그가 처리한 중요한 사건들 중 하나다. 피니는 이 사건을 조사하면서 컴플라이언스 실패로 사기행각이 오랫동안 발각되지 않고 지속될 수도 있다는 통찰력을 얻게 되었다.

2004년 개정 연방 조직 양형 가이드라인에 제시된 효과적인 컴플라이언스 및 윤리 프로그램의 7개 요소를 이용하여 아델피아에서의 기업 사기[a]를 분석해 보면 이 회사가 양형 가이드라인을 준수하지 않았음을 쉽게 알 수 있다. 아델피아의 가장 명백한 실패는 첫째이자 가장 기본적인 지침인 회사는 '범죄 행위를 예방 및 탐지할' 가이드라인과 절차를 지녀야 한다[b]

는 점을 준수하지 않았다는 것이다. 아델피아의 모든 문제는 확립된 가이드라인과 절차의 결여에 기인했다. 아델피아에는 범죄를 예방하고 억제하기 위해 고안된 어떤 수단도 없었다. 심지어 가장 기본적인 상황을 다룰 수단조차 없었다. 한 예로, 단순한 거래를 실행하는 성문 절차의 결여는 5천만 달러의 절도로 귀결되었다.

아델피아의 명백한 절차 결여는 회사의 역사와 직접적으로 관련이 있다. 이 회사가 다른 상황 하에서 발전했더라면 절차를 제정하고 내부 통제를 확립하여 범죄 행위를 방지했을지도 모른다.

아델피아는 소재지와 경영진 구성 면에서 다른 회사와 달랐다. 펜실베이니아 주 포터 카운티에 있는 인구 2,600명의 쿠더스포트에 소재한 아델피아의 본사는 뉴욕 주 버팔로에서 자동차로 2시간, 펜실베이니아 주 피츠버그로부터 4시간 거리에 있었다. 한 전자회사의 엔지니어 시절에 출퇴근시 쿠더스포드를 지나갔던 존 제이 리가스John J. Rigas는 나중에 그곳의 극장을 구입했다. 그는 공중파 TV를 시청할 수 없었던 이 마을에 TV 프로그램을 공급함으로써 사업을 다각화했는데 이로써 그는 유선 TV케이블 TV 개척자 중 한 명이 되었다. 그는 1953년 아델피아를 설립했으며 1990년대에도 아들 마이클과 티모시의 도움을 받아 회사를 경영하고 있었다. 여러 해 동안 아델피아의 직원과 경영진들은 쿠더스포트 주변 지역에서 채용되었다. 이 회사는 그 지역에서 가장 큰 고용주가 되었으며, 일자리가 별로 없던 지역에 좋은 일자리를 제공했다. 대다수 직원들은 다른 회사에서 일해 본 경험이 없었기 때문에 이 회사의 비즈니스 관행이 얼마나 이상한지에 대해 알지 못했다.

아델피아는 1999년에도 여전히 쿠더스포트라는 시골 마을에서 늘 그래왔던 것처럼 구멍가게와 같이 운영되고 있었다. 그런데 중요한 문제가 생겼다. 그동안에 회사가 상장된 것이다. 설립자에게 대출을 해 준다거나 경영진의 기분에 따라 절차가 만들어지는 식의 소기업에서 흔히 일어났던 일들이 상장 회사에서는 재앙을 가져올 수 있으며 불법이 될 수도 있다. 존 리가스가 회사에서 현금을 꺼내 가기로 결심했다 해도 이제 더 이상 그는 계산대 서랍에서 돈을 빌려가는 구멍가게 주인이 아니었다. 이 '계산대 서랍'은 상장 회사였다. 그 안의 내용물은 경영진이 아니라 주주들의 소유였다. 그래서 존 리가스가 그 회사의 창업주이자 경영자이며 많은 주식을 보유한 이사회 위원일지라도 이 회사를 소유한 것이 아니어서 회사의 현금에 대해 아무런 권리가 없었다.

아델피아의 가이드라인 및 절차 결여가 막대한 피해를 가져왔다. 이 회사는 어떤 상황하에서 존 리가스에게 돈이 이전될 수 있는지를 규정하는 성문 절차가 없었다. 그는 대출 계약서나 인출 지시서도 작성하지 않았다. 단지 전화를 걸어서 자금이체를 지시하기만 했다. 회사가 1986년에 상장된 이후에도 직원들은 언제나 그랬던 것처럼 그가 요구할 때마다 계속 돈을 이체했다. 그들은 자금을 이체해야 한다는 성문 절차 때문이 아니라 관행대로 그렇게 했다. 회사의 타성을 막을 공식적인 가이드라인이 없었던 것이다. 한 직원이 월간 이체 한도가 있는지에 대해 자신이 없어서 이 대출 관행에 의문을 제기하자 회사의 최고 재무책임자CFO는 월간 1백만 달러를 초과하는 금액은 자신의 승인을 받아야 한다고 결정하였다. 그런데 CFO는 누구였을까? 바로 존의 아들 티모시였다.

회사의 절차는 "최소한 문서로 작성되고 이 절차를 준수해야 한다는 지시와 함께 조직 전체에 알려져야 한다."ᵈ 아델피아에는 자금이체에 대한 '성문화된' 정책이 없었기 때문에 자금이체 절차에 대한 지식이 '조직 전체에 알려질' 수 없었으며 이체를 실행한 소수의 직원들만 이에 관여하고 있었다. 성문 절차가 없었기 때문에 많은 사람이 아델피아에서의 자기 거래 관행에 대해 알 수 없었고 의문을 제기할 수는 더더욱 없었다. 회사의 투명성 결여로 인해 자금이체에 의문을 제기할 수도 있었던 사람들은 이 사실에 대해 알지 못했다. 무기록, 무승인 자금이체는 아델피아의 특정 관행이 구멍가게식임을 보여 주었으며 이런 관행이 가장 기본적인 회사 컴플라이언스 가이드라인에 어떻게 반하는지에 대한 명백한 실제 사례가 되었다. 그런 자금이체가 5천만 달러를 넘었지만 이는 존 리가스가 자기가 설립하여 대중에게 매각했던 회사를 약탈한 것의 일부에 지나지 않았다. 이후에 그에 대한 기업 사기 심리시에 개인 회계사 등 증인들은 그가 16억 달러의 유가증권 매입 자금 조달 및 2억 5천만 달러가 넘는 마진 대출 상환에 회사의 공금을 추가로 사용했다고 진술했다.

아델피아의 절차, 특히 자금이체 절차 제정은 규칙에 따른 운영과 내부 통제 확립에 있어서 회사의 첫 번째 단계여야 했다. 성문 절차 결여로 인해 이 회사는 범죄 행위의 가능성을 효과적이고 체계적으로 감소시킬 기회를 갖지 못했다.

---

a) 이 컴플라이언스 인사이트는 아델피아의 책임자와 직원인 존 리가스, 티모시 리가스, 마이클 리가스, 제임스 브라운과 마이클 멀캐히가 2002년 7월에 체포된 기업 사기를 다루고 있다.
b) 미국 양형 위원회, 연방 양형 가이드라인 매뉴얼, 476쪽. www.ussc.gov/2004guid/CHAPS.pdf.
c) "U.S. Sentencing Commission Announces Stiffened Organizational Sentencing Guideline in Response to the Sarbanes-Oxley Act." Thompson Hine, 2004년 6월 1일자, www.thompsonhine.com/publicatiuons/ publication6.html.

7가지 요소 개요

FSGO에 의해 강제되는 컴플라이언스의 7가지 요소는 기업이 아래의 요소에 기초하여 효과적인 컴플라이언스 및 윤리 프로그램을 구축하고 유지하도록 요구한다.

① **컴플라이언스 가이드라인 및 절차**

· 기업은 범죄 행위를 예방 및 탐지하고 법률 준수를 확보하기 위한 가이드라인과 절차를 수립해야 한다. 달리 말하면 기업의 윤리강령은 견고해야 하며 윤리적 행동을 윤리 및 컴플라이언스 프로그램의 필수불가결한 구성 요소로 삼아야 한다.

② **기업의 리더십 및 컴플라이언스 문화**

· 조직의 최상층부는 컴플라이언스 및 윤리 프로그램의 내용과 운영에 대해 알아야 한다. 최상층부에는 대개 CEO, CFO, 이사회가 포함된다.

· 이들은 컴플라이언스 및 윤리 프로그램의 운영과 효과성에 대해 합리적으로 감독해야 한다.

· 회사 최고위급의 특정인에게 컴플라이언스 및 윤리 프로그램의 전반적인 책임이 부여되어야 한다. 실무 책임을 맡는 직원들은 컴플라이언스 및 윤리 프로그램의 효과성에 대해 정기적으로 상사에게 보고해야 하며 필요한 경우 거버넌스 구조의 최상층부에도 보고해야 한다.

· 이러한 실무상의 책임을 수행하기 위해 실무 담당자들에게 적정한 자원과 적절한 권한, 그리고 조직 거버넌스의 최상층부에 대한 직접적인 접근이 부여되어야 한다.

③ **금지 대상자 제외를 위한 합리적인 노력**

· 회사는 세심한 주의를 통해 불법적인 활동이나 효과적인 컴플라이언스 및 윤리 프로그램과 부합하지 않는 행동에 관여한 것으로 알고 있거나 그렇게 알고 있어야 할 사람에게 중요한 권한이 부여되지 않도

록 합리적인 노력을 기울여야 한다.

④ 가이드라인과 절차에 대한 연수 및 의사 소통

· 회사는 직원 각자의 역할과 책임에 맞게 효과적인 연수 프로그램을 시행하거나 다른 방법으로 정보를 배포함으로써 컴플라이언스 가이드라인과 절차 및 기타 다른 측면들을 정기적으로, 그리고 실제적인 방식으로 소통하기 위한 합리적인 노력을 기울여야 한다.

· 연수는 거버넌스 구조의 최상층부, 기타 고위 임원, 직원 및 회사의 대리인들에게 제공되어야 한다.

⑤ 프로그램의 효과성에 대한 모니터링, 감사 및 평가

· 회사는 범죄 행위 탐지를 위한 모니터링과 감사 등 회사의 컴플라이언스 및 윤리 프로그램이 준수되도록 합리적인 조치를 취해야 한다.

· 회사는 컴플라이언스 및 윤리 프로그램의 효과성을 판단하기 위한 합리적인 조치를 취하여야 한다.

· 회사는 직원과 대리인들이 보복에 대한 두려움 없이 잠재적이거나 실제적인 범죄 행위에 대해 익명 또는 비밀로 보고하거나 조언을 구할 수 있도록 하는 핫라인 등의 시스템을 설치하고 이 시스템에 대한 홍보를 위한 합리적인 조치를 취해야 한다.

⑥ 성과에 대한 인센티브 및 징계 조치

· 회사의 컴플라이언스 및 윤리 프로그램은 이에 따른 업무 수행에 대한 적절한 인센티브를 줌으로써 일관성 있게 증진되고 강제되어야 한다.

· 회사의 컴플라이언스 및 윤리 프로그램은 범죄 행위에 관여하거나 범죄 행위를 예방하고 탐지할 수 있는 합리적인 조치를 취하지 못한

데 대한 적절한 징계 조치를 함으로써 일관성 있게 증진되고 강제되어야 한다.

⑦ **범죄 행위에 대한 대응 및 시정 조치**

· 회사는 범죄 행위가 탐지된 후에는 범죄 행위에 적절히 대응하고 회사의 컴플라이언스 및 윤리 프로그램에 필요한 수정을 가하는 등 향후 유사 행위를 방지하기 위한 합리적인 조치를 취해야 한다.

· 회사는 범죄 행위의 위험을 정기적으로 평가하고 이 과정을 통해 파악된 범죄 행위의 위험을 감소시키기 위해 컴플라이언스 요건 설계, 시행 또는 수정을 위한 적절한 조치를 취해야 한다.[5]

회사는 이러한 7개 항의 요건 외에 다른 사항들도 시행해야 한다. 회사는 정부의 규제가 요구하는 바에 따라 컴플라이언스에 대한 업계 관행 및 가이드라인을 도입하고 이를 준수해야 한다. 이를 이행하지 않으면 회사는 효과적인 컴플라이언스 및 윤리 프로그램을 지닌 것으로 간주되지 않는다. 법원은 특정 회사가 효과적인 컴플라이언스 프로그램을 갖추지 못하고 있을 경우 최소 집행 유예를 선고하며 양형 가이드라인보다 형량을 상향시킬 수도 있다. 회사가 기소의 영향을 피하거나 최소한 이를 경감시키는 방법은 자진 신고, 정부와의 협조, 책임 인정과 효과적인 컴플라이언스 및 윤리 프로그램을 통하는 길이라는 점을 기억해야 한다.[6]

요소 1 : 컴플라이언스 가이드라인 및 절차

연방 조직 양형 가이드라인은 회사가 '범죄 행위 예방 및 탐지를 위해 적절한 주의를 기울여야 하며 윤리적 행동을 장려하는 조직 문화와 법률 준수에 대한 전심전력을 증진할' 것을 요구한다.[7] 그러므로 회사는 '범죄 행위를 예방하고 탐지할 수 있는 가이드라인과 절차를 확립해야' 하며[8] 회사의 정책 및 절차가 준수되도록 만전을 기해야 한다. 이는 범죄 행위나 다른 정책 위반 가능성을 합리적으로 감소시킬 수 있는 업무 수행 가이드라인과 내부 통제를 포함한다. 이는 일반적으로 회사의 윤리강령에 구현되지만 보다 심오한 무언가가 필요한데 그것이 바로 회사 조직 내에 스며든 윤리적 문화다. 이처럼 윤리 및 컴플라이언스가 조직에 내면화되면 어느 한 사람이 재직할 동안에만 영향을 주는 것이 아니라 경영진이 바뀐 뒤에도 그 영향이 오랫동안 계속된다. 강직하고 윤리적인 인물이 권한을 가진 지위에 있을 경우에는 윤리 붕괴가 발생하는 것을 찾아보기 어렵다. 회사는 다음과 같은 사항들을 질문해야 한다.

· 현행 윤리 및 컴플라이언스 프로그램이 윤리적 행위를 강조하는가 아니면 단지 법규 준수만을 강조하는가?
· 회사의 윤리강령이 개인의 책임을 증진하는가 아니면 준수해야 할 일련의 규칙들을 나열하기만 하는가?
· 윤리적 행동이 컴플라이언스 프로그램에 내면화된 구성 요소인가?
· 회사의 윤리강령은 윤리 및 컴플라이언스의 중요성에 대해 납득시켜 주는가?[9]

회사는 모든 직원들에게 가이드라인과 정책 준수에 대한 개인의 책임을 증진해야 한다. 이는 채용시에 시작해서 재직 기간 동안 계속되며 CEO나 안내원 할 것 없이 모든 직원은 윤리에 동일한 의지를 보여야 한다. 회사의 높은 지위에 있는 사람은 다른 직원들에게 윤리적 행동의 중요성을 전할 수 있는 기회가 더 많다는 것은 분명하다. 경영진과 관리자들에게는 윤리 및 컴플라이언스의 중요성을 끊임없이 설명할 중대한 책임이 있다. 하지만 이 말을 덧붙여야겠다. 엔론에는 컴플라이언스 프로그램과 65쪽 분량의 윤리강령이 있었다. 이 장황한 윤리강령은 대규모 회계 사기 발생 방지에 전혀 영향을 주지 못했다. 고결성, 정직 및 컴플라이언스를 마음에 각인하는 것은 모든 회사, 특히 스캔들로부터 벗어나려는 회사에게 매우 중요하다.

윤리강령

고결성에 기반한 강력한 가치 체계는 효과적인 컴플라이언스 프로그램 및 컴플라이언스 문화의 초석이다. 이러한 가치들은 직원, 거래업체vendor, 계약사 및 기타 관련자들이 올바른 결정을 내릴 수 있도록 그들에게 기대되는 바가 무엇인지를 알게 해 주는 윤리강령에 가장 잘 반영된다.[10] 이 강령은 회사의 핵심 가치에 기반을 두어야 하며 어떤 행동이 적절하고 어떤 행동이 그렇지 않은지에 대해 명확히 설명해야 한다. 윤리강령은 쉬운 말로 쓰이고 쉽게 이해될 수 있어야 한다. 특별히 자금 및 구매 담당 직원과 거래업체에 초점을 둔 별도의 강령 제정도 고려해야 한다. 윤리강령에 무엇이 옳고 그른지를 설명하는 것도 중요하지만, 직원 등이 윤리적 문제에 직면했을 때 조언이나 도움을 받을 필요가 있음을 강조하는 것도 중요하다. 이러한 제도를 핫라인, 비즈니스 수칙 라인, 또는 헬프라인 중 어느 것으로 부르든 보고 체계가 잘 알려져야 하며 도움을 구하는 누구에게나 쉽게 이용될 수 있어야 한다. 윤리강령에 대해서는 10장 및 부록 B에서 보다 자세히 설명한다.

윤리강령 벤치마킹 및 평가

회사의 윤리강령에 대한 지속적인 평가는 또 다른 모범 관행 중 하나다. 「에티스피어 매거진Ethisphere Magazine」은 2007년 2분기 판에서 8개의 가이드라인을 사용하여 50개의 금융 회사와 테크놀로지 회사의 윤리강령을 벤치마킹했다. 「에티스피어」가 사용한 가이드라인은 FSGO 및 윤리강령 평가 시 고려할 뛰어난 가이드라인들과 직접적으로 연결되어 있다. 벤치마킹에 사용된 가이드라인은 다음과 같다.

- **대중의 입수 가능성** : 윤리강령은 모든 이해 당사자들이 쉽게 이용할 수 있어야 한다. 직원과 외부인들의 윤리강령 입수 가능성 및 접근의 용이성은 어떠한가?

- **상부에서의 기조** : 회사 고위 지도자들은 윤리강령에서 다루는 가치 및 주제들에 얼마나 가시적으로 진력하는가?

- **가독성 및 어조** : 윤리강령에 사용된 스타일 및 어조는 어떠한가? 윤리강령이 읽기 쉬우며 해당 기관의 문화를 반영하고 있는가?

- **보복하지 않음** : 보복하지 않는다는 정책이 진술되어 있으며 명시적인가? 이러한 진술이 얼마나 분명하게 표시되어 있는가?

- **이해 당사자에 대한 진력** : 윤리강령은 이해 당사자를 명시하고 있는가? 윤리강령이 컴플라이언스에 진력하는 정도는 어떠한가?

- **리스크 주제** : 윤리강령은 해당 회사가 속한 산업에 대한 적절하고 중요한 모든 리스크 영역을 다루고 있는가?

- **학습 도구** : 윤리강령은 직원과 다른 사람들이 윤리강령의 중요한 요

소들을 이해하는데 도움을 주기 위해 Q&A질의 응답, FAQs빈번한 질문에 대한 응답, 체크리스트, 해야 할 일과 하지 말아야 할 일, 모범적인 행동, 사례 연구 등 학습 도구들을 제공하는가?

· **표현 및 스타일** : 윤리강령이 설득력 있게 읽히는가? 배열, 활자 크기, 그림, 단어의 사용 및 구조 등이 고려되는 요소다.[11]

기업들은 이런 가이드라인을 사용하여 자신의 윤리강령을 평가하고 필요한 경우 강령을 수정하는 것이 좋다. 윤리강령은 끊임없이 검토되고 업데이트되는, 살아있는 문서여야 한다.

회사에서의 범죄 행위 가능성을 합리적으로 감소시킬 수 있다는 것은 사기 또는 오용 사례가 결코 발생하지 않는다는 것을 의미하지는 않는다. 어떤 프로그램도 모든 사기와 정책 위반을 막는 데 100% 효과적일 수는 없다. 회사가 범죄 혐의를 어떻게 탐지하여 대응하며 이 문제를 성공적으로 해결하는지가 효과적인 프로그램에 대한 테스트가 된다. 다음과 같은 경우를 생각해 보자. 어느 회사의 직원이 거래업체 대표에게 접근하여 뇌물을 요구한다. 거래업체는 이런 비윤리적인 행동에 충격을 받아 이를 해당 회사에 알리기로 결심하고 회사의 웹사이트에서 핫라인 번호를 알아낸다. 그는 이 사실을 회사에 알리면 회사와의 관계에 영향을 주지 않을까 염려했지만 윤리적 행동 및 보복 금지라는 회사 정책을 읽어 본 후 자신이 잘 보호되리라고 확신한다. 그는 회사에 뇌물 요구에 대한 자세한 내용을 알려 주고 이에 따라 공식 조사가 시작된다.

거래업체 대표는 조사에 협조하고 결국 뇌물 요구 혐의가 사실로 드러난다. 또한 회사는 그 직원이 이에 대해 회사에 알릴 만큼 윤리적 특질을 지니지 못한 다른 거래업체들로부터 뇌물을 받아오고 있음을 알게 된다. 그 직원은 후에 이 범죄 행위로 기소되고 이를 신고한 거래업체는 회사와 전부다 더 깊은 관계를 맺게 된다. 이는 컴플라이언스 프로그램의 다양한 요소들이 잘 작동한, 효과적인 컴플라이언스 프로그램에 대한 사례다.

요소 2 : 조직의 리더십 및 컴플라이언스 문화

FSGO는 조직의 '최상층부는 컴플라이언스 및 윤리 프로그램의 내용과 운영에 대해 알고 이 프로그램의 실행과 효과성에 대해 합리적인 감독권을 행사할 것을' [12] 요구한다. 회사는 다음과 같은 질문을 해야 한다.

- 고위 경영진이 컴플라이언스 프로세스에 어떻게 관여하는지 명확하게 정해져 있는가?
- 이사회는 컴플라이언스 및 윤리 프로그램을 전략적으로 어떻게 감독하는가?
- 고위 경영진과 이사회가 컴플라이언스 및 윤리 프로그램을 효과적으로 평가하기 위해 사용하는 정보 흐름 프로세스는 어떠한가?
- 임직원은 어떻게 회사의 가치를 적극적으로 옹호하는가?
- 최고 컴플라이언스 책임자에게 컴플라이언스 프로그램을 완전하게 시행하기 위한 적정한 자원과 권한이 있는가? [13]

인포시스Infosys의 메시지

회사가 기업 거버넌스와 컴플라이언스 견해에 관해 일반 대중에게 보내는 메시지는 자신의 회사와 비즈니스가 어떻게 운영되는지에 대해 많은 것을 말해 줄 수 있다. 오늘날 자신의 메시지를 많은 사람들에게 전할 수 있는 가장 좋은 매체는 인터넷이다. 인포시스 테크놀로지Infosys Technology는 인도 뱅갈로어에 본사를 둔 세계적인 테크놀로지 서비스 회사다. 그들의 웹사이트에 의하면 인포시스는 기업 거버넌스에 설득력 있는 접근법을 사용한다.[14] 이 회사는 자신들은 "자신의 기업 거버넌스 관행을 세계 최고 수준과 비교하는 데 있어서 선구자가 되어 왔다"고 한다. 그들은 2006년 3월 21일 SEC 의장 크리스토퍼 콕스Christopher Cox가 워싱턴 DC에 있는 경제개발 위원회에서 행한 연설의 일부를 게재함으로써 자신들의 기업 거버넌스 프로그램을 소개한다. 그 글은 다음과 같다.

강한 기업들은 견실한 매출 성장, 안정된 재무구조와 허위 장부기장이 아니라 진정한 비즈니스의 성공을 반영하는 건강한 이익을 가지고 있습니다. 그리고 그들은 다른 중요한 특질들도 가지고 있습니다. 그들은 견실한 성공의 핵심인 높은 윤리 기준을 준수합니다. 그들은 주주에 대한 정보의 흐름을 차단하지 않으며 오히려 주주를 자신의 궁극적인 상사로 여깁니다. 그들은 능력, 성품 및 역량에 기초하여 이사들을 선출하고 그들에게 독립적으로 판단하게 합니다. 또한 그들의 내부 통제가 잘 작동해서 임원들은 무언가가 잘못되면 즉시 시정 조치를 취할 수 있습니다.

고위 임직원의 역할

임원, 고위 지도자 및 관리자들은 그들이 하는 모든 말과 행동으로 매우 중요한 상부에서의 기조를 형성한다. 그들은 자신의 책임 있는 태도와 고결성으로 조직에 긍정적인 영향을 줄 수 있다. 한 지도자가 컴플라이언스의 모든 요소들에 진력하면 다른 모든 사람들에게 모범이 될 수 있다. 어느 임원이 회사의 정책과 절차를 따르지 않을 경우 그 임원의 부하 직원도 마찬가지라고 가정하는 것은 합리적이다. 엔론, 월드컴, 타이코 및 아델피아의 지도자들은 자신의 회사를 재앙의 길로 이끌었다는 점에서 참된 지도자들이 아니었다. 그들은 문자적으로 모든 규칙들을 깨뜨렸고 그에 따른 고통을 겪었다. 불행하게도 직원과 주주들도 고통을 당했다.

솔선수범은 많은 방식으로 행해질 수 있다. 필수 컴플라이언스 연수를 가장 먼저 마치기, 직속 부하에게도 컴플라이언스 연수를 마치도록 요구하기, 비즈니스 규정 위반에 신속히 대처하기, 공정하고 균형이 유지되며 위반 정도에 따라 처벌 수위가 높아지는 징계 시행하기와 회사의 가치대로 살기 등은 지도자가 상부에서의 기조를 형성할 수 있는 몇 가지 사례들이다.

이사회의 역할

회사의 이사회 특히 감사위원회는 책임성과 컴플라이언스에 대한 감독자이며 여러 면에서 집행 임원들에 대해 '견제와 균형' 역할을 하는 조직의 '경찰관들'이다.[15] 그들은 회사의 현행 컴플라이언스 및 윤리 프로그램을 완전하게 이해해야 하며 컴플라이언스 프로그램을 적절하게 감독하고 이 프로그램이 모든 면에서 진정으로 효과적이도록 감시해야 한다. 이사회는 조직 내에 컴플라이언스 책임을 담당할 고위 직급이 지정되어야 한다는 FSGO의 요건이 실행되도록 담보할 책임이 있다. 오늘날 활발하게 관여하는 이사회 위원들은 자사에서 윤리적 행위를 증진시키는 데 적극적인 지도력을 발휘한다.

7가지 요소를 실행하는 데 있어서 부정 행위 리스크 식별, 측정과 경감은 필수적이다. "감사위원회는 경영진의 부정 행위 리스크 식별, 부정 행위 방지 요소 실행 및 상부에서의 적절한 기조 형성을 평가해야 한다. 감사위원회에 의한 적극적인 감독은 적절한 부정 행위 방지 문화 조성에 대한 경영진의 의지를 강화하는 데 도움이 될 수 있다."[16] 임원을 감독하는 감사위원회의 역할은 부정한 재무 보고 및 내부 통제 전복 또는 공모에 대한 잠재적 리스크 감독도 포함해야 한다.[17]

회사의 긴급 구조원 first responder

오늘날 CCO는 단기간 동안에 회사 내에서 가장 중요한 사람 중 하나가 되었다. CCO는 문제가 있다는 최초의 신호에 대해 조치를 취하는 '긴급 구조원'인 경우가 많다. CCO들은 긴급 구조원들과 마찬가지로 신속하고 단호한 조치로 피해를 최소화할 수 있다. 이들이 없다면 피해가 치명적일 수도 있다. 나쁜 CCO가 회사를 어떻게 망칠 수 있는지에 대한 예로는 컴플라이언스 인사이트 9.4의 앱톡스 AbTox Inc.에 대한 사례를 보라.

CCO의 역할에는 선제적인 노력과 사후 대응적 노력이 있는데, 충분한 효과를 보기 위해서는 양자 모두를 강조해야 한다. "선제적인 노력은 범죄 예방과 회사의 윤리적 행동이라는 칭찬할 만한 목표를 강조할 필요가 있다. 대응적 노력은 회사가 의문스럽고 불법적일 수 있는 행동이 발생했음을 알게 된 후 얼마나 잘 대응하는지를 측정한다."[18] CCO는 임원들의 강력한 지원을 받아 자신의 조직에 세계적인 수준의 컴플라이언스 프로그램을 구축하고 이 프로그램의 효과성을 유지할 1차적 책임을 지고 있다. 법률 고문이 CCO이지만 일상 업무는 컴플라이언스 담당 이사 등 직속 부하에게 위임하는 회사도 있다. 부록 B에 컴플라이언스 프로그램 헌장 표본이 수록되어 있다.

최고 컴플라이언스 책임자

컴플라이언스 프로그램 도입과 지속적인 성공에는 컴플라이언스 책임자가 중요하다. 자격이 잘 갖춰진 컴플라이언스 책임자를 찾아내 채용하는 것은 간과할 수 없는 모범 관행 중 하나다. 전직 검사와 연방 정부 관리들은 컴플라이언스 프로그램에 유익을 줄 수 있는 풍부한 경험을 갖추고 있다. 기업 고문 변호사 협회의 부사장인 수잔 해캣Susan Hackett은 "전직 정부 관료를 회사의 직원으로 영입하는 것은 컴플라이언스 프로세스의 고결성에 확실한 신임장을 가져온다"고 말한다.[19] 예를 들어 CA Inc.가 2005년에 팻 나조Pat Gnazzo를 고용했을 때 신설된 컴플라이언스 프로그램은 즉각적인 신임을 받게 되었다.

유능한 CCO 채용은 모범 관행 중 하나지만 그것이 전부는 아니다. 컴플라이언스 프로그램이 효과적이려면 CCO가 조직 내에서 높은 지위를 부여받아야 한다. 존재감이 있는 CCO는 전반적인 컴플라이언스 프로그램의 중요성을 강화하고 회사의 정책과 절차뿐만 아니라 항상 법률

2006년 최고 컴플라이언스 및 윤리 책임자의 주된 직무

컴플라이언스 및 윤리 리더십 위원회 2006년 설문 조사 결과

① 컴플라이언스 및 윤리 연수 프로그램

② 컴플라이언스 및 윤리 정책 및 절차 개발

③ 컴플라이언스 리스크 식별/평가/모니터링

④ 윤리강령

⑤ 헬프라인 운영

⑥ 컴플라이언스 및 윤리 정책과 절차 위반 징계

⑦ 관련 법규 준수에 관한 동향 모니터링 및 해석

⑧ 컴플라이언스 위반 조사

⑨ 감독 당국과의 관계 관리

⑩ 문서기록 관리

의 문구나 정신도 따르는 것이 절대적으로 필요함을 설명할 수 있다. 이를 달성하는 가장 좋은 방법은 CCO가 집행 임원으로서 CEO와 이사회에 이중으로 보고하는 것이다. 고결성, 명성, 독립성 및 권한은 CCO에게 강력한 무기가 된다. FSGO는 컴플라이언스 프로그램을 구축하고 이를 강제하기 위해서는 '적절한 자원'을 갖출 필요가 있다고 언급한다. 회사는 최소한 고도로 숙련되고 적절한 권한을 가진 직원을 보유함으로

써 컴플라이언스 프로그램상의 직무를 성공적으로 수행하도록 지원해야 한다. 이는 특히 많은 국가에 직원을 두고 있는 글로벌 기업에는 더욱 필요하다. 「포춘」 선정 500대 기업 중 컴플라이언스 실패를 겪었던 한 회사의 법률 고문이 연방 검사에게 컴플라이언스 실패의 원인은 이 사건의 발생을 탐지하고 방지할 충분한 회사 조사역이 없었기 때문이라고 말한다고 상상해 보라. 검사들은 그런 변명을 귀담아 듣지 않을 것이다.

컴플라이언스 및 윤리 부서 직원의 표본 직무 기술서

효과적인 컴플라이언스 프로그램에는 컴플라이언스 기능의 다양한 영역을 담당하는 직원들이 포함된다. 때로는 이러한 책임들이 겹치기도 하지만 개별 직원의 직무 및 각자의 역할과 책임에 대한 표본을 아래에 기술한다.

컴플라이언스 기획 담당자는 윤리 및 컴플라이언스 교육 프로그램과 컴플라이언스 시스템 솔루션을 고안하고 이것들이 적절히 시행되게 한다. 이 직무의 일부로서 기획 담당자는 컴플라이언스 및 윤리 관련 필요와 문제들을 식별하고 이에 적절히 대응하며 컴플라이언스 요건들을 충족시키기 위해 문서 보관 정책을 검토 및 개발한다. 기획 담당자는 컴플라이언스 교육 프로그램 수행 계획과 실행, 연수 대상에 따른 연수 내용 조정 등 같은 다양한 사안들에 대해 법무, 인사 및 내부 감사 부서 등과 협력한다.

글로벌 윤리 및 컴플라이언스 보좌관의 직무에는 회사의 헬프라인 감독, 사례 관리 추적 및 감독, 모니터링 조사, 데이터 베이스 및 보고 체계 유지 등이 포함될 수 있다. 컴플라이언스 보좌관은 비즈니스 부문과 컴플라이언스의 파트너십을 구축하는 책임도 담당한다.

조사 관리자는 글로벌 조사 프로세스와 전반적인 사례 관리 프로세스를 관리한다. 이 직원은 사례 보고서를 작성하고 경영진에게 보고서를 제공하며 컴플라이언스 연수 도구 개발에 도움을 준다.

비즈니스 및 윤리 연수 이사는 컴플라이언스 조사를 감독하고, 직원들의 연수를 조율하며 일부 연수를 직접 담당하고 직원들의 자격증을 감독한다.

기록 관리자는 회사 차원의 기록 관리 정책과 실행을 감독한다. 기록 관리자는 CCO에게 직접 보고하며 새로운 기록 관리/보관 정책을 시행하고 수기 기록과 전자 기록 관리를 추적하며 문서 보관 정책에 대해 직원들을 교육시키고 필요할 경우 이를 업데이트한다.[20]

조직 구조

기업들은 대개 컴플라이언스 프로그램을 법무 부서에 두고 컴플라이언스 업무 경험이 있는 변호사가 감독하게 했다. 새로 구축되었거나 소규모의 컴플라이언스 프로그램은 법무 부서의 일부인 경향이 있는 반면 아래에서 논의되고 새로 설계되는 프로그램들은 많은 비즈니스 부문과 협력한다. 기업들이 이용하는 컴플라이언스 프로그램에는 대개 4가지 방법이 있다. 처음의 두 방법은 윤리 및 컴플라이언스 프로그램을 법무 부서 밖에 두는 반면 뒤의 두 가지 방법은 이를 법무 부서 내에 둔다. 이들 조직 모델 및 관련 리서치의 출처는 기업 임원 위원회Corporate Executive Committee인데 동 위원회의 허락을 받아 이곳에 게재한다.

첫째 모델에서는 컴플라이언스 프로그램은 리스크 관리 부서의 일부다. CCO는 최고 리스크 책임자CRO에게 보고한다. 이는 대개 컴플라이언스 책임자가 리스크 및 익스포져exposure 최소화에 초점을 두고 윤리에는 공식적인 관심을 덜 기울인다는 점을 의미한다. CCO의 지휘 아래 컴플라이언스 이사들이 각 비즈니스 본부의 컴플라이언스 프로그램을 감독한다. 이 모델은 대개 은행이나 금융 서비스 회사들과 같이 상당한 컴플라이언스 요건으로 규제되는 회사에 의해 채택된다. 이 구조는 CCO가 부상하는 리스크를 식별하고 이에 신속히 대응할 능력을 강화시켜 준다. 컴플라이언스는 운영 리스크 관리 프로세스로 통합되어 컴플라이언스 리스크와 다른 비즈니스 리스크들 사이의 상호 관계를 더 잘 이해하게 해 준다. CCO가 CRO에게 직접 보고하는 관계는 컴플라이언스 리스크를 보다 잘 예방하고 탐지하도록 촉진한다. 그러나 리스크 틀을 통해 컴플라이언스에 접근하면 비즈니스 윤리에 대한 인식 증진을 덜 강조할 수 있으며 CEO에 대한 직접적인 접근 결여는 컴플라이언스 및 윤리에 대한 우선 순위에 영향을 줄 수도 있다.

두 번째 모델에서는 CCO가 CEO에게 직접 보고한다. 이 모델은 의료업과 같이 규제가 심한 산업에서 성행하고 있다. 기업 거버넌스 위기 뒤에 이를 재구축하는 기업들도 적정한 권한과 자원을 가진 독립적인 컴플라이언스 및 윤리 프로그램을 만들기 위해 이 모델을 사용하기도 한다. 이 모델에서는 컴플라이언스 책임자가 자율적으로 업무를 수행하며 전사적 컴플라이언스 정책을 지원할 예산을 상대적으로 많이 보유한다. CCO는 보다 자유롭게 컴플라이언스 프로그램의 강조점을 설계하고 부하인 컴플라이언스 담당 이사를 관리한다. 독립적이며 격상된 CCO의 지위와 CEO에 대한 접근권은 컴플라이언스 프로그램에 즉각적인 권위와 위상을 가져다준다. 비즈니스 부문과의 직접적인 관계로 컴플라이언스 부문의 비즈니스 의사 결정 과정 참여가 증진된다. 이 구조는 주주들에게 회사가 법규 상의 최소 컴플라이언스 요건을 뛰어넘기 위해 애쓴다는 점을 전달한다. 이와 같은 높은 위상과 증가된 예산으로 인해 컴플라이언스 목표를 달성하라는 압력과 이 비용이 가치가 있음을 회사에 입증하라는 압력도 높아진다.

컴플라이언스 담당자에게 필요한 역량 및 역할과 책임

① 문제 해결 및 의사 소통 기법
- 컴플라이언스 및 윤리 위반에 대한 징계 조치를 품의하고 집행한다.
- 상급자와 컴플라이언스 및 윤리 담당 임원에게 사고와 법규 위반을 보고한다.
- 내규에 관한 직원들의 질의와 우려에 응답한다.

② 프로그램 관리프로젝트 관리, 부서간 조정
- 컴플라이언스 리스크 평가 프로세스 입안과 도입 등 비즈니스 부문에 시행되는 신규 핵심 프로젝트를 관리한다.
- 컴플라이언스 및 윤리 부서의 추진 사항을 조직 전체에 시행하기 위한 계획을 수립하고 이의 시행에 관해 타 본부와 협력한다.

③ 비즈니스 본부와의 파트너십연수 및 지속적 지원
- 컴플라이언스 및 윤리 프로그램 활동이 비즈니스 목표와 정렬을 이루고 비즈니스 활동에 통합되게 한다.

· 컴플라이언스 및 윤리 연수 프로그램 개발을 주도하고 고안된 연수 프로그램에 대해 비즈니스 부문과 협력한다.

· 비즈니스 부문의 임원을 면담하고 이들에게 컴플라이언스 및 윤리 프로그램의 주요 내용을 보고하며 이 프로그램이 적정하게 인식되게 한다.

④ 관련 사안에 대한 전문성 법률 분야 전문성

· 감독 당국의 시책 및 정책을 시행함에 있어서 특별 조언과 지원을 제공한다.

· 특수한 정책 이슈 내부자 거래, 자금세탁 등에 대해 비즈니스 부문 임원과 관리자들에게 정기적으로 생생한 연수와 교육을 제공한다.

⑤ 업계 지식

· 변화하는 법률 준수 요건을 충족시키게 하는 프로세스를 공식화하도록 도움을 준다.

· 본부 및 부서별 핵심 임직원의 특수한 연수 계획과 과정을 개발한다.

컴플라이언스 및 윤리 리더십 위원회, 기업 임원위원회, 워싱턴 DC ⓒ 2005의 허락을 받아 게재함.

세 번째 모델은 소규모 컴플라이언스 프로그램을 법무 부서 내에 둔다. CCO는 법률 고문에게 보고하며 컴플라이언스 프로그램은 법무 부서의 전체 예산 중에서 제한된 재량권을 가진 예산으로 운영된다. 컴플라이언스를 전담하는 이사가 아닌 비즈니스 부문에서 컴플라이언스 및 윤리를 겸임하는 직원이 컴플라이언스 본부와 연락한다. 이 모델은 감독 규정상의 의무가 크지 않은 회사에서 가장 흔하게 발견된다. 여기에서는 대개 감독의 강도가 세지 않은 점에 걸맞게 컴플라이언스 직원이 적다. 법률 고문과의 직접적인 관계는 법적인 우선 순위와의 명확한 동조를 증진하며 컴플라이언스 담당 직원은 연수 입안, 조사 조율 및 전사 차원의 컴플라이언스 제도에 초점을 맞출 수 있다. 그러나 이 구조하에서는 컴플라이언스 활동을 전사적으로 조정하거나 부상하는 이슈에 신속하게 대응하는 능력이 제한된다. 또한 CEO에 대한 직접적인 접근의 제한은 컴플라이언스 프로그램이 비즈니스 부문의 수장과 직원들에게 충분한 신뢰를 받지 못함을 의미한다.

네 번째는 법무 부서 내에서 분권화된 모델이다. 이 모델은 소비자 상품이나 음식료 업체와 같이 감독의 강도가 낮고 분권화된 회사들이 주로 사용한다. CCO는 법률 고문에게 보고하지만 컴플라이언스 부서는 대부분 비즈니스 부문 내에 위치한다. 각자의 비즈니스 부문은 자신의 컴플라이언스 의무에 대해 책임을 지며 직원들에게 컴플라이언스 이슈들을 다루도록 임무를 부여한다. 비즈니스 부문 직원이 책임을 지게 되므로 연수 및 의사 소통은 현지의 필요에 맞춘다. 직원과 각 비즈니스 부문의 전문가에게 책임을 지움으로써 컴플라이언스 및 윤리 제도에 대한 현지의 주인의식을 증진한다. 그럼에도 불구하고 이러한 분권화된 구조에는 결점이 있다. 이는 완전히 발달한 컴플라이언스 조직이 아니기 때문에, 컴플라이언스 활동을 관리하기 위해서는 다른 부서와의 폭넓은 협업이 요구된다. 컴플라이언스 문제를 다루기 위해 다른 부서와 그들의 직원에 의존하다 보니 이미 확립된 부서의 다른 이해관계와 컴플라이언스 이슈가 상충할 수도 있고 각 부문마다 가이드라인이 달라서 부문 간의 일관성이 결여될 수도 있다.[21]

적절한 컴플라이언스 조직 모델 구축하기

기업이 법률 고문에게 보고했던 이전의 컴플라이언스 모델을 버리고 자율성과 이사회의 직접적인 감독, 그리고 이사회와의 공식적인 관계를 강조하는 새로운 모델로 옮겨 가고 있다. 2006년 조사는 46%의 컴플라이언스 및 윤리 담당 책임자들이 자사의 컴플라이언스 기능을 재설계할 계획이거나 현재 재설계 중임을 보여 주었다. 2005년 조사에서는 컴플라이언스 및 윤리 책임자의 48%만이 법률 고문에게 보고했는데 이는 2002년의 74%에서 낮아진 수치다.

몇 가지 요인들이 이런 변화를 가져 왔다. 컴플라이언스 부서를 법률 고문 담당 부서에서 분리하면 리스크 및 위반을 발견해 내는 컴플라이언스 부서의 목표와 회사의 법적 책임을 최소화하는 법률 부서의 목표 사이의 이해 상충 가능성을 피할 수 있다. 컴플라이언스 책임자는 다른 부서로부터의 간섭 없이 위법 행위를 조사하고 보고할 수 있어야 한다. 사베인-옥슬리법 이후의 윤리적 문화 및 상부에서의 기조 강조 또한 이러한 변화를 이끌었는데 이는 법률 부서의 전형적인 임무와 다르며 이를 성공적으로 수행하기 위해서는 법률 부서와는 다른 종류의 역량을 필요로 할 수도 있기 때문이다. 이러한 우선 순위 변화로 법무 부서의 전형적인 목표인 법적 책임 회피를 위한 법률적 역량보다는 '비법률적' 역량이 강조되었다. 또한 이사회는 컴플라이언스 및 윤리 부문에 대한 자신들의 감독 능력을 개선하기 원하는데 그들은 컴플라이언스 책임자들과의 보고 관계를 유지함으로써 이를 달성한다.

컴플라이언스 및 윤리 책임자는 CEO와 이사회에 직접 보고함으로써 조직 내에서 더 많은 영향력을 행사할 수 있다. 비즈니스 부문의 임원들이 컴플라이언스 프로그램이 CEO의 지원을 받는다는 것을 알게 되면 컴플라이언스 및 윤리 관련 요소에 대해 딴죽을 걸 가능성이 낮아진다.[22]

어느 상장 기업의 최고 회계 담당 임원이 중국에 있는 자사 임원 중 한 명이 윤리적 난국에 대처한 이야기를 들려 주었다. 이 임원은 한 중국 회사에 서비스를 제공하기 위해 협상하고 있었다. 중국 회사 측의 협상 대표는 비즈니스를 확보하려면 뒷돈이 제공되어야 한다는 점을 명백히 했다. 이 임원은 자신의 고결성 및 윤리를 희생하기보다 수익성이 매우 높을 가능성이 있는 계약을 포기했다. 이 사건은 CCO와 내부 감사를 포함한 고위 지도자들에게 보고되었다. 그 후 이러한 윤리적 탈선 가능성에 직면해서 회사가 어떻게 올바르게 처신했는지에 대한 모범 사례로 작성되어 모든 직원들에게 보내졌다. 이는 효과적인 컴플라이언스가 작동한 훌륭한 예다.

Compliance Insight 9.4

추악한 행위를 씻어낼 수 없다

CCO가 CEO나 부정직한 회계사들과 나란히 끌려가는 모습을 보는 것이 일반적이지는 않지만 그들이 자신의 행동에 대해 기소를 면제받는 것은 아니다. 검사들은 상황이 정당화될 경우 CCO를 기소하는 데 어려움을 느끼지 않는다. 일리노이 주 문델레인에 소재한 앱톡스 사AbTox Inc.의 전직 규제 관련 업무 담당 부사장이자 CCO 로버트 릴리Robert Riley는 사기 혐의로 연방 법원에 기소되어 처벌된 CCO 중 한 명이다. 그는 6년 징역형을 선고받았으며 앱톡스의 사장 겸 CEO는 10년 형을 받았다.[a]

앱톡스는 의료 기구, 특히 소독기를 제조하여 병원에 판매했다. 앱톡스는 자사 제품 판매에 필요한 식품의약국FDA의 승인을 받는데 어려움을 겪다 마침내 용도가 매우 제한된 소형 제품의 승인을 받았다. 그러나 앱톡스는 범용 대형 제품들에 필요한 승인을 받지 못했음에도 불구하고 병원을 속여서 이 제품들을 팔았다. 앱톡스는 자사 제품이 안전하며 사용 승인을 받은 것처럼 보이도록 하려고 중요한 사실에 대해 수많은 허위 정보를 제공했으며 심지어 '독립적인' 외부 회사를 통해 자사 제품을 검증하기도 했다 이 외부 회사는 앱톡스의 자회사였지만 이 사실은 공개되지 않았다.[b] 심리시에 여러 병원의 관리들은 그 제품이 FDA의 승인을 받지 못했음을 알았더라면 구입하지 않았을 거라고 증언했다. 피고는 FDA로부터의 수많은 경고와 중지명령에도 불구하고 판매를 계속했다.[c]

설상가상 격으로 이 회사의 소독기를 사용하여 살균한 놋쇠 기구에 녹청색 찌꺼기가 생겼다. 앱톡스는 찌꺼기에 대해 문의하는 병원의 우려를 묵살하면서 자사의 기구들은 전적으로 안전하며 찌꺼기가 생겨난 이유는 소독기를 사용하기 전에 완전히 건조시키지 않았기 때문이라고 말했다. 앱톡스가 자사의 한 연구원이 제안한 바와 같이 찌꺼기에 대한 간단한 테스트를 실시했거나 의학 문헌을 대충 살펴보기만 했어도 사람의 눈에 해롭다는 것을 알 수 있었을 것이다.[d]

병원들로부터의 이러한 우려들이 직접 릴리에게 전달되었다. 릴리는 찌꺼기가 무해하다고 말하는 독성학毒性學 보고서를 병원에 배포했다. 그러나 독성학자의 보고서는 릴리가 제공한 제한적이고 선택적인 정보에 기초했으며 그나마 배포되기 전에 편집되었다. 릴리는 사실 관계를 왜곡하기 위해 독성학자에게 고의로 불완전한 정보를 제공했다. 이 찌꺼기는 사소한 안구 수술 도중 25명이 넘는 환자들에게 부상을 입혔으며 그 중 18명이 한쪽 시력을 잃었다. 릴리는 이러한 부상에 대한 보고에 대응하지 않았으며 조사를 실시하지도 않았고 법률에서 요구하는 대로 FDA에 보고하지도 않았다.[e] 릴리는 다른 사람들에게 이 부상은 자사의 살균 프로세스의 부산물이 아니라 비누에 의해 야기되었다고 말했다.

병원들이 앱톡스의 제품 사용을 중지하자 부상도 발생하지 않았다. 이러한 와중에 앱톡스는 FDA에 인증 갱신을 신청했다. FDA는 또 다시 제품의 결함들을 지적하며 인증 신청을 기각하고 판매 중지 명령을 내렸다. 릴리는 카푸토 사장에게 이 명령서의 사본을 주었으나 이를 비밀로 하면서 소독기를 계속 판매했다. 나중에 FDA가 사고 보고서를 제출하라고 하자 릴리는 상당한 증거에도 불구하고 눈의 부상에 대해 비누를 비난하는 거짓된 보고서를 제출했다. 릴리와 카푸토는 모든 문제들이 잘 처리되고 있으며 FDA의 승인이 임박했다고 거짓말을 하면서 직원과 고객을 안심시켰다.[f]

종합적으로 볼 때 "피고 카푸토와 릴리는 사실상 FDA와 고객에게 미끼 전술을 구사하여 한 소독기에 대한 승인을 받았지만 이 승인을 이용하여 다른 상품을 팔았다. 피고들은 FDA 측의 압력으로 이 회사가 1998년 4월 7일 문을 닫을 때까지 거짓과 기만으로 법률과 FDA의 지침을 어기고 승인 받지 않은 대형 소독기를 계속 판매했다. 그동안 앱톡스는 미국에서 168대의 불법 소독기를 판매하여 후에 천육백만 달러가 넘는 손실을 발생시켰다."[g]

심리시에 배심원은 두 피고 모두를 공모, 사기, 우편 사기, 전화 사기 및 주간州間 상거래에 변경되거나 부정 표시된 기구를 도입한 혐의로 기소했다. "법원과 배심원은 피고들이 궁극적으로 대중을 위험에 빠뜨린 불법적인 소독기를 판매함으로써 FDA와 관련 병원들을 대상으로 고질적이고 방대한 사기 행각을 벌였다는 유력한 증거를 제시했다."[h] 그러나 이런 증거에도 불구하고 피고 카푸토와 릴리는 자신들의 위법 행위를 인정하지도 않았고 책임을 지려 하지도 않았다. "선고시에도 피고들은 단지 기술적이고 규제에 관한 위반으로 기소되었다고 믿는 것이 명백했다.…FDA로부터의 반복적인 훈계와 경고에도 불구하고 피고들은 과학 지식과 산업 지식 면에서 FDA보다 낫다고 믿고서 자신들을 법 위에 두었다. 본질적으로 피고들은 FDA가 성가신 규제이며 여러 가지 현혹적이고 가장된 복종을 통해 이를 무력화시킬 수 있다고 생각했다."[i]

이 사례의 사실 관계를 볼 때, 우리는 "이보다 더 지독한 기업 범죄를 상상하기 어렵다."[j]는 루벤 카스틸로Ruben Castillo 판사의 평가에 동의할 수밖에 없을 것이다. 또한 이보다 더 지독한 컴플라이언스 실패도 상상하기 어렵다. 앱톡스의 최고 컴플라이언스 책임자가 범죄에 일익을 담당했으며 사기를 은폐했다. 앱톡스의 컴플라이언스 프로그램은 "위에서부터 아래까지 전적인 실패작이었다."[k] 카푸토는 릴리가 컴플라이언스 업무를 효과적으로 수행하지 않으리라는 점을 알았기 때문에 책임자로 선택했다. 릴리는 앱톡스의 CCO로 지명되기 전에 컴플라이언스 연수를 전혀 받지 않았고 이 분야의 경험도 없었다. 카푸토는 릴리를 조정하고 조절할 수 있음을 알았고 이에 따라 불법적인 책략을 계속할 수 있다고 확신했다.[l] 카푸토가 릴리를 지배하기는 했지만 릴리도 이 사기 사건의 자발적이고 적극적인 참여자였다. 그도 카푸토처럼 감옥에 갔다. 카스틸로 판사는 미국 양형 위원회의 부의장으로 컴플라이언스 프로그램 및 양형 가이드라인을 잘 알고 있기 때문에 피고들은 가혹한 선고를 예상했어야 했다.

릴리와 카푸토는 컴플라이언스 프로그램에서 하지 말아야 할 모든 것에 대한 본보기가 되고 있으며 컴플라이언스를 심각하게 받아들이지 않을 경우 가혹한 결과를 맞이할 수 있으므로 이를 심각하게 받아들여야 한다는 점을 상기시켜 주고 있다.

---

a) United States v. Caputo, at al, Memorandom Opinion and Order, No.03 CR 0126 (N.Dist. Ⅱ 2006), 2쪽.
b) 위의 글, 7-8쪽.
c) 위의 글, 5-6쪽.
d) 위의 글, 10쪽.
e) 위의 글, 11쪽.
f) 위의 글, 13-14쪽.
g) 위의 글, 14쪽.
h) 위의 글, 22쪽.
i) 위의 글.
j) 위의 글, 23쪽.
k) 위의 글, 26쪽.
l) 위의 글.

요소 3 : 금지 대상자 배제를 위한 합리적인 노력

연방 조직 양형 가이드라인은 상당한 권한을 지닌 사람들이 불법 행위에 관여하거나 컴플라이언스 및 윤리 프로그램에 부합하지 않는 방식으로 처신하지 않도록 합리적인 노력을 기울일 것을 요구한다. 기업들이 질문해야 할 항목은 아래와 같다.

· 회사는 현재 및 장래의 임원 고용 시 배경을 점검하는가?
· 회사는 모든 직원들에 대한 배경을 점검하는가?
· 회사는 특정 위반 행위가 미국의 유가증권법 하에서 공시를 필요로 할 정도로 중대한지를 결정하는 절차가 있는가?
· 컴플라이언스 및 조사 팀은 적시에 철저하고 전문가다운 조사를 수행할 준비가 되어 있는가?

· 회사가 기업 비리 행위를 신속하게 알아내고 이에 대응할 수 있는 장치는 무엇인가?

· 회사는 특정 컴플라이언스 실패 이유에 대한 근원 분석을 수행하는가?[23]

금지된 사람을 배제시키는 최선의 방법은 애당초 그 사람을 고용하지 않는 것이다. 어떤 사람이 과거에 행한 행동이 그 사람이 향후 어떻게 행동할지에 대한 최선의 지표이기 때문에 철저한 배경 조사를 통해 이를 파악할 필요가 있다. 모든 신규 채용시 배경 점검이 의무화되어야 하는데 이에는 범죄 기록 점검 · 신용 기록 · 민사 소송 · 교육 · 전문 자격증 및 소개 내용 확인 등이 포함되어야 한다. 민감한 자리일수록 필요한 배경 검토 수준이 높아진다.

하지만 이력서 과대 포장과 속임수가 만연해 있다. 한 임원 채용 알선 회사는 모든 이력서 중의 40%는 다소의 거짓을 포함하고 있을 것으로 추정한다.[24] 전형적인 거짓 진술에는 학력 위조, 업적 과장, 직위 및 급여 과장, 기술 및 능력에 대한 거짓말과 학교 성적 과장 등이 있다. 라디오새크RadioShack의 이전 CEO는 그가 받았다고 주장한 학사 학위에 관한 의문이 제기되자 2006년 2월 사임했다.[25] 이 임원과 다른 임원들의 이력서 과대포장에 관한 대중 매체의 보고서가 많지만 이 슬픈 경험으로부터 교훈을 얻지 못하는 임원들도 있다.

2007년 6월 세계 최대의 호텔 체인인 인터컨티넨탈 호텔의 아시아 태평양 지역 최고 경영자는 그의 이력서에서 코넬 대학교와 호주의 빅토리아 대학교에서 학위를 받았다고 허위로 주장했다.[26] 회사의 한 관계자는 익명을 조건으로 "그는 빅토리아 대학교와 코넬 대학교에서 수강은 했지만 우리가 아는 한 어느 대학도 졸업하지 않았습니다."라고 말했다.[27] 컴플라이언스 업무를 훌륭히 수행하려면 이력서의 모든 항목에 대한 철저한 배경 점검이 이뤄져야 한다.

이러한 배경 점검은 인수 합병을 통해 들어 오는 직원에 대해서도 행해져야 한다. 직원들의 배경을 안다는 것은 컴플라이언스 프로그램의 요소 준수에 있어서 중요한 항목이다. 많은 인수 사례의 경우 유서 깊은 대형 회사가 컴플라이언스 프로그램이 없을 수도 있는 소규모 미상장 기업을 매입한다. 한 가지 예를 들어 보자면 나는 직원들이 비용 보고서 오용에 대해 눈감아 주는 회사에 대해 들어 본 적이 있다. 이 회사는 아주 작았고 적정한 안전 장치나 통제가 없었다. 직원들은 개인 비용을 허위로 회사 비용으로 청구하는 것을 아무도 문제삼지 않는 부수입으로 여겼다. 이 작은 회사가 나중에 대형 회사에 인수될 경우 그 직원들은 "부수입"을 기꺼이 포기하겠는가 아니면 사기 행각을 계속하겠는가?

모든 회사가 직원 채용시에는 어떤 형태로든 배경 점검을 하겠지만 이후에도 점검을 하는 회사는 아주 드물다. 직원에게 일어난 사건이 그들에게 영향을 줄 수 있기 때문에 우수한 직원이라 해도 회사는 그들의 삶에 일어난 변화를 알아야 한다. 가정 폭력으로 인한 체포 및 기소는 특히 부부가 같은 회사에 근무할 경우 직장에서의 심각한 결과가 초래될 수 있다는 징후일 수 있다. 횡령으로 인한 체포는 해당 직원이 재무 분야 업무를 담당할 경우 매우 큰 의미가 있을 수 있다. 관련 있는 사항들은 모두 고용주에게 알려져야 한다. 모든 범법 행위가 업무를 위협하는 것은 아니며 심지어 업무와는 무관할 수도 있지만 회사는 해당 직원에 대한 고용을 유지할지 또는 그 직원을 승진시킬지 등과 같은 고용 관련 의사 결정을 내릴 때 최소한 이러한 사실에 대해 알고는 있어야 한다. 개인의 성격 또는 범죄 행위 유형을 반영하는 위법 행위들은 회사에 대한 적신호가 되어야 한다. 따라서 전과前科, 신용 상태 및 소송에 대해 정기적으로 업데이트하는 것이 모범 관행으로 권고된다. 직원들에게 관련 있는 사건들을 자진 신고하도록 요구하는 정책을 두는 것에 대해서도 고려해 봐야 한다. 또한 직원들이 재무적 위험과 평판 위험이 더 큰 분야에서 고위직으로 승진할 때에도 그들의 배경을 새로 점검해야 한다.

조사에 의한 대응

컴플라이언스를 절실하게 수용하기를 원하는 회사는 부정 행위에 맞서 싸우는 부서가 필요하다. 견고한 부정 행위 방지 프로그램에는 부정 행위 리스크 평가, 적발, 교육, 부정 행위 문제에 대한 인식 및 예방, 부정 행위에 대응한 조사 등이 포함된다. 그러나 예방 프로그램이 아무리 훌륭하다 해도 모든 부정 행위를 다 막지는 못한다. "그러므로 모든 예방 프로그램에는 회사의 조사관들이 부정 혐의에 대해 신속히 대응할 수 있는 권한이 필요하다. 부정 행위 조사 부문이 부정 행위 적발, 조사 및 예방에 책임을 져야 하며, 경영진과 감사위원회로부터 전폭적인 지원을 받아야 한다."[28]

회사에 설치되는 조사 부서에는 경험 있는 부정 행위 조사관들을 배치할 필요가 있다. 부정 행위 기법의 복잡성과 부정 행위의 수많은 형태로 인해 부정 행위 적발 및 조사 분야에서 전문가가 되기 위한 경험과 기술을 쌓는 데에는 장기간이 소요된다. 전직 사법 전문가, 회사 조사관,

과학 수사 회계사, 광범위한 조사 경험을 지닌 사람과 관련 분야 자격증 소지자들을 채용하는 것도 고려해봐야 한다. 공인 부정 행위 조사관 Certified Fraud Examiner;CFE, 공인 보호 전문가Certified Protection Professional;CPP, 전문 공인 조사관Proferssional Certified Investigator;PCI, 공인 컴플라이언스 및 윤리 전문 가Certified Compliance and Ethics Professioanl;CCEP, 공인회계사CPA와 고도로 숙련된 조사 및 과학 수사 전문가들이 모든 조직체의 컴플라이언스 부서의 일원 이어야 한다. 조사관들은 이러한 조사 기법을 활용할 뿐만 아니라 변화의 동인動因이 되고 부정 행위 예방의 중요성에 대해 고위 경영진및 그 아래의 모든 직급을 설득하는 컴플라이언스의 목소리를 내야 한다.[29]

이러한 부정 행위 분야 전문가 채용은 높은 고결성에 대한 회사의 의지를 보여 주는 것이며 회사는 그들의 도움으로 견고한 부정 행위 예방 및 조사 프로그램을 받아들일 수 있게 된다. 이들의 노력이 결실을 맺게 하기 위해서는 그들의 기량이 첨단 기술과 자원으로 뒷받침되어야 한다. 조사 담당 직원들에 대한 지속적인 연수도 요구된다. 특히 조사 절차, 고용 관계 법률 및 기타 법적인 측면 등을 중심으로 최소 연 40시간의 연수를 받도록 권장된다. "회사가 부정 행위 혐의에 대해 신속하고 적절하게 대응할 준비가 되어 있고, 대응할 의지가 있으며, 대응할 능력이 있음을 알릴 필요가 있다."[30]

수행되는 모든 조사에 대한 조사 틀을 개발하는 것도 고려해야 한다. 이 틀은 탁월한 조사와 감독을 위해 상세한 단계적 절차를 제공할 것이다. 컴플라이언스 이슈에 대해 어떻게 검토 및 조사 결정이 내려져야 할지에 대해 받아들이는 과정이 필요하다. 누가 어떤 감독하에서 실제로 조사를 수행할지를 결정하는 업무 배정 과정도 포함되어야 한다. 조사 시작 전에 조사 범위 및 모든 관련 요소들을 정하는 상세한 조사 계획이 작성되어야 한다. 어떤 문서들을 분석할 것인가, 조사 절차에서 어떤 도구들이 필요할 것인가, 누가 조사 팀장이 될 것인가, 인사 부서 · 법무 부서 및 조사 관련 업체 등으로부터 조사에 관해 어떤 도움이 필요할 것인가, 조사 완료일 및 조사의 다른 핵심 요소들이 계획에 포함되어야 한다.

조사관의 윤리강령

조사관에 대한 특별 윤리강령 제정도 고려해 볼만한 모범 관행 중 하나다. 과거 수년 동안 「포춘」 선정 500대 기업에 대한 대중 매체 기사의 초점은 회사 조사관과 내부 조사 과정의 역할에 맞춰져 왔다. 조사관들의 행동에 관해 많은 문제들이 제기되었는데 이에는 직원이나 언론인에 대한 염탐, 감시 기법, 핑계와 속임수를 이용한 개인 정보 획득 및 기타 의문스러운 조사 기법 등이 포함된다. 그 결과 기업체의 조사 담당 부서에 대해 감독을 더 강화하게 되었다. 다른 무엇보다도 조사관들은 어떠한 편견이나 적대감 · 선입견 등으로 조사를 방해해서는 안 되며 언제나 사실 관계를 정확하고 완전하게 보고해야 한다. 따라서 전문가다운 행동 · 모범 관행 · 법률 및 정책 준수를 구현하고, 부적정하며 비윤리적인 행동을 금지하는 조사관의 윤리강령 제정은 조직체를 평판 및 재무적 리스크로부터 더욱더 보호할 수 있는 또다른 프로세스다.

1) Martin T. Biegelman and Joel T. Barrow, Executive Roadmap to Fraud Prevention and Internal Control: Creating a Culture of Compliance, (Hoboken, NJ: John Wiley & Sons, Inc, 2006년), 98~99쪽.

2) 이 가이드라인에 대해 논란이 매우 많았지만, FSGO는 대부분은 그렇지 않았다. 이 가이드라인에 대한 비판자들은 강제적인 최소 형량 및 형량의 불일치에 초점을 맞추었다. 이 가이드라인을 적용하다 보니 마약 초범이 살인자보다 장기의 징역을 선고 받는 등 때로는 터무니없고 형평에 어긋나는 결과를 초래했다. 비판자들은 또한 코카인 소지와 정제 코카인 소지 사이의 형량 차이에 초점을 맞추었다. 그러나 FSGO로 인해 이 가이드라인에 극단적인 분노가 초래되지는 않았다. 이는 부분적으로는 규정을 보다 공정하게 적용한 때문일 수도 있고, 또는 대중이 회사에 대해 덜 동정적이기 때문일 수도 있다. 좋건 싫건 간에 회사의 임원이 감옥에 가는 곤경을 치른다거나 회사가 범죄 행위에 대해 혹독한 벌금을 지불해야 한다는 사실이 대중의 분노를 야기하지는 않았다. 사실은 역사적으로 사무직 범법자들이 생산직 노동자들에 비해서 쉽게 빠져 나가는 것으로 인식되었다.

3) 미국 양형 위원회, 연방 양형 가이드라인 매뉴얼, www.ussc.gov/2004guid/CHAP8.pdf, 476쪽.

4) 위의 책

5) 연방 양형 가이드라인 매뉴얼, 476~481쪽.

6) Biegelman Barrow, Executive Roadmap, 101쪽.

7) 연방 양형 가이드라인 매뉴얼, 476쪽.

8) 위의 책

9) "Summary of the 2004 Federal Sentencing Guidelines Amendments and Recommended Action Steps," General Counsel Roundtable, 2004년 6월.

10) Biegelman Barrow, Executive Roadmap, 71쪽.

11) Douglas Allen, "50 Codes of Conduct Benchmarked: How Does Your Organization Stack Up?,", Ethisphere Magazine, 2007년 2분기 판, www.ethisphere.com/Ethisphere_Magazine_0207/50-codes-Q2.

12) 연방 양형 가이드라인 매뉴얼, 476쪽.

13) "Summary of the 2004 Federal Sentencing Guidelines."

14) Infosys Corporate Governance page, www.infosys.com/investor/corporategovernance.asp.

15) Biegelman Barrow, Executive Roadmap, 368쪽.

16) Statement on Auditing Standards 99, "Consideration on Fraud in a Financial Statement Audit," Management Antifraud Program and Controls Exhibit, American Institute of Certified Public Accountants, 2002년.

17) 위의 글.

18) United States v. Caputo, Memorandum Opinion and Order, No. 03 CR 0126 (N. Dist. Il. 2006), 26쪽.

19) Connie Guglielmo, "Hewlett-Packard Ethics Chief Tackles Spying Aftermath," Bloomberg.com, 2007년 4월 24일자, www.bloomberg.com/apps/news?pid=20601109&refer=home&sid=awZRPpHPAxH4.

20) "Establishing a Compliance and Ethics Program: Defining Staff Skills and Responsibilities," Compliance and Ethics Leadership Counsel, 2005년 10월.

21) "Establishing a Compliance and Ethics Program: Building an Appropriate Organizational Structure," Compliance and Ethics Leadership Counsel, 2005년 10월.

22) "The State of the Compliance and Ethics Function," Compliance and Ethics Leadership Counsel, 2006년 12월.

23) "Summary of the 2004 Federal Sentencing Guidelines."

24) Karen DuBose Tomassi, "Most Common Resume Lies," Fobes.com, 2006년 5월 23일, www.forbes.com/2006/05/20/resume-lies-work_cx_kdr_06work_0523lies.html.

25) 위의 글.

26) "InterContinental Hotels Executive Resigns After Resume Lies Exposed," International Herald Tribune, 2007년 6월 14일, www.iht.com/articles/ap/2007/06/14/business/EU-FIN-Britain-False-Resume.php.

27) 위의 글.

28) Martin T. Biegelman and Joel T. Barrow, Executive Roadmap to Fraud Prevention and Internal Control: Creating a Culture of Compliance, (Hoboken, NJ: John Wiley & Sons, Inc, 2006년), 239쪽.

29) 위의 책, 240쪽.

30) 위의 책, 239쪽.

Chapter 10

세계적인 수준의
컴플라이언스 프로그램 구축하기;
7가지 실행 요소
- 2부 -

Building A World-Class **Compliance Program**

"인간이 저승까지 가져갈 수 있는 유일한 것은 자신의 윤리다."

— 토머스 제퍼슨(Thomas Jefferson)

요소 4 : 기준 및 절차에 대한 연수 및 의사 소통

연방 조직 양형 가이드라인은 '회사의 컴플라이언스 및 윤리 프로그램의 기준과 절차를 포함한 기타 측면들을 정기적으로, 그리고 실질적인 방식으로 소통하기 위한 합리적인 조치들을 취하고…컴플라이언스 프로그램에 대해 효과적인 연수 프로그램을 시행하고 다양한 방법으로 정보를 제공할 것을' 요구한다.[1] 회사는 다음과 같은 사항들을 질문해야 한다.

- 회사는 리스크를 평가하여 직원들에게 적절한 연수 과목을 파악하는가?
- 회사는 직원들에게 컴플라이언스 실패에 따른 결과를 알려 주는가?
- 회사는 직원 등이 사고 및 문제에 대해 보고할 적정한 장치를 갖고 있

는가?

· 회사는 어떻게 모든 직원에 대한 연수 내용을 정하여 시행하는가?

· 회사는 조직 내에 누가 '대리인'으로 간주되는지 결정하였는가?

· 조직 내에서 연수는 얼마나 자주 제공되고 업데이트되는가?

· 기업 가치 및 법률상 이슈들은 기업 문화의 동인으로서 반드시 준수되어야 할 규칙으로 적절하게 소통되는가?

· 이사회 구성원들은 이사회 회의시나 다른 모임시 관련 연수를 제공받는가?

· 컴플라이언스 프로그램은 적정하며 주기적으로 재평가되는가?

· 회사는 연수 프로그램의 효과성을 측정하는 방법을 확립하였는가?

· 회사는 회사의 컴플라이언스 프로그램에 적용될 수 있는 모범 관행들뿐 아니라 경쟁자들이 경험한 윤리 및 컴플라이언스 실패 사례들도 파악하고 있는가?[2]

효과적인 컴플라이언스 프로그램의 중요한 요소들 중 하나는 CEO 이하 전 직원에 대한 연수다. 적절한 연수는 윤리적인 행동과 정책·절차 및 법률에 대한 조직의 의지를 강화시켜 준다. 연수는 조직의 윤리강령 및 강령의 다양한 구성 요소들을 포함해야 한다. 다뤄야 할 핵심 영역에는 이해 상충 정책, 성희롱 및 차별 금지 정책, 독점 금지, 정보 자산 보호, 부정 행위 리스크, 해외부패방지법 리스크 및 동법 준수, 컴플라이언스 이슈 및 우려 사항에 대한 내부 고발 및 보고, 보복으로부터의 보호 등이 있다. 회사의 최고위층에서부터 연수의 중요성과 전사적인 연수의 필요성을 강조해야 한다. 솔선수범은 또 다른 모범 관행 중 하나다. 그러므로 앞에서 언급한 바와 같이 회사의 지도자들이 연수 과정을 가장 먼저 마치는 사람이 되어야 한다. 연수가 강의실에서 진행될 경우 임원들은 일반 직원과 같이 필요한 연수를 받는 것을 고려해야 한다. 이렇게 하면 연수의 중요성과 상부에서의 기조를 제대로 강화할 수 있다.

전통적인 대면 교육과 온라인 연수가 모두 채택되어야 한다. 대면 교육은 더 많은 상호작용을 가능하게 해주며, 특수한 질문들이 제기될 때 강사가 이 질문에 답할 수 있는 기회를 제공해 준다. 그리고 핵심 이슈에 대한 토의를 강화하여 그 중요성을 강조할 수도 있다. 특정 집단에 대한 연수시 역할극을 포함시켜 중요한 사안에 대한 직원들의 이해도를 측정해 볼 수도 있다. 증가하는 온라인 연수를 통해 비용 대비 효과적인 방식으로 대규모 인원에게 연수를 제공할 수 있다. 온라인 연수는 지역, 언어, 직원의 담당 업무와 주제별로 맞춤 교육을 가능하게 해주며 직원들은 연수 완료 시기와 1회당 연수 분량을 스스로 결정할 수 있다. 또한 온라인 연수에서는 직원들의 연수 참여와 완료를 쉽게 추적 관리할 수 있는데 대면 교육이든 온라인 교육이든 직원의 연수 시간을 추적하여 기록하여야 하고 매년 최소 필수 연수 시간에 대해서도 고려해야 한다.

윤리강령 제정 및 배포

잘 작성되고 설득력 있는 윤리강령은 성공적인 윤리 및 컴플라이언스 프로그램의 핵심 요소다. 윤리강령은 기대되는 행동을 확립하고 이런 기대를 직원들에게 전달한다. "윤리강령은 윤리 이슈에 대한 회사의 입장을 정하고 고결성을 증진함으로써 직원들에 대한 도덕적 나침반을 제공한다. 윤리강령이 효과가 있으려면 경영진이 윤리강령을 내면화해야 하며 모든 직원들이 이에 대해 알고 윤리강령에 충실해야 한다."[3] 윤리강령 서약 프로그램은 모든 직원이 윤리강령을 읽고 이 강령이 자신에게 요구하는 것이 무엇인지를 이해하게 해 준다.

다양한 통로를 통한 윤리강령 배포는 이에 대한 인식을 높이는데 도움이 된다. 인쇄된 문서, 전자 우편, 회사의 웹사이트 및 인트라넷, 기타 이용 가능한 수단을 통해 직원들이 윤리강령을 접할 수 있게 함으로써 회사는 필요가 생길 때 직원들이 접근할 수 있는 다양한 방법을 제공해 줄 뿐 아니라 회사가 윤리강령의 내용을 중시한다는 점을 분명하게 보여 주게 된다. 윤리강령을 제정하기는 했지만 널리 알리지 않는 회사는 윤리적 의지에 대한 깊이가 전혀 없음을 보여 주는 셈이다.

회사는 윤리강령을 널리 알리는 것 외에도 윤리강령을 짧게 만들거나 간결하고 이해하기 쉬운 언어를 사용해서 쉽게 접할 수 있는 조치를 취할 수 있다. 윤리강령은 필요한 이슈들을 완전하게 다룰 수 있을 정도의 분량이 되어야 하지만 사람들이 읽기를 포기할 정도로 너무 길면 안 된다. 윤리강령을 '의미하는 바'와 '피해야 할 사항'으로 나누면 이해와 기억을 도울 수 있고 회사의 실제 사례와 참고용으로 질의 응답을 제공하면 직원들이 직면하는 회색 지대를 좀 더 잘 헤쳐나가는 데 도움이 된다. 또한 윤리강령 서약을 고과 평가에 통합시키면 직원들이 더 적극적으로 참여하도록 만들 수도 있다.[4]

윤리 기강 해이 공개하기

아무리 훌륭한 컴플라이언스 프로그램을 갖추었다 해도 조직에는 비윤리적인 행위를 하는 직원이 있기 마련이다. 그것이 인간의 본성이지만 개인적인 실패 사례들도 전체 조직의 개선을 위한 학습 기회로 삼을 수 있다. 그러므로 법규를 준수하지 않은 영향에 대해 소통하라. 이런 소통은 특정 직원이 회사 자산에 관해 형사상 범죄를 저질러 체포되는 사례 같은 중대한 컴플라이언스 위반이나 일반 대중에게 알려진 사건이 발생할 경우 특히 중요하다.

고위 지도자들은 조직 구성원들에게 이 사건이 발생했다는 사실 자체와 이 사건이 어떻게 발생하였는지, 어떻게 컴플라이언스에 실패했는지, 이런 사례가 재발되지 않도록 담보하기 위해서는 무엇을 해야 하는지에 대해 알려 줄 필요가 있다. 그러면 이런 사건이 회사가 성장하고 개선할 수 있는 학습 기회로 사용될 수 있다.

내부 의사 소통 채널의 '고결성 코너Integrity Corner' 같은 지속적인 통로를 이용하여 직원들에게 윤리 기강 해이 및 징계 조치를 공개하라. 징계를 받은 직원들의 구체적인 신상 공개는 권장되지 않지만 해당 사례에 관한 사실 관계는 학습 및 예방에 사용될 수 있다. 실제로 자사의 웹사이트에 컴플라이언스 실패로 조사 받은 건수, 이와 관련하여 해고된 직원 수, 핫라인 접수 건수 및 기타 관련 정보를 게시하는 회사들도 있다.

어떤 회사는 윤리강령 위반을 신고하는 직원에게 최대 2만 5천 달러를 지급하는 보상 시스템을 적극 홍보하고 있다. 현금 보상을 제공하는 회사는 적지만 이 회사에서는 현금 지급 제도가 매우 효과적이었음이 입증되었다. 물론 이 제도하에서도 다른 핫라인이나 보고 체계와 마찬가지로 허위 보고를 방지하기 위해 적절한 주의를 기울여야 한다.

선물 정책 및 문화 차이

대부분의 미국 기업들은 잠재적인 이해 상충을 제한하기 위해 직원들이 받을 수 있는 선물을 제한하는 정책을 가지고 있다. 조직을 보호하기 위해 이런 정책이 필요하지만 다른 나라에서는 문화 차이가 있다는 점을 이해해야 한다. 비즈니스와 관련하여 선물 수수를 제한하는 미국의 정책은 특히 그런 전통이 깊이 뿌리 박힌 아시아에서는 문화 전통과 충돌한다. 회사는 이런 전통에 세심한 주의를 기울여야 하지만, 아무도 이러한 전통에 참여하도록 압력을 받게 해서는 안 된다.

중국에서는 사회 또는 가족 행사나 음력 설날과 같은 명절에 '붉은 봉투'나 '붉은 주머니'를 준다. 붉은 봉투에 돈을 넣어서 주는 선물은 행운을 상징하며 돈의 액수도 대개는 행운의 숫자와 일치시킨다. 돈을 받는 사람이 액수에 기초하여 선물을 준 사람과의 친소親疏를 측정할 수 있게 해 주기 때문에 이런 '행운의' 선물은 중요한 사회적 전통이다. 일본과 한국에서는 흰 봉투가 사용되지만 오토시다마otoshidama라고 불리는 유사한 선물이 일본에 있다. 동남 아시아 전역에도 유사한 전통이 있다.[5]

아시아에서 사업을 영위하는 기업들은 전통을 존중하기 원하지만 이런 관행에 도사리고 있는 함정도 인식하고 있다. 예를 들어 중국에서는 붉은 봉투가 정치적 뇌물의 표준적인 행태이기도 하다.[6] 전형적인 회사의 정책은 이런 선물 수령을 권장하지 않으며 선물을 달라고 요구하는 것을 명시적으로 금지하지만 우호적인 예의 표시로서의 선물은 허용한다. 이런 정책들은 제공하는 금액을 명목적인 수준으로 제한한다. 이와 관련된 리스크를 제한하고 선물 정책에 대한 이해와 준수를 확보하기 위해서는 연수와 의사 소통이 필요하다.

연수 및 의사 소통에 관한 기타 모범 관행

· 연수는 실생활에서의 사건 및 특정 조직이 전에 당면했던 컴플라이언 스 실패 사례들을 변형해 사용하는 시나리오에 기반을 두어야 한다.

· 관리자들은 역할모델이자 멘토다. 직원들이 자신의 관리자가 윤리강 령을 따르며 솔선수범하는 것을 보게 될 때 법규를 더 잘 준수하게 된 다. 따라서 세계적인 수준의 컴플라이언스 프로그램 운영시 신참 및 고 참 관리자 모두에게 연수가 필요하다.

· 고위 지도자들은 모든 직원에게 고결성과 컴플라이언스에 대한 자신 의 지속적인 의지를 전달해야 한다. 이는 전자 우편을 통해 이루어질 수도 있으며 주기적으로 부정 행위 예방이나 지적 재산권 보호 같은 특 정한 리스크 영역에 초점을 맞출 수도 있다.

· 조직이 이용하는 거래업체와 계약직 직원들에게 연수를 요구함으로써 제3자 리스크를 다루라. 거래업체에게 부정 행위 및 이의 예방 활동에 대해 교육하면 상당한 이익이 될 것이다. 거래업체에게 자체 컴플라이 언스 프로그램이 없을 경우 그들에게 프로그램을 개발하도록 권고하 라. 이렇게 하면 그들의 조직에 커다란 가치를 가져오고 비즈니스 기회 를 강화할 것이다.

· 직원과 회사 외부인들에 의한 컴플라이언스 이슈 보고의 중요성에 대 해 계속적으로 강조하라. 이런 소통 분위기는 조직이 컴플라이언스 문 제에 대해 배우게 되는 최선의 방법인 경우가 많다.

· 명절 기간이 시작되기 전에 거래업체로부터의 선물 수령에 관한 회사 의 정책 및 제한 내용을 직원들에게 상기시켜 주는 전자 우편을 발송하 라. 또한 거래업체에게 선물 수령에 대한 정책을 상기시켜 주고 이런

정책을 따르도록 요구하라.

· 조직의 웹사이트에 접근하는 모든 사람이 회사의 컴플라이언스에 관한 섹션을 발견하기 쉽게 하라. 홈페이지상에 이 링크가 눈길을 끌 수 있게 표시하라.

· 중간 및 연례 고과 평가시 고결성 · 컴플라이언스 요건 · 핫라인의 중요성을 논의하고 모든 컴플라이언스 이슈를 보고할 필요가 있다는 점을 포함시키라.

· 모든 직원이 CCO의 이름과 연락처를 알게 하라. CCO와 그 팀원들을 정기적으로 만나서 컴플라이언스의 중요성에 대해 직접 듣게 하라.

· 서신, 탁상용 안내판, 포스터 및 전자 우편 등을 이용하여 끊임없이 회사의 컴플라이언스 프로그램의 존재에 대해 알리라. 어떤 회사는 구내 식당의 식탁용 종이 깔개에 회사 윤리강령을 인쇄하여 직원들이 이를 늘 접할 수 있게 한다.

· 컴플라이언스 및 윤리 교육은 항상 참신한 방법으로 시행하라. 이는 상상력과 열정을 요구할 뿐이다. 「포춘」 선정 500대 기업에 속하는 어느 회사는 윤리 공모전을 개최하여 직원들이 이 주제에 대해 홈 비디오를 만들어 제출하게 하고 윤리 연수에 이 비디오를 사용했는데 이 비디오는 중요한 메시지를 담고 있을 뿐만 아니라 재미도 있어서 호응도가 높았다.[7]

· 이사회도 회사의 컴플라이언스 프로그램의 모든 측면에 대해 지속적으로 전달받아야 한다. 이런 의사 소통에는 리스크 평가, 내부 통제의 취약점, 주요 내부 조사, 컴플라이언스 연수 및 기타 통상적으로 보고되는 내용들이 포함되어야 한다. 컴플라이언스 인사이트 10.1은 종합

적인 이사회 보고의 핵심 구성 요소들을 상술하고 있다.

요소 5 : 프로그램의 효과성에 대한 모니터링, 감사 및 평가

FSGO는 기관들이 자신의 컴플라이언스 프로그램의 효과성에 대해 정기적으로 평가할 것과 범죄 행위를 발각하기 위한 모니터링 및 감사 시스템을 포함할 것을 요구한다. 이 프로그램은 '해당 조직의 직원 및 대리인들이 보복의 두려움 없이 잠재적 또는 실제적 범죄 행위에 관해 보고하거나 지침을 구할 수 있고 익명 또는 비밀을 보장할 수 있는 시스템'을 갖춰야 한다.[8] 기관들은 다음과 같은 질문을 할 필요가 있다.

- 우리 조직에는 컴플라이언스 및 윤리에 관해 지침을 구하는 사람들의 익명과 비밀이 보장되는 보고 제도가 있는가?
- 현행 정책과 절차들은 견고한 윤리 및 컴플라이언스 프로그램에 적정한가?
- 회사는 직원들에게 사고를 보고하도록 권장하는 정책과 절차들을 정하였는가?
- 회사는 컴플라이언스 프로그램의 효과성을 평가하기 위한 도구 및 데이터를 파악하고 이를 생성하였는가?
- 직원들은 교육과 연수를 통해 윤리적 및 법률적 곤경을 해결할 수 있는 능력을 배양 받았는가?[9]

핫라인

핫라인은 부정 행위나 기타 비리에 대한 혐의를 신고받는 훌륭한 방

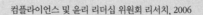
이사회 종합 보고서의 핵심 구성 요소:

훌륭한 의사 소통의 특징

컴플라이언스 및 윤리 리더십 위원회 리서치, 2006

흔히 보고되는 범주	전형적인 보고 주기	표준 관행	새로 출현하고 있는 관행
리스크 평가	분기	· 핵심 리스크 목록 및 관련 리스크 경감 계획 · 주요 사고에 대한 업데이트	· 미래의 리스크 보고 · 리스크에 대응한 정책, 절차 및 통제 변경 · 리스크 평가 방법 및 프로세스 개요 · 위험 경감 계획에 대한 정기적인 검토
연수	분기	· 특정 연수 과정을 완료한 직원의 비율	· 고위험 업무 분야에서 특정 과정을 완료한 직원의 비율 · 계획된 연수 과정의 개요
혐의 및 조사	분기	· 혐의 건수 및 유형의 추세 · 사고의 사이클 타임(cycle time)에 관한 데이터	· 사고의 범주, 비즈니스 본부, 지역 및 심각성별 분류 · 민원 현황 및 진행 중인 조사에 중점을 둠
감독 관련 사안	분기	· 산업에 영향을 주는 감독 관련 주요 사안에 대한 업데이트 · 감독 당국의 조사 및 법률 소송에 관한 지속적인 업데이트	· 가장 큰 리스크를 가져오고, 회사의 전략에 영향을 주는 감독 관련 진전사항에 대해 초점을 맞춤 · 회사의 의무에 영향을 주는 비즈니스 변화에 초점을 맞춤
프로그램의 효과성	연/분기	· 프로그램의 주요 요소 및 중요한 실행 단계에 관한 논의 · 정기 감사 결과에 대한 검토	· 프로그램의 개선을 이끌어내는 틀에 대한 현재의 개요 · 외부 표준 대비 벤치마킹 프로그램 요소 · 핵심 추세에 대한 보고(회사 내의 체계적인 문제를 찾아내기 위해 장기 데이터를 비교) · 상부에서의 기조에 대한 강력한 본보기 및 (특히 경영진의) 긍정적인 행동 제공
자원 및 인력	연	· 연간 예산 배정 · 관련 직원 개발	· 산업 동료집단 대비 예산 벤치마킹 · 프로그램의 필요 대비 가용 자원 분석(차이 분석)

흔히 보고되는 범주	전형적인 보고 주기	표준 관행	새로 출현하고 있는 관행
연간 사업 계획	연	·다음 연도의 컴플라이언스 및 윤리 부서 계획 개요	·사업 계획은 부서의 시행조치 및 주요 리스크 영역을 연결시켜 줌. ·사업 계획은 중간 단계 및 회사 전체에 걸친 책임부서/책임자를 상술함
윤리 인지도	연	·윤리 설문 조사 결과 제시 ·윤리 커뮤니케이션 관련 조치에 대한 업데이트	·사업 본부 별 설문 조사 결과 및 경영진 및 비경영진의 반응 분석 ·다른 회사의 응답에 대한 벤치마킹 ·의사 소통 도구 및 컴플라이언스 인트라넷 시연(試寅)/시각 자료

법이다. "핫라인은 직원과 외부인들이 회사에 컴플라이언스상의 우려 사항에 대해 적절한 조치를 취하라는 의사를 전달할 수 있게 해 준다.… 아직 핫라인을 보유하고 있지 않은 회사는 자신을 위험에 빠뜨리고 있는 셈이다."[10]

직원들로부터의 제보는 부정 행위를 발견해 내는 가장 흔한 방법인데 핫라인은 이런 정보를 수집하는 가장 좋은 방법이다. 핫라인은 "이를 올 바르게 구축해 두면 사람들이 전화를 하게 되어 있다." 핫라인이 적절하 게 구축되고 그 존재가 알려지면 직원들은 민감한 정보를 가져오는 것에 대해 마음이 놓일 것이다.[11]

핫라인에 대해서는 몇 가지 기본적인 규칙이 적용된다. 핫라인은 사 업장이 있는 모든 국가의 담당자들에게 쉽게 접근 가능해야 하며, 여러 언어로 이용할 수 있어야 한다. 핫라인은 훈련된 운영자에 의해 연중 무휴로 운영되어 걸려오는 전화를 처리할 수 있어야 한다. 투명성과 무엇보다 중요한 요소인 비밀성 및 익명성을 보장하기 위해 핫라인은 자체적으로 운영되기보다는 제3자에게 외주를 주어야 한다.[12] 비밀성과 익명성이 핫라인의 가장 중요한 특성이다.

비밀성이란 전화에서 언급된 정보가 그것을 알 필요가 있는 사람에게만 전해진다는 의미다. 익명성이란 전화를 한 사람이 원할 경우 그 사람의 신분이 비밀로 유지된다는 뜻이다. 이는 단지 전화를 건 사람의 이름만을 의미하는 것이 아니다. 그 사람을 알 수 있게 할 가능성이 있는 내용 역시 비밀로 유지되어야 한다. 핫라인에 대한 직원의 신뢰감은 핫라인 성공의 결정적 요소다.[13]

비즈니스에 컴플라이언스를 내면화하기

컴플라이언스 및 윤리 리더십 위원회 리서치, 2006

최근의 스캔들과 계속되는 감독 규정 위반으로 비즈니스에 컴플라이언스 활동에 대한 책임성을 내면화하는 데 대한 관심이 높아지고 있으며 직원들이 재무적 결과뿐 아니라 달성 방법에도 주의를 기울이도록 강조하게 되었다. 위원회의 리서치에 의하면 컴플라이언스에 대한 기대를 하부에 전달하고 윤리적 행위를 강화하려는 노력은 다음과 같은 3가지 도전 과제들로 인해 좌절되는 경우가 많다.

① 불충분하거나 잘못 짜여진 컴플라이언스 인센티브 ② 미준수 시의 결과에 대한 강조 결여 ③ 직원의 행동에 영향을 주지 못하는 표준화된 교육

컴플라이언스 및 윤리 리더십 위원회의 연구는 회사들이 어떻게 성과 목표와 컴플라이언스 기대를 정렬시키고 컴플리이언스와 윤리에 대한 직원들의 인식을 이끌어 내는지 보여 준다. 이 위원회의 연구에서 발견한 중요한 6가지 사항들은 다음과 같다.

발견 사항 #1: 성과 평가시 바람직한 결과와 바람직한 행동에 중점을 둠. 회사는 준법 행동 및 윤리적 행위를 직원 성과 평가 스코어 카드에 통합함으로써 모든 직원에게 비즈니스 실적뿐 아니라 그 과정도 결과만큼이나 중요함을 강조한다.

발견 사항 #2: 미준수시의 결과에 대한 지침을 분명히 정함. 미준수의 결과를 명백히 밝히고 징계 정책 및 절차를 전사 차원에서 일관성 있게 시행하기 위해 컴플라이언스 및 윤리 담당 책임자들은 비즈니스 부문 직원들에게 징계 조치 가이드라인을 제공하고 컴플라이언스 위반에 대한 보고 경로를 설명해 준다.

발견 사항 #3: 컴플라이언스 메시지를 단순히 커뮤니케이션만이 아니라 교육에 활용함. 컴플라이언스 커뮤니케이션을 실제적인 윤리적 곤경에 중점을 두고 사례나 시나리오를 통한 미준수의 실제 결과를 공표하면, 직원들이 어떻게 이들 정책을 일상 상황에 적용하고 잠재적인 위반을 미연에 방지할 수 있는지에 대한 지침을 제공하게 된다.

발견 사항 #4: 미준수 사례를 조직 전체에 알려 줌. 선도적인 회사들은 다양한 방법을 사용하여 정보를 전달함으로써 미준수의 실제 결과를 조직 전체에 최대로 알리고 이에 대해 좀 더 실감이 나게 한다.

발견 사항 #5: 특정 계층을 겨냥한 컴플라이언스 연수 전략 개발. 직원들의 기존 지식 및 업무 요건에 맞춰진 연수는 직원의 시간 및 회사 비용 면에서 컴플라이언스 자원을 절약하며 직원들의 부담을 덜어 준다.

발견 사항 #6: 컴플라이언스 연수에 비즈니스 부문 관리자의 관여. 제3자인 컨설턴트가 아닌 비즈니스 부문 관리자가 컴플라이언스 및 윤리 교육을 요구하면 관리자들이 직원들의 특정한 업무라는 맥락에 연수를 좀 더 효과적으로 맞출 수 있게 되고 관리자와 부하 사이의 가상의 윤리적 이슈들에 대한 실제적이고, 정직하며, 적절한 토론을 주도할 수 있게 해 준다.

Corporate Executive Board, Washington, DC ⓒ 2006의 허락을 받아 게재함.

나는 첫 번째 저서에서 핫라인과 내부 고발자가 컴플라이언스의 중요한 요소이기 때문에 이에 대해 한 장을 할애했다. 이 주제에 관해 보다 자세히 알고 싶으면 그 책을 참고하라.[14]

보복하지 않는 정책

2007년에 기업 임원 위원회의 컴플라이언스 및 윤리 리더십 위원회는 비리 행위 가능성에 대한 선행지표를 연구했다. 그들의 연구 결과 직원들 사이에서 가장 큰 우려 사항은 보복에 대한 두려움이었다. 조직은 이 결과에 놀라서는 안 된다. 공인부정행위조사관협회Association of Certified Fraud Examiners의 연구들은 계속적으로 직원들의 제보가 부정 행위와 횡령을 발견하는 가장 좋은 방법임을 보여 주고 있다. 모든 회사는 직원들이 솔직하게 말하도록 권장하고 그들을 어떠한 보복으로부터도 보호하기 위해 보복을 금하는 강력한 정책을 필요로 한다. 이 정책은 전직원에게 배포되는 윤리강령에 수록되어야 하며 교육 프로그램에도 반영되어야 한다. 직원들이 원할 경우 회계·내부 통제·감사 또는 어떠한 정책이나 윤리강령에 관한 사안들에 대한 불만 제기시 익명으로 보고할 수 있어야 한다. 모든 불만은 제보자가 익명을 요청하지 않을 경우에도 비밀을 유지하는 방식으로 다뤄져야 한다. 이런 사안은 위반 혐의에 대해 완전한 조사를 수행하거나 적절한 징계 조치를 내리는 데 필요한 사람에게만 공개되어야 한다.[15]

컴플라이언스 프로그램 평가하기

컴플라이언스 프로그램의 효과성은 여러 가지 방법으로 측정될 수 있다. 여기에는 컴플라이언스 의무가 성공적으로 완수되도록 적정한 인원을 보유하는 것도 포함된다. 각각의 회사들은 다양한 구성 요소에 필요한 적절한 인원 수를 결정할 필요가 있다. 예를 들어 컴플라이언스 및 조사 업무에 전문적으로 훈련되고 경험이 있는 사람이 몇명이나 배치되었는지가 효과성에 대한 하나의 결정 요인이다. 달리 고려해야 할 사항들로는 매년 연수를 받고 자격을 갖춘 직원 수와 이 숫자에 전 세계의 모든 직원들이 포함되는지 여부, 윤리 설문 조사에 관한 직원들의 점수, 매년 컴플라이언스 부서에 제기되는 이슈 및 질문의 수, 비리 혐의 및 기타 컴플라이언스 이슈들에 대한 대응의 적시성, 조사를 완료하고 징계 조치를 부과하기까지 소요된 시간, 업무 규정 위반이 직원들에게 알려지는 방법 등이 있다. 이 평가 과정은 회사의 상부에서의 기조에도 관심을 기울인다.

기업임원위원회의 컴플라이언스 및 윤리 리더십 위원회가 개발한 컴플라이언스 및 윤리 프로그램 평가 마법사™는 회사의 컴플라이언스 프로그램의 효과성을 평가하는 데 사용할 수 있는 아주 좋은 도구다. 이 마법사는 컴플라이언스 및 윤리 프로그램의 성과를 종합적으로 측정하고 벤치마킹하는 시스템이다. 이는 8개 항의 주요 요소 및 28개 항의 하위 요소에 대해 한 회사의 컴플라이언스 프로그램을 평가하는 웹 기반의 프로그램 성숙도 자체 평가 도구다. 이 요소들과 하위 요소들은 개정된 미국 연방 조직 양형 가이드라인과 밀접하게 궤를 같이 하고 있으며, SEC와 유럽 규제 당국의 기대를 반영하고 있다. 이 마법사는 부록 C에서 보다 자세하게 설명한다.

컴플라이언스 프로그램의 효과성 평가에 관한 기타 모범 관행

· 정기적으로 회사의 정책과 절차를 재검토하여 국내와 국제적 법률 및 감독 규정상의 변화를 반영하기 위해 필요한 업데이트가 이루어지도록 함.

· 회사가 컴플라이언스의 효과성을 평가하는 데 사용하는 도구와 데이터 선정 및 재검토.

· 전직원이 필수 교육을 마치게 하고 보다 중요하게는 이런 연수가 컴플라이언스 상의 우려 사항 및 업무 규정 위반 보고에 있어 어떤 의미가 있는지 이해하도록 함.

· 핫라인의 효과성 평가에 있어서 다음 사항을 고려함.

　– 핫라인의 존재가 얼마나 잘 알려져 있는가?

　– 핫라인은 연간 몇 통의 전화를 받는가?

　– 컴플라이언스상의 우려 사항 보고나 컴플라이언스 프로그램 또는 회사에 관한 기타 질문을 몇 건이나 받았는가?

– 혐의 보고가 접수된 경우 혐의 접수 시점부터 조사 착수 및 완료 시까지 몇 일이 소요되었는가?

– 문제가 있는 것으로 판정된 보고 건수와 문제가 없는 것으로 판정된 보고 건수는 각각 몇 건인가?

– 핫라인 전화에 기인한 해임 및 기타 징계 건수는 몇 건인가?

– 핫라인 전화 및 이에 대한 회사의 대응이 어떻게 추적 관리되어 이사회에 보고되는가?

– 사베인-옥슬리법, 재무 보고 및 기타 주요 이슈 및 리스크도 이사회에 보고되는가?

– 핫라인은 세계 각지로부터의 전화에 의한 보고와 문제 제기의 효과성 및 효율성을 점검함으로써 정기적으로 테스트되는가?

– 회사의 내부 감사 부서는 핫라인 프로그램에 대한 연례 검토를 시행하는가?

– 핫라인에 걸려 오는 전화의 상당 부분이 익명이어서 추가 접촉은 없겠지만 전화를 한 사람은 그 결과를 지켜보고 있음을 잊지 말아야 한다. 다른 직원의 비리에 대한 적법한 익명의 제보를 본보기로 사용하라. 만일 이후의 조사결과 해당 혐의가 입증되고 비리를 저지른 직원이 파면될 경우 익명의 제보 직원은 컴플라이언스 프로그램이 작동하고 있으며 그것도 아주 잘 작동하고 있다는 확신을 얻게 될 것이다.

– 핫라인을 통해 보고된 혐의 중 일부는 사실과 다른 데도 잡다한 이유로 해당 직원에 해를 끼칠 목적으로 신고될 수 있다는 점을 항상 기억하는 것이 좋다. 모든 혐의, 특히 익명으로 제보된 혐의들은 철

저하고 전문가답게 조사하여서 불만제기의 근거가 있는지 결정해야 한다. 혐의에 근거가 없음을 밝혀내는 것은 혐의가 사실이라는 점을 밝혀내는 것만큼이나 중요하다.

· 외부의 전문가들로 컴플라이언스 및 윤리 자문 그룹을 결성하여 그들에게 정규적으로 회사의 컴플라이언스 프로그램을 검토하고 개선을 위한 제안을 하도록 함. 최고의 법무 법인, 학계, 컴플라이언스 및 윤리 전문 기관 및 기타 회사의 전문가들을 이러한 자문 그룹의 위원으로 위촉하는 것을 고려함. 외부 전문가를 이용할 때 회사의 법무 부서와 접촉하여 이런 접근법에 대한 적절한 검토 및 승인을 받아야 한다.

· 주요 컨설팅 회사의 회계 및 컨설팅 전문가를 고용하여 정기적으로 컴플라이언스 프로그램 평가를 수행함. 그들은 컴플라이언스 프로그램의 설계와 운영에 대해 공유할 수 있는 귀중한 경험을 지니고 있다.

요소 6 : 성과 인센티브 및 징계 조치

연방 조직 양형 가이드라인은 "(A)컴플라이언스 및 윤리 프로그램에 부합되게 업무를 수행하도록 하는 적절한 인센티브와 (B)범죄 행위 관여 및 범죄 행위의 예방 또는 탐지를 위한 합리적인 조치를 취하지 않은 데 대한 적절한 징계 조치를 통해 회사의 컴플라이언스 및 윤리 프로그램이 전사적으로 증진되고 일관되게 적용되도록" 요구한다.[16] 회사가 물어야 할 질문의 예는 다음과 같다.

· 회사는 비윤리적 행위나 범죄 행위를 강력하게 비난하는 것만큼 윤리적 성공 사례를 칭찬하는가?

· 성과 관리 및 보상 체계는 윤리적 행동을 강화하고 보상하는가?[17]

징계

일부 직원들은 회사의 직무 수행 기준을 위반할 것이다. 이 위반이 부정 행위인지 또는 기타 정책 위반인지와 위반의 심각성 정도에 따라 회사는 심각한 리스크에 직면할 수도 있다. 이런 일이 벌어지면 회사는 적절한 조치를 취해서 공정하고 균형있게 점증적incremental인 징계를 시행할 태세가 갖춰져 있어야 한다. 한 조직이 부정 행위의 혐의를 받거나 부정 행위로 의심되는 사건에 강력하게 대응하면 향후의 발생 건수를 줄이는 데 도움이 된다. 컴플라이언스 위반에 대한 반응시 다음의 조치들이 고려되어야 한다.

· 해당 사건에 대한 철저하고 전문가적인 조사 수행.

· 위반에 대해 적절하고 일관된 징계 조치 시행.

· 향후 재발을 줄이기 위해 관련 내부 통제를 평가, 재설계 및 개선함.

· 부정 행위나 기타 위반을 저지를 경우 결과에 대한 공지 및 교육을 이용하여 회사의 가치, 윤리강령과 기대 사항을 재강조해야 함.

위반자들이 비리 행위에 대해 징계를 받았다는 사실이 알려지면 범죄를 저지르거나 기타 회사 정책을 위반하는 사람들은 처벌을 받게 될 것이라는 점이 제대로 인식되어서 효과적인 억제책이 될 수 있다. 이는 또한 높은 윤리 수준과 고결성에 대한 조직의 서약을 재차 확인해 준다.[18]

부정 행위와 기타 심각한 범죄를 추호도 용납하지 않는 기조가 모든 조직의 정책이 되어야 한다. 누군가가 1달러를 훔치건 백만 달러를 훔치건 금액의 크기에 관계없이 부정은 용인될 수 없다. 정직성이 결여된 사람은 조직에서 제거되어야 한다. 그런 직원을 쫓아낸 뒤에는 그 사람이 다른 부문에 다시 고용되지 못하게 하는 조치가 취해져야 한다. 인사 부서는 컴플라이언스 위반으로 해고된 사람을 '재입사 부적격자' 명부에 등재하고 직원을 고용할 때마다 이를 참조함으로써 그 사람이 재고용되지 못하게 해야 한다.

회사는 항상 직원 등의 형법 위반을 사법 당국에 알려서 기소 여부를 판단하게 해야 할지에 대해 고려해야 한다. 이런 조치는 훌륭한 기업 시민으로서 적절할 뿐만 아니라 확실한 범죄 억제 요인이 된다는 점도 고려해야 한다. 어떤 사람들은 기소되어 감옥에 갈 수 있다는 점을 알게 되면 범죄를 저지르지 않을 수도 있을 것이다. 또한 사람들에게 자신의 행동에 대해 책임을 지게 하면 해당 조직이 높은 고결성 환경에 대한 회사의 이해 관계를 보호하는데 주의를 기울이고 있으며, 법률을 위반하는 사람에 대해 책임을 지게 할 것이라는 강력한 메시지를 보내게 된다. 범죄 신고에 대한 최종 결정시 사내 변호사나 외부 변호사가 중추적 역할을 수행해야 한다. 회사는 또한 컴플라이언스 및 부정 행위를 추호도 용납하지 않는 문화를 강조하기 위해 부정을 저지른 직원이 기소된 사실에 대한 공개도 고려해야 한다.[19] 컴플라이언스 인사이트 10.3은 임직원 비리를 막기 위한 제안 사항이다.

윤리적 행동에 대한 시상 및 인정

적절한 인센티브는 직원들에게 행동을 유도하는 열쇠가 된다. 최근의 베스트셀러 『별난 경제학Freakonomics』은 경제적, 사회적 또는 도덕적 등

임직원 비리 방지의 주요 목표 및 원리

컴플라이언스 및 윤리 리서치 위원회 보고서, 2006

· 목표 1 | 임직원 교육

원리 1 · 임직원에게 비리 행위의 경제적 결과를 교육하라.

원리 2 · 윤리 메시지 소통에 관해 임직원을 교육하라.

원리 3 · 컴플라이언스 목표 대비 성과에 대해 정기적인 업데이트를 제 공하라.

· 목표 2 | 임직원이 책임을 지게 함

원리 4 · 임직원을 바람직한 행동에 비추어 테스트하라.

원리 5 · 윤리 및 컴플라이언스를 성과 목표에 내재화하라.

원리 6 · 윤리 점검 결과를 승진 조건으로 삼으라.

· 목표 3 | 탐지 능력 개선

원리 7 · 직원들에게 우려 사항에 대해 말하도록 장려하라.

원리 8 · 보복 방지를 위한 통제 조치를 시행하라.

· 목표 4 | 선행 지표 개발

원리 9 · 현존하는 내부 데이터를 검토하여 부정 행위 가능성을 예상 하라.

원리 10 · 여러 원천으로부터의 데이터를 사용하여 윤리 붕괴 가능성을 예상하라.

어떤 인센티브가 되었건 인간의 행동을 형성하는 데 인센티브가 갖는 커다란 힘을 묘사하고 있다. 인센티브를 조금만 바꿔도 극적인 행동 변화를 낳을 수 있기 때문에 충분한 인센티브가 주어진다면 사람들은 무엇이 되었건 자신의 행동을 변화시키려 할 것이다.[20] 따라서 회사는 이를 이용해서 직원들에게 윤리적으로 행동할 경우 적절한 인센티브를 제공하고 부지불식간에 비윤리적으로 행동하지 못하도록 유도할 수 있다.

회사는 좋은 행동을 장려하는 인센티브를 제공하고 윤리적으로 행동하는 사람에게는 보상을 할 필요가 있다. 회사가 적절한 행동을 장려하려면 나쁜 행동을 처벌하는 것과 마찬가지로 좋은 행동에는 상을 주어야 한다. 이런 인정은 대내외적으로 이루어져야 한다. 즉, 회사의 윤리적 업적을 대중에게 알리고 직원 개인의 업적을 인정해 줘야 한다.

일관되게 윤리적으로 행동하는 회사는 인정받게 되어 있다. 윤리적 업적은 회사의 웹사이트나 대중 매체를 통해 알려져야 한다. 회사의 불법 행위가 모든 매체의 조명을 받게 되는 점을 고려할 때 훌륭한 행동도 어느 정도는 알려져야 한다. 윤리적인 회사는 말콤 볼드리지 국가 품질상Malcolm Baldrige National Quality Award을 수상한 프리미어Premier Inc.의 경우와 같이 특별한 상을 받을 수도 있다. 이에 대해서는 11장에서 자세히 설명한다.

회사는 직원들의 보상에도 초점을 맞춰야 한다. 직원들이 윤리적으로 행동하도록 적절한 인센티브를 주는 다양한 방법이 있다. 어떤 회사는 어려운 상황 가운데에서 높은 윤리 기준을 보여 준 직원에게 상을 준다. 고결성과 정직성을 간직한 직원에 대한 시상과 인정은 컴플라이언스 서약을 강화하는 데 큰 도움이 된다. 또한 다양한 컴플라이언스 및 윤리 성공 사례에 대해 인정해 줄 수 있다. 컴플라이언스 이슈를 보고한 사람, 내부 통제를 개선하여 리스크를 경감시킨 사람, 컴플라이언스에 관한 글을 써서 내부적으로 발표한 사람, 컴플라이언스 문화를 증진시키는 연수 프로그램을 개발한 사람 등이 수상자가 될 수 있다. 보상이나 기념패와 증서 형태의 인정은 윤리적 행동을 증진시키는 데 크게 기여할 수 있다.

높은 고결성을 지닌 직원들은 전직원 앞에서 회사가 이루려고 노력하는 모범 사례로써 칭찬받아야 한다. 이에 대한 사례도 역시 11장에서 찾아볼 수 있다. 때로는 회사가 내부 고발자의 행동을 공개할 수 없는 경우도 있지만 CEO·CFO·컴플라이언스 담당 임원이나 기타 적절한 임원이 참석한 가운데 비공개 시상식을 통해 이 직원에 대해서도 인정해 줘야 한다. 어떤 회사는 비리, 부정 행위 및 규정 위반 혐의 보고에 대해 금전상의 인센티브를 제공하는 독특한 방법을 취하기도 한다. 이 정책을 채택한 미국 중서부의 한 제조업체는 많은 비리 보고를 받는데 허위 또는 보복성 보고는 거의 없다. 이는 보상을 받기 위해서는 자신의 신원을 밝혀야 한다는 점 때문이다. 이는 속임수나 허위 보고 가능성을 크게 감소시킨다.

요소 7 : 범죄 행위에 대한 대응 및 시정 조치

연방 조직 양형 가이드라인은 기업은 "회사의 컴플라이언스 및 윤리 프로그램에 대해 필요한 수정을 가하는 것을 포함하여 범죄 행위 리스크를 정기적으로 평가하도록" 요구한다.[21] 기업들이 질문해야 할 항목은 아래와 같다.

- 회사는 컴플라이언스 프로그램을 모니터하고 평가하는 도구를 가지고 있으며 컴플라이언스 프로그램을 지속적으로 개선하는가?
- 회사는 컴플라이언스 리스크로 이어질 수 있는 비즈니스, 상품, 서비스 및 조직 구조의 변화를 추적 관리할 수 있는 절차를 마련하였는가?
- 회사는 회사의 다른 커뮤니케이션 안에 윤리 및 컴플라이언스 메시지를 포함시켰는가?
- 회사는 컴플라이언스 실패를 방지하기 위해 적절할 경우 신속하게 내부 통제를 강화하는가?
- 회사는 윤리를 비즈니스 수행에 필수 불가결한 요소로 여기는가?
- 위반 행위 발생시 외부에 공개할 책임이 누구에게 있는가?
- 회사는 형사 범죄가 발생할 경우 회사가 최고의 기업 컴플라이언스 기준을 준수하기 위해 합리적인 모든 조치를 취했다는 점을 보여 줄 수 있는 '컴플라이언스 이력서'를 가지고 있는가?[22]

회사는 효과적인 컴플라이언스의 7요소를 시행함으로써 직원에 의해 자행되는 형사 범죄 행위로부터 보호받을 수 있을 것으로 기대한다. 그러나 반드시 그런 것은 아니어서 훌륭한 회사도 흐린 날이 있을 수 있다. 부정과 비윤리적 행위는 어느 회사에서나 일어날 수 있다. 미준수 이슈가 발생했을 때 회사가 어떻게 반응하느냐가 결정적인 요인이 될 것이다. 재무 회계 부정, 사베인-옥슬리법 이슈, 해외부패방지법 위반과 기타 공시를 요하는 문제 등과 같은 사안의 심각성에 따라 회사는 SEC, 법무부 및/또는 기타 감독 기관에 자진 신고할 필요가 있을 수도 있다.

조직체들은 컴플라이언스 실패의 대응책과 공개 여부에 대해 문서화된 프로세스를 갖춰야 한다. 이에는 공개 범위와 누가 공개할지에 대한 이슈가 포함되어야 한다. 대부분의 경우 컴플라이언스 이슈 공개는 법률 고문이나 CCO 등 법률 고문이 지정한 자에 의해 다뤄져야 한다. 이런 문제에 대해 경험이 있는 외부 변호사에게 의뢰하는 것은 보편적이며 권장할 만한 관행이다. 물론 전문적이고 유능한 내부 조사를 수행하여 이슈의 타당성을 결정해야 한다. 혐의가 근거있는 것으로 드러나면 적절한 공개가 필요하다. 컴플라이언스 인사이트 10.4는 컴플라이언스 리스크 평가 능력을 개선하기 위한 전략을 제공한다.

비즈니스 수행 수칙 위반 발견 후의 합리적인 대응

연방 조직 양형 가이드라인은 조직체가 위반 발견에 대해 합리적인 대응 조치를 취하도록 요구한다. 그러나 무엇이 '합리적인' 조치를 구성하는가라는 질문이 제기될 수 있다. FSGO는 모든 조직체가 유사한 것은 아니며 조직체마다 위반에 다르게 대응할 필요가 있음을 알려 준다. 컴플라이언스 프로그램이 합리적이고 효과적이며 위반을 예방 및 탐지할 수 있다고 인정받기 위해 필요한 조치에는 세 가지 요소가 있다. 그 요소들은 조직의 규모, 특정위반 행위가 발생할 가능성 및 해당 조직의 역사다.

법률 위반 예방과 탐지를 위해 컴플라이언스 프로그램이 얼마만큼 공식적일 필요가 있는지는 조직의 규모에 따라 달라진다. 조직이 클수록 컴플라이언스 프로그램은 더 공식적이어야 한다. 규모가 큰 조직은 일반적으로 직원과 기타 대리인들이 따라야 할 기준 및 절차를 정하는 문서화된 정책을 갖춰야 한다.

회사 비즈니스의 성격으로 인한 특정 위반 행위 발생 가능성 또한 의사 결정 과정에서 고려된다. 사업의 성격상 특정 유형의 위반이 발생할 수도 있는 상당한 리스크가 있을 경우 경영진은 이런 유형의 위반을 방지하고 탐지할 수 있는 조치를 취해야 한다. 예를 들어 어떤 회사가 유해 물질을 다룰 경우 이 회사는 유해 물질 유출에 대비해야 하며 이를 방지하기 위한 조치를 취해야 한다.

한 조직의 과거 역사는 이 조직이 예방 조치를 취해야 하는 위반 행위의 유형을 보여 줄 수도 있다. 과거에 저질렀던 것과 유사한 비리의 재발은 조직이 그런 비리를 예방하기 위한 모든 합리적인 조치를 취했는지에 대해 의문을 제기한다. 관련 업계의 관행이나 정부의 관련 감독 규정에 의해 요구되는 표준을 도입하지 않고 이를 따르지 않는 조직에 대해서는 해당 조직에 법률 위반 예방 및 탐지를 위한 효과적인 프로그램이 있다고 여겨지지 않는다.[23]

컴플라이언스 리스크 평가 능력 개선하기

Compliance
Insight 10.4

컴플라이언스 및 윤리 리더십 위원회의 한 연구는 회사가 컴플라이언스 리스크에 대한 노출정도를 보다 잘 평가할 수 있는 능력을 강화하기 위한 전략을 보여 준다. 이 연구에서 발견한 중요한 사항 여섯 가지를 아래에 제시한다.

발견 사항 #1: 외부 및 내부 지표 혼용을 고려하라. 선도 기업들은 소속 업계에서의 사고 규모와 근본 원인을 면밀하게 조사하고, 과거의 감사 결과를 평가하며, 리더십의 변화나 직원들의 이직 등과 같은 조직 내부의 거시적인 추세를 평가함으로써 잠재적인 컴플라이언스 리스크를 감지하고 있다. 다른 선행 지표에는 다음 사항들이 포함된다. ① 깜짝 놀랄 만한 실적 즉, 특정 비즈니스 부문의 이례적인 재무적 성과과 ② 감사 종료 면담 및 설문 조사 결과로부터 모은 정보.

발견 사항 #2: 리스크 평가에 있어서 전향적 사고를 증진하라. 선도 기업들은 감독 규정과 사회적 기대에 부합하는 것으로 인식되었던 행동으로 인해 경쟁자들이 처벌되었던 감독 당국의 행동이나 그런 상황을 초래한 소비자들의 반응에 대한 인식 등 비즈니스 계획을 위험에 빠뜨릴 수도 있는 1년 내지 3년 안에 일어날 미래의 컴플라이언스 리스크에 대한 예상의 중요성을 강조한다.

발견 사항 #3: 리스크 평가시 사업부서 리더들의 참여를 확고히 하라. 선도 기업들은 리스크 평가 프로세스에서 사업부서 리더들의 역할을 강조하고 핵심 리스크 영역에서 그들의 인식을 활용하며 선정된 사업부서 관리자들이 고위 경영진이 이끄는 컴플라이언스위원회에 리스크 관련 발견 사항을 발표하게 한다.

발견 사항 #4: 전략 및 예산 수립 과정에서 컴플라이언스 리스크 평가를 통합함으로써 사업부서의 책임을 높여라. 선도 기업들은 사업부서 차원에서의 연간 사업 계획과 예산 수립 과정에 컴플라이언스 리스크 평가가 필수 사항이 되게 함으로써 해당 사업의 경영진들이 자신의 재무 목표 및 전략적 우선 순위 달성에 가장 큰 위협을 가하는 컴플라이언스 리스크를 고려하고 이에 대응하게 한다.

발견 사항 #5: 특정 사안에 대한 전문성을 가진 다른 부서와 협력하라. 고유한 컴플라이언스 리스크를 경감하는 데 도움이 될 내부 통제의 효과성 평가 시에 컴플라이언스 및 윤리 부서는 조직 내부의 지식을 활용하고 내부 감사 부서, 기획 부서 그리고 재무 보고의 정확성과 무결성을 지원하며 내부 통제의 문서화 및 테스트를 감독하는 섹션 404 담당 부서 등의 재무 관련 기능을 이용한다.

발견 사항 #6: 리스크 우선 순위 부여시 편견을 줄이라. 선도 기업 및 윤리 부서는 다양한 측면재무적, 법률적 및 평판상 등에 대한 리스크의 영향에 등급을 매기고 리스크의 의미를 정의하며 응답자들이 리스크의 중요성에 대해 어려운 결정을 내리도록 하는 등급 척도를 설계함으로써 편견의 위험을 줄인다.

컴플라이언스 응급 사태 대비 세트

회사는 심각한 컴플라이언스 실패가 발견될 때 컴플라이언스 응급 사태 대비 세트Compliance Emergency Preparedness Kit; CEPK를 갖추어야 한다. 이런 실패에는 FCPA 위반, 고위 책임자가 저지른 재무 회계 부정, 정부 당국에 보고를 요하는 기타 형법 위반과 월 스트리트 저널의 한 면을 장식할 수 있을 것으로 생각되는 모든 이슈가 포함된다. 일반적인 응급세트는 물, 식량 및 의약품을 담고 있는 반면 이 세트는 컴플라이언스상 응급 사태 발생시 해야 할 일을 자세히 다루고 있다. 컴플라이언스 응급 사태는 언제라도 발생할 수 있기 때문에 회사들은 이에 대비해야 한다. 또한 자연재해와 마찬가지로 컴플라이언스 비상 사태를 피할 수는 없지만 이에 적절히 대비하고 있으면 그 피해를 최소화할 수 있다.

사전 대비는 전사적 리스크 관리Enterprise Risk Management; ERM의 한 요소다. ERM은 리스크나 기회와 관련이 있는데 트레드웨이 위원회의 후원기관 위원회Committee of Sponsoring Organizations of Treadway Commission: COSO에 의하면 이는 "해당 조직에 영향을 줄 수도 있는 잠재적 사건들을 찾아내고 리스크를 조직의 리스크 성향 범위 내로 유지되도록 관리하며 조직의 목표 달성에 합리적인 확신을 제공하기 위해 고안된 프로세스로서 한 조직의 이사회, 경영진 등 사람에 의해 시행되어 전사적 전략 수립에 적용되는 프로세스"로 정의된다.[24] 잘 고안된 CEPK는 회사가 컴플라이언스 실패를 발견할 경우 해야 할 일에 대한 점검표를 담고 있다. 비상 대응을 촉발할 이슈와 사건 유형들에 대해 충분히 설명하고 필요한 대응들이 문서화되어 있어야 한다. 이 대비 세트는 컴플라이언스 상 비상 사태를 정의한 후 CEO · CFO · 법률 고문 · CCO · 기타 고위 임원들의 역할과 책임을 문서화하는데, 여기에는 조사 관여자, 외부 변호사의 역할, 이러한 위반을 외부에 알릴 책임자의 이름 등이 포함된다. 그리고 비상 사태 발생시 도움을 요청할 수 있는 외부 변호사와 기타 전문가들의 이름과 연락처 정보 또한 쉽게 구할 수 있어야 하고 위반자가 CEO · CFO 또는 기타 핵심 인물일 경우에 대비한 위기 상황 대응 계획도 포함하고 있어야 한다. 이처럼 체계적인 지침을 가지고 있으면 무슨 일이 일어나도 충격에 빠져 아무 것도 못하는 상태가 되지 않고, 어떻게 진행하고 대처해야 할지를 알게 된다.

또한 조직이 '컴플라이언스 이력서'를 작성하여 CEPK에 포함시키도록 강력하게 권장할 만하다. 컴플라이언스 이력서는 회사가 발견하여 교정조치를 취했던 이전의 컴플라이언스 이슈들을 포함하는데 이는 FSGO

336

의 7가지 요소 준수를 위해 장려되는 많은 조치 중 하나다. 컴플라이언스 이슈나 형사법 위반이 발생할 경우 해당 조직은 독립적인 감사, SEC, 법무부, FBI 등에게 자신은 회사 거버넌스의 최고 기준을 준수하기 위해 합리적인 모든 조치를 취했음을 보여줄 수 있다.[25] 개정 FSGO 요약 및 효과적인 컴플라이언스 프로그램 성취를 위한 관련 조치 사항들은 부록 A에 수록되어 있다.

이 응급 세트는 회사가 위반을 발견한 뒤 강력한 교정 조치를 취했음을 보여 주는 데 도움이 될 것이다. FSGO는 회사가 적절하게 반응하기 위한 합리적인 조치를 취하도록 요구한다. 물론 반응의 합리성과 적절성은 위반의 유형, 회사 유형, 회사가 소속된 산업, 회사가 준수해야 하는 감독 규정에 좌우된다. 규제가 강한 산업에서의 중요한 위반은 규제 강도가 덜한 산업에서의 사소한 위반의 경우보다 훨씬 신속하고 단호한 조치를 요구할 것이다. 이런 고려 사항을 응급 세트에 반영하여 발견한 위반의 유형에 따라 다른 점검표를 사용하도록 해야 한다. 회사는 적절한 조치와 준비 태세를 통해 회사 거버넌스의 최고 기준을 준수하기 위한 모든 합리적인 조치를 취했음을 증명할 수 있다.

컴플라이언스로 가는 길에서 사고 피하기

컴플라이언스 프로그램이 저지를 수 있는 실수 중 하나는 '쉬운' 것에 과도하게 집중하고 '어려운' 것에는 아주 적게 주의를 기울이는 것이다. 연수 실시, 윤리강령 제정과 시행, 핫라인 설치, 문화 및 상부에서의 기조에 대해 말하기는 쉽다. 징계, 감사, 모니터링, 인센티브 상여금 및 회사의 경찰이 되기와 같은 영역을 다루기는 훨씬 어렵다. 컴플라이언스 전문가인 존 머피John Murphy는 "연수, 윤리강령, 문화라는 새로운 유행어들은 다른 어려운 이슈들보다 다루기가 쉽기 때문에 컴플라이언스의 부드러운 측면이 지나치게 강조된다"고 말한다.[26] 그러나 조직을 곤경에 빠뜨리는 것은 훨씬 더 곤란한 이슈들이다.

일관되고 공정하며 점증적인 징계는 조직에서 가장 어려운 영역 중 하나인 경우가 많다. 비즈니스 수행 수칙 위반에 관한 징계 사안은 모두 별개로 평가되어야 하지만 부정 행위와 정책 위반이 발생할 경우 예측 가능하고 균형 잡힌 접근이 있어야 한다. 임원과 직원의 징계 조치에 다른 기준이 있어서는 안 된다. 만일 어느 판매 사원이 비용 보고서 위조로 해고되었다면 동일한 행위를 저지른 임원도 해고되어야 한다. 특히 징계 조치에서 혼합된 메시지를 보내는 것은 매우 해로울 수 있다. 모든 조직과 직원은 부정 행위에 대해서 추호도 용납하지 않는다는 자세로 법의 정신 및 조문 모두에 대해 책임을 져야 한다.[27] 징계와 그것이 적절하게 집행되는 방식은 조직의 윤리적 기조 및 문화를 강화하는 크게 기여할 수 있다.

감사, 모니터링, 인센티브 상여금 및 기타 어려운 이슈에 대해서도 마찬가지다. 이들은 앞서 머피가 "단지 말만 하지 말고 행하라"고 말한 것처럼 컴플라이언스의 중요한 영역으로서 강력하게 다루어져야 한다. 컴플라이언스의 모든 요소에 대응하는 프로그램이 있어야 한다. 머피는 "조직은 자신의 컴플라이언스 시스템을 팻 나조 같은 사람에 기초하여 설계해서는 안 되고 앤디 패스토우 같은 사람에 기초하여 설계해야 한다."고 덧붙인다.[28] 이는 아주 일리가 있는 말이다. 유나이티드 테크놀로지United Technologies에서 오랫동안 CCO였으며, 현재는 CA, Inc. 의 CCO인 나조는 고결함과 책임감을 갖춘 아주 경험이 많은 컴플라이언스 전문가다. 그는 두 회사에서 뛰어난 컴플라이언스 프로그램을 구축했다. 나조와 그의 설득력 있는 컴플라이언스 프로그램은 5장에서 소개되었다.

항상 옳은 일을 하는 고결한 사람들은 염려해야 할 대상이 아니다. 회사는 항상 옳은 일을 하지 않을 수도 있는, 잠재적인 패스토우 같은 사람들을 겨냥한 컴플라이언스 프로그램을 갖출 필요가 있다. 대규모 회계 부정에서 자신의 역할에 대해 유죄를 인정하고, 후에 제프리 스킬링Jeffrey Skilling과 켄 레이Ken Lay에 대해 증언했던 엔론의 CFO 패스토우 같은 사람이 컴플라이언스 프로그램 구축 시 겨냥해야 할 사람이다.

나조 같은 사람은 어느 곳에 있든 강력한 컴플라이언스 프로그램을 이끌겠지만 그가 회사를 떠나면 어떤 일이 벌어지겠는가? 향후에 CCO가 경험이 없거나 효과적이지 않은 리더여서 이전의 컴플라이언스 프로그램을 지속시키지 못하거나 이를 약화시키라는 압력에 굴복하면 어떻게 되겠는가? CEO가 고압적인 성격인데 부패하기까지 했다면 어떻게 되겠는가? 컴플라이언스 프로그램이 권력의 남용에 대해 진정한 견제와 균형을 제공해 줄 수 있겠는가? 컴플라이언스 프로그램은 윤리 의식이 강한 사람이 아니라 약한 사람이 올바른 행동을 확보할 수 있도록 구축하라. 머피는 컴플라이언스 프로그램이 조직의 구조에 내재화되면 이를 극복할 수 있다고 주장한다. 강력하고 독립적인 이사회를 갖추는 것은 효과적인 컴플라이언스의 또 다른 중요한 요소다.

사베인-옥슬리법은 감사위원회마다 적어도 한 명 이상의 '재무 전문가' 를 보유하도록 요구한다. 이 사람은 일반적으로 인정된 회계 원리 및 재무재표에 대한 이해, 비교 대상 기업의 재무재표 감사 수행 경험, 내부 회계 통제 경험 및 감사위원회 기능에 대한 이해를 갖춰야 한다. 이런 전문성에 대한 요구는 근거가 있으며, 전문성을 갖추면 상장 회사를 더 잘 보호하게 된다. 이사회의 구성원에는 CFO와 재무상의 경험 및 명성을 지닌 저명 인사들이 포함된다. 그렇다면 왜 CCO를 이사회 구성원에 포함시키라는 유사한 요건이 없는가? 단지 사베인-옥슬리법에서 이 요건을 강제하지 않기 때문에 이를 따라서는 안 된다는 것을 의미하는 것은 아니다. 이에 대한 정당성은 재무 전문가를 요구하는 것만큼이나 강력하다.

오늘날 CCO가 이사회의 구성원으로 참여하는 회사는 아주 드물다. 이것은 속히 바뀌어야 한다. 컴플라이언스 책임자는 강력한 회사 감독 역할을 제공해야 하는 이사회에 컴플라이언스에 대한 지식과 무게를 더해 준다. 회사 경찰 및 문지기 역할은 이사회에 절대적으로 필요한 사항이다. 아델피아 커뮤니케이션에 컴플라이언스 책임자가 구성원으로 있는 독립적인 이사회가 있었더라면 이 회사를 무너뜨리고 CEO, CFO 그리고 다른 임원들을 투옥시키게 한 기업 부정은 일어나지 않았을 것이다.

FSGO의 7요소는 효과적인 컴플라이언스 프로그램을 도입하는 데 사용할 수 있는 훌륭한 도구이지만, 이를 바탕으로 쌓아 올릴 수 있는 기초와 틀을 제공할 뿐이다. 위대한 조직은 세계적인 수준의 컴플라이언스 프로그램을 구축하기 위해서는 훨씬 더 많은 것들을 할 필요가 있음을 알고 있다. "자기 조직의 당면 과제를 충족시키고 컴플라이언스 프로그램에 살과 피와 근육과 생명을 제공하도록 재단하는 것은 해당 조직에 달려 있다. 양형 가이드라인의 효과적인 프로그램의 7요소들은 최소 요건일 뿐이다."[29]

NOTES

1) 2005년 연방 양형 가이드라인 매뉴얼, 8장, 조직 양형, 2004년 11월 1일, §8B2.1(b)(4)(A).

2) "Summary of the 2004 Federal Sentencing Guidelines Amendments and Recommended Action Steps," General Counsel Roundtable, 2004년 6월.

3) Martin T. Biegelman and Joel T. Barrow, Executive Roadmap to Fraud Prevention and Internal Control: Creating a Culture of Compliance, (Hoboken, NJ: John Wiley & Sons, Inc, 2006년), 112쪽.

4) "Establishing a Compliance and Ethics Program: Designing and Distributing the Code of Conduct," Coporate Execative Board, 2005년 10월.

5) "Chinese New Year," ReligionFacts.com, www.religionfacts.com/chines_religion/holiddays/chines_new_year.htm; The GAP, Inc, Code of Business Conduct, 2006년 1월 1일, 6쪽, www.gapinc.com/public/documents/Code_English_pdf.

6) "Chinese New Year," ReligionFacts.com, www.religionfacts.com/chines_religion/holiddays/chines_new_year.htm.

7) The Defense Industry Initiative on Business Ethics and Conduct, 대중에 대한 2003년 연례 보고서, 5쪽, www.dii.org/annual/2003/AnnualReport2003.doc.

8) 위의 글.

9) "Summary of the 2004 Federal Sentencing Guidelines."

10) Biegelman Barrow, Executive Roadmap, 264쪽.

11) 위의 책.

12) 위의 책, 269–271쪽.

13) 위의 책, 268쪽.

14) 위의 책, 254–281쪽.

15) "Establishing a Compliance and Ethics Program: developing a Program Charter," Compliance and Ethics Leadership Counsel, 2005년 10월.

16) 2005년 연방 양형 가이드라인 매뉴얼, 8장, 기업체 양형, 2004년 11월 1일, §8B2.1(b)(6).

17) 위의 글.

18) Management Antifraud Programs and Controls, Statement on Auditing Standards 99, "Consideration on Fraud in a Financial Statement Audit,", American Institute of Certified Public Accountants, 2002년.

19) Biegelman Barrow, Executive Roadmap, 247–248, 356쪽.

20) Steven D. Levitt and Stephen J. Dubner, Freakonomics: A Rogue Economist Explores the Hidden Side of Everything, (New York: William Morrow, 2005년), 23쪽.

21) 2005년 연방 양형 가이드라인 매뉴얼, 8장, 조직 양형, 2004년 11월 1일, §8B2.1(c).

22) "Summary of the 2004 Federal Sentencing Guidelines."

23) "Supplement to Appendix C-Amendments to the Guidelines Manual," United States Sentencing Commission, 2004년 11월 1일, 102쪽, www.ussc.gov/2004guid/APPC-2004SUPP.pdf.

24) Enterprise Risk Management-Integrated Framework, Committee of Sponsoring Organizations of the Treadway Commission, (2004년), www.coso.org/Publications/ERM/ COSO_ERM_ExecutiveSummary.pdf.

25) "Summary of the 2004 Federal Sentencing Guidelines."

26) Joseph E. Murphy, 저자와의 전화 인터뷰, 2007년 4월 27일.

27) Biegelman Barrow, Executive Roadmap, 355–356쪽.

28) Murphy, 인터뷰.

29) Dr. John D. Copland, " The Tyson Story: Building an Effective Ethics and Compliance Program," Drake Journal Of Agricultural Law, 2000년 겨울호, 348쪽.

Chapter 11

컴플라이언스의 탁월함 인정하기;
프리미어의
볼드리지상 수상 사례

"컴플라이언스는 주기적으로 찾아와 진전 사항을 검토하는 외부 감사인에 의해 행해지는 것이 아니다. 컴플라이언스는 정의된 내부 통제의 어느 것이라도 다룰 책임이 있는 조직 내의 모든 사람에 의해 일상적으로 행해져야 한다."

— 섬너 블라운트(Sumner Blount), CA, Inc의 보안 솔루션 담당 이사

컴플라이언스 및 윤리 업무가 발전함에 따라 조직의 성과를 어떻게 개선시키는지를 보여 줄 필요성이 더 커졌다. 기업 운영의 대부분의 구성 요소들과 마찬가지로 회사의 품질이나 지속적인 성공에 컴플라이언스 부서가 기여하는 정도가 이 부서의 효과성 및 대내외적 위상을 결정하거나 적어도 이에 영향을 준다.

일부 회사는 불법적인 행동과 윤리적 기강 해이의 예방에 초점을 맞춤으로써 컴플라이언스 및 윤리 프로그램의 고유한 가치를 확립하고자 한다. 이것은 컴플라이언스 및 윤리 프로그램의 중요한 요소 중 하나에 지나지 않는다. 이런 접근법은 부정적인 증거를 필요로 하기 때문에 상당한 어려움을 제기한다. 회사가 법률을 위반하거나 윤리 기준을 준수하지 못할 뻔했다는 증거 축적은 어려운 도전 과제다. 회사가 법률이나 다

른 기준 위반을 피했음을 입증할 수 있을 경우에도 그것이 회사의 윤리 및 컴플라이언스 프로그램 덕분이었음을 입증하는 것은 또 다른 장애물이 된다. 윤리 및 컴플라이언스 프로그램과 위반 회피 사이의 인과관계에 대한 증거를 제시하기는 아주 어렵다.

윤리 및 컴플라이언스 프로그램이 조직에 문제가 없다는 점을 보여 주는 것 외에 더 확실하게 보여 줄 수 있는 '긍정적'인 유익을 회사에 제공해 줄 수 있는가? 그런 가치를 어떻게 보여 줄 수 있으며 어떤 표현방법이 그러한 노력에 도움이 되는가?

미국의 전국 표준 기술 연구소The National Institute of Standards and Technology; NIST는 해마다 말콤 볼드리지 전국 품질상 수상자를 선정하는데 이 연구소는 이 상을 통해 '품질을 국가적 우선 순위로 하고 모범 관행을 미국 전역에 전파한 점'을 인정한다.[1] 이 상은 '리더십, 전략적 계획 수립, 고객 및 시장 중심, 측정 · 분석 및 지식 관리, 인적 자원 관리, 프로세스 관리, 그리고 결과 등 일곱 분야에 걸쳐서 제조업과 서비스업, 대기업과 소기업 등 기업체, 교육 · 의료 및 비영리 기관들로부터 신청을 받아 뛰어난 기관'을 인정한다.[2] NIST는 이렇게 언급했다. "볼드리지 기준은 미국의 조직들을 개선시키는 데 귀중한 역할을 수행했습니다. 이 기준은 개선되는 가치를 고객에게 계속 전달하고 해당 조직의 전반적인 성과를 개선시킨다는 두 가지 목표에 집중함으로써 성과를 개선하도록 도와주기 위해 고안되었습니다."[3]

2006년 NIST는 프리미어를 서비스 부문 수상자로 선정했다. 프리미어를 전체적으로 조직의 탁월성에 초점을 맞추는 볼드리지상 수상자로 발표하면서 NIST는 "프리미어는 소속 산업에서 윤리적 행동, 투명성 및 책임감에서 모범 관행을 증진시키는 선도적인 역할을 해 왔다."고 언급했다.[4] NIST가 프리미어의 윤리 및 컴플라이언스 프로그램ECP이 이 상을 수상하게 된 근거이며 이에 대해 언급할 가치가 있다고 결정했기 때문에 이 프로그램이 어떻게 기업체에 가치를 부가하고 그렇게 보여질 수 있는지 귀중한 역할모델이 될 수 있다. 프리미어의 ECP가 조직의 탁월성에 어떻게 기여하는지 살펴보자.

프리미어Premier, Inc.

프리미어는 의료 산업 분야에서 전략적인 위치를 차지하고 있다. 비영리 병원과 건강 시스템 기관들이 주주인 이 회사는 미국에서 두 번째로 큰 의료 분야의 전략적 연합체다. 프리미어는 노스 캐롤라이나 주의 샬로트, 캘리포니아 주 및 워싱턴 DC의 사무소에 1,000명의 직원을 두고 있다. 이 회사는 1996년에 설립되었으며 공동 구매 및 공급 체인 관리, 보험 및 리스크 관리, 그리고 정보 및 실적 개선이라는 세 개의 비즈니스 부서를 두고 주주에게 서비스를 제공하고 있다. 공동 구매 활동은 이 회사의 주주인 병원을 대신하여 구매한 연간 상품 총액 기준으로 전국에서 가장 큰 규모다.

프리미어는 공동 구매 조직을 "자신의 비즈니스 활동의 전부 또는 일부를 의료 서비스 제공자의 대리인으로 행동하며 계약 조건에 부합하게 상품과 서비스를 판매하거나 공급하도록 권한을 부여 받은 단체"[5]라고 설명한다. 연간 4억 3천 3백만 달러의 매출을 올리고 있는 프리미어의 웹사이트에는 '공동체의 건강을 개선시키는 것'이 자사의 핵심 목적이

346

라고 진술되어 있다.

프리미어의 공동 구매 사업은 계약 관리 수수료에 관한 연방 법규를 준수해야 하며 연방 뇌물 금지 법률에 있는 "피난처" 규정을 만족시켜야 한다. 공동 구매 단체group purchasing organization; GPO인 프리미어는 2002년에 개발된 GPO용 윤리강령에 제시된 기준을 만족시킨다. 이 회사의 다른 사업 부문들도 자사의 보험 사업과 마찬가지로 주 차원의 규제상 제약 사항에 직면해 있다. 프리미어를 소유하고 있는 병원은 많은 자체 감독 의무에 직면해 있으며 프리미어의 활동은 회사가 직면하고 있는 규제상 의 제약사항에 부합해야 한다.

이러한 전반적인 규제 및 시장 환경하에서 프리미어는 볼드리지상을 신청하여 이를 수상했다. 프리미어의 ECP가 이런 성공에 어떻게 기여했 을까?

조치를 취하라는 요구

컴플라이언스 분야의 개선은 의문시되는 행동, 대중에의 공개, 정부 의 조사 및 이에 따른 윤리적 문화로의 이동에 의해 조장되는 경우가 흔 하다. 프리미어도 이 경로를 통해 높은 수준의 컴플라이언스 상태로 나 아갔다. 프리미어는 2002년 자사의 구매 관행과 관련된 경쟁 저해 비즈 니스 관행 및 이해 상충에 대한 정부 조사의 중심에 서 있었다. 대중 매 체와 상원 청문회에 거명된 회사는 프리미어만이 아니었지만 프리미어 의 경영진은 "외관상 이해 상충의 소지가 있다는 사실조차 수용할 수 없 다."고 결정했다.[6] 프리미어의 경영진은 윤리 및 컴플라이언스의 모범 관행에서 업계의 역할모델이 되기로 결심했다.

프리미어의 반응

프리미어의 감사위원회는 2002년 3월 자사와 GPO 업계에 대해 연구하여 자사의 기업윤리를 개선시킬 수 있는 모범 관행과 절차를 권고했다. 이에 따라 프리미어는 저명한 대학 교수이자 비즈니스 윤리 전문가인 커크 한슨Kirk O. Hanson을 고용했다. 한슨은 캘리포니아 주의 산타 클라라 대학교 마쿨라 응용윤리센터의 상무인데 마쿨라 센터는 기업, 정부 및 의료업 윤리 분야에 많은 경험이 있는 뛰어난 윤리센터 중 하나다.

감사위원회는 "해당 업계가 직면해 있는 윤리적 이슈들에 대한 독립적인 평가와 일련의 모범 관행에 대한 권고들을 원했다."[7] 이 연구는 GPO 산업 내의 비즈니스 관행, 해당 업계에서의 현재의 윤리적 상황, 컴플라이언스에서의 모범 관행 파악, 프리미어의 컴플라이언스 프로그램 현황에 대한 진단 및 개선 기회에 중점을 둘 예정이었다.[8] 한슨은 이 연구에서 완전한 독립성을 지녔으며 연구 완료 즉시 보고서를 공개하도록 요구했다. 그는 보고서를 공개하는 것이 자신의 독립성을 과시할 뿐만 아니라 소속 업계와 자사를 진정으로 개선하기 원한다는 프리미어의 의도가 진실임을 보여 준다고 믿었다.

한슨은 연구를 위한 리서치를 수행하면서 100명 가량의 임원, 이사, 직원, 컨설턴트, 파트너, 거래업체, GPO 이슈에 관해 기사를 썼던 기자와 관련 정부 조사에 관여했던 의회 직원들을 면담했다. 그는 프리미어의 미국 내 모든 사업장을 방문하였으며 수 없이 많은 회사 서류들을 요청하여 검토했다. 그는 보고서 초안을 완성한 후 윤리 및 조직 관리 분야의 최고전문가위원회를 소집하여 검토를 의뢰했다. 그 후 그는 초안을 프리미어의 임원, 직원, 이사회 위원 및 파트너 조직의 의료 담당 임원이 포함된 그룹에 제출하여 피드백을 요청했다. 한슨은 이처럼 방대한 검토 후 프리미어의 리더들과 만나서 자신이 발견한 내용과 권고 사항을 제시했다.[9]

한슨의 연구는 '공동 구매 산업을 위한 모범 윤리 관행: 프리미어의 이사회 내 감사위원회 보고서' GPO 보고서라는 제목으로 2002년 10월 발표되었다. 한슨의 보고서는 '특별히 GPO가 직면해 있는 대다수 윤리 문제를 다루기 위한 윤리 정책 및 관행에 관한' 50여 항의 권고 사항을 자세히 다루었다. "이 권고 사항들은 현재는 프리미어의 관행이 아닌 다른 관행을 다루고 있다."[10]

GPO 보고서는 일반적인 윤리 기준 및 가이드라인, 이익 상충 이슈, 계약 체결 관행, 공시와 관련 보고 및 거버넌스 개혁을 다루었다. 권고 사항의 핵심은 다음과 같은 컴플라이언스 요소를 수립하는 것이었다.

- 윤리적 문화의 기초가 되는 포괄적인 윤리강령
- GPO 직원이 거래업체로부터 선물을 받지 못하도록 하는 선물 정책
- 거래업체 윤리강령
- 직원의 거래업체 지분 소유 내역 공개
- 이해 상충 회피
- 내부 거래 금지
- 단일 견적 계약 제한

- 연례 재무 보고
- 윤리 및 컴플라이언스 책임자 임명
- 핫라인 창설
- 감사위원회의 상시 검토 및 감독
- 윤리 성과 및 컴플라이언스 사안 감사위원회 앞 연례 보고[11]

GPO 보고서에서 한슨은 프리미어의 경영진으로부터 이 연구 기간 내 내 충분한 협조를 받았다고 언급했다. 또한 그의 권고 사항 중 많은 항목들은 최종 보고서가 발표되기 전에도 이미 시행되고 있었다. 50개 항목의 포괄적인 권고 사항에 대해서는 GPO 보고서를 참조하라.

프리미어의 초대 컴플라이언스 책임자

2003년 1월 메간 배리Megan Barry가 프리미어의 초대 윤리 및 컴플라이언스 책임자로 채용되었다. 다국적 기업에서 비즈니스 윤리와 회사의 책임과 관련된 이슈에 대해 많은 경험을 쌓았고 컴플라이언스 분야에서 혁신을 이룬 기록도 지니고 있는 배리는 1990년대에 노텔 네트워크스에서 회사의 사회적 책임 및 비즈니스 윤리 담당 이사로 재직할 때 자사의 윤리강령을 인터넷에 공개하는 최초의 회사가 되게 만들었다.

회사 비즈니스 수행 방식의 주요 변화들을 직원들에게 납득시키고 협력을 얻을 필요가 있음을 인식한 배리는 상원 청문회에서 제기되던 이슈에 대해 프리미어가 어떻게 대응하는지 정부가 주의깊게 지켜보고 있다는 이야기를 하면서 직원들을 설득했다. 그리고 효과적인 컴플라이언스 프로그램을 설치하면 프리미어의 생존 가능성이 확보되고 조직의 성장에 도움이 될 수 있다고 주장하며 프리미어의 윤리 및 컴플라이언스 프로그램 수정에 따른 모든 정책 변화들을 직원들이 완전히 이해할 수 있도록 모든 직원의 연수를 제도화했다. '모든' 직원들은 유지 보수 담당 직원이나 경영진을 불문하고 말 그대로 모든 직원을 의미했다.

배리의 경험은 "다차원적인 접근법이 책임감 있게 행동하려는 직원들의 노력을 강화해 줌을 시사한다. 이 접근법에는 직원의 의사 결정 강화, 전반적으로 윤리적인 문화 조성 및 윤리적 이슈를 효과적으로 다루기 위한 충분한 자원 파악 및 공급이 포함된다."[12]

프리미어의 윤리 및 컴플라이언스 프로그램

프리미어의 볼드리지상 신청과 수상에 있어서 회사의 ECP의 역할을 이해하기 위해서는 먼저 ECP를 이해할 필요가 있다. ECP에는 어떤 내용이 포함되어 있으며 이 프로그램은 어떻게 운영되는가? 이 프로그램이 프리미어 조직의 탁월성에 어떻게 기여하는가?

프리미어의 ECP는 아래와 같은 요소들을 포함하고 있다.

① **윤리강령.** 2002년 의료업 공동 구매 협회Healthcare Industry Group Purchasing Association: HIGPA는 상원 위원회의 제안에 따라 자발적인 윤리강령을 개발하기 시작했다. 프리미어는 이 협회의 회원으로 참여했으나 이미 위에 언급한 바와 같이 회사 내에 독립적인 윤리 전문가를 고용하여 공동 구매 산업에 대해 분석하고 회사의 정책과 관행 개선을 위한 권고

사항을 제공하게 했다. 위에서 자세하게 설명되었던 윤리 전문가의 보고서와 권고 사항들은 2002년 10월에 제출되었는데 이는 프리미어의 '공동 구매 윤리강령'의 기초가 되었다. 이 강령은 HIGPA에 의해 채택된 강령에서 다루고 있는 모든 이슈들을 담고 있지만 몇 가지 면에서 업계 차원의 기준을 상회한다. 예를 들어 HIGPA의 강령과 달리 프리미어는 회사와 회사 관련 기관의 직원에게 '프리미어 재직 기간 동안 획득한 거래업체나 잠재 고객에 대한 지식에 근거한' 내부자 거래를 금지한다.[13] 프리미어 사의 윤리강령 적용 대상이 좀 더 광범위함을 보여 주는 또 다른 예로는 '프리미어 사의 공동 구매 계약 의사결정에 영향을 줄 수 있는 지위에 있는 어떠한 사람도 자신이 대량의 주식 지분을 보유하고 있는 분야에서는 고문 역할을 할 수 없음'에 반해 HIGPA는 이러한 이해 상충 가능성을 전혀 다루지 않는다.[14] HIGPA의 윤리강령은 고문들에게 그러한 지분을 공시하고 GPO에 의한 의사 결정을 회피하도록 요구하고 있지만 그런 이슈에 관한 고문 역할까지 회피하라고 요구하지는 않는다. 프리미어 사의 비즈니스 수행 가이드라인은 이 회사의 공동 구매 영역 밖의 회사 활동에도 적용되는데이 활동에는 HIGPA의 강령이 적용되게 되어 있다 이 가이드라인에는 공동 구매 활동 영역 밖에 적용되는 많은 조항과 윤리기준을 담고 있다. 프리미어의 공동 구매 윤리강령은 http://www.premierinc.com/ about/mission/ethics-compliance/ Resource%20Booklets/COC/code-of-conduct-feb-2006-version-printable.pdf에서 구할 수 있으며, HIGPA 윤리강령은 www.higpa.org /about/code에서 찾아볼 수 있다.

② **직원 연수.** 프리미어의 직원은 다양한 주제에 대해 다양한 방식으로 연수를 받는다. 상당한 양의 직무 연수에 추가하여 프리미어의 윤리 및 컴플라이언스 책임자는 자사의 직원에게 연례 윤리강령 연수대면 교육, 비디오 화상 회의 및 웹 기반 연수 코스를 실시하고, 신입 직원에 대한 오리엔테이션시 1시간의 윤리 교육이 포함되며, 비즈니스 부문의 연수에 윤리적 책임 및 관행 연수를 포함시키고, 프리미어의 비즈니스 윤리 및 행동 강령을 직원의 일상 직무 관련 활동에 적용하기 등과 같은 유형의 연수를 제공한다. 이 회사의 직원은 프로세스 관리 및 개선, 직원·작업장·환경 상의 안전, 재해 복구 및 기타 주제의 연수도 받는다.

③ **윤리 및 컴플라이언스 책임자.** 프리미어의 윤리 및 컴플라이언스 책임자는 회사의 이사회 내 감사위원회에 직접 보고하며 연례 윤리강령 준수 보고서를 작성한다. 윤리 및 컴플라이언스 부서는 자사의 ECP에 대한 본사 차원의 감독 및 지원을 제공하고 고위 경영진, 병원 주주, 공급자 및 직원과 협력하여 이 회사의 공동 구매 윤리강령 및 비즈니스 수행 가이드라인 준수 여부를 모니터한다.

④ **핫라인.** 프리미어는 직원이 원할 경우 익명으로 회사의 공동 구매 윤리강령, 비즈니스 수행 가이드라인 및 기타 정책 위반에 대해 보고할 수 있도록 제3자에 의해 관리되는 핫라인 제도를 설치했다.

⑤ **윤리 관련 소통.** 프리미어는 ECP 운영 및 직원이 우려 사항과 이슈들을 제기할 수 있는 다양한 수단에 관해 광범위한 소통 캠페인을 벌였다. 이 소통은 다음과 같이 여러 형태를 취한다. 직원들에게 다가오는 컴플라이언스 및 윤리 연수 과정에 대해 알려 주는 이메일을 발송하고

연수의 목적과 윤리 관련 메시지들을 강조하는 스크린 샷을 짧은 비디오 클립 담아 사내 인트라넷에 게시한다. 윤리 및 컴플라이언스 필수 연수에 참여하지 않은 직원에게는 다시 후속 이메일을 보내서 상기시켜 준다. 연례 가치체계 컨퍼런스 채널을 통해 직원들이 제출하는 윤리 관련 문제에 대한 답변은 모든 직원에게 배포되는 주보를 통해 회신되며 윤리 및 컴플라이언스 책임자는 여러 개의 신문에 등장하는 월간 '토픽' 칼럼을 발간한다.

⑥ **사례 및 이슈 관리.** 프리미어는 윤리 및 컴플라이언스 부서가 문의, 협의, 자원 요청 및 이해 상충 신고서 제출 보고서를 추적 관리하도록 지원해 주는 시스템을 구축했다. 예를 들어 직원들은 회사의 인트라넷을 통해 이 신고서에 접근할 수 있다. 그럴 경우 직원들은 온라인 지시 및 가이드라인을 따라 이해 상충 신고서를 작성하여 제출한다. 윤리 및 컴플라이언스 부서는 이 신고서를 적시에 작성하지 않는 직원에 대해서는 이를 상기시키는 이메일을 보낸다.

⑦ **역량 평가 도구.** 프리미어는 공동 구매 윤리강령 준수 자체 모니터링 확인 프로그램VERIFY Self-Monitoring Group Purchasing Code of Conduct Compliance Program을 통해 직원들의 자사 구매 윤리강령 준수 정도를 측정한다. 확인자라 불리는 직원들이 회사의 비즈니스 프로세스나 관행이 회사 윤리강령을 준수하는지 확인한다. 그들은 윤리강령 준수를 확인하기 위해 직원들이 따라야 할 절차를 파악하고 이런 절차 및 준수 정도, 예외사항이나 달리 언급할 내용을 문서화한다. 그들은 이 분석 결과를 윤리 및 컴플라이언스 부서에 제출한다. 확인자의 상사는 내용을 검토하고, 윤리 및 컴플라이언스 부서는 연례 공동 구매 윤리강령 준수 보고

시 이들 연례 확인서 결과를 취합하여 보고한다.

⑧ **윤리적 평판 조사.** 해마다 외부 회사가 프리미어의 직원들에 대한 설문 조사를 통해 공동 구매 윤리강령 준수 정도를 측정한다. 이 회사는 비밀리에 조사를 수행한 후 데이터를 합산하여 프리미어에 보고함으로써 개인의 응답 내용을 알 수 없게 한다. 프리미어의 고위 경영진 및 이사회는 조사 결과를 검토한다.

⑨ **감사위원회.** 프리미어 사의 이사회 내 감사위원회는 윤리 및 컴플라이언스 부서 업무 현황과 구매 윤리강령 준수 상황에 대해 분기 보고를 받는다. 이 보고서는 회사의 윤리 관련 핵심 성과 지표KPI를 보여 준다.

ECP는 프리미어 사가 뛰어난 조직이 되는 것을 어떻게 지원해 주는가? ECP가 '의료업계를 개혁하는 데 중요한 역할'을 하고 소유주/고객들이 '그들의 시장에서 선두의 의료 시스템'이 된다[15]는 프리미어 사의 목표를 달성하는 데 어떻게 구체적으로 기여하는지 밝혀낼 수 있는가?

ECP의 구성 요소 또는 이와 비교할 만한 구성 요소들은 많은 기업의 컴플라이언스 프로그램에도 등장하는데 무엇이 프리미어의 ECP를 다른 조직의 프로그램과 구별해 주는가? 프리미어의 ECP는 회사의 윤리 및 컴플라이언스 프로그램이 윤리 및 컴플라이언스 이슈와 직접적으로 관련되지 않은 비즈니스 목표에 어떻게 기여하는지에 대한 하나의 모델이 될 수 있는가? 컴플라이언스 전문가는 그런 프로그램에 대해 좀 더 긍정적인 비즈니스 사례를 제시할 수 있는가?

컴플라이언스 및 윤리 도구와 조직의 탁월성

프리미어는 ECP의 여러 요소들을 이용하여 업무를 개선하고 법규 미준수 및 윤리 기강 해이의 가능성을 줄인다. 예를 들어 ECP에 있는 다양한 소통 채널을 통해 회사는 업무의 변화 필요성에 대하여 배우게 된다. 회사의 핫라인을 운영하는 외부 회사가 불만이나 우려 제기 또는 질문 전화를 받거나, 회사의 절차를 따르지 않은 사례를 제보 받거나, 효율적이거나 효과적으로 업무를 수행할 수 있는 방법을 제안 받을 경우 프리미어는 그 보고서를 검토해서 절차 위반이 업무 개선을 위한 기회를 제공해 주는지를 결정할 수 있다. 어떤 직원들은 ECP에 있는 다양한 소통 채널을 통해 직접 업무 개선 제안 사항을 제출하기도 한다. 아래와 같은 사례들이 있다.

· 프리미어는 직무 변경으로 재배치될 직원들을 위한 '점심 학습' 프로그램을 후원했다. 재배치되었던 한 직원은 재배치시 세금에 미치는 영향에 관한 정보가 이 프로세스와 관련된 스트레스를 다소 줄여줌으로써 직원들의 생산성이 높아져 프리미어 사에 유익해질 수 있음을 알게 되었다.

· 한 직원은 '프리미어 아이디어' 라 불리는 프리미어의 직원 제안함에 애사심을 증진하기 위해 회사 로고가 새겨진 셔츠, 바지 및 사무용품을 구할 수 있게 해 달라는 제안을 했다. 이에 프리미어는 담당자를 지정하여 직원들이 물품들을 구입할 수 있게 했다. 프리미어는 '월요일의 신변잡기 Monday Minutes' 라는 사보를 통해 그런 결정 및 담당 직원 발령 소식을 알렸다.

· 노스 캐롤라이나 주 샤롯트 시에 있는 프리미어의 빌딩에는 작은 방이

많다. 한 직원은 어떤 직원이 어느 방에 있는지 알아내기가 아주 어렵다고 지적했다. 회사는 각 층의 지도를 준비하여 방의 위치와 직원을 표시해서 엘리베이터에 부착했다.

1996년 세 개의 조직이 합병하여 프리미어가 되었을 때 경영진은 통합된 조직에 대한 단일한 가치체계의 필요성을 느꼈다. 이에 따라 '가치체계 이니셔티브' 일환으로 기존에 있던 각 조직마다 4-5명을 지명하여 통합 조직의 가치체계를 정하도록 했다. 프리미어는 1998년 첫 번째 '가치체계 컨퍼런스'를 개최하여 직원들로 하여금 회사의 가치와 이를 업무에 어떻게 통합할지 논의하게 했다. 이 컨퍼런스의 결과 가치체계를 작동시켜 줄 팀을 창설하게 되었다. 이 가치체계 컨퍼런스는 전직원이 참석하는 연례 행사가 되었다. "프리미어의 가치체계 팀과 하위 팀들은 그 회사가 조직을 개선하기 위해 어떻게 직원들의 참여와 다양한 의견들을 수렴하는지 보여 주는 사례들이다. 이 프로세스는 연례 컨퍼런스·가치체계 팀·지역별 하위 팀 및 가치체계 이메일 박스를 통해 사회적 책임 중 하나인 고객과 직원 의견의 체계적 수집을 촉진해 준다."[16]

프리미어는 자사의 직원에게 윤리 및 업무 관련 사항들을 건의할 수 있는 다양한 통로를 제공한다. 이 회사의 "거래처 불만 처리 프로세스는 공급자들에게 현안에 대해 보고할 수 있는 길을 열어 줌으로써 불만이 검토되고 응답될 수 있도록 개선시켜 준다."[17] 프리미어의 거래처들은 웹사이트 www.premierinc.com/about/suppliers/vendor- grievance-policy.jsp를 통해 불만 처리 프로세스에 접근할 수 있다. 특정 계약과 관련된 불만이건 일반적인 불만이건 간에 거래처는 이메일을 통해 불만을 제출하고 접수를 확인한 날로부터 30일 이내에 처리 결과를 통보 받을 수 있다. 이 절차하에서의 거래처 권리는 www.premierinc. com/about /suppliers/bidders-rights-responsibilities.jsp에 나와 있다.

프리미어는 직원을 회사의 지속적인 운영 및 업무개선 노력면에서 귀중한 자원으로 여긴다. 상당 부분이 대면 형식으로 이루어지는 연례 연수는 ECP의 중요한 요소를 구성하는데, 윤리 및 컴플라이언스 책임자는 연수의 효과성을 측정하고 연수를 받은 직원들로부터 피드백을 받는다. 이런 피드백에는 조직개선과 프로세스 개선에 필요하거나 조언할 만한 정보와 아이디어가 포함될 수 있다.

직원 연수 및 컴플라이언스 문화 강화는 프리미어의 운영 및 ECP를 조직 범죄에 대한 2004년 개정 연방 양형 가이드라인에 부합하는 방식으로 개선시켰다. 개정된 가이드라인에서 미국 양형 위원회는 어느 회사의 컴플라이언스 및 윤리 프로그램이 어떻게 '효과적인' 프로그램 자격을 갖출 수 있는지와 그런 프로그램에 수반될 수 있는 혜택에 대해 자세한 지침을 제공했다. 2004년에 양형 위원회가 만든 변화 중 하나는 "컴플라이언스 및 윤리 프로그램은 (a) 컴플라이언스 및 윤리 프로그램에 따라 수행될 적절한 인센티브와 (b) 범죄 행위에의 관여 및 범죄 행위 예방 또는 탐지를 위한 합리적인 조치를 취하지 않은 데 대한 적절한 징계 조치를 통해 증진되고, 조직 전체를 통해 일관되게 집행되어야 한다"[18]는 점이다.

프리미어 ECP의 여러 요소들은 다양한 권고 사항에 생명을 불어넣는다. "고위 지도자들은 프리미어의 가치체계에 기반한 보상 및 인정 프로그램을 사용하여 회사의 '직원 선정상,' 부서 보상과 프리미어 우수 직원상 프로그램을 통해 개인 및 팀의 행동을 개별적으로 지지하고 보상한다."[19] 프리미어의 CEO는 "가치체계에 기반한 업무 수행을 인정하는 프리미어 우수직원상, 우수팀상과 터틀상을 가치체계 컨퍼런스에서 직접 수여한다. 고위급 지도자들이 앞장 서서 수상자들을 축하한다. _{프리미어의 핵심 가치 및 미국 품질 협회의 팀 수상 기준에 기반한} 프리미어 팀상은 핵심 가치를 구현하면서 양호한 결과를 시현한 프로젝트 팀들을 인정한다."[20] 직원들이 동료를 수상 후보자로 지명하고 검토한다. 그리고 수상자들은 프리미어의 웹사이트에 발표되고 직원들이 모였을 때에도 발표된다. "궁극적인 성공 여부를 불문하고 바람직한 결과를 추구하기 위해 일정 부분 위험을 감수하면서 '자기 목을 건' 직원들을 기리는"[21] 터틀상의 수상자는 CEO가 직접 선정한다. 당해 연도의 '직원 선정상'은 '개인 및 팀의 가치에 입각한 행동'을 인정한다.[22] 비즈니스 부문 차원의 다른 상들도 직원 편에서의 긍정적인 윤리적 행동을 인정할 기회를 제공한다. 이러한 모든 인정 프로그램들은 "성과에 대한 강력한 동기부여 요인이다."[23]

프리미어는 기업윤리와 가치체계들을 강화해 주는 직원 인정 프로그램들을 확실하게 실행했다. 이런 제도는 조직이 '컴플라이언스 및 윤리 프로그램에 따라 업무를 수행할 적절한 인센티브'를 개발한다는 양형위원회의 목표에 부합하는 좋은 사례다.[24]

또한 프리미어는 자사의 ECP 요소에 대한 주의깊은 설계와 사용을 통해 기업의 탁월성을 추구하고 회사의 이익을 증진시킬 수 있는 방법을 개발했으며 이를 실행하고 볼드리지상을 수상함으로써 다른 회사들이 윤리 및 컴플라이언스 목표를 지원하는 데 보다 긍정적인 논거를 구축하는 방법을 개략적으로 보여줬다.

참고로 프리미어는 2007년 샬로트 기업 윤리상도 수상했다. 이 상은 재무 서비스 전문가 협회의 샬로트 지부에 의해 매년 수여되며, "기업 경영, 관리, 철학, 그리고 위기나 도전 과제들에 대응하면서 최상의 윤리 관행을 보여준 회사"[25]임을 인정하는 증표다. 기업이 윤리 및 컴플라이언스에 최선을 다하면 언제나 보상이 따른다.

1) "Frequently Asked Questions about the Malcolm Baldrige National Quality Award," National Institute of Standards and Technology, www.nist.gov/public_affairs/factsheet/baldfaqs.htm에서 찾아볼 수 있음.

2) 위의 글.

3) 위의 글.

4) 출처: Premier의 수상을 발표한 NIST의 언론 보도자료.

5) Premier, Inc. Group Purchasing Code of Conduct, Definitions, www.premierinc.com/about/mission/ethics-compliance/code-of-conduct-read-friendly/code-of-conduct_definitions.htm.

6) Andrew W. Singer, "Spattered and Scorched, Premier Seeks the 'High Road,'" Ethikos and Corporate Conduct Quarterly, 2004년 5/6월호, www.singerpubs.com/ethikos/premier.html.

7) Kirk O. Hanson, "Best Ethical Practices For the Group Purchasing Industry: A Report to the Audit Committee of the Board of Directors of Premier, Inc.," 2002년 10월 18일, www.premierinc.com/about/mission/ethics-compliance/attachments/Appx-A_%20Kirk%20Hanson.doc.

8) 위의 글.

9) 위의 글.

10) 위의 글.

11) 위의 글.

12) Jason Lunday and Megan Barry, "Connecting the Dots Between Intentions, Action and Results: A Comprehensive Approach to Ethical Decision Making," Ivey Business Journal, 2004년 3/4월 호, 1쪽, www.iveybusinessjournal.com/article.asp?intArticle_ID=470.

13) 프리미어사 윤리강령.

14) 위의 글.

15) 이 글은 프리미어가 이루기를 희망하는 목표인 (10년에서 30년 사이에 도달할) "Big Hairy Audacious Goal"에서 인용했음.

16) North Carolina Awards for Excellence: Malcom Baldrige – Business Applications, 2004년 11월 1일, 27쪽(Baldrige Application").

17) 위의 글, 7쪽.

18) 2005년 연방 양형 가이드라인 매뉴얼, 8장, 기업체 양형, 2004년 3월 8일, §8B2.1(b)(6).

19) Baldrige Application, 1쪽.

20) 위의 글, 3-4쪽.

21) 위의 글, 4쪽.

22) 위의 글, 3쪽.

23) 위의 글.

24) 2005년 연방 양형 가이드라인 매뉴얼, 8장, 기업체 양형, 2004년 3월 8일, §8B2.1(b)(6).

25) "Local Companies Honored for Ethics in Business," Charlotte Business Journal, 2007년 4월 27일.

＊이번 장의 내용은 프리미어의 허락 하에 스티븐 라우어(Steven Lauer)가 제공했다. 프리미어 윤리강령 및 프리미어 그룹 구매 윤리강령은 프리미어가 저작권을 보유하고 있으며, 동사의 허락하에 이 장에 게재 또는 언급되고 있다. 또한 프리미어는 스티븐과 내게 자사의 특정 도구와 요소들을 살펴보고 이곳에 소개하도록 호의를 베풀어 주었다. 프리미어와 스티븐에게 감사드린다.

Chapter 12

견고한 부정 예방 정책 설계하기;
에어서비시스 오스트레일리아의
부정 통제 계획

"만일 어떤 사람이 당신에게 한 번 사기를 친다면 그는 악당이다. 만일 그가 당신에게 두 번 사기를 친다면 당신이 바보다."

— 작자 미상

나는 2005년 11월 시드니에서 어느 내부 부정 예방 학술대회에 강사로 참여한 적이 있는데 그 학술대회에서 다른 강사의 발표를 들을 기회가 있었다. 그들 중 한 명은 호주에 있는 정부 소유 기업인 에어서비시스 오스트레일리아Airservices Australia의 보안 책임자 중 한 명이었다. 그는 자기 회사가 부정 방지 정책을 전사적으로 소통함으로써 내부 부정 통제를 어떻게 강화했는지에 대해 멋진 발표를 했다. 나는 내부 부정 통제를 거버넌스 전략에 연결시키고, 고위 경영진에게 부정 방지 정책을 소통하게 하며, 핵심 성과 지표Key Performance Indicator; KPI를 통해 프로그램의 효과성을 모니터링하는 에어서비시스 오스트레일리아의 프로그램에 깊은 감명을 받았다.

나는 에어서비스의 프로그램이 컴플라이언스 분야에서의 모범 관행이 될 수 있음을 즉각적으로 알아차리고 그것을 이 책에 포함시키기로 했다. 미국에서 부정 통제 계획을 실제로 발표하는 회사는 극히 드물지만 이 계획은 대내외적으로 소통될 필요가 있다. 나는 에어서비스 오스트레일리아에 접촉하여 그들의 부정 통제 계획 및 프로그램에 관한 정보를 요청했다. 그들은 내가 필요로 하는 모든 정보를 제공해 주었다. 그들의 협조에 깊이 감사드린다. 에어서비스 오스트레일리아(이하 '에어서비스'라 함)는 여러 해 동안에 걸쳐 개발한 탁월한 컴플라이언스 프로그램을 가지고 있다. 이번 장의 뒷부분에 그들의 허락을 받아 2005년-2007년 부정 통제 계획과 부정 부패 통제 관리자 가이드로부터 발췌한 일부 내용을 소개한다. 세계의 모든 조직은 이 혁신적인 회사가 개발한 모범 관행으로부터 도움을 받게 될 것이다.

에어서비스는 호주 연방 부정 통제 가이드라인의 요구를 만족시키기 위해 부정 통제 계획을 작성하고 2년마다 개정하도록 했다. 1996년 최초의 부정 통제 계획을 개발한 에어서비스의 보안 관리자 마이클 호워드Michael Howard는 이렇게 설명했다. "단순화된 현행 부정 통제 계획 형식은 확립된 통제가 시행되지 않았기 때문에 직원들이 부정을 인식하거나 보고하지 않았던 많은 부정 사건 경험에서 비롯되었습니다. 검사, 부정에 대한 인식 및 비밀 보고를 통한 통제 환경 유지가 필수적입니다."

호주 법무부는 호주에서의 부정 통제 정책을 조정하는 책임을 맡고 있는데 이 책임에는 연방 부정 통제 가이드라인 시행, 부정 통제에 있어서의 모범 관행과 효과적인 리스크 관리 기법 증진 등이 포함된다.[1] 부정을 '속임수나 다른 수단을 통해 부정직하게 이익을 얻는 것'으로 정의하고 있는[2] 호주 연방 부정 통제 가이드라인은 정부 기관과 연방으로부터 상당한 자금을 받는 기타 기관에 적용된다. 이 가이드라인은 의무사항은 아니지만 이 가이드라인의 적용을 받지 않는 기관도 이를 컴플라이언스 모범 관행으로 시행하도록 강력히 권장된다. CEO는 자신의 조직에 부정 통제 계획을 세우고 부정 통제 활동에 대해 요구되는 보고를 할 책임이 있다.[3]

이 가이드라인은 효과적인 부정 통제 계획이 지녀야 하는 것이 무엇인지를 정의한다. 여기에는 탐지 · 조사 및 예방 등 부정 통제 전략, 리스크 평가 프로세스, 모든 위반자들에 대한 적절한 기소, 공정하고 균형 잡힌 징계 조치, 부정으로 획득한 자금 회수, 직원들에 대한 부정 인식 및 윤리 교육, 부정 조사관들에 대한 특별 교육, 컴플라이언스 문화 강화, 직원들에 대한 부정 통제 계획 공개 및 부정 통제 조치와 그 결과에 대한 보고 등이 포함된다.[4]

보고를 위해 기관들은 자신들의 부정 조사 및 예방 노력과 관련된 다양한 데이터를 수집할 필요가 있다. 여기에는 조사된 사례의 수, 기소 여부 판단을 위해 사법 기관에 통보한 사례의 수, 기소 결과, 부정으로 입은 손실, 회수액, 부정 및 기타 위반에 관여한 직원 · 계약자 및 기타 관련자의 수, 부정 조사 및 예방 노력에 관여하는 직원의 수와 연수 및 자격, 그리고 직원들에게 제공된 부정 예방 및 윤리 교육의 종류 및 시간 등이 포함된다.

에어서비시스 오스트레일리아

에어서비시스 오스트레일리아는 항공 업계에 안전하고 환경적으로 건전한 항공 통제 관리 및 관련 에어사이드 서비스를 제공하는 정부 소유 회사다. 호주 비행 정보 구역은 호주의 영공과 태평양 및 인도양상의 국제 공역을 포함하여 지구 표면의 11%를 차지하고 있다. 에어서비스는 매년 4천 7백만 명이 넘는 승객을 수송하며 3백만 건이 넘는 국내 및 국제 항공편의 운항을 관리한다. 또한 항공 업계는 에어서비스에 항공 데이터, 원거리 통신과 운항 서비스도 의존한다.

에어서비스 오스트레일리아의 본사는 호주의 캔버라에 있다. 이 회사는 600개의 현장에 4억 9천 3백만 달러의 고정 자산과 약 3천 명의 직원을 보유하고 있는데 이 중 천 명의 항공교통 관제사가 멜버른과 브리즈번의 주요 센터, 26개의 국제선과 지역 공항의 관제탑에서 일하고 있다. 이 회사는 호주에서 가장 붐비는 19개 공항에서 항공 구조와 소방 서비스도 제공한다. 에어서비스 오스트레일리아는 이렇게 말한다. "우리는 영공에서 에어사이드에 이르기까지, 땅에서부터 그 위까지의 모든 것을 다 합니다."

에어서비스는 자사의 연례 보고서에 부정 방지에 대한 자신의 서약을 게재한다. 이 회사의 2005-2006 연례 보고서의 '부정 통제'라는 제목이 붙은 섹션에 이렇게 기록되어 있다. "에어서비스 오스트레일리아는 당사의 필요 및 호주 연방 부정 통제 가이드라인의 요구를 충족시키는 부정 예방, 탐지, 조사 및 데이터 수집 절차와 프로세스를 지니고 있습니다. 올해 중에 당사는 몇 건의 경미한 부정 조사를 수행한 결과 일부 직원에게 징계조치를 취했습니다."[5]

그들의 부정 통제 계획에는 많은 컴플라이언스 모범 관행들이 포함되어 있다. 이 계획은 부정에 대한 명확하고 혼동할 우려가 없는 정의 및 과거에 관찰되었던 다양한 부정 사례들을 제공한다. 그럴 경우 회사는 적절한 조치를 취한다는 사실을 강조하기 위해 비리 행위가 어떤 징계를 초래할 수 있는지를 알려 준다. 이 계획은 부정 억제요인으로서의 부정에 대한 인식의 중요성과 전직원이 비리 행위 혐의나 업무 수칙 위반에 대해 신속하게 보고할 필요에 대해 논한다. 공식적으로 문서화된 리스크 평가의 중요성과 지속적인 모니터링을 강조하여 부정 리스크를 경감하는 통제 수단과 부정 리스크에 대한 대응책을 찾아낸다. 마지막으로 이 계획은 전반적인 부정 예방 프로그램의 효과성을 결정하기 위한 핵심 성공 척도들을 정의한다.

에어서비시스 오스트레일리아: 우리는 어떻게 운영하는가

에어서비시스 오스트레일리아의 포부, 사명 및 가치	
우리의 포부	사람에게 권한을 부여하여 탁월함과 혁신을 이끌게 한다.
우리의 사명	항공교통 및 관련 항공 서비스 분야에서 선호되는 글로벌 파트너가 된다. 우리는 아래의 항목을 통해 이를 달성한다. · 안전 우선 · 최상의 고용주 및 서비스 제공자가 됨 · 세계 최고의 운영 · 상업 활동이 이익을 내며 성장함 · 책임 있는 환경 관리
우리의 가치	우리의 야심 찬 목표를 달성함에 있어서, 우리는 정직, 책임성 및 단합과 신뢰의 정신을 만들어 낼 강한 리더십의 필요를 인식한다.

에어서비시스 오스트레일리아, ⓒ 2005의 허락을 받아 게재함.

아래의 내용은 에어서비시스 오스트레일리아의 부정 통제 계획에서 선정한 섹션들로서 동사의 허락을 받아 이곳에 소개한다.

에어서비시스 오스트레일리아 부정 통제 계획 2005-2007

CEO로부터의 메시지

정부 정책 및 훌륭한 거버넌스는 당사가 부정 리스크를 관리하도록 요구하고 있으며 이사회는 이 목표를 다루는 부정 통제 계획, 2005-2007을 승인했습니다. 정직, 고결성 및 책임성은 지속적인 비즈니스 성장과 수익성의 기초이기 때문에 가치 있게 여겨집니다. 그러나 많은 조직에서 이 원칙을 공유하지 않는 것이 현실이며 우리 회사와 같은 기관들은 이에 대해 대비할 필요가 있습니다.

이 계획은 우리의 기존 가치와 거버넌스 틀에 기초하고 있으며, 아래와 같은 핵심 부정 통제 전략을 심화 발전시킴으로써 부정 억제 및 탐지를 증대하는 것을 목표로 합니다.

· 의식 증대   · 파악 및 보고

· 비밀 유지   · 조사 및 시정 조치 적용

· 지속적인 모니터링 및 성과 개선

본인은 부정을 근절하기 위해 에어서비시스의 모든 구성원들에게 이 계획을 추천합니다.

그레그 러셀Greg Rusell[6]

총론

개요

2002년 5월자 연방 부정 통제 가이드라인에서 부정은 "속임수나 다른 수단을 통해 부정직하게 이익을 얻는 것"으로 정의된다. 이 정의는 금전상의 이익 및 정보 등과 같은 무형 자산을 포함하여 정부로부터 얻는 모든 이익을 포괄한다. 부정은 직원에 의해 내부적으로 저질러질 수도 있고 일반 대중에 의해 외부적으로 저질러질 수도 있다.

입증된 내부 부정 사례로는 비리 행위와 윤리강령 및 서약서나 고용 계약서상에 포함된 조항 위반 등이 포함된다. 부정은 또한 1995년 형법 조항하에서 범죄로 정해져 있으며 부정으로 수취한 대금은 형사 또는 민사 법원의 명령에 의해 회수될 수 있다.

에어서비시스 오스트레일리아는 1997년 연방 당국 및 회사법과 2002년 연방 부정 통제 가이드라인에서 건전한 재무, 법률 및 윤리적 통제를 시행하라는 기업 거버넌스 의무를 인식하고 있다. 이 의무에는 현재의 부정 리스크 평가에 기초한 부정 통제 계획FCP을 갖추는 것이 포함된다.

2003년-2005년의 부정 사건들

에어서비시스 오스트레일리아는 과거 2년 동안 다음과 같은 부정에 노출되었다.

- 에어서비시스 오스트레일리아의 법인 카드를 이용한 개인 용도의 물품 구입.
- 컴퓨터 장비 절도.
- 허위 진단서를 이용하여 휴가를 정당화함.

· 허위 소액 현금 청구서 제출.

· 에어서비스 오스트레일리아 신용카드 번호를 이용한 권한 없는 제3
자의 서비스 구매.

· 제공하지도 않은 서비스에 대한 제3자의 허위 송장 제출.

· 에어서비스 오스트레일리아의 시간 및 자원인터넷, 전화 및 질병 휴가을 이용
한 개인 업무 수행과 다른 사업장에서의 부업 수행.

· 고용되기 위해 필수 자격을 과장함.

· 오도하는 서류를 사용하여 필수 자격을 유지함.

· 급여 희생salary sacrifice; 이 제도를 통해 랩톱 컴퓨터 등을 구입할 경우 직원은 해당 금액에 대해 소득
세를 납부하지 않으며, 고용주에게 과세하는 복지후생 세금도 부과 하지 않음과 관련한 허위 서류
제출.

대부분의 부정은 에어서비스 오스트레일리아의 직원이나 계약자
와 관련이 있었고 오랜 기간에 걸쳐 수행된 다수의 소액 사건들이었다.
부정에 대한 조사 결과 2명의 전직 직원이 구류 판결을 받았고 일부 직
원은 해고되거나 징계를 받았다. 에어서비스 오스트레일리아 사는
가능한 경우 계약의 부인negation, 법원의 명령과 퇴직금을 통해 손실 금
액을 회수했다.

에어서비스 오스트레일리아 부정 통제 정책

에어서비스 오스트레일리아의 이사회는 다음과 같은 정책을 수립
했다.

에어서비스 오스트레일리아는 부정이 평판, 자산 및 수익성에 미치

는 리스크를 최소화하기 위해 진력한다. 이를 위해 우리는 다음 사항을 실천한다.

- 연방 부정 통제 가이드라인에 따라 부정 통제 계획을 유지하고 이를 발표한다.
- 부정에 대한 인식을 유지하고 향상시킨다.
- 부정 통제 절차를 문서화한다.
- 우리 회사의 직원과 서비스 공급자들에게 전문가답고 윤리적인 행동을 장려한다.
- 부정에 대한 의심이나 실제 부정 사례에 대해 보고하도록 장려한다.
- 연방 정보 비밀 보호 원칙에 따라 보고하는 사람이나 보고서에 언급된 사람에 대한 비밀을 유지, 지원하고 이를 충분히 존중한다.
- 1914년 형법 및 호주 정부 조사기준에 나오는 부정 조사기준 모범 관행을 적용한다.
- 증명된 위반자에 대해 확고한 징계조치를 취한다.
- 우리의 성과를 모니터 및 검토하고 끊임없이 개선한다.

모든 관리자는 자신의 소관 분야에서 부정 통제 수단을 시행하고 관리할 책임이 있다.

실행 전략

부정 통제 정책의 요건들은 아래와 같이 다섯 가지 실행 전략으로 분류할 수 있다.

- 인식 증대

· 파악 및 보고

· 비밀 유지

· 조사 및 시정 조치 적용

· 지속적인 모니터링 및 성과 개선

인식 증대

높은 윤리 기준과 전문가다운 행동은 최선의 부정 통제 형태다. 부정에 대한 인식의 주된 목적은 우리 회사 직원들에게 적용되는 높은 윤리 기준을 세우고, 직원들이 부정에 대해 주의를 기울이며, 의심스러운 행동을 신고하고, 부정을 방지하도록 장려하는 것이다. 부정에 대한 인식은 부정에 대한 우리 회사의 경험과 부정을 막아내고 탐지하기 위해 존재하는 통제를 강조한다. 부정을 저지르는 직원은 징계를 받거나 해고되거나 법원에서 형사 처벌을 받을 수도 있다. 법관들은 형을 언도함에 있어서 신뢰를 지켜야 할 위치에 있는 직원들의 부정 연루를 심각한 문제로 보는 견해를 취하고 있다.

우리 회사의 경험에 비추어 볼 때 부정 행위에 관여하는 직원들은 신뢰를 받는 위치에 있으며 통제 환경의 약점을 이해하고 이를 악용할 수 있는 위치에 있는 경향이 있다.

우리는 아래와 같은 노력을 통해 부정에 대한 인식을 증대할 것이다.

· 부정에 대한 적극적인 억제책으로서 지속적인 교육을 실시하여 관리자와 직원들이 부정 및 이를 저지를 경우의 결과에 대해 인식하게 한다.

· 직원과 서비스 공급자들의 전문가답고 윤리적인 행동을 장려하고, 부정을 보고하거나 이를 찾아내는 사람들을 지원한다.

· 긍정적인 통제 환경 유지의 이점을 홍보한다.

· 부정 혐의 기소의 결과를 알려 준다.

파악 및 보고

부정 혐의에 대해 신속히 보고하면 특정인이 실제로 부정을 저지르거나 추가적인 부정에 관여하는 것을 막을 수도 있다. 그레이징grazing으로 알려진 장기간에 걸친 소액 자금 사취가 거액의 절도로 진전되어 형사 기소 및/또는 투옥gaol[7]형을 초래할 수도 있다.

부정 가능성에 대한 조기 신고는 우리의 평판에 대한 리스크를 최소화하고 경영진 및 직원들에게 우리는 부정직에 대해 눈감아주지 않는 문화를 지녔다는 확신을 제공해 준다.

부정을 파악하기 위한 통제도 고안되었다. 부정의 조기 파악 및 탐지를 지원하기 위해 체계적인 데이터 분석과 최신 소프트웨어 도구들이 사용될 것이다. 우리는 아래와 같은 수단을 조합하여 이를 수행할 것이다.

· 부정에 대한 감사 및 컴플라이언스 프로그램 유지리스크가 높은 대상 분야에 상응하는 데이터 포함.

· 관리자의 지속적인 자체 평가 프로그램과 현지화된 부정 리스크 파악.

· 부정 통제 조치를 업무 감사 프로그램Audit Assurance program 안으로 통합.

· 효율적이고 비용 면에서 효과적인 통제 추가 개발.

· 부정혐의 또는 실제 부정 사례를 보안 리스크 관리부Office of Security Risk Management에 보고.

비밀 유지

에어서비시스 오스트레일리아는 가능한 한 조사에 관련된 사람들의 비밀을 유지하고 존중할 것이다. 이는 소문과 고의적인 증거 파괴 가능성을 피하고 피의자가 증인에 간섭하는 것을 방지하며 자연적 정의에 대한 우리의 서약을 강화하는 데 도움이 될 것이다. 부정에 대한 보고는 민감한 이슈로써 어느 직원의 최초 보고가 상사나 동료가 연루되었음을 시사할 때 특히 더 그렇다. 우리는 아래와 같은 조치를 통해 이를 시행할 것이다.

- 연방 정보 비밀 보호 원칙Commonwealth Information Privacy Principles에 따라 보고서 작성자 또는 보고서에 언급되는 자의 비밀을 최대한 지원함.
- 부정 혐의 또는 실제적인 부정에 관한 정보를 알 필요가 있는 직원이나 법률에 의해 권한을 부여받은 경우에만 이를 이용하고 이들에게만 공개하도록 함.
- 부정 혐의 또는 실제 부정에 대해 보고하는 사람에게 지원을 제공함.
- 부정 사건을 직속 상사나 관리자에게 보고하거나, 이 보고가 현실적 대안이 아니라고 여겨지거나 비밀이 요구될 경우 구두나 서면으로 보안 리스크 관리부에 보고함.

조사 및 시정 조치 적용

에어서비시스 오스트레일리아는 모든 부정 혐의 사안에 대해 조사할 것이다. 부정 보고가 접수되면 입수 가능한 모든 증거가 제시되고 추가적인 손실 리스크를 감소시키기 위한 통제가 시행될 것이다. 우리는 다음과 같이 내부 조사를 수행할 것이다.

- 관련 비즈니스 센터로부터 조사 권한을 받음.

- 자연적 정의natural justice[8]의 원칙을 적용함.

- 공인된 합의서상의 요건이 있는지 고려함.

- 부정 조사 사례 관리 모범 관행호주 정부 조사 기준 및 1914년 형법 요건 포함을 적용함.

- 45일 내에 예비 내부 조사를 완료함.

- 경영진에게 모든 내부 조사의 결과와 권고 사항에 관해 자세한 보고서를 제출함.

- 에어서비시스 오스트레일리아에 의해서 자행되거나 이 회사를 위해서 행동하는 사람에 의해 자행된 부정해외에서 저질러진 호주 법률 위반이 될 수도 있는 행동 포함에 관한 법률 집행 기관의 조사에 협조함.

부정 혐의가 입증되면 우리는 다음과 같이 시정 조치를 취할 것이다.

- 징계 조치를 고려함.

- 심각한 사안은 호주 연방 경찰AFP에 추가 조사를 의뢰함.

- 증거에 대한 개요를 연방 검찰총장에게 제출함.

- 기소를 지원하기 위해 서류 및 인력을 공급함으로써 호주 연방 경찰/연방 검찰총장이 에어서비시스 오스트레일리아를 위해 수행하는 기소를 충분히 지원함.

직원이 부정을 저질렀다는 결론이 나오면 우리는 손실 회수 조치를 개시할 것이다. 우리는 다음과 같은 조치들을 고려할 것이다.

- 퇴직금 등 직원에게 지급해야 할 금액에서 손실 회수.

- 형사 심리 기간 중 배상명령 신청.

- 민사상 채권 회수 명령 추구.

· 채권을 회수하기 위해 개인 자산에 처분 금지 명령 부과.

부정이 공직자 부패와 관련된 경우 연방 정부는 연금[9]계좌에서 회수할 수도 있다.

지속적인 모니터링 및 성과 개선

부정 통제 전략 및 통제는 모니터되고 업무 관행에 맞춰 개선되지 않는 한 실제적인 유익이 거의 없다. 부정 통제는 공표된 정책과 절차 안으로 통합되어야 한다. 조직의 모든 부문에 적용되는 통합된 접근방법 개발은 직원과 계약자들에게 부정이 신속하게 파악되고 용인되지 않을 것이라는 점을 보여 줌으로써 부정에 대한 인식을 깊게 하고, 부정에 대한 억제책 역할을 한다. 부정 통제 장치를 업무 프로세스 안에 심어 놓으면 직원들은 통제 장치에 대한 이해 및 적용이 좀 더 쉽다고 생각한다.

우리는 다음과 같은 조치들을 통해 부정 통제 수단들을 모니터하고 개선할 것이다.

· 부정 리스크 평가를 정기적으로 재점검한다.
· 현행 통제들이 적절한지에 관해 평가한다.
· 비용 면에서 효율적이고 적절한 통제 장치들을 파악하여 실행한다.
· 호주 정부 부정 정보 교환 포럼과 같은 다른 정부 기관 및 민간 부문 단체와의 정보 교환을 유지함으로써 부정 통제 전략에서 뒤떨어지지 않도록 한다.
· 부정 통제 계획 실행에 대한 예외 보고를 분기마다 이사회 내 감사위원

회에 제출한다.

· 연례 보고서에 부정에 대한 요약 정보를 제공한다.

리스크 평가

이 부정 통제 계획 수립의 일환으로, 또한 부정 통제에 관한 회사 정책이라는 관점을 가지고 보안 리스크 관리부는 다음 사항들을 이용하여 부정 리스크 평가를 수행하였다.

· 비즈니스 리스크 관리 임시 지침.

· 호주 표준 AZ/NZS 4360:2004, 리스크 관리이 표준은 국제표준 ISO31000으로 발전함-역주

· 호주 표준 AS 8001-2003, 부정 및 부패 통제.

· 법무부, 연방 부정 통제 가이드라인 2002.

이 과정에서 검사부, 멜버른과 브리즈번 센터, 공항 서비스부, 안전 · 환경 및 품질 관리 담당 이사, 정보 관리 서비스 담당자, 설비 관리 서비스 담당자, 판매와 마케팅 · 회사 내부 업무지급 어음, 보상, 급여, 받을 어음, 구매, 셀러리 새크리파이스, 자금 부서, 법무실과의 협의를 거쳤다.

이 과정에서 다음 사항들을 검토했다.

· E&YEarnst & Young의 2003년 부정 리스크 평가.

· 2003년에서 2005년 사이의 사례 및 과거 사례에 의해 파악된 부정에 대한 노출도.

· 현행 정책, 경영진 지시사항 및/또는 절차.

· 현행 통제의 효과성.

· 새로운 통제의 개발.

378

이 프로세스는 연방 부정 통제 가이드라인에 부합하도록 2년마다 수행될 것이다.

부정 리스크 평가서의 사본은 보안 리스크 관리부에서 구할 수 있다. 부정 리스크 평가에서 통제 또는 처방을 필요로 하는 특정 부정 리스크 32개 항목을 찾아냈다. 통제가 적용된 뒤에 잔여 위험이 높은 항목은 없어졌고, 19개 항목의 잔여 위험은 보통으로 평가되었으며 13개 항목은 잔여 위험이 낮은 것으로 평가되었다. 리스크 평가와 부정 통제 정책의 요건을 검토한 뒤 다수의 특정 부정 통제 조치가 이 부정 통제 계획의 중점 대상으로 정해졌다.[10]

핵심 성공 척도

부정 통제 계획의 효과성은 아래의 핵심 성공 척도를 이용하여 평가될 것이다.

· 수립된 부정 통제 미이행

· 부정에 기인한 손실

문서화된 부정 통제 및 처방 미이행

부정 통제 및 처방은 회사에서 이를 통해 부정을 관리하는 확립된 수단들이다. 문서화된 부정 통제 및 처방의 미이행은 통제 환경이 무너졌을 수도 있음을 시사한다. 이러한 미이행은 여러 요인에 기인할 수 있으나 다음 사항들이 부적절하기 때문일 수도 있다.

· 인식

· 연수

· 감독

· 문서화된 절차

검사부 및 보안 리스크 관리부는 수립된 부정 통제 및 처방 미이행에 대해 보고할 것이다.

부정에 기인한 손실

부정 통제 계획의 성공 여부는 이 계획 시행 기간 중의 부정에 기인한 손실로도 측정될 수 있다. 회사가 모르는 사이에 부정이 자행될 수도 있지만 보고된 손실은 회사의 전체적인 부정의 정도 및 심각성에 대해 하나의 유용한 척도를 제공해 준다.[11]

부정 예방에 관한 관리자의 핵심 역할

에어서비스 오스트레일리아는 관리자들이 부정과 공급유용에 대한 1차 방어선임을 이해한다. 이에 따라 그들은 조직 내의 부정에 어떻게 대응하고 이를 방지할 수 있는지에 대해 관리자들에게 연수를 실시하고 가이드라인을 제공한다. 이는 또다른 모범 관행 중 하나다. 상부에서의 기조가 중요하다는 점은 이 책의 중요한 주제 중 하나인데 이 기조는 조직 전체로 확장되어야 한다. "좋은 관리자는 직원들의 역할모델이다. 훌륭한 감독과 솔선수범을 제공하는 관리자들은 부정 방지에 중요한 영향을 미칠 수 있다."[12] 필자의 경험에 의하면 관리자들이 관심을 가지고 회사의 정책과 절차를 이해하며 솔선수범하는 조직에서는 비리 행위 문제가 훨씬 더 적다.

에어서비스 오스트레일리아는 이례적으로 부정 부패 통제에 있어서 관리자들의 중요성에 대해 특별히 강조한다. 그들의 부정 통제 계획과 유사한 부정 부패 통제에 관한 관리자 가이드라인은 부정 예방의 중요성과 부정이 에어서비스 오스트레일리아에 미칠 수 있는 영향을 설명한다. 또한 그런 목표를 달성함에 있어서 관리자 역할의 중요성과 비리 행위 사례도 포함되어 있다. 에어서비스 오스트레일리아의 허락을 받아 그들의 부정 부패 통제에 관한 관리자 가이드라인에서 일부를 선정하여 아래에 게재한다.

에어서비스 오스트레일리아 사내 부정 부패 통제 관리자 가이드라인

에어서비스 오스트레일리아는 사내 부정 부패 통제에 대한 인식에 전력을 기울인다. 직원과 관리자들은 부정 부패의 효과에 대해 이해할 뿐만 아니라 조직의 전적인 지원을 받고 있음을 알기에 이를 보고함에 있어 자신감을 가지도록 적절한 권한을 부여받을 필요가 있다.

관리자용 부정 통제 도구함Tool Kit

아래의 분야에서 관리자들을 지원하기 위해 관리자용 부정 통제 도구함을 만들었다.

- 자신의 담당 분야 내에서 부정 및 부정직한 행위 가능성 파악하기
- 부정 및 부정직한 행위를 다루기 위한 전략 개발하기
- 이런 행위가 파악되었을 때 어떻게 해야 하는지 알기
- 부정 통제에 대해 설명함으로써 직원들 사이에 부정에 대한 인식을 증대시키기

이런 전략들이 관리자가 설정한 적절한 수준의 비용으로 모니터링되고 감독되면 부정이나 부정직한 행위가 발생할 기회를 줄이는 데 도움이 될 것이다.

이 패키지에는 다음 사항들이 포함되어 있다.

· 부정 통제 계획

· 개인용 사내 부정 부패 통제 가이드라인

· 관리자용 사내 부정 부패 통제 가이드라인

· 윤리강령

이 도구함을 읽고, 이에 대해 숙지하며 다음 사항을 주목하기 바란다.

· 부정과 부정직한 행위의 영향

· 부정 부패의 정의

· 부정과 부정직한 행동이 발생하는 원인

· 비밀 유지

· 부정 또는 부패한 행동에 대한 보고에 대처하는 방법

· 직원들에게 부정 통제 계획 알려 주기

· 새로운 직원에게 설명하기

· 자주 묻는 질문

· 부정 통제 계획

· 윤리강령

부정의 예는 다음과 같다.

· 공장/컴퓨터 장비 절도

· 허위 송장 작성

· 소액 현금 절도

· 신용카드 부정 _{부적절한 비용}

· 지적 재산권 절도

· 그릇된 회계

· 기만 또는 잘못을 가리기 위한 잘못된 정보 유포 또는 사용

· 비밀스런 수수료 지급

· 비밀 정보 유포

· 입찰 담합

· 심각한 이해 상충

위의 범주 중 몇 가지에 대해 구체적인 예를 들어 보면 다음과 같다.

· 한 관리자가 친구나 지인의 접대 비용을 부하직원에게 법인 카드로 지불하게 하고 자신의 권한을 이용하여 부적절한 지출에 대해 승인함.

· 한 직원이 질병휴가를 신청하여 다른 직원에게 시간외 근무를 해서 자신의 일을 처리하게 하고 자신은 그동안에 다른 곳에서 일하거나 개인적인 용무를 봄.

· 직원이 법인 카드를 이용하여 장난감 등과 같이 회사에서 사용하지 않을 것이 확실한 상품을 구입함.

· 직원이 휴가 기간 중 법인 카드를 사용함.

· 승인 받은 출장 중에 있지 않으면서도 현금을 선지급 받음.

· 미공개 입찰에서 친척들을 계약 대상자로 선정함.

· 전혀 본 적이 없는 항목 또는 명백히 많이 남아 있는 재고 물품에 대한

소액 현금 청구.

· 급여 희생 송장 또는 병가 증명서 등 허위 또는 변경된 문서를 원본이
라 주장하며 제출함.

이러한 행동들은 파급 효과가 크며 돈으로만 측정되지는 않는다. 또
한 회사 직원들 사이의 신뢰를 손상시킬 수도 있다. 이러한 행동은 다음
사항들에도 영향을 준다.

· 서비스
· 기대
· 사기土氣
· 평판
· 수익성, 따라서 직업의 안전

부정 부패란 무엇인가?

부정 : 부정 통제 계획에서는 '속임수 또는 다른 방법으로 부정직하게
이익을 취하는 것' 으로 정의된다.

부패 : 호주 표준 AS8001-2003 부정 부패 통제에서는 '한 조직의 이
사, 임원, 관리자, 직원 또는 계약자가 자신 또는 타인이나 조직을 위해
서 개인적 이익이나 유리한 점을 도모하기 위해 조직의 이익에 반하여
행동하고 자신의 지위를 오용하는 부정직한 행동' 으로 정의된다.

부정과 부정직한 행동이 에어서비스 오스트레일리아에 미치는 영
향은 다음과 같다.

· 최근 호주에서의 많은 연구들은 직장 내 부정이 최소 연 3억 달러의 비

용을 부과할 수 있음을 시사한다.

· 에어서비시스 오스트레일리아는 우리의 비즈니스 활동의 규모와 다양성으로 인해 부정과 부정직한 행동의 공격 대상 중 하나다.

부정 및 부정직은 왜 발생하는가?

부정 또는 부정직의 가장 명백한 원인은 탐욕이다. 그러나, 그러한 행동에는 다음과 같은 다양한 근저의 이유들이 있을 수 있다.

· 직장 내에서의 불만족

· 개인적인 문제들

· 모든 사람들이 이를 저질러도 탈이 없음

· 중독도박, 약물, 술

· 태도그것은 내 지위나 권한에 수반된다는 태도

심각한 조치를 취할 필요가 있거나 조직의 안전이 위험에 처해지게 될 정도까지 상황이 악화되도록 내버려두지 않고 부정 또는 부정직한 행동을 조기에 파악하면 이런 개별적인 문제를 다루는 데 큰 도움이 될 수 있다.

Compliance
Insight 12.2

조직 내에서 부정 정의하기

모든 조직은 자신이 직면하는 부정과 부정직한 행동의 구체적인 영향을 정의해야 한다. 부정에 대한 정의와 해당 조직의 리스크 평가를 연결시키

는 것이 매우 중요하다. 이에는 소속 산업, 비즈니스 활동의 규모와 다양
성, 기업이 운영되고 있는 국가, 정부 및 규제 당국의 요건과 기타 핵심 고
려사항 등의 요소들이 포함되어야 한다. 이런 노력을 통해서 확정된 정의
는 모든 직원, 거래업체 및 기타 이해 당사자들에게 분명하게 소통되어야
한다. 에어서비스 오스트레일리아가 사용하는 것처럼 상세하고 정기적
으로 업데이트되는 부정 통제 계획 작성이 강력하게 권고된다.

전사적 부정 통제 계획

우리는 부정 리스크 파악과 부정 예방 및 탐지 전략 실행을 통해 부정
사고 발생을 최소화하는 데 진력한다. 부정 통제 계획에 담겨진 통제 전
략들은 우리 회사의 평판과 수익성에 대한 리스크를 최소화하도록 입안
되었다. 우리는 다음과 같은 4가지 면에서 이를 실행할 것이다.

· 인식
· 식별 및 보고
· 조사
· 시정 조치

이런 핵심 활동들을 통해 우리는 부정에 따른 손실을 최소화하고 윤리
적 기준, 신뢰, 정직과 책임성에 기반한 근무 환경을 발전시킬 것이다.

우리는 지속적으로 리스크를 파악하고 부정 또는 부패 행위 예방과
억제 조치를 시행할 것이다.

우리는 경영자 가이드라인과 조사 표준을 지속적으로 점검해서 부정

과 부정직한 행동에 대처할 것이다.

높은 윤리 표준은 최상의 부정 통제 형태다

· 모든 사람은 직장에서 높은 윤리 표준을 유지할 책임이 있다.

· 당신은 부정이나 부정직한 행동 의심 사례, 그리고 절차가 준수되지 않는 영역이 있을 경우 이를 보고할 책임이 있다.

· 단순한 수준의 감독이나 질문만 해도 직원들은 모든 단계에서 비용이 점검되고 있다는 사실을 알기 때문에 아주 높은 부정 억제 효과가 있다.

· 부정이 해당 직원이 소속한 지역에 어떻게 영향을 미치는 지에 관한 교육은 윤리적 기준, 신뢰, 정직 및 책임성에 기반한 근무 환경을 발전시키는 데 매우 중요하다. 이러한 인식 교육에 있어서 보고의 중요성 및 회사는 직원들의 보고를 지원할 것이라는 사실에 대한 강조가 중요하다.

· 무엇이 부정이나 부정직한 행동에 해당하는지에 대해 의문이 있을 경우 이 문제에 대해 보안 리스크 관리부와 상의하기 바란다.

경험에 의하면 부정 부패가 발견되는 가장 보편적인 방식 중 하나는 관찰, 조사 및 위반자의 동료에 의한 보고다 호주 표준 8001-2003 2.2.5.

부정 부패 행위 혐의 보고에 대한 대처 방법

부정 또는 부패 행위 혐의에 대한 적기 보고에는 두 가지 이점이 있다. 첫째, 증거의 상실 또는 파괴를 막는다. 둘째, 혐의자가 장기간에 걸쳐 좀 더 심각한 범죄 행위를 저지르는 것을 막을 수 있다.

뭔가가 잘못되고 있는 것을 알았지만 얽혀 들고 싶지 않았고 누구에게 말해야 할지 몰랐다

직접 또는 부하 직원의 보고로부터 부정을 의심하는 관리자는 즉시 다음 사항을 상세히 기술하는 서면 보고서를 작성하여 보안 리스크 관리부에 제출해야 한다.

- 혐의 내용
- 혐의가 있다고 판단하는 이유
- 해당 활동이 발생한 시기
- 혐의를 입증하는 문서

조사관들에게 중요한 배경 정보를 제공하는 데에는 혐의에 관련된 모든 사람들의 논평과 관찰 내용이 필수적이다.

회사 조직 외부로부터 현재 에어서비시스 오스트레일리아에 근무하는 직원에 대한 보고가 접수된 경우 이 사안이 가능한 한 빨리 내부 정보 제공시와 동일한 방식으로 보고되는 것이 중요하다.

관리자들에게는 다음과 같은 의무도 있다.

- 가능한 한 빨리 혐의와 관련된 증거가 파괴되거나 방해 받지 않도록 이를 확보한다. 원본 문서에 대해서는 이 조치가 매우 중요하다.
- 보고하는 직원에게 비밀 유지 정책 및 회사는 이를 지원할 것이라는 점을 강조한다.
- 보고 대상이 된 직원은 조사 결과에 따라 자신의 행동에 대해 설명할

수도 있음을 인식해야 한다.

· 최초로 문제를 제기한 직원을 보호하고 소문의 가능성을 감소시키기
위해 어느 직원이 징직(停職)된 경우 이를 다른 직원들에게 알리기 위한
전략을 개발한다.

· 보고를 한 사람에게 해당 사안의 진척 상황을 알려 준다.

· 직원들이 괴롭힘을 당하거나 희생당하지 않도록 지원 및 보호하고 이
런 일이 발생할 경우 보안 리스크 관리부에 보고한다.

· 피의자인 직원과 보고한 직원을 동등하게 지원하는 방법을 개발한다.
이런 사안들은 개인에게 심각하게 받아들여지는 경우가 흔하며 우리의
주의 의무는 보고·조사 절차와 관련된 사람들에게까지 확장된다.

악의적인 보고는 용인되지 않으며 이는 에어서비시스 오스트레일리
아의 윤리강령에 의해서나 민사 소송 또는 심지어 형사 절차 등 다른 기
관에 의해 다루어질 수도 있다.

당신의 소속 직원이 핵심 증인처럼 조사에서 결정적일 수도 있지만
당신의 보고가 식별 단계에서 조사관이 어디를 봐야 할지를 가리키는 경
우도 흔하다는 점을 기억하라.

부정 통제 계획을 직원들에게 제시하기

감독자/관리자는 소속 직원에게 에어서비시스 오스트레일리아의 부
정 통제 계획을 명확하게 설명하고 직원들에게 자신의 책임 및 보고 라
인을 충분히 인식시킬 책임이 있다.

관리자가 직원과 부정 통제 계획에 대해 논의할 때에는 개방적이고 솔

직한 방식으로 진행해서 직원 입장에서 어떤 혼동도 없게 해야 한다.

직원에게 어떻게 설명해야 할지 확신이 없으면 주저 말고 지역별 부정 담당 책임자나 보안 리스크 관리부와 상의하면 기꺼이 도움과 표본 패키지를 제공해 줄 것이다.

설명 패키지에는 다음 사항들이 포함된다.

· 에어서비스 오스트레일리아 내부 부정 부패에 대한 직원용 가이드 라인
· 에어서비스 오스트레일리아 내부 부정 부패에 대한 관리자용 가이 드라인
· 부정 통제 계획
· 윤리강령

기록 유지하기

감사 목적상 각 비즈니스 본부의 부정 담당 책임자가 부정 통제 교육 시간에 참석한 전직원의 기록을 유지하고 교육 실시 횟수 및 참석 직원 수를 매년 보안 리스크 관리부에 보고하는 것이 중요하다.

신규 직원 교육

에어서비스 오스트레일리아에 새로 들어 오는 모든 직급의 직원들 은 입사시 가능한 이른 시일 내에 집단 또는 개별적으로 교육을 받아야 한다. 이들에게 에어서비스 오스트레일리아 내부 부정 부패에 대한 직 원 가이드라인이 지급되어야 한다.

정기적인 강화

부정 통제 교육은 일회성 행사가 아니라 연중 지속적으로 직원 회의 등을 통해 공개적으로 논의되어야 한다. 부정 통제 계획과 부정 일반에 대한 인식이 높을수록 이 계획의 실행이 보다 효과적이며 회사는 부정에 강해질 것이다.

자주 묻는 질문

에어서비시스 오스트레일리아는 혐의를 신고하는 직원들이 차별 및 보복을 받지 않도록 어떤 조치들을 취했는가?

· 보고를 하는 직원의 신원은 비밀로 유지된다.

· 보고를 한 직원과 보고와 관련된 직원을 당혹스럽게 하거나 부당하게 괴롭히도록 허용되지 않을 것이다. 그러한 행동에 관여한 것으로 드러난 사람은 징계조치나 법 정의 실현 방해 시도 또는 증인 협박과 같은 형사 소추에 직면할 수도 있다. 이런 행위는 법원이 심각하게 여기고 있다.

· 적절할 경우, 부정적이거나 부정직한 행동 혐의에 대해 보고하는 직원 에게는 지속적인 상담과 다른 지원 수단이 제공될 것이다.

보고하는 것에 대해 어떤 내용이 직원들에게 전달되어야 하는가?

· 직원들이 자신이 신뢰할 수 있는 사람에게 보고하는 것이 중요하다. 만일 누군가가 직장 내에서 보고함으로써 위험에 처해질 수 있다고 느껴 보안 리스크 관리부에 전화할 경우 우리는 그 사람을 도와줄 것이다.

· 자신이 제공하는 정보가 훼손될 수 있다고 느낄 경우 자신이 제기하는
이슈를 다른 직원과 공개적으로 논의하지 않도록 권장하라.

부정 통제 계획에 따르면 직원들에게 어떤 책임이 있는가?

· 에어서비시스 오스트레일리아의 직원들은 부정 통제 계획 및 그 내용
에 대해 알고 그에 따른 의무를 준수해야 한다.

· 직원들은 윤리적 표준, 신뢰, 정직 및 책임성에 기반한 근무 환경을 발
전시키도록 장려된다.

· 이러한 목표를 추구함에 있어서 직원들은 자신의 행동에 대해 책임을
지게 되며 에어서비시스 오스트레일리아는 부정 행위나 부정직한 행동
을 용인하지 않을 것이다.

악의적인 보고를 하는 사람에게는 어떤 일이 벌어지는가?

· 허위 및/또는 악의적인 보고를 한 것으로 드러난 직원은 윤리강령에
따라 징계조치에 처해질 수 있다. 그 사람은 허위 또는 악의적인 보고
에 의해 영향을 받은 사람에 의해 제기된 민사상의 책임을 지게 되는
경우도 있다. 특수한 상황에 따라서는 공공의 피해 조성과 같은 형사
소추가 따를 수도 있다.

부정직한 행동에 연루된 직원들에게는 어떤 일이 일어나는가?

· 일단 보고가 접수되면 최초의 심리에서 보고의 타당성에 대해 평가할
것이다.

· 최초 보고에 대해 확인되고 나면 특정 상황에 따른 개별적인 조사가 수

행될 것이다.

· 모든 조사는 연방법 집행 위원회 기준과 법 정의 원칙을 적용하여 수행
될 것이다.

· 에어서비시스 오스트레일리아는 부정 행위 및/또는 부정직한 행동을
용인하지 않을 것이며 그러한 행동을 저지른 것으로 드러난 직원은 윤
리강령에 따라 최고 해고의 징계를 받게 될 것이다. 그런 사람들은
1987년 범죄행위자금몰수법에 따른 회수 조치를 포함한 형사 기소에
처해질 수도 있다.

우리 회사에 부정을 저지르는 직원이 있는가?

· 그렇다. 불행하게도 우리 조직에 부정을 저질러 해고되고 형사 기소를
당한 직원들이 있었다.

우리는 왜 번거롭게 부정 통제 계획을 가지고 있는가?

· 에어서비시스 오스트레일리아는 부정이 없는 조직을 목표로 한다.

· 이 계획은 우리의 수익성과 직업의 안전을 향상시킬 것이다.

· 이는 윤리적 표준, 신뢰, 정직, 책임성에 기반한 근무 환경에 기여한다.

· 이는 우리의 고객들이 우리에게 기대하는 것이다.

· 이는 우리의 좋은 평판을 강화시키고 사기를 진작시킨다.

· 모든 연방 정부 당국은 기준, 가이드라인 및 절차에 따라 부정 통제 계
획을 시행하라고 요구한다.[13]

부정 예방 및 컴플라이언스의 공통점

부정 예방은 실제로 컴플라이언스와 동의어라고 말할 수도 있다. 이 정의들은 서로 교체될 수 있으며 컴플라이언스 없이는 성공적인 부정 예방 프로그램을 가질 수 없다. 공인 부정 조사자 협회 매뉴얼은 다음과 같이 말한다. "부정 예방은 전체적으로 부정 발생 가능성을 최소화하면서 발생 가능한 부정적인 활동을 최대로 탐지하는 규칙 체계를 필요로 한다. 잡힐 수 있다는 가능성은 부정을 저지를 가능성이 있는 사람에게 예방을 설득하는 가장 흔한 동기다. 이 원칙으로 인해 부정 예방에 철저한 통제 시스템의 존재가 필수적이다."[14] 컴플라이언스는 모두 법규와 조직의 정책 및 가이드라인을 엄격히 고수하는 것에 관한 것이다. 부정 예방은 컴플라이언스를 필요로 하며 컴플라이언스는 부정 예방을 필요로 한다.

에어서비시스 오스트레일리아는 이 개념을 수용했으며 세계적 수준의 부정 예방 프로그램을 그들의 컴플라이언스 프로그램 안으로 성공적으로 통합했다. 그들의 부정 통제 계획과 부정 부패 통제 가이드라인은 전 세계의 다른 조직들이 자신의 컴플라이언스 프로그램으로 통합할 사례로 꼽는 모범 관행들이다.

NOTES

1) 호주 법무부의 부정 통제 정책, www.ag.gov.au/www/agd.nsf/Page/Fraud_control.

2) Commonwealth Fraud Control Guidelines Fact Sheet, www.ag.gov.au/agd/rwpattach.nsf/VAP/(431200FE1255EFC59DB7A1770C1D0A5)~Commonwealth-Fraud-Contro-Guidelines-Fact-sheet.DOC/$file/Commonwealth-Fraud-Contro-Guidelines-Fact-sheet.DOC.

3) 위의 글.

4) 위의 글.

5) Airservices Australia 연례 보고서, 2005년 7월-2006년 6월, 116쪽.

6) 항공 전문가 그레그 러셀(Greg Russel)은 2005년 7월 19일에 Airservices Australia의 최고 경영자로 임명되었다. 러셀은 2005년 6월까지 아테네 국제 공항의 최고운영책임자(Chief Operating Officer)였는데 그 전에는 시드니 공항 사에서 4년간 항공 담당 이사였다. 그는 New South Wales 지역 운항사인 하젤튼 항공(Hazelton Airlines)에서 부장 및 임원을 역임했고 민간 기업 및 정부 조직에서 많은 부문의 관리자 지위에 있었다.

7) Gaol은 범죄 행위로 기소된 사람을 위한 감옥 또는 수용 설비다. "이 말은 때로는 jail로 쓰이기도 하는데, 이 말은 새장을 의미하는 스페인어 jaula에서 나왔다고 한다." 출처: Bouviers Law Dictionary at LegalLaw Terms.com, www.legallawterms.com/legal-definition-GAOL.html.

8) "자연적 정의" 및 "절차적 공정성"이라는 말은 교대로 사용된다. 자연적 정의에는 진술 및 공정한 심문 권리, 편견이 없는 의사 결정자로부터 결정을 받을 권리 및 증거에 입각한 결정을 받을 권리라는 세 가지 원칙이 있다. 출처: The University of Newcastle, Australia, www.newcastle.edu.au/service/legal/faq/justice-fairness.html.

9) 연금 또는 퇴직 계좌.

10) 간결성을 위해, 모든 부정 통제 조치 항목들을 포함시키지는 않았다. 이에는 특정 조치 항목, 완료 목표일 및 관련 정책 요건이 포함된다고 말하는 것으로 충분하다.

11) Airservices Australia, © 2005의 허락을 받아 게재함.

12) Martin T. Biegelman and Joel T. Barrow, Executive Roadmap to Fraud Prevention and Internal Control: Creating a Culture of Compliance, (Hoboken, NJ: John Wiley & Sons, Inc, 2006년), 301쪽.

13) Airservices Australia, © 2005의 허락을 받아 게재함.

14) Association of Certified Fraud Examiners, Fraud Examiners Manual, (Austin, 2006년).

Chapter 13

실내의 스컹크

Building A World-Class **Compliance Program**

"권력을 가진 남자와 아름다운 여자는 결코 진실을 듣지 못한다."

— 네덜란드 속담

나는 다음과 같은 끔찍한 시나리오를 생각해 본다. 대학생 세 명이 무소불위의 권한을 행사하는 어느 부패한 검사가 자기들이 저지르지 않은 극악무도한 범죄 혐의를 씌워 기소했다며 그 검사를 고소했다. 언론 매체는 이 사건의 세세한 내용을 보도했다. 해당 검사는 학생들의 헌법상 권리를 침해하는 해로운 논평으로 지역 사회의 인종 갈등을 부추겼고 학생들의 무죄를 입증하는 핵심 증거들은 무시되었다. 결국 이 사건은 해당 검찰청이 수치와 조롱을 당하게 되고 오랫동안 공직에 종사해 온 공무원이 불명예 퇴진하게 되는 완전한 재앙이 되었다.

2006-2007년의 노스캐롤라이나 주 더햄 카운티 지청의 전직 검사 마이크 니퐁Mike Nifong과 듀크 라크로쎄Duke Lacrosse 사건이 컴플라이언스와 어떤 관계가 있는가? 물론 어떤 CEO도 자신과 자기 회사가 이처럼 당

398

황스럽고 끔찍한 시나리오에 휘말리는 것을 보고 싶지 않을 것이다. 이 사건의 담당자가 건전한 판단 없이 무모하게 일을 처리하지 않았더라면 이런 낭패는 예방될 수도 있었다. 그러나 이런 사실들만으로는 그 사건이 곧바로 기업의 컴플라이언스와 연결되지 않는다. 표면상으로는 이 사건과 기업의 컴플라이언스가 완전히 별개인 듯이 보이지만 니퐁의 행동과 이 비극적인 이야기 속에는 모든 기업이 배워두면 좋을 교훈이 있다.

이 사례는 근거가 없고 증거가 뒷받침되지 않는 터무니없는 주장에서 출발했지만 시작부터 세간의 이목을 끌기에 충분했다. 경험이 있는 검사라면 누구나 철저함과 극도의 신중한 조사 및 인내가 요구된다는 것을 안다. 동일한 상황에 있는 합리적인 사람이라면 증거가 기소를 뒷받침하지 못하며 니퐁 검사처럼 피의자의 유죄를 절대적으로 확신하면서 이를 공개적으로 언명할 정도의 강한 신념을 지니기에는 부족하다는 점을 알았을 것이다.

이렇게 성급한 판단이 내려질 때 누구도 나서서 "이것은 옳지 않다"고 말하지 않았다. 누구도 한걸음 뒤로 물러서서 현재 진행되고 있는 것은 정의가 아니라는 점을 보지 못했다. 또한 누구도 니퐁 검사와 보조 검사들에게 이 사건과 그들이 하고 있는 일에 대해 이의를 제기하지 않았다. 누구도 그들에게 이렇게 중대한 사건을 왜 그처럼 신속하게 처리하려는지 묻지 않았다. 왜 피의자들의 진술이 철저하게 조사되지 않았는가? 왜 니퐁 검사 소속 지청의 어느 누구도 피고를 만나서 그들의 이야기와 무죄의 증거에 대해 들어 보지 않았는가? 더햄 검찰 지청에 필요했던 것은 바로 '실내의 스컹크skunk in the room 악역 담당자'였다.

실내의 스컹크란 무엇이며, 컴플라이언스에 이 스컹크가 왜 그리 중요한가? 스컹크는 놀라거나 공격을 받으면 고약한 냄새를 내뿜을 수 있기 때문에 일반적으로 극도로 꺼려진다. 그들은 매우 불쾌할 수 있다. 아무도 스컹크를 가까이 하려하지 않고 그것을 마주치기도 꺼려 한다. 스컹크는 확실히 다른 동물들과는 확연히 다르다. 악역 담당자들도 다른 사람들과 다르고 회피되는 일이 흔하기 때문에 독특한 존재라 할 수 있다. 악역 담당자는 모두 '예' 라고 하는데 '아니오' 라고 하는 반대 의견을 지닌 사람, 특히 다른 사람들이 그들의 말조차 듣고 싶지 않다고 하는데도 곤란한 질문을 두려워하지 않는 사람이다. 이런 사람은 기꺼이 귀에 거슬리는 말을 하여 사람들이 현실을 직시하도록 하려는 사람이다. 이런 사람이 되는 것은 유쾌한 일은 아니지만 이런 사람이야말로 컴플라이언스에 필수적이다. 사람들은 악역 담당자를 무시할 수 없다. 이런 사람은 '12명의 성난 사람들 12 Angry Men' 이라는 영화에 나오는 헨리 폰다와 같은 사람이다. 이 영화는 어느 살인 용의자의 운명을 심의하는 12명의 배심원들에 관한 이야기다. 11명의 배심원들은 용의자의 유죄를 인정할 준비가 되어 있는데, 한 배심원이 용의자의 편에서 그의 입장을 대변하겠다고 결심한다. 반대 의견을 가진 배심원의 입장은 용의자가 무죄라고 옹호하는 것이 아니라 이 상황은 최종 결론이 내려지기 전에 좀 더 세심한 조사를 필요로 한다는 것이었다. 그는 겁 먹지 않고 무시당하려 하지도 않으며 강한 의지력으로 다른 배심원들에게 자신의 결정 동기가 된 신념을 심도 있게 조사하게 한다. 그는 이상적인 악역 담당자다.

컴플라이언스에 있어서 이런 사람이 왜 중요한가? 컴플라이언스는 법률, 규정과 회사 정책을 따르도록 요구한다. 컴플라이언스 의무를 따르지 않는 개인이나 회사는 문제에 처하게 된다. 컴플라이언스는 조심성과 진력을 필요로 한다. 컴플라이언스를 확보하려면 이를 이행할 강직한 사람이 필요다. 이런 사람은 니퐁 검사에게 그가 하고 있는 일이 옳지 않다고 말했을 사람이다. 이런 사람은 니퐁 검사가 자신의 방식이 잘못되었음을 알아차리도록 설득하지 못할 경우 격렬히 항의했을 사람이다. 그들이라면 이처럼 정의를 희화화하는 것을 중단시켰을 것이다. 더햄 검찰 지청에는 헌법상의 권리와 책임성을 보호하고 공개적으로 일어나 목소리를 높이는 사람이 없었다. 컴플라이언스 과정에서나 더햄 지청 입장에서 심각한 잘못이 고쳐지지 않고 있음을 인식하고 그 결과를 예측할 만한 통찰력과 도덕성을 갖춘 사람이 있었다면, 그는 자신도 부당함의 일부가 되는 것을 피하기 위해 강력하게 이의를 제기하고 물러났을 것이다. 누군가의 소란한 사임은 다른 사람에게 이같은 컴플라이언스 실패와 자신은 이를 용인하지 않는다는 점에 대해 크고도 분명한 메시지를 보낼 것이다.

다윗 왕의 조정朝廷에서의 스컹크

'실내의 스컹크'라는 아이디어는 새로운 것도 아니고 리더가 효과적으로 지휘하기 위해서는 반대 의견을 들을 필요가 있다는 믿음도 아니다. 예를 들어 이는 구약 성경의 다윗 왕과 밧세바 이야기에서도 볼 수 있다. 겨우 물맷돌 하나로 블레셋의 거인 장수 골리앗을 이긴 일화로 유명한 다윗은 이스라엘의 강력한 왕이었다. 어느 날 그는 우연히 밧세바라는 여인이 목욕하는 것을 보고서 그 여인에게 반해 버렸다. 다윗 왕은 밧세바가 유부녀라는 것을 알았지만 불륜을 저질렀고 그녀는 임신했다.

다윗 왕은 자신의 비리를 감추기 위해 전쟁에 나가 있던 그녀의 남편 우리야를 불러들였다. 생각이 흐려진 다윗은 밧세바의 남편이 집으로 돌아와 아내와 동침하면 자기의 잘못이 가려질 것으로 생각한 것이다. 전장에서 돌아온 우리야는 다윗 앞에 섰다. 그는 전황을 묻는 다윗의 질문에 대답했지만 집에 가서 쉬라는 다윗 왕의 명령에도 불구하고 동료 전우들이 아직도 싸움 중이며 막사에서 자는데 자기만 가족들을 보러 가는 것이 옳지 않다며 귀가를 거절했다. 동료를 저버리지 않겠다는 우리야의 우직함에 질린 다윗은 그를 전사할 수도 있는 최전선으로 보냈다. 우리야는 용감하게 싸웠지만 전사했다. 그 후 다윗은 밧세바를 자기 아내로 삼았고 그녀는 머지않아 아들을 낳았다.

한 남자를 죽이고 그의 아내를 훔치는 것은 왕이라 해도 용서받지 못할 행위였다. 다윗 왕의 조정 대신이나 자문관은 아무도 다윗이 한 일에 대해 언급하거나 반대하지 않았다. 오직 선지자 나단만이 다윗 앞에 나타나 이 문제를 거론했다. 나단은 왕에게 양을 많이 가지고 있는 어떤 부자가 자기에게 찾아 온 친구에게 자기 양이 아니라 어떤 가난한 이웃 사람의 유일한 양을 잡아 대접했다는 우화를 들려줬다. 이 이야기를 통해서 나단은 다윗에게 자신이 막대한 부와 많은 아내를 거느리고 있음에도 불구하고 자기보다 덜 가진 사람의 아내를 빼앗은 악함과 탐욕에 대해 인정할 수밖에 없게 했다. 게다가 밧세바가 낳은 아이는 곧 병에 걸려 죽고 말았다. 다윗은 마침내 회개하고 자기 행동이 그릇되었음을 받아들였다.[1]

다윗 왕의 죄와 자기 소유가 아닌 것에 대한 끝없는 욕망은 오늘날의 일부 기업 임원들에게는 보편적 현상이다. 그러나 컴플라이언스 실패가 발생한 후에도 악역 담당자가 나서서 리더로 하여금 자신의 잘못을 직면하게 할 수 있는 기회는 남아 있다. 잘 알려진 것과 같이 은폐는 범죄 자체보다 훨씬 더 나쁘다. 이 이야기에서 다윗 왕은 유부녀와 불륜을 저지르고 그의 남편을 죽게 했다. 컴플라이언스 책임을 무시하고 비리에 관여하는 기업 임원들이 궁극적으로 처벌받아야 하는 것처럼 그는 자기의 그릇된 행동에 대해 벌을 받았다.

존 에프 케네디, 피그스만, 그리고 집단 사고

위대한 지도자들은 최상의 의사 결정에 도달하려면 무엇보다 그 과정에서 다양성을 필요로 한다는 점을 알고 있다. 아첨꾼이나 반대 의견을 낼 수 없는 사람들로 둘러쌓인 지도자들은 매우 위태로운 처지에 놓여 있는 셈이다. 그런 조직은 심각한 문제들을 똑바로 인식하지 못하고 실제와 동떨어져 엉뚱하게 운영될 위험이 있다. 지도자들이 편안하게 반대 의견을 표명할 수 있는 분위기를 조성하도록 특단의 조치를 취하지 않을 경우 조직은 심각한 피해를 입을 수 있다.

1961년에 일어났던 쿠바의 피그스만 침공은 좋은 사례다. 쿠바의 망명자가 이끈 침공이 케네디 정부에 엄청난 당혹감을 안겨 주자 침공 전에 이뤄졌던 부적절한 토론과 침공에 대비한 계획에 거센 비난이 쏟아졌다. 케네디John F. Kennedy 대통령이 당대에 가장 똑똑한 사람들로 간주되던 참모들과 침공에 대비한 계획을 논의했을 때 이들에게는 반대 의견이 거의 없었으며 반대 의견을 가진 사람들은 침묵하도록 제지당했다. 이 집단이 합의를 이룰 경우 그들의 가정假定과 신념은 의문 제기 없이 '사실'로 굳어졌다. 어느 집단이 갈등을 피하려는 목적으로 검증하지 않고 통일된 결론을 형성할 때 이런 회의에서 벌어지는 일을 '집단 사고groupthink'라 한다. 그 결과 엄격한 조사나 비판적이고 합리적인 사고가 아닌, 순응에서 비롯된 결정이 내려진다.[2]

개별 구성원들은 집단의 의견에 토를 달거나 이미 논의된 내용에 일치하지 않는 동떨어진 아이디어를 꺼냄으로써 집단에 반대하는 모습으로 비쳐지기를 두려워한다. 구성원들은 질문을 함으로써 멍청하게 보이거나 빠른 결정을 내리기 원하는 상사들을 화나게 하지 않을까 두려워한다. 구성원들은 의식적이든 무의식적이든, 갈등을 최소화하기 위해 합의에 도달한다. 기본적으로 모든 사람이 서로의 의견에 동의하기 때문에 자신의 아이디어가 비판적으로 검사되거나 확인되지 않은 경우에도 구성원들의 유사한 의견과 합의는 스스로를 옳다고 확신시킨다.

침공 대비 계획은 큰 결함이 있었으며 가정들로 가득 차 있었다. 그러나 케네디의 최고 참모들은 이 계획에 반대 의견을 내지 않았는데 이는 이 계획의 가정이 자신들의 기본 가정과 딱 들어 맞았고, 그들이 대통령을 언짢게 만들고 싶지 않았기 때문이었다. 동의하지 않는 참모들은 다른 참모의 호된 비판에 직면했다. 예를 들어 당시 케네디의 참모였던 저명한 역사가 아더 쉴레징어 주니어Arthur Schlesinger Jr.는 개인적으로 대통령을 만나서 자신의 우려를 표명했다. 그는 나중에 당시 법무부 장관 로버트 케네디Robert Kennedy로부터 호된 질책을 받았으며 대통령이 이미 결심했고 그 결정은 지지되어야 한다는 말을 들었다.[3]

이처럼 지독한 실패를 겪고서 케네디 대통령은 재발을 방지할 수 있는 방법을 모색하기 시작했다. 그는 자신의 전적인 책임을 받아들이면서 기자들에게 이렇게 말했다. "나는 어리석게도 그들이 계속 그들의 방식대로 하도록 내버려두었습니다."[4] 케네디 형제는 이 실패를 개선을 위한 기회로 보았고 다시는 실패를 되풀이하지 않기 위해 애썼다.

케네디 대통령은 이를 회고하면서 공개적인 토론과 비판의 결여, 그리고 반대 의견을 고려하지 못한 점이 그 문제의 핵심이라고 확신하게 되었다. 그는 필요한 토론을 촉진하기 위해서 실내의 스컹크가 필요하다는 점을 깨달았다. 무조건 '예'라고 대답하는 사람들로 둘러쌓인 지도자들과 달리 케네디는 신뢰할 수 있지만 자신에게 동의하지 않고 반대 의견을 낼 수 있는 사람을 원했으며 실제로 여러 가지 방법을 모색했다. 그는 참모들에게 영향을 주지 않으려고 정책 토론 도중에 회의실을 나가곤했다. 그의 존재와 반응 자체만으로도 무의식적으로 토론의 방향에 영향을 줄 수 있기 때문이었다. 또한 로버트 케네디는 공식적으로 일종의 '악마의 옹호자_{일부러 반대 입장을 취하는 사람}' 입장인 '지적 감시견' 역할을 했다. 그는 사람들이 자신이 어떤 사안을 왜 지지하는지 설명하고 이를 방어할 수 있도록 하고 해당 아이디어가 비판적인 정밀 조사를 견뎌낼 수 있도록 하기 위해, 개진된 아이디어가 건전한 경우에도 다른 사람들의 아이디어에 딴죽을 걸었다.[5]

케네디 대통령은 훗날 이러한 새로운 시스템 덕분에 쿠바 미사일 위기 상황시에 러시아와의 마지막 핵무기 대결에서 승리함으로써 냉전 시대의 위대한 승리 중 하나를 이뤄냈다. 그는 개혁을 실천함으로써 승리를 얻고 지도력과 구속받지 않는 정책 토론 사이의 완벽한 균형을 이룰 수 있었다. "케네디 대통령은 확실히 최종 권고의 방향을 정할 때 궁극적으로는 참모들을 인도했지만 충분한 공개 토론 후에만 그렇게 했다. 그러나 그는 결코 의견 일치를 보지는 못했는데 이는 참여자들이 위기의 시기에 자유롭게 말할 수 있었다는 징표가 된다."[6]

회사 및 개인의 실패라는 최악의 상황

때로는 다수 의견과 다르지만 궁극적으로는 옳은 의견을 제공하는 악역 담당자가 있어도 아무도 듣지 않는 경우도 있다. 2006년 신문의 머리 기사를 장식한 휴렛 패커드Hewlett-Packard; HP의 염탐 및 가장假裝으로 정보를 얻어 낸 스캔들이 이런 사례다. 누군가가 악역 담당자의 말에 귀를 기울 였더라면 이 이야기를 할 필요가 없었을 것이다. HP 스캔들은 이사회 위원들의 성격 충돌로 시작되었는데 결국은 이사회의 기밀 누설을 밝혀 내기 위한 내부 조사로 이어졌다. HP는 비밀 정보를 언론 매체에 누설 한 이사회 위원을 밝혀내려는 욕심에 기자·이사회 위원 및 직원으로 가 장하기, 염탐과 프리텍스팅[7] 및 기자의 컴퓨터에 몰래 '웹 버그web bug' 추적 프로그램 설치하기 등 문제의 소지가 있는 조사 기법을 채택했다. 이는 거의 감독을 받지 않고 통제되지 않는 조사였다. 이로 인해 HP는 주 정부 및 연방 정부로부터 조사를 받게 되었고 의회 청문회가 열렸으 며 HP의 전반적인 평판에 피해를 입혔다. HP가 매일 겪는 고통이 미국 전역에서 신문의 1면에 실렸다. HP는 "통 단위로 종이를 사고 배럴 단 위로 잉크를 사는 사람과는 결코 싸움을 벌이지 말아야 한다"는, 오래되 었지만 아직도 적절한 격언을 잊었다.

HP에서 아무도 그의 말에 귀를 기울이지 않았던 실내의 스컹크는 빈스 느예Vince Nye라는 수석 조사관이었다.[8] 그는 다른 조사관과 회사 책임자들이 하는 일이 돌이킬 수 없는 재앙으로 가는 확실한 길이라는 점을 곧바로 깨달았다. 느예는 2006년 2월 자신의 상사에게 보낸 한 이메일에서 "저는 우리가 하고 있는 일에 관해 심각한 의문이 듭니다. 전화번호 모집 방법을 즉시 중지하고 그 정보를 모두 무시하도록 요청하시길 바랍니다"라고 했다.[9] 느예는 2006년 3월 HP의 다른 조사관에게 보낸 후속 이메일에서 이 전술이 윤리적인지 의문을 제기하고 이것이 불법일 수도 있다고 말했다. 또한 그는 "마지 못해 어떤 임무를 수행해야 한다면 한발 물러서서 그 과업이나 행동이 옳은 일인지 고려해 보는 것이 논리적입니다."[10]라고 했다. 덧붙여 법률 집행 분야에서 20년 넘게 일해 왔는데 자신은 이런 전술을 쓰지 않을 것이라고 했다.

이 사건의 결과 이사회 의장, 법률 고문, 최고 윤리 책임자, 글로벌 조사 부장 등 HP의 고위직 여러 명이 옷을 벗었다. HP는 캘리포니아 주 검찰의 조사를 해결하기 위해 1,450만 달러를 지불했으며 특히 내부 조사를 어떻게 수행할지에 관한 많은 회사 개혁 조치에 동의했다. 하지만 HP는 오랫동안 윤리적 행위를 보여 온 위대한 기업이었다. 이는 하나의 일탈 현상이었으며 HP는 이를 시정하고 개선 조치들을 취했다. HP는 효과적인 컴플라이언스 프로그램의 중요성을 이해했으며 이를 강화하기 위해 극적인 조치들을 취했다.

HP는 2006년 10월에 존 호우크John Hoak를 신설된 지위인 최고 윤리 및 컴플라이언스 책임자로 채용했다. 호우크는 변호사와 비즈니스 리더로서 경험이 풍부한 사람이다. 그의 지위는 윤리 및 컴플라이언스 프로그램에 감독 기능을 제공했다. CEO뿐 아니라 컴플라이언스·조사 절차 및 직원 행동 담당 사외 이사에게 직접 보고하는 호우크는 이렇게 말했다. "좋은 의도의 리스크 관리 실행으로 시작되었던 이사회 위원에 의한 비밀 정보 누설에 대한 조사가 아무도 원하거나 예상하지 않았던 방향으로 흘러갔습니다."[11] 그는 이렇게 덧붙였다. "HP는 윤리적인 비즈니스 리더십이라는 오랜 전통을 가지고 있지만 회사가 2006년에 직면한 가장을 통한 정보 수집 이슈는 일부 정책과 절차가 충분히 강력하지 못했음을 알려 줍니다."[12]

이 스캔들은 HP로 하여금 자사의 컴플라이언스 프로그램을 면밀히 관찰하게 하였고, 그 결과 아래 사항을 포함한 중요한 조치들이 취해졌다.

- 컴플라이언스와 윤리적 해이에 대한 회사의 책임 인정.
- 염탐과 가장을 통한 정보 수집의 피해자에 대한 사과.
- 사적私的인 조사와 가장을 통한 정보 수집을 수행한 컨설팅 회사와의 모든 관계 단절.
- 조사에 대해 감독을 보다 철저히 해야 했던 이사회 의장, 법률 고문과 최고 윤리 책임자 사의 수용.
- 전직 연방 검사를 고용하여 조사와 관련된 시스템 및 관행에 대해 독립적인 평가 수행.
- 전사적으로 윤리 및 컴플라이언스 이슈를 다루고 이를 개선하기 위한 고위 임원직 신설.
- HP 직원들에게 이 사안과 관련된 컴플라이언스 이슈와 HP의 업무 수행 수칙을 업데이트하기 위한 내부 의사 소통 캠페인 실시.
- 조사 업무에 종사하는 직원들에게 윤리 및 컴플라이언스를 강화하기

위한 특수한 교육 프로그램 개발.[13]

다른 컴플라이언스 실패 사례와 마찬가지로 우리는 그 영향을 실감한 후에야 교훈을 배우게 된다. HP는 이러한 교훈을 배웠고 그 결과 자사의 컴플라이언스 프로그램에 중요한 변화와 개선을 이루었다. 이는 좋은 일이지만 컴플라이언스 프로그램이 실패가 발생하기 전에 이를 잡아냈더라면 훨씬 더 좋았을 것이다. 세계적인 수준의 컴플라이언스 프로그램은 실패로부터 교훈을 배워서 동일한 실패를 반복하지 않게 해 준다. 또한 그들은 아무도 말하지 않는 것을 말하기 위해 귀를 기울인다. HP에서 누군가가 악역 담당자에게 귀를 기울였더라면, 그리고 그것이 의미하는 바에 대해 충분히 듣고 이를 진정으로 이해했더라면 이런 일은 일어나지 않았을 것이다.

CA의 새로운 방식

이 책은 통제를 벗어나서 파멸의 길로 가는 악몽 같은 시나리오로 시작했다. 하지만 이 악몽은 컴퓨터 어소시에이츠Computer Associates, 이하 CA에게는 너무도 가혹했다. 이 회사의 막대한 회계 부정으로 인해 고위 임원들이 감옥에 가게 되고, 기소 유예 약정으로 회사는 비즈니스 방식의 중대한 변화와 강력한 컴플라이언스 및 윤리 프로그램의 시행을 필요로 하게 되었다. 새로운 CA 및 동사의 세계 최고 수준의 컴플라이언스 프로그램은 이 책의 앞 부분에서 소개했다. 따라서 CA, Inc.로 다시 태어나도록 했던 CA에서의 부정 행위에 기여했던 많은 컴플라이언스 실패들을 돌이켜 보는 것이 이 책을 마무리하는 좋은 방법일 것이다.

이 회사에서도 리더십의 실패가 있었다. 경영진들은 '두려워하는 문화'를 조성했고 '성문화된 정책과 절차를 꺼렸다.' 회사 '내부에서의 승진을 선호'했고 그 결과 경영진들은 '너무 젊고, 너무도 경험이 부족했으며, 상급자들에게 너무 심하게 의존했다.'

조직상의 취약점들도 많았다. CA는 "조직 구조가 수평적이었는데 회사의 부서들 사이의 열린 의사 소통이 억압당했다." 고위 지도자들이 의사 결정을 통제하면서 회의에서 다른 사람들의 의견을 거의 듣지 않았기 때문에 그들에게는 "중간 관리자들이 없었다". 믿기 어렵지만 "분기말에는 수익 인식 문제와 관련하여 CFO가 수작업으로 계약을 검토하고 목록을 장부에 수기로 작성했다."

교육은 존재하지 않았다. 윤리강령이 있었지만 아무도 그 중요성에 대한 교육을 받지 못했다. '성문화된 정책과 절차가 없었을' 뿐만 아니라 직원들은 회계나 기타 중요한 정책들을 '구두口頭로' 배울 수밖에 없었다.

내부 감사 직원이 너무 적었고 감사가 무계획적으로 수행되었으며 결정적으로 중요한 부분에 대한 감사를 수행할 권한이 없었다. CA가 존속했던 대부분의 시기 동안 내부 감사 부서장은 공인회계사CPA가 아니었다. 또한 CFO도 CPA가 아니었다. 고위 경영진이 자신의 범죄 행위에 대하여 결국 유죄를 인정한 데서 볼 수 있는 부패 문화에 더하여, 이사회는 이러한 사실을 까맣게 모르고 있었고 컴플라이언스 부서도 없었다. CA에서 발생했던 불행한 이야기는 바로 그 결과다.[14]

CA에는 실내의 스컹크가 없었다. 설령 말을 하는 사람이 있었다 해도 아무도 그의 말을 듣지 않았을 것이다. 대신에 위협적인 문화가 반대 의견을 억압했다. 만약에 누군가가 법규 위반을 보고하려 할 경우, 회사의 핫라인은 법률 고문의 책상에서 울렸다. 그런데 그 법률 고문은 "35일짜리 달"에 참여한 데 대해 유죄를 인정한 바로 그 사람이었다. 문제제기에 귀를 기울이고 뭔가 조치를 취할 사람이 아무도 없었다. CA의 새로운 경영진에 의한 변화 덕분에 이러한 일들은 이제 일어나지 않을 것이다.

세계 최고 수준의 컴플라이언스는 목소리를 내는 것을 의미한다

한 회사가 연방 조직 양형 가이드라인의 7요소를 포함해 이 책에 소개된 모든 조언과 모범 관행들에 따라 최상으로 설계된 컴플라이언스 프로그램을 보유하고 있다 해도 사람들이 제대로 역할을 다하지 않는 한 이 프로그램이 통하지 않을 것이다. 사람들은 뭔가가 잘못되고 있으면 기꺼이 목소리를 내고 나서서 위반을 보고해야 한다. '효과적으로' 설계된 컴플라이언스 프로그램은 이런 사람들을 필요로 한다. 예를 들어 핫라인은 사람들이 정보를 제공하는 데 편안하게 느끼고 그렇게 할 권한이 부여되지 않는 한 무용지물이다. 위에서 언급된 바와 같이 CA는 핫라인을 보유하고 있었지만 사람들은 이를 이용하기를 두려워했다.

최근의 가장 큰 회사 스캔들 중 일부는 내부 고발자들이 자기 주위에서 벌어지고 있는 범죄에 대해 주의를 기울였을 때 밝혀졌다. 내부 고발자가 되는 데에는 상당한 용기와 확신이 필요하다. 자신이 믿는 바를 위해 분연히 일어서 윤리적 의무를 수행하려면 자신의 일자리가 위험해질 수 있고 때로는 목숨까지도 위험해질 수 있다. 내부 감사팀이 발견한 회계 부정을 이사회에 폭로했던 월드콤WorldCom의 신시아 쿠퍼Cynthia Cooper는 하나의 예에 지나지 않는다. 이런 감시자들은 회사가 정직하게 유지되게 하고 컴플라이언스 실패가 드러나게 하는, 미국뿐 아니라 전 세계의 조직체들에게 중요한 부분이다.

그러나 많은 경우 그렇게 심각한 지경까지 갈 필요가 없다. 어떤 문제가 스캔들로 비화되기 훨씬 전에 직원 등이 목소리를 낼 기회가 있어야 한다. 더구나 대부분의 문제는 훨씬 작은 규모다. 즉, 대부분의 경우에 있어서 컴플라이언스 문제들은 대규모 회계 부정 스캔들이라기보다는 일상적인 유형의 활동과 관련이 있다. 기업은 중대한 조사가 필요한 지경에 이르도록 놓아둘 필요가 없다. 간단히 말하자면 악역 담당자가 필요하다. 악역을 맡으라. 뭔가가 옳지 않다면 그렇게 말하라. 이 문제에 대해 대화하기 시작하고, 다른 사람들과 토의하고, 당신의 입장을 알게 하라. 당신은 악역을 하고 있을 뿐이고 최종 결정이 내려지기 전에 좀 더 논의해 보기를 원하는 경우에도 무엇인가를 하라.

목소리 내기를 두려워하지 않는, 파티에서의 스컹크악역 담당자가 되라. 다른 사람들이 할 수 없는 곤란한 질문을 하는, 12명의 성난 사람들에서의 헨리 폰다 역이 되라. 선량한 사람들이 침묵을 지킬 때 나쁜 일들이 일어난다는 점을 잊지 마라. CA처럼 재앙에 가까운 컴플라이언스 실패를 겪었던 회사에는 사람들이 목소리를 내고 공개적으로 얘기하기를 두려워하는 침묵의 문화도 있었다. 이는 우연이 아니다. 그럼에도 불구하고 CA는 컴플라이언스에 저항하던 회사에서 컴플라이언스를 중요하게 여기는 회사가 되어서 훨씬 강하고 법규를 준수하는 회사인 CA, Inc.으

412

로 변신했다.

세계 최고 수준의 컴플라이언스 달성하기

컴플라이언스는 언제나 사람에서 시작하여 사람으로 끝난다. 이는 CEO로부터 가장 최근에 입사한 인턴 사원까지 모두를 포함한다. 이는 인기가 없을 때에도 목소리를 낼 준비가 되어 있는 사람들을 말한다. 이는 직원들이 비리와 기타 법규 위반 가능성이 있는 문제를 보고하기를 두려워하지 않는 기업 문화를 확보하는 것을 말한다. 기업 임원 위원회의 컴플라이언스 및 윤리 리더십 위원회가 2007년에 발표한 잠재적인 비리 행위에 대한 선행 지표 연구에서 발견한 바와 같이 보복에 대한 두려움이 직원들 사이에서 가장 큰 우려 사항이었다. 위대한 회사들은 보고를 장려하며 보고하는 사람들을 보호한다. 아무도 나쁜 소식을 듣는 것을 원하지 않지만 기관들은 그렇게 해야 한다. 당신 조직의 프로그램을 신뢰와 확신을 줄 수 있도록 구축하고 이를 지속적으로 강화한다면 사람들이 전화를 걸어 오게 될 것이고 법규를 준수하게 될 것이다.

기억해야 할 중요한 주의 사항도 있다. 단지 연방 조직 양형 가이드라인의 최소 요건을 충족시키는 것으로는 충분하지 않다. 세계 최고 수준의 컴플라이언스 프로그램은 위의 가이드라인 7요소보다 더 나아가서 대응적인 접근과 전향적인 접근을 모두 확보하고자 하지만, 전향적인 접근을 훨씬 더 강조한다. 이는 애초에 리스크가 발생하는 것 자체를 방지하고 만일 발생한 경우에는 적절한 조치를 취하며 제기되는 이슈를 경감하기 위해 올바른 일을 하는 것을 의미한다. 이는 조직·직원·주주·고객과 다른 사람들을 피해로부터 보호하는 것을 의미한다. 간단히 말해서 이는 컴플라이언스 실패를 탐지·시정 및 예방하는 것이다.

윤리, 고결성, 책임성과 강력한 리더십은 컴플라이언스 문화의 모든 요소로 성공적인 회사에게는 이런 특질이 공통적으로 존재한다. 기업이 주주 가치 증대·투자 수익률·수익 추구 등에 관해 얘기할 때 최상의 투자는 세계 최고 수준의 컴플라이언스 프로그램을 구축하는 것이다. 최고 수준의 컴플라이언스는 경쟁 우위 요소 중 하나다. 저항이 아니라 컴플라이언스가 해결책이다.

1) 성경, 사무엘하 10-12장.

2) Irving L. Janis, Victims of Groupthink, (New York: Houghton Mifflin, 1972년)을 보라. 이 책은 집단 사고를 "스트레스 하에 있는 응집력 있는 의사 결정 집단 내에서 시기 상조인 극단적 의견 일치를 구하는 경향"으로 정의한다.

3) Arthur Schlesinger, Jr., One Thousand Days, (Boston: Houghton Mifflin, 1965년), 252~256쪽, 259쪽.

4) Janis, Victims of Groupthink, 154쪽.

5) James N. Giglio, The Presidency of John F. Kennedy, 2판, (Lawrence: UNiv. of Kansas Press, 2006년), 208쪽.

6) 위의 책, 209쪽.

7) 연방 거래 위원회에 의해 정의된 pretexting은 허위의 가장하에서 개인 정보를 취득하는 관행이다. Pretexting에 관여한 개인들은 이들이 몰래 취득한 개인 정보를 신원 절도 및 기타 범죄에 이용할 수도 있는 다른 사람들에게 판매하려 한다. Pretexting은 법률에 어긋난다.

8) 우리는 언론 매체들이 HP의 전술이 불법적일 수 있음을 인식하고 2006년 초에 상사에게 경고 전자 우편을 보냈던 Fred Adler라는 이름의 또 다른 HP 조사관도 찾아냈음도 주목해야 한다.

9) Marcy Gordon, "E-mail Warned Bosses HP Probe Should Stop," Seattle Times, 2006년 9월 29일, C1면.

10) Ina Fried, "HP Investigator Twice Raised Objections," CNET News.com, 2006년 10월 3일, http://news.com.com/HP+investigator+twice+raised+objections/21100-1014_3-6122362.html.

11) Jon Hoak, "BNuilding Ethics from the Ground Up," Ethisphere.com, 2007년 2분기 판, http://ethisphere.com/buidling-ethics-from-the-ground-up/.

12) 위의 글.

13) 위의 글.

14) William McCracken, Renato Zambonini, Douglas H. Flaum, David B. Hennes and Carmen J. Lawrence, "CA Inc. Special Litigation Report," 2007년 4월 13일, online.wsj.com/public/resources/documents/20070413_CA.pdf.

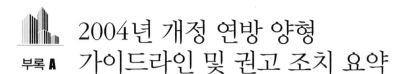

2004년 개정 연방 양형 가이드라인 및 권고 조치 요약

법률 고문 라운드테이블 리서치, 2004

컴플라이언스 프로그램의 중요성을 강조하기 위해서 미국 양형 위원회는 2004년 4월 30일 '효과적인' 컴플라이언스 프로그램을 자세하게 정의하고 그 기준, 구조 및 절차를 확대하는 내용의 양형 가이드라인 개정안을 발의했다. 이 개정안은 의회의 승인을 받아 2004년 11월 1일부터 효력이 발생했는데, 이 개정 가이드라인은 회사의 기존 컴플라이언스 및 윤리 프로그램을 평가하고 새로운 기준의 조항을 충족시키기 위해 필요할 경우 이를 개정하도록 요구했다. 법률 고문 라운드테이블에 의해 작성된 아래의 표는 미국 양형 위원회의 가이드라인에 대한 7개의 개정 사항에 의해 요구된 조치들을 요약하고 있다. 이 표는 회사가 자사 컴플라이언스 프로그램의 강점 및 약점을 평가할 때 취할 수 있는 몇 가지 조치들도 포함하고 있다.

조직 양형 가이드라인 개정안의 요구 조치

개정안 분야	요구 조치	권고 조치
기준 및 절차	기관들은 범죄 행위를 예방하고 탐지하기 위한 기준 및 절차를 수립해야 한다. 이에는 범죄 행위의 가능성을 합리적으로 줄일 수 있는 행동 기준 및 내부 통제 기준이 포함된다.	· 현행 윤리 및 컴플라이언스 프로그램이 윤리적인 행동을 강조하는지 아니면 단지 법규를 준수하는 행동을 강조하는지 결정한다. · 회사의 윤리강령이 단지 준수해야 할 일련의 규칙들을 나열하기보다 개인의 책임을 증진하게 한다. · '윤리적인 행동'을 모든 컴플라이언스 프로그램의 필수 구성 요소로 인식한다. · 회사의 윤리강령을 검토하여 이 강령이 윤리 및 컴플라이언스를 설득력 있게 납득시키도록 한다.
조직의 리더십 및 문화	이사회 또는 해당 조직의 거버넌스상 최상위 기구가 다음 사항에 대해 책임을 져야 한다. · 컴플라이언스 프로그램의 내용 및 운영을 이해한다. · 이 프로그램의 시행 및 효과성에 대해 합리적인 감독을 실시한다. · 회사 거버넌스의 최상위 인사 중에서 이 프로그램에 대한 전반적인 책임을 질 사람을 지명한다. · 이 프로그램의 '일상적' 운영 책임을 질 사람(들)을 임명한다. 이 사람(들)은 거버넌스 기구에 대한 직접적인 접근 권한을 지니고, 이 기구에 정기적으로 보고하며, 적절한 자원을 공급받아야 한다.	· 고위 경영진이 컴플라이언스 프로세스에 어떻게 관여하는지에 대해 명확히 한다. · 이사회가 윤리 및 컴플라이언스를 전략적으로 어떻게 감독할지 결정한다. · 이사회와 고위 경영진이 이 프로그램을 효과적으로 평가할 수 있도록 지원하기 위한 정보 흐름 절차를 개발한다. · 고위급 인사가 조직의 가치들을 적극적으로 지지한다. · 최고 컴플라이언스 책임자에게 적절한 권한과 자원을 부여한다. · 컴플라이언스 프로그램을 옹호할 최선의 중심 인물을 지정한다.
금지된 인물을 배제하기 위한 합리적인 노력	기관은 상당한 권한을 지닌 사람이 불법적인 활동에 관여하거나 컴플라이언스 및 윤리 프로그램에 일치하지 않는 방식으로 처신하지 않도록 합리적인 노력을 기울여야 한다. 기관이 위반 보고를 지연시키거나, 고위급 인사가 해당 위반에 참여했거나, 이를 묵인했거나, 고의로 이를 알지 못한 경우 해당 기관은 컴플라이언스 및 윤리 프로그램이 존재한다는 인정을 받지 못한다.	· 현직 및 장래의 임원 채용 시 배경 조사를 수행한다. · 해당 위반이 유가증권 관련 법률들에 의해 공시를 필요로 할 수도 있는 중대한 정보인지를 결정하는 절차를 수립한다. · 컴플라이언스 및 윤리 담당 팀이 적시에 철저한 조사를 할 수 있는 태세를 갖춘다. · 회사가 사고에 대해 신속하게 알고 이에 대응할 수 있도록 하는 절차를 파악 및/또는 수립한다. · 특정 컴플라이언스 위반 이유에 대한 근본 원인 분석을 실시할 태세를 갖춘다.

개정안 분야	요구 조치	권고 조치
연수 및 의사 소통	기관은 컴플라이언스 및 윤리 프로그램과 그 목표에 관한 정보에 대해 교육을 실시하고 이를 전파해야 한다. 다음과 같은 구성원들을 포함한 조직 내 개인들에게 연수를 실시해야 한다. · 거버넌스 기구(이사회 또는 지배구조 상의 최상부) · 조직의 리더들 · 조직의 직원들 · 해당되는 경우, 조직의 대리인들	· 회사의 리스크를 평가하여 직원들에 대한 적절한 교육 과정을 파악한다. · 거래업체와 기타 회사와 관련이 있는 사람들에게 회사의 가치와 기준을 알려 준다. · 직원들에게 자신을 적절하게 관리하지 못할 경우의 결과에 대해 알려 준다. · 컴플라이언스 및 윤리 팀에 사고를 통지하기 위한 적정한 체계를 갖춘다. · 회사가 모든 직원에 대해 어떻게 연수 대상을 정하고 연수를 실시할지를 정한다. · 회사의 일을 하는 어떤 사람들이 "대리인"의 정의를 충족시키는지 정한다. · 연수 커리큘럼이 얼마나 자주 업데이트될지를 정한다. · 법률 이슈 및 기업 가치가 반드시 따라야 하는 규칙으로 전달될지, 기업 문화의 동인으로 전달될지를 정한다. · 이사회 위원들을 이사회 개최 중에 교육할지 또는 다른 때에 교육할지, 또는 대면이 아닌 방법으로 교육할지를 결정한다. · 새로운 윤리 및 컴플라이언스 프로그램에 대한 예산을 결정/재평가한다. · 연수 프로그램의 효과성을 측정하기 위한 방법을 정한다. · 경쟁사들이 경험한 윤리 및 컴플라이언스 실패 역사와 이러한 리스크에 대응하는 데 사용될 수 있는 모범 관행을 파악한다.
프로그램의 효과성에 대한 모니터링, 감사 및 평가	기관은 컴플라이언스 프로그램의 효과성을 정기적으로 평가해야 한다. 컴플라이언스 프로그램은 범죄 행위를 탐지하도록 설계된 모니터링 및 감사 시스템을 포함하여야 한다. · 프로그램은 직원들 및 대리인들이 잠재적 또는 실제 범죄 행위에 대해 보고하거나 지침을 구할 수 있는 수단을 제공해 주는 시스템을 포함해야 한다. · 보고 시스템은 보복하지 않는다는 정책을 담고 있어야 하며 익명 보고 또는 비밀 보고를 허용해야 한다.	· 컴플라이언스 및 윤리에 관한 지침을 구하는 사람들에게 대응하는 장치를 만든다. · 컴플라이언스 프로그램의 효과성 평가 시에 필요하게 될 정기 보고를 정한다. · 직원들의 사고 보고를 장려하는 정책 및 절차가 있는지 파악한다. 이러한 정책 및 절차가 보다 넓은 윤리 및 컴플라이언스 프로그램에 적용될 수 있는지 결정한다. · 회사가 컴플라이언스 프로그램의 효과성을 평가하기 위해 지니고 있는 도구 및 데이터를 파악하고 이를 만들어 낸다. · 교육을 통해 직원들이 윤리적 및 법률적 곤경을 해결할 수 있는 힘을 키워 준다.

기업 양형 가이드라인 개정안의 요구 조치

개정안 분야	요구 조치	권고 조치
실적 인센티브 및 징계 조치	기관은 법규 준수에 대한 인센티브 및 범죄 행위 관여 또는 이를 예방하고 탐지하기 위한 합리적인 조치를 취하지 않은 데 대한 징계 조치를 사용함으로써 컴플라이언스 프로그램을 일관성 있게 집행해야 한다.	· 회사가 비윤리적 또는 불법적인 행동을 비난하는 것과 동일한 강도로 윤리적 성공을 인정한다. · 성과 관리 및 보상 시스템이 윤리적 행위를 강화하도록 한다.
시정 조치	기관은 업무와 관련된 범죄 행위에 대해 정기적인 리스크 평가를 수행하고 범죄 행위 리스크를 감소시키기 위해 컴플라이언스 프로그램의 각 요소를 설계, 시행 또는 수정할 수 있는 적절한 조치를 취해야 한다. 범죄 행위 발견 즉시 적절하게 대응할 뿐 아니라 추가적인 범죄 행위를 방지할 수 있는 합리적인 조치를 취해야 한다.	· 컴플라이언스 프로그램을 모니터 및 평가하고 이 프로그램을 지속적으로 개선시킬 수 있는 장치를 만든다. · 새로운 리스크를 가져올 수도 있는 비즈니스, 상품과 서비스, 그리고 조직 구조의 변화를 추적 관리할 수 있는 프로세스를 파악하고 이를 만든다. · 회사의 다른 전달 사항에 윤리 및 컴플라이언스 메시지를 붙어넣는다. · 향후의 위반을 방지하기 위한 내부 통제를 신속하게 만들어 낼 채비를 갖춘다. · 윤리 및 고결성을 회사가 비즈니스를 수행하는 방식으로 여긴다. · 위반 내용을 외부에 공개할 담당자를 정한다. · 위반이 발생할 경우 회사가 기업 거버넌스의 최고 기준을 준수하기 위해 모든 합리적인 조치를 취했음을 증명할 수 있도록 '컴플라이언스 이력서'를 작성한다.

표본 컴플라이언스 프로그램 헌장

컴플라이언스 및 윤리 리더십 위원회, 2005

프로그램 헌장 목차

컴플라이언스 프로그램 헌장은 내부 담당자들에게 구조와 목표를 가시적으로 보여 주기 위해 제정되었다. 이 헌장은 다음 사항들을 명확하게 정의함으로써 컴플라이언스 및 윤리 프로그램의 관리를 도와준다.

· 컴플라이언스 및 윤리 담당 부서와 부서 직원들의 역할

· 컴플라이언스 및 윤리 담당 직원의 보고 관계

· 업무 수행 준칙과 절차 개발 및 이해 당사자에 대한 배포 프로토콜

· 컴플라이언스와 윤리 프로그램 모니터링 및 감사 가이드라인

· 위반 혐의 조사 가이드라인

· 이사회 내 감사위원회또는 컴플라이언스 및 윤리 담당 직원이 보고하는 다른 위원회의 역할

· 컴플라이언스 및 윤리 연수 실시 일정

핵심 원리

조직과 독립성

컴플라이언스 및 윤리 담당 직원은 컴플라이언스 및 윤리 부서가 수행한 활동과 관련하여 최고 컴플라이언스 책임자와 감사위원회에 대해 책임을 진다. 컴플라이언스 및 윤리 담당 부서는 최고 경영자에게 보고하고 감사위원회에 대한 직접적인 접근권을 가지며 즉각적인 주의를 요할 정도로 충분히 중대하고 시급한 사안에 대해서는 직접 감사위원회 위원장에게 보고한다. 정책적으로 이해 상충 상황으로 인해 객관적이고 편견 없는 검토가 불가능한 경우가 아닌 한, 감사위원회에 보고하기 전에 적절한 부서의 장들과 윤리 이슈를 검토한다.

권한

컴플라이언스 및 윤리 담당 부서는 감사위원회 위원장의 권한으로 윤리 및 컴플라이언스 프로그램과 활동을 수행한다. 회사의 모든 관리자들은 윤리 문제 조사 기간 동안 관련 인물, 정보와 기록에 대한 합리적인 접근을 제공하도록 기대된다.

보복

회사는 회계, 내부 통제, 감사 또는 기타 정책이나 윤리강령 사안에 관한 불만 보고 절차를 수립했다. 이러한 주장들은 익명으로 보고될 수 있다. 모든 불만은 익명으로 보고되었든 그렇지 않든 간에 비밀로 다루어지며 위반 혐의에 대한 완전한 조사를 수행하거나 적절한 징계 또는 시정 조치를 이행하는 데 필요한 사람에게만 공개된다.

정책, 윤리강령 또는 기타 프로세스 위반 혐의에 대한 보고는 회사에 이익이 되며, 모든 직원들에게 기대되는 행동이다. 위반 혐의 보고 또는 조사에 참여한다는 이유로 직원에게 어떤 형태로든 보복을 가하는 행위는 용인되지 않는다.

전직원에 대한 요구사항 | 회사 및 자회사의 모든 직원에게는 다음 사항이 요구된다.

· 회사의 윤리강령과 업무 수행 준칙을 이해한다.

· 윤리강령과 업무 수행 준칙의 조항들을 준수한다.

· 윤리강령과 기타 업무 수행 준칙에 관한 필수 교육에 참여한다.

· 요구될 경우 윤리강령 준수에 대한 서면 서약서를 제출한다.

현업 부서장의 책임 | 현업 부서장들은 윤리적인 근무 환경을 조성하고 윤리적인 행동에 대한 역할모델이 될 책임이 있다. 이들은 특히 다음과 같은 책임이 있다.

· 소속 직원들에게 맞춰진 개인적인 메시지를 포함하여 기업 윤리, 업무 수행 준칙과 기업 가치에 관해 소통한다.

· 직원들이 요구되는 연수를 받고 중요사항을 적절히 전달받고 윤리강령을 이해하며 윤리강령과 기타 회사의 정책들을 준수하는지 확인하는 신뢰할 만한 프로세스가 존재하도록 한다.

· 윤리 문제 조사 활동에 관하여 컴플라이언스 및 윤리 담당 부서와 그 대리인들을 적시에 지원한다.

· 윤리 및 기타 기업 가치에 관하여 역할모델 행동의 본을 보인다.

· 모든 윤리적인 이슈와 우려 사항들을 컴플라이언스 및 윤리 담당 부서에 적시에 종합적으로 알린다.
  – 위반 혐의에 대한 설명, 관련 정책, 법률 및 감독 규정 포함.
  – 알 수 있는 경우 관련된 사람.
  – 위반 혐의가 발생한 장소.
  – 위반 혐의가 발생한 날짜.
  – 위반 혐의가 어떻게 관찰 또는 인식되었는지.
  – 이미 취해졌거나 진행 중인 조사, 또는 징계 조치가 있는 경우 그 내용.
· 위반 혐의를 보고하거나 이에 대한 조사에 참여한 이유로 직원에게 어떤 보복도 가해지지 않도록 한다.
· 컴플라이언스 및 윤리 위원회 위원이 조직에 대한 의무를 수행하기 위해 필요한 적절한 관리상의 지원과 자원을 보유하도록 한다.

컴플라이언스 및 윤리 담당 부서 | 컴플라이언스 및 윤리 담당 부서는 윤리적인 근무 환경을 지원하는 프로그램을 개발하고 이를 시행할 일차적인 책임이 있다.

· 윤리적인 근무 환경을 유지하려는 회사의 요구사항을 지원하는 전사적 윤리강령과 관련 컴플라이언스 프로그램을 개발하여 시행한다.
· 윤리강령 연수 교재를 개발하고 연수를 실시한다.
· 지정된 모든 고위 관리자와 임원들이 회사의 윤리강령을 인지하고 준수한다는 서면 서약서를 받는다.
· 직원, 공급자 및 고객의 위반 혐의에 대해 보고할 통로를 제공하고 윤리적 지침을 제공한다. 이러한 통로에는 무료 전화번호, 전자 우편, 인

터넷 링크, 웹 페이지와 내부 및 외부 우편 주소가 포함된다. 위반 혐의를 보고하는 사람에게는 익명 보고 선택권이 있어야 한다.

· 윤리 위반 혐의에 대한 조사를 감독한다. 조사는 일반적으로 기존의 내부 인원으로 실시한다. 윤리에 관련된 사안은 컴플라이언스 및 윤리 담당 책임자에 의해서만 종결될 수 있다.

· 일관성과 최신 동향, 이슈와 우려 사항에 대한 임원급의 토론을 제공하기 위해 컴플라이언스 및 윤리위원회 활동을 조율한다.

· 윤리 및 컴플라이언스 활동과 이슈에 대해 고위 경영진이나 이사회 내 감사위원회에 보고한다.

· 모범 관행을 이해하고 이를 채택하기 위해 동료 그룹 회사 및 전문가 단체와 네트워킹을 유지한다.

컴플라이언스 및 윤리 위원회 | 컴플라이언스 및 윤리위원회를 고위직 임원으로 구성한다. 이 위원회는 컴플라이언스 및 윤리 담당 부서와 긴밀하게 협력하며 다음 사항에 대한 책임이 있다.

· 윤리 관련 연수와 교육을 실시한다.

· 징계 정책이 일관되게 시행되도록 한다.

· 회사 정책의 변경을 감독하고 이에 대해 조언한다.

· 윤리와 업무 수행 이슈 및 동향을 평가하고 잠재적인 문제들을 선제적으로 다룬다.

· 컴플라이언스 및 윤리 부서의 실적과 프로그램의 효과성을 평가하고 담당 부서와 책임자에게 피드백을 제공한다.

또한 각각의 위원은 다음과 같은 책임이 있다.

· 자신이 소속된 조직 내에서 공식, 비공식적인 비즈니스 윤리 및 컴플라이언스 네트워크를 확립한다.
· 조직에 특수한 모든 정책들이 회사의 가치, 윤리강령, 기존 법률 및 기타 회사 정책들과 부합하게 한다.
· 자신의 조직에 윤리와 비즈니스 강령 연수가 완전히 시행되도록 한다.
· 컴플라이언스 및 윤리위원회의 모든 회의에 참석한다.

모든 위반 혐의는 윤리 헬프라인을 통해 컴플라이언스 및 윤리 담당 부서로 전달되어야 한다.

자원 및 의사 소통 | 컴플라이언스 및 윤리 담당 부서는 윤리와 윤리 강령 및 업무 수행 준칙에 대한 하나의 자원으로서, 그리고 직원들과 다른 사람들이 윤리적 비리 행위 혐의에 대해 보고하는 통로로서 헬프라인을 유지한다. 헬프라인은 모든 지역에서 연중 무휴로 이용할 수 있다. 이 헌장에 의하면 헬프라인은 다음과 같이 운영되어야 한다.

· 전화한 사람이 요청할 경우 익명성을 지킨다.
· 전화한 사람과 혐의 대상자들에 대한 비밀을 유지한다.
· 의문과 질의에 대해 지침을 제공한다.
· 혐의와 질의를 적시에 컴플라이언스 및 윤리 담당 부서에 전달한다.
· 전화를 건 모든 사람을 존중하고 품위 있게 대한다.

기업 임원 위원회, 워싱턴, DC ⓒ 2005의 허락을 받아 인용함.

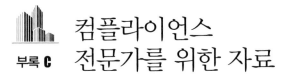

컴플라이언스 전문가를 위한 자료

이 책은 포괄적인 책이 되도록 의도되었지만 주제가 방대하기 때문에 관련된 모든 내용과 자료를 다루는 것은 불가능하다. 그래서 나는 이 책에서 효과적인 컴플라이언스 프로그램의 근본 원칙을 전달하면서도 모범 관행과 성공을 위한 전략을 제공하고자 노력하였다. 그러나 아직도 적용할 수 있는 정보들이 많이 남아 있다. 이 주제에 관해 깊은 관심이 있는 컴플라이언스 전문가가 이용할 수 있는 자료들이 많다. 독자에게 도움이 되도록 몇 가지 자료를 아래에 제시한다. 전문적인 컴플라이언스 협회와 교류함으로써 뛰어난 컴플라이언스 모범 관행들을 모을 수 있다. 인터넷에도 일반 대중들이 이용할 수 있는 많은 웹사이트, 간행물, 기사 및 블로그가 있다.

기업 임원 위원회

기업 임원 위원회The Corporate Executive Board Company; CEB는 주로 기업 전략, 운영 및 일반 경영에 대한 모범 관행 리서치와 분석을 제공하는 선도자다. 기업 임원 위원회는 현재 「포춘」 선정 500대 기업의 80%가 넘는 기업을 포함하여 3,700개가 넘는 전 세계의 유수 기업에 통합된 서비스를 제공한다. 이 서비스에는 모범 관행 리서치 연구, 경영진 교육 세미나, 관리 실행 툴 키트, 맞춤 리서치 요약과 30만 개가 넘는 기업 모범 관행 웹 자료실 이용권 등이 포함된다. 나는 CEB가 이 책을 저술하는 데 통찰력과 내용을 제공해 줌으로써 큰 도움이 되었다는 점을 특별히 언급하고자 한다.

"CEB의 사명은 전 세계의 모든 산업으로부터 새로운 사고와 전략을 찾아내고 이를 회원들에게 교육시킴으로써 임원과 그들의 회사의 효과성을 증가시키는 것이다." CEB는 금융업, 인적 자원, 정보 기술, 기업 금융, 운영과 구매, 그리고 법률과 행정 등 많은 실무 분야를 지니고 있다. 연 회비를 납부함으로써 회원이 된다. 법률과 행정 분야 안에 전 세계의 조직들의 컴플라이언스 및 윤리 프로그램 향상에 중점을 두는 윤리 리더십 위원회가 있다.

컴플라이언스 및 윤리 리더십 위원회

"CEB의 멤버십 프로그램 중 하나인 컴플라이언스 및 윤리 리더십 위원회이하 CELC는 전 세계의 수백 개 조직의 컴플라이언스 및 윤리 담당 임원들에게 서비스를 제공한다. CELC의 전담 리서치, 임원 교육 및 회원 서비스 직원들은 회원들이 동료의 집단적 경험으로부터 배울 수 있도록 도와줌으로써 회원들에게 가장 절박한 문제들을 지원한다." CELC는 임원과 고위 경영진에게 접촉하여 법률 및 컴플라이언스 부서에 영향을 주는 전략, 거버넌스와 비즈니스상의 도전 과제를 이해하게 된다. 이러한 독특한 관점으로 CELC는 기업체 전체의 관심 사항을 반영하는 리서치를 수행할 수 있는 관점을 지니게 된다.

CELC는 법률 및 컴플라이언스 리더로부터 입증된 관행에 통찰력을 제공하기 위해 계량적 사실에 기초한 사례 연구 리서치를 사용한다. 사례 연구 접근법은 컴플라이언스 프로그램의 개선을 위한 중요한 통찰력과 기회를 제공한다. CELC는 전담 리서치 연구원들을 두고 전 세계의 선도적 조직들의 모범 관행을 연구하게 한다. 회원들은 이 정보에 접근하여 컴플라이언스와 기타 도전 과제를 해결할 수 있다. 회원들이 이용할 수 있는 도구 중 하나로 절박한 이슈와 비즈니스상의 도전 과제를 정하는 회원 투표를 포함한 회원 주도 의제가 있다. 또한 CELC는 고위 임원 포럼, 리더십 브리핑, 회원이 주최하는 포럼과 전화 컨퍼런스 등 많은 행사를 주최하여 이곳에서 리서치와 모범 관행을 공유하고 토론한다.

자료 센터는 다양한 컴플라이언스 및 윤리 주제에 관한 리서치와 도구에 대해 온라인 접근을 제공한다. 컴플라이언스 및 윤리 프로그램 확립, 프로그램의 효과성 측정, 컴플라이언스 리스크 관리, 컴플라이언스 교육 및 의사 소통, 기업 거버넌스 등의 컴플라이언스 분야에 대한 최신 리서치도 포함되어 있다. CELC 회원으로는 뱅크 오브 아메리카, 다우 케미칼, IBM, 로얄 더치 셸, 존슨&존슨, 제너럴 모터스, 바클레이즈 등이 있다. 컴플라이언스 및 윤리 리더십 위원회에 관한 보다 자세한 정보를 원할 경우 그들의 웹사이트 www.celc.executiveboard.com/Public/Default.aspx를 방문하라.

428

컴플라이언스 및 윤리 프로그램 평가 마법사™

컴플라이언스 및 윤리 프로그램 평가 마법사™는 컴플라이언스 및 윤리 프로그램 성과에 관한 종합적인 측정 및 벤치마킹 시스템이다. 이는 8개의 핵심 요소와 28개의 하위 요소에 걸쳐서 한 조직의 컴플라이언스 프로그램을 평가하는 프로그램의 성숙도에 관한 웹 기반 자가진단이다. 요소와 하위 요소들은 개정 연방 조직 양형 가이드라인과 밀접하게 정렬되어 있으며 SEC 및 유럽 감독 당국의 기대를 반영하고 있다. 프로그램 평가 마법사는 기업 임원 위원회의 CELC에 의해 만들어졌다. 이 진단 결과는 자사의 프로그램을 동료 회사들의 프로그램이나 외부 기준과 비교하여 강점 분야를 발견하고 개선의 기회와 자원 할당 기회를 얻을 수 있게 한다.

프로그램 평가 마법사의 8개 핵심 요소와 28개 하위 요소는 다음과 같다.

· **프로그램의 구조 및 감독**

리더십 및 자원

기업 감독oversight

프로그램 목표

· **컴플라이언스 리스크 평가**

프로세스

책임responsibility

우선 순위 매기기

범위

경감

· **기준 및 절차**

개발

접근성

적용 가능성

· **징계 및 인센티브**

배경 조회

고과 프로세스

징계 조치

- **연수**
  내용
  시행 방법
  대상
  연수 기록 관리
  평가 및 자격증

- **의사 소통**
  내용
  통로

- **혐의 보고 및 조사**
  혐의 보고
  혐의 기록 관리 및 분석
  조사 관리

- **프로그램 측정 및 모니터링**
  모니터링 기준
  모니터링 담당 부서
  매트릭스
  직원 인식 척도

CELC는 8개 요소에 대해 1부터 5까지의 중요성 척도를 개발했는데 1 은 '중요성이 매우 낮음'이고, 5는 '중요성이 매우 높음'이다. CELC는 또한 28개 하위 요소에 대해 성숙도를 나타내는 1부터 4까지의 척도도 개발했다. 레벨1은 '조직화되지 아니함'을 나타내고, 레벨4는 '세계적 수준'이다. 프로그램 성숙도에 대한 4개의 레벨은 수십 개 회원사와의 광범위한 상의를 통하여 모범 관행 리서치를 이용하여 개발되었다.

프로그램 평가 마법사를 이용하는 데는 추가적인 이점이 있다. CELC 는 프로그램의 약점을 다루고 강점을 강화하기 위해 필요한 프로세스, 절 차 및 조직 구조에 대한 권고를 하게 될 것이다. 그들의 벤치마킹은 300 개가 넘는 회사와 상호 작용의 결과물이다. 그들은 활동의 결과물로 프로 그램의 개선을 위해 곧바로 이용할 수 있는 툴, 템플릿과 모범 관행을 제 공할 것이다. 이러한 혜택을 받으려는 조직은 CELC의 회원이 되어야 한 다는 점을 명심해야 한다. 추가 정보가 필요할 경우 www.celc.execu-tiveboard.com을 방문하라.

기업 컴플라이언스 및 윤리 협회

기업 컴플라이언스 및 윤리 협회The Society of Corporate Compliance and Ethics. 이하 SCCE는 회사 거버넌스, 컴플라이언스 및 윤리의 끊임없는 개선에 진력하는 조직이다. 이 협회는 미네소타 주 미네아폴리스에 본부를 두고 있으며 성장하고 있는 기업 컴플라이언스 산업과 컴플라이언스 책임자들에게 서비스를 제공하고 있다. 그들의 웹사이트에 언급되어 있는 바와 같이 SCCE의 사명은 "모든 조직에 윤리적 관행과 컴플라이언스 기준을 후원하고 컴플라이언스 전문가와 이러한 원칙을 공유하는 다른 사람들에게 필요한 자원을 공급하는 것"이다.[1] SCCE는 컴플라이언스 프로그램 개발과 유지에 종사하는 컴플라이언스 책임자 등에게 도구, 자료 및 연수를 제공한다. SCCE는 또한 컨퍼런스 및 기타 연수 행사에서 컴플라이언스와 관련된 주제에 대한 강사도 제공한다. SCCE의 회원으로는 콜게이트 팔모리브Colgate Palmolive, 마이크로소프트, UPS, 월마트 등과 같은 「포춘」 500대 기업, 법무 법인, 컴플라이언스 서비스 제공업자 및 기타 기업들이 있다. SCCE에 관해 더 많은 정보가 필요할 경우 www.corporatecompliance.org/index.htm을 방문하라.

공인 컴플라이언스 및 윤리 전문가

컴플라이언스의 강조가 증가함에 따라 항시적으로 컴플라이언스 및 윤리 전문가에 대한 수요가 존재한다. 이 분야에서의 전문가 자격증은 컴플라이언스뿐 아니라 개인적인 발전과 상장을 진전시킬 수 있는 방법 중 하나다. SCCE는 SCCE의 자격증 위원회가 관리하는 컴플라이언스 및 윤리 자격증 프로그램을 제공한다. 이 위원회의 사명은 '다양한 직급에서의 기업 컴플라이언스와 윤리 실무에 있어서의 역량을 결정하는 기준을 개발하고 이러한 기준을 충족시키는 사람을 인정하는 것' 이다.[2] 공인 컴플라이언스 및 윤리 전문가CCEP는 신청자가 자격증 시험 통과뿐 아니라 일정한 실무 경험과 지속적인 교육 요건을 충족하도록 요구한다.

SCCE에 의하면, "CCEP는 회사가 법률 상의 의무들을 이해하고 이를 처리하도록 지원하며 효과적인 컴플라이언스 프로그램의 운영을 통하여 조직의 고결성을 증진하기에 충분한 수준의 관련 감독 규정에 대한 지식과 컴플라이언스 프로세스의 전문성을 지닌 전문가다".[3] CCEP 자격증은 컴플라이언스 전문가들을 공식적으로 인정하고 윤리 및 컴플라이언스 분야의 필요한 지식에 대해 국가적인 표준을 제공할 것이다. 이 자격증 프로그램은 컴플라이언스 및 컴플라이언스 프로그램에 종사하는 전문가의 질을 보다 높이기 위해 지식, 기술과 능력을 개발함에 있어서 또 다른 모범 관행 중 하나다.

윤리 및 컴플라이언스 책임자 협회

윤리 및 컴플라이언스 책임자 협회Ethics and Compliance Officer Association; ECOA 는 자신의 조직에서 윤리, 컴플라이언스 및 업무 수행 준칙 프로그램에 대한 감독 책임이 있는 사람들의 비영리 · 비 컨설팅의 회원 주도 기관이다. 1992년에 설립된 ECOA는 전 세계에 1,300명이 넘는 회원을 보유하고 있다. 이 협회는 경험이 많은 컴플라이언스 책임자와 이 분야의 초보자들에게 컴플라이언스 자료와 네트워킹을 제공한다. ECOA의 사명은 그들의 웹사이트에 명시된 바와 같이, "전 세계의 윤리 및 컴플라이언스 전문가들에게 윤리, 컴플라이언스와 기업 거버넌스에 관한 선도적인 사료 제공자가 되고", 컴플라이언스 전문가들에게 "아이디어와 전략들을 교환할 수 있는" 세계적인 네트워크를 제공하는 것이다.[4]

ECOA의 회원 자격은 '자신이 속한 조직에서 윤리, 컴플라이언스 또는 업무 수행 준칙 프로그램 입안, 집행 및/또는 관리 직무를 부여 받은 사람들'로 제한된다.[5] ECOA 회원들은 기업체의 컴플라이언스를 증진시키기 위해 자신의 지식, 경험과 모범 관행을 다른 회원들과 공유하도록 한다. 회원사로는 알코아, CA, Inc., 씨티그룹, GE, 록히드 마틴, 마이크로소프트, 펩시코 및 유나이티드 테크놀로지 등이 있다. ECOA는 연수 및 기타 교육 컨퍼런스, 포럼, 웹캐스트 및 전문가 개발 프로그램을 운영한다. ECOA에 대해 보다 자세한 정보를 원하면 그들의 웹사이트 www.theecoa.org를 방문하라.

기업 윤리 및 행위에 관한 방위 산업 이니셔티브

기업 윤리 및 행위에 관한 방위 산업 이니셔티브Defense Industry Initiative on Business Ethics and Conduct; DII는 그들의 웹사이트에 언급되어 있는 바와 같이 "기업 윤리 및 행위에 관한 높은 기준을 달성하기 위한 일련의 원칙들을 받아들이는 미국의 방위 산업 계약자들의 컨소시엄이다."[6] DII는 1986년 '연방의 구매와 관련하여 국방부, 일반 대중, 정부와 이해 당사자들이 서로에 대한 기업의 책임을 인정하고 표명하는 일련의 기업 윤리 및 행위 원칙들을 채택하고 시행하기로 서약한' 32개의 주요 방위 산업 계약자들에 의해 설립되었다.[7] DII는 모범 관행 포럼, 윤리 연수 자료, DII의 활동 및 기타 관련 서비스들에 대한 연례 보고서 등 회원들에 대해 모든 서비스를 제공한다. 각각의 DII 회원사들은 기업 윤리 및 컴플라이언스에 관한 DII의 6원칙을 채택하고 이를 준수하기로 서약한다. 이 원칙은 각 회원사들이 다음과 같이 행동해야 한다고 말한다.

· 조직 내 모든 사람들에게 기대되는 높은 윤리적 가치들을 발표하는 서면 윤리강령을 가진다.
· 조직 내 모든 사람들에게 윤리강령 하에 따른 자신의 책임에 대해 교육시킨다.
· 윤리강령 위반에 대한 보고를 장려하고 그러한 보고에 대해 보복을 가하지 않는 환경을 증진한다.
· 연방 구매 관련 법률 준수를 모니터링하기 위한 내부 통제를 시행하고 연방 구매 관련 법률 위반을 당국에 자진 신고하는 정책을 채택한다.
· DII 원칙과 관련된 모범 관행을 공유하고 연례 모범 관행 포럼에 참석한다.
· 대중에 대해 책임 있게 행동한다.[8]

DII는 수년 동안 자신의 원칙들이 전체 방위 산업뿐 아니라 다른 산업에 대해서도 표준이 되게 하려고 노력했다. "어쩌면 윤리 및 행위에 대한 그들의 잘 훈련된 접근법으로 인해 DII에 소속한 회사들 중에는 엔론, 글로벌 크로싱스Global Crossings, 월드콤 등과 같은 운명을 겪은 회사가 없는지 모른다. 우리는 DII의 가치에 기초를 둔 윤리적 문화가 DII 소속사들이 망한 회사들보다 나은 회사가 되게 하였는지는 확실히 알 수 없지만 **윤리적 문화가 이에 기여한 요소 중 하나였음은 틀림없다.**"⁹⁾ 회원 자격에 대해서는 각 회원사의 연간 총 매출액에 의해 매년 평가한다. DII는 1986년 이후 꾸준히 성장해서 2006년 말에는 74개의 회원사를 두고 있다. 보다 자세한 정보를 원할 경우 www.dii.org를 방문하라.

미국 법무부

연방 차원에서 기업 범죄를 기소할 책임이 있는 기관인 법무부는 모든 기업의 전문가들이 알아야 할 사법 정책을 정한다. 법무부와 법무부 산하 기업 부정 테스크포스는 이러한 집행 기준을 개발했다. 특히 2003년 '톰슨 메모' Thompson Memo와 2006년 '맥널티 메모' McNulty Memo는 법무부의 웹사이트에서 찾아볼 수 있다. 이들 메모와 연설, 기업 부정 테스크포스의 보고서와 기타 자료들은 이 사이트의 '대통령 직속 기업 부정 테스크포스' 및 '출판물 및 문서' 섹션에서 찾아볼 수 있다. 이 사이트는 사베인-옥슬리법, 미국 애국법, 해외부패방지법 및 SEC 규칙 등과 같은 중요한 법률 문서에 대한 링크도 포함하고 있다.

기업 부정 테스크포스 사이트는 www.usdoj.gov/dag/ctft에서, 맥널티 메모는 www.usdoj.gov/dag/speech/2006/mcnulty_ memo.pdf에서 읽을 수 있다. 그리고 해외부패방지법의 법률과 다른 정보에 관한 자료들은 www.usdoj.gov/criminal /fraud/fcpa에서 찾을 수 있다.

미국 양형 위원회

미국 양형 위원회US Sentencing Commission는 컴플라이언스에 심원하고 극적인 영향을 미친 입법인 연방 양형 가이드라인을 제정하고 관리한다.

사법부 내의 독립적인 기관인 이 위원회는 기본적으로 "연방 범죄로 기소된 피고에 대한 적절한 처벌의 형태 및 정도에 관해 참조해야 할 가이드라인 등, 연방 법원이 적용할 양형 정책과 관행을 수립한다."[10] 이 가이드라인의 효과적인 컴플라이언스 프로그램의 7가지 최소 요소 항목은 현존하는 많은 기업 컴플라이언스 프로그램의 기초 역할을 하고 있다. 이 가이드라인의 8장은 조직에 대한 양형을 다루고 있는데 이 가이드라인이 제시한 모범 관행들은 다른 연방 정부 기관에 의해 채택되었거나 이러한 기관들이 제정한 컴플라이언스 프로그램의 역할모델이 되었다.[11] 양형 위원회 사이트는 양형 가이드라인 전문全文과 많은 자료들, 특히 조직체에 대한 양형 가이드라인과 관련된 자료들뿐 아니라 기업에 대한 형량 결정 관행에 관한 통계 자료도 포함하고 있다.

이 위원회의 사이트는 www.ussc.gov에서 찾을 수 있다. 미국 양형 위원회의 조직 양형 가이드라인 자문 그룹에 대한 링크는 www.ussc.gov/corp/advgrp.htm이고, 조직 양형 가이드라인 자체 및 보완 자료는 www.ussc.gov/orgguide.htm에서 찾을 수 있다.

NOTES

1) The Society of Corporate Compliance and Ethics, www.corporatecompliance.org/about/about.htm.

2) Certified Compliance and Ethics Professional (CCEP), The Society of Corporate Compliance and Ethics, www.corporatecompliance.org/CCEP/index.htm.

3) 위의 글.

4) The Ethics and Compliance Officers Association, www.theecoa.org/AM/Template.cfm?Section=Mission&Template=/CM/HTMLDisplay.cfm&ContentID=1819.

5) The Ethics and Compliance Officers Association, www.theecoa.org/source/Members/cMemberInsert.cfm?Section=Join_the_ECOA&WHERE_TO_NEXT_SOURCE=../Members/paJoinAddlInfo.cfm.

6) The Defense Industry Initiative on Business Ethics and Conduct, www.dii.org.

7) The Defense Industry Initiative on Business Ethics and Conduct, www.dii.org/Statement.htm.

8) 위의 글.

9) The Defense Industry Initiative on Business Ethics and Conduct, 대중에 대한 2003년 연례보고서, 1쪽. www.dii.org/annual/2003/AnnualREport2003.doc.

10) "An Overview of the United States Sentencing Commission," United States Sentencing Commission, 2005년 6월, www.ussc.gov/general/USSCoverview_2005.pdf.

11) Paula Desio, "An Overview of the Organizational Guidelines," United States Sentencing Commission, www.ussc.gov/corp/ORGOVERVIEW.pdf.

Compliance
Program

추천글

기업 부정을 방지하고 윤리적인 기업 문화를 조성하기 위해서는 컴플라이언스 기능이 제대로 작동되어야 한다. 이 책은 컴플라이언스란 무엇이며 컴플라이언스 부서가 어떠해야 하는지를 알려주는 탁월한 지침서다. 따라서 참고할 만한 자료가 부족하여 고민하던 현업 담당자들의 갈증을 상당 부분 해소시켜 줄 것이다.

- 김주섭, 준법감시협의회 회장, 현대증권 상무

개정 상법에 따라 2012년 4월부터 상장 회사에 준법통제기준과 함께 준법지원인 제도가 의무화되지만 컴플라이언스의 개념이나 역할에 대해서 명확히 정의하지 못하고 있는 국내 현실을 감안할 때 이 책의 출간은 시의적절하다. 이 책은 컴플라이언스의 의의와 중요성, 효과적인 컴플라이언스 프로그램의 구성 요소 및 성공 전략 등을 다양한 사례와 함께 설명함으로써 담당자뿐 아니라 경영진 및 일반 관리자들에게도 귀중한 통찰력을 제공해 준다. 특히 컴플라이언스는 모든 조직 구성원의 책임이지만 최고위층의 의지 및 솔선수범이 가장 중요하다는 점을 저자가 거듭 강조하고 있어 모든 경영자들은 이를 마음에 깊이 새겨 실천할 필요가 있다.

- 유준열, 동양증권 사장

컴플라이언스를 확립한다는 것은 기업이 단순한 법규준수에 그치는 게 아니라 윤리, 무결성, 책임감 등을 성공적으로 혼합한 문화를 구축하는 것을 의미한다. 이 책은 기업에 있어서 컴플라이언스가 성공을 위한 선택이 아니라 생존을 위한 필수여야 하는 이유를 저자의 풍부한 경험과 생생한 사례를 통해 잘 보여주고 있으며 성공적인 컴플라이언스 프로그램을 구축하기 위한 요건들을 자세히 설명하고 있다. 컴플라이언스에 진지한 관심이 있는 경영자는 물론이지만 관심이 없는 경영자라면 더욱더 읽어보아야 할 책이다.

– 이건호, 국민은행 부행장

이 책의 가장 큰 특징은 내용이 매우 실무적이어서 바로 적용이 가능하다는 점이다. 저자들도 컴플라이언스와 윤리경영에 대해 풍부한 경험을 가진 실무 전문가들이며 책에서 소개하고 있는 사례들도 Best practice와 같은 성공사례뿐 아니라 실패사례까지 제시함으로써 컴플라이언스의 다양한 측면을 배울 수 있게 하였다. 또 부록으로 표본 컴플라이언스 헌장 및 컴플라이언스 실무 담당자들을 위한 관계기관과 자료의 원천도 안내하고 있다.

– 정운오, 서울대 교수

이 책은 기존의 컴플라이언스 기능을 강화하려는 조직이나 컴플라이언스 부서를 신설하려는 구성원이라면 모두 가까이 두고 음미해야 할 필독서다. 특히 컴플라이언스 분야의 전문가를 지망하는 사람들은 물론 이 분야에 대해 알고 싶거나 관심이 있는 대학생이라면 이 책에서 강조하는 부분을 잘 새길 필요가 있다. 이러한 점에서 일독을 강력히 권한다.

– 윤창현, 서울시립대 교수

윤리 준법 경영의 성공 전략

컴플라이언스

개정2판 인쇄   2021년 5월 10일
개정2판 발행   2021년 5월 15일

지은이   마틴 비겔만
옮긴이   노동래
발행인   권윤삼
발행처   (주)연암사

등록번호   제2002-000484호
주소   서울시 마포구 월드컵로 165-4
전화   02-3142-7594
팩스   02-3142-9784

ISBN 979-11-5558-096-7   03320

연암사의 책은 독자가 만듭니다.
독자 여러분들의 소중한 의견을 기다립니다.
트위터   @yeonamsa
이메일   yeonamsa@gmail.com